Fiscalização
da Constitucionalidade

Fiscalização da Constitucionalidade

2017

Jorge Miranda
Professor Catedrático das Faculdades de Direito
da Universidade de Lisboa e da Universidade Católica Portuguesa

FISCALIZAÇÃO DA CONSTITUCIONALIDADE
AUTOR
Jorge Miranda
EDITOR
EDIÇÕES ALMEDINA, S.A.
Rua Fernandes Tomás, nºˢ 76, 78 e 80
3000-167 Coimbra
Tel.: 239 851 904 · Fax: 239 851 901
www.almedina.net · editora@almedina.net
DESIGN DE CAPA
FBA.
PRÉ-IMPRESSÃO
EDIÇÕES ALMEDINA, S.A.
IMPRESSÃO E ACABAMENTO
ARTIPOL -ARTES TIPOGRÁFICAS, LDA.

outubro, 2017
DEPÓSITO LEGAL
432412/17

Os dados e as opiniões inseridos na presente publicação são da exclusiva responsabilidade do(a) seu(s) autor(es).
Toda a reprodução desta obra, por fotocópia ou outro qualquer processo, sem prévia autorização escrita do Editor, é ilícita e passível de procedimento judicial contra o infrator.

 GRUPOALMEDINA
_____
Biblioteca Nacional de Portugal – Catalogação na Publicação

MIRANDA, Jorge, 1941-

Fiscalização da constitucionalidade. – (Manuais universitários)
ISBN 978-972-40-7100-8

CDU 342

DO AUTOR

I – Livros e monografias

- *Contributo para uma teoria da inconstitucionalidade*, Lisboa, 1968;
- *Poder paternal e assistência social*, Lisboa, 1969;
- *Notas para uma introdução ao direito constitucional comparado*, Lisboa, 1970;
- *Chefe do estado*, Coimbra, 1970;
- *Conselho de estado*, Coimbra, 1970;
- *Decreto*, Coimbra, 1974;
- *Deputado*, Coimbra, 1974;
- *A Revolução de 25 de Abril e o Direito Constitucional*, Lisboa, 1975;
- *A Constituição de 1976 – Formação, Estrutura, Princípios Fundamentais*, Lisboa, 1978;
- *Manual de Direito Constitucional*, 1.º tomo, 10 edições, 1981, 1982, 1985, 1990, 1996, 1997, 2003, 2009, 2011 e 2014; 2.º tomo, 7 edições, 1981, 1983, 1991, 2000, 2003, 2007 e 2013; 3.º tomo, 6 edições, 1983, 1987, 1994, 1998, 2004 e 2010; 4.º tomo, 6 edições, 1988, 1993, 2000, 2008, 2012 e 2016; 5.º tomo, 4 edições, 1997, 2000, 2004 e 2010; 6.º tomo, 4 edições, 2001, 2005, 2008 e 2013; 7.º tomo, 2007;
- *As associações públicas no Direito português*, Lisboa, 1985;
- Relatório com o programa, o conteúdo e os métodos do ensino de direitos fundamentais, Lisboa, 1986;
- *Estudos de Direito eleitoral*, Lisboa, 1995;
- *Escritos vários sobre a Universidade*, Lisboa, 1995;

- *O constitucionalismo liberal luso-brasileiro*, Lisboa, 2001;
- *Teoria do Estado e da Constituição*, 2 edições, Rio de Janeiro, 2002 e 2009;
- *Curso de Direito Internacional Público*, 6 edições, Cascais, 2002, 2004, 2006, 2009, 2012 e 2016 e Rio de Janeiro, 2009;
- *Constituição Portuguesa Anotada* (com Rui Medeiros), 1.º tomo, 2 edições, Coimbra, 2005 e 2010 (reimpressão de 2017); 2.º tomo, Coimbra, 2006; 3.º tomo, Coimbra, 2007;
- *Escritos vários sobre direitos fundamentais*, São João do Estoril, 2006;
- *Formas e sistemas de governo*, Rio de Janeiro, 2007;
- *As Constituições dos Estados de língua portuguesa — Uma visão comparativa* (com E. Kafft Kosta), Curitiba, 2013;
- *Curso de Direito Constitucional*, 2 volumes, Lisboa, 2016;
- *Direitos Fundamentais*, Coimbra, 2017.

II – Lições policopiadas

- *Ciência política e Direito Constitucional*, 2 Volumes, Lisboa, 1972-1973;
- *Ciência política – formas de governo*, 4 edições, Lisboa, 1981, 1983-1984, 1992 e 1996;
- *Direito Constitucional – Direitos, liberdades e garantias*, Lisboa, 1578-1979;
- *Direito da economia*, Lisboa, 1983;
- *Funções, órgãos e actos do Estado*, 3 edições, Lisboa, 1984, 1986 e 1990;
- *Direito Internacional Público – I*, 2 edições, Lisboa, 1991 e 1995;
- *Direito constitucional-III – Direito eleitoral e direito parlamentar*, 2 edições, Lisboa, 2001 e 2003.

III – Principais artigos

- *Relevância da agricultura no Direito constitucional português*, in *Rivista di Diritto Agrario*, 1965, e in *Scientia Iuridica*, 1966;
- *Notas para um conceito de assistência social*, in *Informação Social*, 1968;
- *Colégio eleitoral*, in *Dicionário Jurídico da Administração Pública*, II, 1969;
- *A igualdade de sufrágio político da mulher*, in *Scientia Iuridica*, 1970;
- *Liberdade de reunião*, in *scientia iuridica*, 1971;

DO AUTOR

- *Sobre a noção de povo em Direito constitucional*, in *Estudos de Direito público em honra do Professor Marcello Caetano*, Lisboa, 1973;
- *Inviolabilidade do domicílio*, in *Revista de Direito e Estudos Sociais*, 1974;
- *Inconstitucionalidade por omissão*, in *Estudos sobre a Constituição*, I, Lisboa, 1977;
- *O Direito eleitoral na Constituição*, in *Estudos sobre a Constituição*, II, Lisboa, 1978;
- *Aspects institutionnels de l'adhésion du Portugal à la Communauté Economique Européenne*, in *Une Communauté à douze? L'impact du nouvel élargissement sur les Communautés Européennes*, Bruges, 1978;
- *O regime dos direitos, liberdades e garantias*, in *Estudos sobre a Constituição*, III, Lisboa, 1979;
- *A ratificação no Direito constitucional português*, in *Estudos sobre a Constituição*, III, Lisboa, 1979;
- *Os Ministros da República para as regiões autónomas*, in *Direito e Justiça*, 1980;
- *A posição constitucional do Primeiro-Ministro*, in *Boletim do Ministério da Justiça*, n.º 334;
- *Églises et État au Portugal*, in *Conscience et liberté*, 1986;
- *Propriedade e Constituição (a propósito da lei da propriedade da farmácia)*, in *O Direito*, 1974-1987;
- *A Administração Pública nas Constituições portuguesas*, in *O Direito*, 1988;
- *Tratados de delimitação de fronteiras e Constituição de 1933*, in *Estado e Direito*, 1989;
- *O programa do governo*, in *Dicionário Jurídico da Administração Pública*, VI, 1994;
- *Resolução, ibidem*, VII, 1996;
- *O património cultural e a Constituição – tópicos*, in *Direito do Património Cultural*, obra coletiva, 1996;
- *Les candidatures*, in *Annuaire International de Justice Constitutionnelle*, 1996;
- *L'esperienza portoghese di sistema semipresidenziale*, in *Democrazia e forme di governo – Modelli stranieri e riforma costituzionale*, obra coletiva, 1997;
- *Timor e o Direito constitucional*, in *Timor e o Direito*, obra coletiva, Lisboa, 2000;

FISCALIZAÇÃO DA CONSTITUCIONALIDADE

- *Uma perspectiva constitucional de reforma do contencioso administrativo*, in *Estudos em homenagem ao Prof. Doutor Inocêncio Galvão Telles*, obra coletiva, Coimbra, 2003;
- *A «Constituição europeia» e a ordem jurídica portuguesa*, in O Direito, 2001-2003;
- *Notas sobre a renúncia do Presidente da República*, in *Revista da Faculdade de Direito da Universidade de Lisboa*, 2005;
- *Os juízes têm direito à greve*, in *Homenagem ao Prof. Doutor André Gonçalves Pereira*, obra coletiva, Coimbra, 2006;
- *Cultura, Constituição e Direitos Culturais*, in O Direito, 2006;
- *Em vez do Código Civil uma lei sobre leis*, in *Estudos Comemorativos dos 20 anos da Universidade Nova de Lisboa*, obra coletiva, I, Coimbra, 2008;
- *Constituição e Universidade*, in *Revista da Faculdade de Direito da Universidade de Lisboa*, 2008;
- *A Constituição de Angola de 2010*, in O Direito, 2010;
- *Estado, liberdade religiosa e laicidade*, in *Revista da Faculdade de Direito da Universidade de Lisboa*, 2012;
- *Revisitando os atos de Governo*, in *Estudos em homenagem ao Prof. Doutor J. J. Gomes Canotilho*, obra coletiva, Coimbra, 2012;
- *La solidarité – Un défi politique*, in *Long Cours – Mélanges en l'honneur de Pierre Bon*, obra coletiva, Paris, 2014.

IV – Coletâneas de textos

- *Anteriores Constituições Portuguesas*, Lisboa, 1975;
- *Constituições de Diversos Países*, 3 edições, Lisboa, 1975, 1979 e 1986-1987;
- *As Constituições Portuguesas*, 4 edições, Lisboa, 1976, 1984, 1991 e 1997;
- *A Declaração Universal e os Pactos Internacionais de Direitos do Homem*, Lisboa, 1977;
- *Fontes e trabalhos preparatórios da Constituição*, Lisboa, 1978;
- *Direitos do Homem*, 2 edições, Lisboa, 1979 e 1989;
- *Textos Históricos do Direito Constitucional*, 2 edições, Lisboa, 1980 e 1990;
- *Jurisprudência constitucional escolhida*, 3 volumes, 1996 e 1997.

DO AUTOR

V – Obras políticas

- *Um projecto de Constituição*, Braga, 1975;
- *Constituição e democracia*, Lisboa, 1976;
- *Um projecto de revisão constitucional*, Coimbra, 1980;
- *Revisão constitucional e democracia*, Lisboa, 1983;
- *Anteprojecto de Constituição da República de São Tomé e* Príncipe, 1990;
- *Um anteprojecto de proposta de lei do regime do referendo*, in *Revista da Faculdade de Direito da Universidade de Lisboa*, 1991;
- *Ideias para uma revisão constitucional em 1996*, Lisboa, 1996;
- *Estudo em vista a uma nova lei de partidos políticos*, Lisboa, 1999;
- *Uma constituição para Timor*, Lisboa, 2001;
- *Constituição e cidadania*, Coimbra, 2 volumes, 2003 e 2015;
- Parecer sobre a reforma do sistema eleitoral relativo à Assembleia Legislativa Regional dos Açores, in *Revista da Faculdade de Direito da Universidade de Lisboa*, 2003;
- *Na hipótese de outra revisão constitucional*, in *Estudos em homenagem ao Prof. Doutor José Manuel Sérvulo Correia*, obra coletiva, Coimbra, 2010;
- *Da Revolução à Constituição – Memórias da Assembleia Constituinte*, Cascais, 2015;

CAPÍTULO I
INCONSTITUCIONALIDADE, GARANTIA E FISCALIZAÇÃO

§ 1.º
Inconstitucionalidade em geral

1. Noção ampla e noção restrita de inconstitucionalidade

I – Constitucionalidade e inconstitucionalidade [1] designam conceitos de relação: a relação que se estabelece entre uma coisa – a Constituição – e outra

---

[1]   V., entre tantos, RUI BARBOSA, *Os actos inconstitucionais do Congresso e do Executivo ante a
Justiça Federal*, Rio de Janeiro, 1893; MAGALHÃES COLLAÇO, *Ensaio sobre a inconstitucionalida-
de das leis no Direito português*, Coimbra, 1915; HANS KELSEN, *La garantie juridictionnelle de la
Constitution*, in *Revue du Droit Public*, 1928, págs. 197 e segs. (com tradução portuguesa, *Sub
Judice*, 20/21, janeiro-julho de 2001, págs. 9 e segs., e em *Jurisdição Constitucional*, São Paulo,
2003, págs. 119 e segs.), e *Reine Rechtslehre*, 2.ª ed. portuguesa *Teoria Pura do Direito*, Coimbra,
1926, II, págs. 328 e segs.; CHARLES EISENMANN, *La Justice Constitutionnelle et la Haute Cour
Constitutionnelle d'Autriche*, Paris, 1928 (reimpressão de 1986); CARLO ESPOSITO, *La Validità delle
Leggi*, Milão, 1934; MASSIMO SEVERO GIANNINI, *L'illegittimità degli atti normativi e delle norme*,
in *Rivista italiana per le scienze giuridiche*, 1954, págs. 39 e segs.; MIGUEL GALVÃO TELES, *Eficácia
dos tratados na ordem interna portuguesa*, Lisboa, 1967, págs. 115 e segs., *Direito Constitucional
Português Vigente*, sumários policopiados, Lisboa, 1970, págs. 88 e segs., e *Inconstitucionalidade
pretérita*, in *Nos dez anos da Constituição*, obra coletiva, Lisboa, 1987, págs. 265 e segs.; JORGE
MIRANDA, *Contributo para uma teoria da inconstitucionalidade*, Lisboa, 1968, e *Decreto*, Coimbra,
1974, págs. 101 e segs.; FRANCO MODUGNO, *L'Invalidità della Legge*, 2 vols., Milão, 1970, e *Legge
(vizi della)*, in *Enciclopedia del Diritto*, XXIII, 1973, págs. 1000 e segs.; FELICE DELFINO, *La dichiarazione di illegittimità costituzionale delle leggi*, Nápoles, 1970; MARCELO REBELO DE SOUSA, *O valor
jurídico do acto inconstitucional*, Lisboa, 1988; MARCELO NEVES, *Teoria da inconstitucionalidade das*

coisa – um comportamento – que lhe está ou não conforme, que cabe ou não cabe no seu sentido, que tem nela ou não a sua base.

Assim declaradas, são conceitos que parecem surgir por dedução imediata. De modo pré-sugerido, resultam do confronto de uma norma ou de um ato com a Constituição, correspondem a atributos que tal comportamento recebe em face de cada norma constitucional [2].

Não se trata de relação de mero carácter lógico ou intelectivo. É essencialmente uma relação de carácter normativo e valorativo, embora implique sempre um momento de conhecimento. Não estão em causa simplesmente a adequação de uma realidade a outra realidade, de um *quid* a outro *quid* ou a desarmonia entre este e aquele ato, mas o cumprimento ou não de certa norma jurídica.

II – Uma fórmula como esta oferecer-se-ia, porém, demasiado ampla, por abarcar, tanto ações e omissões dos órgãos do poder político quanto ações e omissões dos particulares e por envolver, em consequência, regimes jurídicos muito diversos.

Trata-se, evidentemente, do não cumprimento de normas constitucionais pelo Estado e por outras entidades públicas, tal como só pode ser operativo um conceito próprio da ciência do Direito constitucional. Importa, por isso, analisar o fenómeno com o necessário cuidado.

---

leis, São Paulo, 1988; RUI MEDEIROS, *Valores jurídicos negativos da lei inconstitucional*, in *O Direito*, 1989, págs. 485 e segs., e *A decisão da inconstitucionalidade*, Lisboa, 1999; GILMAR FERREIRA MENDES, *Controle de inconstitucionalidade*, São Paulo, 1990; JOSÉ JUAN MORESO MATEOS, *Sobre normas inconstitucionales*, in *Revista Española de Derecho Constitucional*, maio-agosto de 1993, págs. 81 e segs.; PAULO OTERO, *Ensaio sobre o caso julgado inconstitucional*, Lisboa, 1993; ELIVAL DA SILVA RAMOS, *A inconstitucionalidade da lei*, São Paulo, 1994; MARIA FERNANDA PALMA, *Constitucionalidade e justiça*, in *Themis* (revista da Universidade Nova de Lisboa), 1, 2000, págs. 21 e segs.; GOMES CANOTILHO, *Direito Constitucional e Teoria da Constituição*, 7.ª ed., Coimbra, 2004, págs. 919-920 e 947 e segs.; LUÍS ROBERTO BARROSO, *O Controle de Constitucionalidade no Direito brasileiro*, São Paulo, 2004, págs. 11 e segs.; CARLOS BLANCO DE MORAIS, *Justiça Constitucional*, I, 2.ª ed., Coimbra, 2006, pág. 132.

[2]   *Contributo...*, cit., pág. 11 (com algumas modificações).

CAPÍTULO I – INCONSTITUCIONALIDADE, GARANTIA E FISCALIZAÇÃO

2. Análise do fenómeno

I – O primeiro termo da relação de inconstitucionalidade é a Constituição:

a) A Constituição, não genericamente, na sua globabilidade, em bloco, em bruto; mas por referência a uma norma determinada, a *certa* norma que rege ou atinge *certo* comportamento; por referência a certa norma, ou a certo segmento de norma, seja qual for a sua expressão verbal (texto de preâmbulo, artigo, número ou alínea de artigo).

Há sempre uma norma violada, e não outra. Pela inconstitucionalidade, transgride-se uma norma constitucional uma a uma, não se transgridem todas ao mesmo tempo e de igual modo. Pode assim ficar afetado todo um instituto ou capítulo que, nem por isso – subsistindo a Constituição e dispondo ela de meios de garantia da sua integridade – deixa de ser através de qualquer das suas normas (ou de segmentos de normas) que a inconstitucionalidade se manifesta. Um comportamento enquanto tal contrário a toda a Constituição, juridicamente significativo, só poderia ser uma revolução [3].

b) A Constituição, através de qualquer dos tipos de normas em que se analisa – regras e princípios [4];

c) A Constituição, através de qualquer dos princípios constantes da Declaração Universal dos Direitos do Homem, objeto de receção formal [5];

d) A Constituição também através de qualquer das normas consuetudinárias (inclusive, de origem jurisprudencial) que a integrem [6].

e) A Constituição, através de qualquer das suas normas, sejam originárias, sejam criadas por revisão constitucional (e nestas abrangidas as correspondentes às disposições transitórias das respetivas leis).

---

[3]   E esse seria comportamento não já *inconstitucional*, mas sim *anticonstitucional* (frente a essa Constituição, embora não frente à Constituição nova que faria emergir).

[4]   Cfr. JORGE MIRANDA, *Manual de Direito Constitucional*, II, 7.ª ed., págs. 275 e segs. e Autores citados.

[5]   *Ibidem...*, págs. 37 e segs.

[6]   *Ibidem*, págs. 132 e segs.

f) A Constituição, quando tenha ocorrido revisão constitucional, através de qualquer das suas normas já não em vigor, mas relativamente a situações produzidas durante o seu tempo de vigência.

II – O segundo termo é o comportamento do poder público:

a) Um comportamento de órgão do poder político ou mais amplamente, de entidades públicas e, no limite, de entidades privadas investidas de autoridade pública.

b) Um comportamento de órgãos de poder político no exercício da sua autoridade própria, sujeito a regras de Direito público; não um comportamento de entidades públicas (da Administração) sujeito a regras de Direito privado, não um ato de gestão privada da Administração[7].

c) Um comportamento tanto positivo – uma ação – como negativo – uma omissão; tanto um ato que é praticado quando não devia ser praticado, ou que é praticado contra uma norma constitucional, como uma abstenção ou inércia do poder político quando uma norma constitucional mandava agir e que, por isso, é valorada negativamente.

d) Um comportamento infraconstitucional, um comportamento subordinado à Constituição; ou, doutra perspetiva, no caso de ato normativo, uma norma infraconstitucional ou uma norma constitucional, mas esta criada por revisão, e não uma norma constitucional originária, produto do poder constituinte (originário).

e) Um comportamento, seja qual for o seu conteúdo – normativo ou não normativo, geral ou individual, abstrato ou concreto.
A Constituição diz que a validade das leis e dos demais atos do Estado, das regiões autónomas e do poder local depende da sua conformidade com a Constituição (art. 3.º, n.º 3), abarcando aí quaisquer espécies de atos. Todavia, ao definir quer a inconstitucionalidade por ação (art. 277.º, n.º 1) quer a inconstitucionalidade por omissão (art. 283.º), só alude a normas. Não significa isto que ela confine a inconstitucionalidade a atos normativos ou a omissões normativas. Significa apenas que o regime específico de fiscalização que estrutura, através

---

[7] Diversamente, Marcelo Rebelo de Sousa, *O valor jurídico...*, cit., págs. 333 e 334.

CAPÍTULO I – INCONSTITUCIONALIDADE, GARANTIA E FISCALIZAÇÃO

dos tribunais em geral (art. 204.º) e do Tribunal Constitucional em especial (arts. 277.º e segs.), está predisposto para tais atos e omissões, sem que isso impeça a existência de outros regimes para outras categorias de comportamentos.

f) Qualquer comportamento de Direito interno e também uma norma de Direito internacional quando aplicável na ordem interna. Compreende-se porquê [8].

III – Poderá haver certamente comportamentos dos particulares sujeitos ao crivo da constitucionalidade, por força da aplicação do princípio da igualdade nas relações entre eles (art. 13.º da Constituição) ou da vinculação das entidades privadas, em determinados termos, aos direitos fundamentais (art. 18.º, n.º 1) [9]. Será o caso, por exemplo, dos estatutos de uma associação, de uma fundação ou de um pacto social, com a discriminação entre os sócios ou de regulamento interno de uma empresa com violação desses direitos (cfr. arts. 14.º e segs. do Código do Trabalho).

Mas a necessária sujeição desses atos à Constituição [10] não implica a assimilação de uma eventual desconformidade com normas constitucionais à desconformidade por parte de órgãos do poder. É diversa a função da Constituição perante o poder político e perante os particulares e diferentes têm de ser, por conseguinte, os instrumentos de garantia.

Se, por um lado, os tribunais podem e devem conhecer da constitucionalidade de normas de entidades privadas ao abrigo do preceito geral (art. 204.º), já não se lhes estende o regime próprio de fiscalização da constitucionalidade que culmina na intervenção do Tribunal Constitucional (arts. 278.º e segs.). O controlo fica confinado aos tribunais judiciais e aos seus instrumentos processuais [11].

---

[8]   Cfr. *infra*.

[9]   Cfr. *Direitos Fundamentais*, Coimbra, 2017, págs. 365 e segs.

[10]   GOMES CANOTILHO, *op. cit.*, pág. 944, fala em "parâmetro normativo": o parâmetro normativo imediato pelo que se deve aferir a licitude ou ilicitude é constituída, neste caso, pelas normas e princípios constitucionais, e não por princípios vagos como os de ordem pública, bons costumes, boa-fé, muitas vezes invocados na jurisprudência como fundamento da nulidade ou anulabilidade de atos ilícitos privados.

[11]   Neste sentido, JORGE MIRANDA, anotação in JORGE MIRANDA e RUI MEDEIROS, *Constituição Portuguesa Anotada*, III, Coimbra, 2007, págs. 712-713; GOMES CANOTILHO

Problemas particularmente delicados levantam, porém, certos atos normativos baseados na autonomia privada ou na autonomia coletiva, como os compromissos arbitrais e os regulamentos de arbitragem e as convenções coletivas de trabalho. A eles aludiremos ao estudarmos o sistema português de fiscalização.

IV – A relação entre o comportamento ou a norma e a Constituição há-de ser:

a) *Uma relação direta*, uma relação que afete um ato ou uma omissão, ou uma norma que esteja ou venha a estar em relação direta com a Constituição.

À partida, não é de excluir que qualquer *ato jurídico-público*, qualquer ato de exercício de uma função do Estado, qualquer ato do poder público, desde que sujeito a uma norma constitucional sob qualquer aspeto – pressuposto, elemento, requisito – venha a infringi-la. Na prática e até por definição (tendo em conta o papel da Constituição), a inconstitucionalidade tende a cingir-se aos *atos jurídico-constitucionais*, aos atos cujo estatuto pertence, a título principal, ao Direito constitucional, aos atos regulados (não apenas previstos, embora não necessariamente regulados até ao fim) por normas da Constituição, a atos provenientes de órgãos constitucionais e com a sua formação dependente de normas constitucionais[12].

b) Uma relação direta, porque se traduz numa infração direta de uma norma constitucional.

Não basta que um ato (um tipo de ato) tenha o seu estatuto ou um aspeto principal da sua regulamentação na Constituição. É necessário ainda que o ato em concreto contradiga uma norma constitucional de fundo, de competência ou de forma; que contradiga essa norma, e não uma norma interposta, uma norma situada entre a Constituição e esse ato. Inconstitucionalidade verdadeira, e própria só pode ser inconstitucionalidade *específica*[13] ou direta.

---

e VITAL MOREIRA, *Constituição da República Portuguesa Anotada*, II, 4.ª ed., Coimbra, 2010, pág. 907.

[12] V. *Manual...*, V, 4.ª ed., Coimbra, 2010, págs. 101 e segs.

[13] MARCELLO CAETANO, *Tratado Elementar de Direito Administrativo*, I, Coimbra, 1943, pág. 390.

Mas teremos de esclarecer e justificar estes assertos, porque comportam graves implicações.

c) *Uma relação de desconformidade, e não apenas de incompatibilidade*; uma relação de descorrespondência, de inadequação, de inidoneidade perante a norma constitucional, e não apenas de mera contradição.

Em Direito administrativo, a propósito do alargamento do princípio da legalidade do século xix para o século xx, distingue-se entre compatibilidade e conformidade: de um estádio em que a lei descrevia um limite externo à atividade da Administração passou-se a um estádio em que encerra a própria substância da vontade administrativa [14].

A consideração de um princípio homólogo em Direito constitucional – o princípio da constitucionalidade – coincide com essa evolução [15] e, em larga medida, sofre a sua influência.

Inconstitucionalidade envolve desconformidade ou não conformidade, mas é indispensável discernir, mormente no domínio da inconstitucionalidade material, diferentes modos e graus em razão da diversidade de normas constitucionais e das relações entre elas e os comportamentos dos órgãos do poder.

d) Uma relação de desconformidade, que acarreta, quanto aos atos e às normas de Direito interno inconstitucionais, *invalidade* (em sentido amplo) e, quanto às normas de Direito internacional vigentes na ordem interna, *ineficácia*.

3. Inconstitucionalidade de normas constitucionais

I – É possível a inconstitucionalidade de normas constitucionais em caso de revisão constitucional que pretira regras orgânicas ou procedimentais ou que infrinja limites materiais. As normas assim surgidas – normas constitucionais (ou que o pretendam ser) – por contrariarem as normas constitucionais a que estão sujeitas, não devem subsistir, sob pena de, no limite, se produzir transição constitucional [16].

---

[14] Cfr. André Gonçalves Pereira, *Erro e Ilegalidade no Acto Administrativo*, Lisboa, 1962, págs. 21 e 38 e segs.

[15] Cfr. *Contributo...*, cit., págs. 77 e segs.

[16] V. *Manual...*, ii, cit., págs. 116 e segs. e 271 e segs.

E é possível mesmo configurar inconstitucionalidade de normas constitucionais no momento anterior, de exercício do poder constituinte (originário). Porque o órgão que elabora e decreta a Constituição formal tem de se considerar solidário da ideia de Direito afirmada pelo poder constituinte material (seja através de revolução, seja através de transição), nada impede que se suscite então um problema de conformidade. Mas parece extremamente difícil conferir-lhe tradução prática, por causa dos circunstancialismos históricos envolventes que mal se compadecem com parâmetros de validade.

Representa algo de excecional a recente apreciação, pelo Tribunal Constitucional sul-africano, da Constituição de 1996 frente aos «Princípios Constitucionais» definidos aquando do processo pacífico e compromissório de passagem do *apartheid* a uma democracia multi-racial [17].

II – Questão bem diversa vem a ser a da inconstitucionalidade de normas constitucionais no âmbito da Constituição formal, visto que as normas que aí se ponham em confronto proveem de um mesmo e único poder. Não ignoramos, no entanto, uma significativa corrente doutrinal que a aceita.

Paradigmático desta corrente é o pensamento de OTTO BACHOF, exposto em célebre conferência de 1951, em que discrimina três contradições – contradição com normas constitucionais de grau superior, infração de direito supralegal positivado na lei constitucional e infração de direito supralegal não positivado – e em que, se nega a inconstitucionalidade no primeiro caso, sustenta que a isso se reconduzem a segunda e a terceira situações.

Quando o legislador constituinte atua autonomamente, editando normas jurídicas que são a expressão livre do *pouvoir constituant*, poderá ele, em virtude desta autonomia, consentir também exceções ao direito que estabelece. Diferentemente, se uma norma da Constituição infringir outra norma constitucional que positive direito supralegal, tal norma será não apenas contrária ao direito natural como inconstitucional: a «incorporação material» (IPSEN)

---

[17]   V. a decisão do Tribunal in *Constitutional Law Reports* (Butterworths, Durban), 1996, págs. 1252 e segs.; cfr. crónica de XAVIER PHILIPPE, in *Revue française de droit constitutionnel*, 1997, págs. 163 e segs.; e MARIA JOSÉ MORAIS PIRES, *O acórdão de «certificação» da Constituição da África do Sul*, in *Estudos em homenagem ao Prof. Doutor Armando M. Marques Guedes*, obra coletiva, Coimbra, 2004, págs. 17 e segs.

CAPÍTULO I – INCONSTITUCIONALIDADE, GARANTIA E FISCALIZAÇÃO

dos valores supremos na Constituição faz com que toda a infração do direito supralegal apareça, necessária e simultaneamente, como violação do conteúdo fundamental da Constituição. E, de igual sorte, no terceiro caso, embora com dúvidas, considera BACHOF que se oferece inconstitucionalidade, pois o direito supralegal vem a ser imanente a *toda* a ordem *jurídica* que se reivindique legitimamente deste nome e, portanto, em primeira linha, a toda a ordem *constitucional* que queira ser vinculativa [18].

A mesma tendência reconhece-se em parte da doutrina italiana, da espanhola ou da grega: assim, por exemplo, partindo de um conceito de Constituição que envolve normas meta-estatais e partindo da existência de limites ao poder constituinte exercido pelo povo, GERARDO MORELLI afirma a possibilidade de contradição de certas normas constitucionais com os princípios e valores da Constituição, embora não ponha a hipótese de impugnação direta de tais normas (pois elas não são objeto do controlo de constitucionalidade) [19] [20] [21].

Em Portugal, já antes de 1974 o problema não era desconhecido. Designadamente, ROGÉRIO SOARES, assentando num conceito de Constituição como «equilíbrio realizado dos valores fundamentais duma comunidade», admitia a possibilidade de, eventualmente, serem recusados preceitos constitucionais

---

[18] *Normas constitucionais inconstitucionais?*, trad., Coimbra, 1977, *maxime* págs. 54 e segs., 62 e segs. e 67-68. Também ADOLFO SÜSTERHENN (*L'avènement du droit supra-positif dans l'évolution du droit constitutionnel allemand*, in *Boletim da Faculdade de Direito da Universidade de Coimbra*, vol. XXXVI, 1955, págs. 168 e segs., *maxime* 185-186) associa a ideia de normas constitucionais inconstitucionais à receção do Direito natural pela Constituição.
Cfr., algo diferentemente, J. ESSER (*Principio y norma en la elaboración jurisprudencial del derecho privado*, trad., Barcelona, 1961, págs. 90 e 91), considerando «normas constitucionais de grau superior» as bases da organização de determinada forma estatal.

[19] *Il diritto naturale nelle costituzioni moderne*, Milão, 1974, *maxime* págs. 217 e segs., 273 e segs. e 311 e segs.

[20] Cfr., sobre o assunto, na Espanha, PABLO LUCAS VERDU, *Curso de Derecho Político*, II, Madrid, 1974, págs. 698 e segs.; na Grécia, GEORGES MITSOPOULOS, *Problemes de la validité du droit*, in *Studi in onore di Enrico Tullio Liebman*, obra coletiva, I, Milão, 1979, págs. 313 e segs.; ou no Brasil, PAULO BONAVIDES, *A Constituição Aberta*, Belo Horizonte, 1993, págs. 279 e segs., e *O Art. 45.º da Constituição Federal e a inconstitucionalidade de normas constitucionais*, in *Revista da Faculdade de Direito da Universidade de Lisboa*, 1995, págs. 5 e segs.; ZENO VELOSO, *Controle jurisdicional de constitucionalidade*, 2.ª ed., Belo Horizonte, 2000, págs. 209 e segs.; EMERSON GARCIA, *Conflitos entre normas constitucionais*, Rio de Janeiro, 2008, págs. 259 e segs.

[21] Cfr. também a nota de Direito comparado de KARL LOEWENSTEIN, *Verfassungslehre*, 1959, trad. *Teoria de la Constitution*, Barcelona, 1964, págs. 192 e segs.

FISCALIZAÇÃO DA CONSTITUCIONALIDADE

que surgissem «em manifesto desacordo com o imbricamento geral» [22]. E também VITAL MOREIRA se lhe referia [23].

Mas foi sobretudo após a entrada em vigor da Constituição de 1976 e sobretudo à face do seu art. 309.º (depois 294.º, depois 292.º) e da Lei n.º 8/75, de 25 de julho, que o problema foi colocado. E esse preceito e essa lei foram contestados por inconstitucionalidade, por se afastarem dos princípios e valores de uma verdadeira ordem constitucional; por estarem «em contradição com princípios fundamentais que a mesma Constituição aceita e tão solenemente proclama (arts. 29.º e 13.º), ao mesmo tempo que violam valores capitais que igualmente enformam o seu substrato axiológico-político e que na própria letra se assumem (arts. 1.º, 2.º, etc.)» [24].

Por outro lado, atribuindo-se carácter supraconstitucional à Declaração Universal dos Direitos do Homem, entendeu-se que, na medida em que houvesse colisão entre ela e a Constituição e, portanto, valorações diferentes (não podendo ser executadas ao mesmo tempo) deveria dar-se primazia à Declaração, pelo menos se e quando esta fosse mais aberta, generosa e liberal que a nossa Constituição [25]. E afirmou-se que, no caso de alguma norma da Constituição contrariar a Declaração, tal norma seria inconstitutional [26].

---

[22]   *Constituição*, in *Dicionário Jurídico da Administração Pública*, II, pág. 672.

[23]   *Economia e Constituição*, Coimbra, 1974, págs. 148 e segs., em particular sobre conflitos entre a Constituição económica diretiva (programática) e a Constituição económica estatutária.

[24]   A. CASTANHEIRA NEVES, *A Revolução e o Direito*, Coimbra, 1976, pág. 7. Na mesma linha, AFONSO QUEIRÓ, *Lições de Direito Administrativo*, Coimbra, 1976, págs. 295 e segs., *maxime* 307; RUI MOURA RAMOS, *Direito Internacional Privado e Constituição*, Coimbra, 1979, pág. 181, nota; CAVALEIRO DE FERREIRA, *Direito Penal Português*, I, Lisboa, 1981, pág. 92; MENEZES CORDEIRO, *Da Boa Fé no Direito Civil*, Lisboa, 1984, pág. 1275, nota; NUNO SÁ GOMES, *Lições de Direito Fiscal*, II, Lisboa, 1985, págs. 21 e segs. Mais atenuadamente, SOARES MARTINEZ, *Manual de Direito Fiscal*, Coimbra, 1983, págs. 100-101; VIEIRA DE ANDRADE, *Os direitos fundamentais na Constituição Portuguesa*, 1.ª ed., Coimbra, 1983, págs. 128-129, nota; MANUEL AFONSO VAZ, *Lei e Reserva da Lei*, Porto, 1992, págs. 210, 233 e segs., 239 e segs. e 289.
Mais recentemente, sobre o problema, JORGE BACELAR GOUVEIA, *O Estado de Excepção no Direito Constitucional*, Lisboa, 1998, págs. 1489 e segs.; MANUEL AFONSO VAZ, *Teoria da Constituição – O que é a Constituição hoje?*, Coimbra, 2012, págs. 125 e segs.; RÚBEN RAMIÃO, *As normas constitucionais "inconstitucionais"*, in *O Direito*, 2013, págs. 945 e segs.

[25]   AFONSO QUEIRÓ, *Lições...*, cit., págs. 325-326.

[26]   PAULO OTERO, *Declaração Universal dos Direitos do Homem: a inconstitucionalidade das normas constitucionais*, in *O Direito*, 1990, págs. 612 e segs. (não aceitando a inconstitucionalidade de

CAPÍTULO I - INCONSTITUCIONALIDADE, GARANTIA E FISCALIZAÇÃO

III – Também nós perfilhamos uma «axiologia transpositiva que não está na disponibilidade do positivo constitucional ou de que não é titular sem limites o poder constituinte» [27]; e, por conseguinte, temos afirmado a existência de limites transcendentes que correspondem a imperativos de Direito natural, tal como, em cada época e em cada lugar, este se refrange na vida social [28].

Todavia, não cremos que, a dar-se qualquer forma de contradição ou de violação dessa axiologia, estejamos diante de uma questão de inconstitucionalidade; estamos, sim, diante de uma questão que a ultrapassa [29], para ter de ser encarada e solucionada em plano diverso – no da Constituição material que é adotada ou no do tipo constitucional ao qual pertence. Precisamente, por estarem em causa limites transcendentes, declarados e não constituídos, no extremo poderá haver invalidade ou ilegitimidade da Constituição. O que não poderá haver será inconstitucionalidade: seria incongruente invocar a própria Constituição para justificar a desobediência ou a insurreição contra as suas normas.

Inconstitucionalidade envolve um juízo de valor a partir dos critérios constitucionais, sejam estes quais forem. Se os critérios constitucionais englobarem – como é desejável que englobem – valores de justiça, liberdade, solidariedade, dignidade da pessoa humana, também a inconstitucionalidade terá de ser aferida à face desses valores. Mas não é seguro que eles sejam sempre acolhidos com a mesma intensidade ou acolhidos da mesma forma. Nem se verifica unanimidade quanto às conceções filosófico-jurídicas subjacentes às Constituições, longe disso. Não concordamos, pois, com BACHOF quando, reivindicando para toda e qualquer ordem constitucional valores supralegais, daí retira suscetibilidade de inconstitucionalidade. Ainda que aceitemos que em toda e qualquer ordem jurídica se encontram aqueles valores, nem sempre eles alcançam força suficiente para conformarem a Constituição e, portanto,

---

normas constitucionais por violação de princípios ou normas transcendentes; a desconformidade de normas da Constituição com a Declaração Universal reconduz-se a um fenómeno de desconformidade entre duas estruturas de Direito positivo). Cfr., em perspetiva algo diferente, *O poder de substituição no Direito Administrativo*, Lisboa, 1995, págs. 46, nota, 126, 127 e 557, nota.

[27]   Na expressão de A. CASTANHEIRA NEVES, *A Revolução e o Direito*, cit., pág. 230.

[28]   Cfr. *Manual...*, II, cit., págs. 142-143.

[29]   Cfr. KARL ENGISCH, *Introdução ao Pensamento Jurídico*, trad., Lisboa, 1966, págs. 257, 265 e segs. e 274, *maxime* 268.

FISCALIZAÇÃO DA CONSTITUCIONALIDADE

para determinarem constitucionalidade ou inconstitucionalidade dos atos jurídico-públicos.

No interior da *mesma* Constituição originária, obra do *mesmo* poder constituinte formal, não divisamos como possam surgir normas inconstitucionais [30]. Nem vemos como órgãos de fiscalização instituídos por esse poder seriam competentes para apreciar e não aplicar, com base na Constituição, qualquer das suas normas [31] [32]. É um princípio de identidade ou de não contradição que o impede.

Pode haver inconstitucionalidade por oposição entre normas constitucionais preexistentes e normas constitucionais supervenientes, na medida em que a validade destas decorra daquelas (como no caso referido da África do Sul); não por oposição entre normas feitas ao mesmo tempo por uma mesma autoridade jurídica. Pode haver inconstitucionalidade de normas de Constituições de Estados federados frente à Constituição federal. Pode haver inconstitucionalidade da revisão constitucional [33], porque a revisão funda-se, formal e materialmente, na Constituição; não pode haver inconstitucionalidade do poder constituinte (originário).

[30]   Cfr. MARCELO REBELO DE SOUSA, *O valor jurídico...*, cit., págs. 128 e segs., para quem existe uma interpenetração absoluta entre Constituição formal e Constituição material, sendo impensáveis disposições formalmente constitucionais opostas à Constituição material; ou EMERSON GARCIA, *op. cit.*, págs. 318 e segs. falando numa impossibilidade lógica de normas constitucionais inconstitucionais.

[31]   Ou como o aplicador individual da Constituição poderia substituir-se ao próprio poder constituinte na tarefa de valoração dos princípios fundamentais da Constituição (GOMES CANOTILHO e VITAL MOREIRA, *Fundamentos da Constituição*, Coimbra, 1991, pág. 45).

[32]   A jurisprudência constitucional portuguesa por duas vezes encarou a questão da inconstitucionalidade de normas constitucionais: no parecer n.º 9/79 da Comissão Constitucional, de 27 de março (in *Pareceres*, VIII, págs. 8 e 9), e no acórdão n.º 480/89 do Tribunal Constitucional, de 13 de julho (in *Diário da República*, 2.ª série, de 31 de janeiro de 1990); naquele em mera referência, neste implicitamente tomando posição.

Estava em causa no acórdão um recurso em que era arguida a constitucionalidade da norma constitucional de proibição do *lock-out* (art. 57.º, n.º 3), por contrária ao princípio da igualdade (art. 13.º). O Tribunal não deu provimento ao recurso, considerando não haver tal contradição. Mas, assim fazendo, reconheceu-se implicitamente o poder de apreciação da constitucionalidade de normas constitucionais, quando o legislador constituinte originário infringisse uma axiologia suprapositiva e inscrevesse no texto constitucional normas que fossem *não-direito*.

[33]   Mesmo em Constituição flexível: assim, já, *Decreto*, cit., pág. 110.

CAPÍTULO I – INCONSTITUCIONALIDADE, GARANTIA E FISCALIZAÇÃO

Se a Constituição como conjunto de regras e princípios tem de ser tomada como um todo harmónico, haverá que procurar definir as relações entre eles (em termos de regra e exceção, de regra geral e especial ou como se entender); e apenas, quando pelos processos lógicos de trabalho dos juristas não for possível superar um conflito de normas [34], poderá justificar-se recorrer a interpretação corretiva ou a interpretação ab-rogante [35]. Isto, naturalmente, sem embargo de, quando a Constituição não se reduzir à mera Constituição instrumental ou legal e fizer apelo a princípios suprapositivos – como acontece com a Constituição portuguesa, designadamente através do preâmbulo e dos arts. 1.º e 16.º – ser obrigatório tomá-los em consideração e buscar um sentido e um alcance para os desvios ou as exceções aos princípios que, dentro do razoável, sejam os menos desconformes possíveis com o sentido e o alcance dos princípios fundamentais da Constituição.

Acresce o carácter compromissório de muitas Constituições (como a portuguesa), de tal sorte que o eventual somatório de regras e princípios de matriz diferente ou de sentido discrepante tem de se entender como expressão real da vontade constituinte em certo tempo histórico, cabendo ao intérprete reconstruir as relações entre eles num todo logicamente articulado, mas não substituir-se ao órgão de revisão na eliminação desta ou daquela norma divergente dos princípios. E pode perguntar-se mesmo, numa rigorosa procura de justiça e segurança, qual o mal menor: se abalar o compromisso constitucional e abrir caminho para ruturas que se pagam caro, ou se admitir, transitória e limitativamente, a vigência de normas que derroguem tais princípios.

Não vamos, porém, ao ponto de afastar o poder, e até o dever, do juiz de não aplicar normas constitucionais contrárias a imperativos de Direito natural, violadoras de valores fundamentais, gravemente injustas (assim como não negamos o direito de resistência dos cidadãos). Mas, repetimos, a questão não é então de inconstitucionalidade, mas de injustiça da lei constitucional, e como tal tem de ser assumida. Tudo está então em saber se o juiz – qualquer juiz, e

---

[34] Cfr., por exemplo, FRANCESCO CARNELUTTI, *Teoria General del Derecho*, trad., Madrid, 1955, págs. 108 e segs.; KELSEN, *Teoria Pura...*, cit., II, págs. 27 e segs.; J. HERMANO SARAIVA, *A crise do direito*, Lisboa, 1964, págs. 73-74; KARL ENGISCH, *op. cit.*, págs. 254 e segs.

[35] Cfr. JOSÉ DE OLIVEIRA ASCENSÃO, *O Direito – Introdução e Teoria Geral*, 13.ª ed., Coimbra, 2005, págs. 425 e segs.; ou FERNANDO JOSÉ BRONZE, *Lições de Introdução ao Direito*, 2.ª ed., Coimbra, 2006, págs. 916 e segs.

FISCALIZAÇÃO DA CONSTITUCIONALIDADE

não especificamente o Tribunal Constitucional[36][37] – goza de autoridade social para isso e se na comunidade é suficientemente clara e forte a consciência daqueles imperativos e valores[38].

IV – Revertendo ao art. 292.º e à Lei n.º 8/75, não temos dúvidas de que contradiziam – contradiziam, e não contradizem, porque já caducaram[39] – um princípio da Constituição, o do *nullum crimen, nulla poena sine lege*[40] (assim como o art. 308.º inicial e o Decreto-Lei n.º 621-B/74, de 15 de novembro, colidiam com o princípio do sufrágio universal). Simplesmente, essas contradições não permitiam senão qualificar tais normas como excecionais, como normas que subtraiam certas pessoas ou certas situações ao regime decorrente dos princípios, e não como normas inconstitucionais que a Constituição repudiasse do seu seio e eliminasse do sistema jurídico positivo vigente. Também aí, de resto, terá funcionado um compromisso entre as forças e os

[36]   Implicitamente, PAULO OTERO não anda longe deste raciocínio, ao considerar que a fiscalização da constitucionalidade de normas constitucionais frente à Declaração Universal é apenas a concreta e difusa, e não também a abstrata (*op. cit., loc. cit.*, págs. 618-619).
[37]   Cfr., por exemplo, BARBAS HOMEM, *Reflexões sobre o justo e o injusto: a injustiça como limite do Direito*, in *Revista da Faculdade de Direito da Universidade de Lisboa*, 1998, n.º 2, págs. 587 e segs.
[38]   Na Constituição de 1933, o art. 4.º declarava a soberania limitada pela Moral e pelo Direito e o melhor entendimento – que partilhávamos (v. *Ciência Política e Direito Constitucional*, Lisboa, 1972-1973, II, págs. 115 e segs., *maxime* 127 e segs.) – era de que o Direito abrangia o Direito natural e de que a norma se dirigia tanto ao legislador como ao juiz. E, todavia, essa foi sempre uma postura minoritária e sem tradução prática.
Nem perante essa Constituição (apesar da natureza autoritária e divergente do Estado de Direito do regime consagrado) se levantaram problemas de inconstitucionalidade de normas constitucionais por alguns autores que depois as suscitariam perante a Constituição de 1976.
[39]   V. *Manual...*, II, cit., pág. 44 e 45.
[40]   Ao contrário do que foi sustentado na Assembleia Constituinte pelos Deputados José Luís Nunes e Carlos Candal (in *Diário*, n.º 37, pág. 1027, e n.º 129, pág. 4310, respetivamente), preceitos como os da Lei n.º 8/75 não podiam fundar-se no art. 29.º, n.º 2, da Constituição e no art. 11.º, n.º 2, da Declaração Universal. Os princípios gerais de direito internacional comummente reconhecidos, a que a Constituição e a Declaração se reportam, só poderiam visar crimes contra a paz, crimes de guerra e crimes contra a humanidade, e não a pertença a certas organizações ou a colaboração com elas, independentemente do dano: JOSÉ DE SOUSA BRITO, *A lei penal na Constituição*, in *Estudos sobre a Constituição*, obra coletiva, II, Lisboa, 1978, pág. 243. Cfr. HENRI MEYROWITZ, *La Répression par les Tribunaux Allemands des Crimes contre l'Humanité et de l'Appartenance à une Organisation Criminelle*, Paris, 1960, *maxime* pág. 436.

CAPÍTULO I – INCONSTITUCIONALIDADE, GARANTIA E FISCALIZAÇÃO

partidos representados na Assembleia Constituinte (terá funcionado quanto aos textos aprovados, quanto à sua localização em «Disposições finais e transitórias», enfim quanto à relação estabelecida com as disposições da parte substantiva) [41].

Mas, ao mesmo tempo, porque a receção operada da Lei n.º 8/75 fora uma receção material, e não formal – e porque, seja como for, é vocação dos princípios a sua expansabilidade – justificava-se perfeitamente restringir ou comprimir as exceções em face dos princípios e tentar descobrir na dúvida, o sentido *menos excecional* – porquanto os princípios deveriam e devem preferir [42].

4. Inconstitucionalidade e ilegalidade

I – Pode falar-se em legalidade em sentido amplíssimo – em contraposição a mérito [43] – para traduzir a conformidade do poder com o Direito a que deve obediência. E, na nossa Constituição, afirma-se que o Estado se funda na *legalidade* democrática (art. 3.º, n.º 2), a qual abrange ou implica, simultaneamente, um conjunto de valores ligados à ideia de Direito democrático e às

---

[41] Recorde-se que, quando da votação do preceito a que corresponderia o art. 18.º, n.º 3, da Constituição, o Deputado Vital Moreira propôs, sem êxito, que se antepusesse ao preceito o seguinte: «Salvos os casos expressamente previstos nesta Constituição, as leis restritivas...» (*Diário*, n.º 36, pág. 977). E propô-lo para que se «salvaguardassem exceções como as respeitantes à incriminação retroativa dos ex-agentes da PIDE-DGS e ao cerceamento de direitos políticos dos ex-agentes fascistas». A isso se respondeu, contudo, que «as normas constitucionais que preveem casos especiais são normas constitucionais e, como tais, haverão de se aplicar» (Deputado Costa Andrade, *ibidem*, pág. 978) e que «as exceções contidas na Constituição, qualquer que seja a sua localização, valem de per si, sem necessidade de ressalva expressa no artigo onde se formula o princípio geral» (Deputado Freitas do Amaral, *ibidem*).

[42] Assim, o nosso estudo *Direito constitucional e ordinário anterior*, in *Estudos sobre a Constituição*, obra coletiva, I, Lisboa, 1977, pág. 361, nota, e toda a jurisprudência atinente ao art. 309.º (depois art. 294.º): v., por todos, o acórdão n.º 108 da Comissão Constitucional, de 25 de julho de 1978, in *Apêndice ao Diário da República*, de 29 de dezembro de 1978, pág. 71. E na mesma orientação, sobre o primitivo art. 308.º, o parecer n.º 2/80, de 5 de fevereiro, in *Pareceres*, XI, pág. 75.

[43] Cfr., numa perspetiva jurídico-administrativa, ROGÉRIO SOARES, *Interesse público, legalidade e mérito*, Coimbra, 1955: *mérito* é o merecimento do ato em vista do fim que se propõe, o seu valor, a sua utilidade, é o sentido do ato como bem (pág. 207).

normas decretadas por órgãos baseadas no sufrágio universal, igual, direto, secreto e periódico [44] [45].

Pode falar-se também em legalidade como conformidade com a lei ordinária (ou com o Direito ordinário), ao passo que a constitucionalidade é a conformidade com a Constituição; ou, negativamente, em ilegalidade e em inconstitucionalidade. E é essa aceção que interessa para o nosso estudo aqui.

II – Inconstitucionalidade e ilegalidade são ambas violações de normas jurídicas por atos do poder. Verificam-se sempre que o poder infringe a Constituição, a lei ou qualquer outro preceito que ele próprio edite e a que necessariamente fica adstrito. Não divergem de natureza, divergem pela qualidade dos preceitos ofendidos, ali formalmente constitucionais, aqui contidos em lei ordinária ou nesta fundados.

A distinção radica na norma que disciplina o ato de que se trate, fixando-lhe pressupostos, elementos, requisitos (de qualificação, validade e regularidade). Se for a Constituição, o ato será inconstitucional em caso de desconformidade; se tais requisitos não se encontrarem senão na lei, já a sua falta torná-lo-á meramente ilegal. Dificuldades só poderão suscitar-se sendo o ato, em parte, objeto da Constituição (por exemplo, quanto à competência e à forma) e, em parte, regulado pela lei (por exemplo, quanto ao conteúdo que deva ter).

Por certo, a Constituição é a base da ordem jurídica, o fulcro das suas energias, o fundamento último da atividade do Estado. Estatuto definidor da vida pública, o ordenamento estatal vai entroncar nas suas regras e nos seus princípios; e, assim como as leis anteriores recebem da Constituição a possibilidade de subsistir, os atos posteriores não podem, direta ou indiretamente, opor-se aos seus comandos. Mas disto não decorre que se projete com a mesma intensidade e a mesma extensão sobre todos os atos, nem que qualquer desarmonia se traduza em inconstitucionalidade relevante para efeito de arguição.

---

[44] É tarefa fundamental do Estado garantir o respeito pelos princípios do Estado de Direito democrático [art. 9.º, alínea *b*)]; compete ao Governo e aos tribunais defender a legalidade democrática [arts. 199.º, alínea *f*), e 202.º, n.º 2]; e a tal função destinam-se especificamente, nos seus domínios próprios, o Ministério Público (art. 219.º, n.º 1) e a polícia (art. 272.º, n.º 1).

[45] Cfr. *Direitos Fundamentais*, cit., págs. 246 e segs.

CAPÍTULO I – INCONSTITUCIONALIDADE, GARANTIA E FISCALIZAÇÃO

É que o sistema jurídico não está organizado de forma circular, com a Constituição no centro e todos os atos amarrados a ela, a igual distância: em primeiro lugar, porque a Constituição moderna historicamente surgiu tendo como escopo limitar o poder político e a sua função essencial não é estabelecer a disciplina doutras entidades públicas infra-estatais e dos particulares, ainda que se lhes refira; em segundo lugar, porque a complexidade das situações da vida e das intervenções do Estado na sociedade impõe a multiplicação e a descentralização de fontes e órgãos de produção jurídica.

Domina, antes, como bem se sabe, uma estrutura hierarquizada, em que cada ato jurídico-público tem de assentar, formal e materialmente, num preceito determinado, que, por seu turno, se funda noutro de grau superior. Quer se aceitem quer se rejeitem as conceções normativistas e gradualistas, sem dúvida ao observador deparam-se sucessivos estratos de normas com funções próprias e não absorvidas na Constituição. Também isso, aliás, constitui exigência do Estado de Direito – aquele em que o Direito serve de medida de todas as coisas – porquanto só a sujeição específica a uma norma certa e determinada permite o exercício da fiscalização jurídica das decisões do poder [46].

III – O problema parece complicar-se em alguns casos: quando a Constituição prescreve (ou quando é a Constituição a prescrever) a subordinação de um ato a uma norma infraconstitucional e quando, portanto, uma infração desta norma – que parece interposta – vem a redundar em violação da Constituição [47].

---

[46]   Sobre o confronto dos princípios da constitucionalidade e da legalidade na administração, v., por exemplo, o nosso *Contributo...*, cit., págs. 79 e segs.; ou LOUIS FAVOREU, *Legalité et constitutionnalité*, in *Les Cahiers du Conseil Constitutionnel*, 3, 1997, págs. 75 e segs.

[47]   Cfr., entre nós, MARCELLO CAETANO, *Manual de Direito Administrativo*, 1.ª ed., 1936, pág. 461, e *Manual de Ciência Política...*, 6.ª ed., II, pág. 686, nota; JOSÉ CARLOS MOREIRA, *Fiscalização Judicial da Constituição*, in *Boletim da Faculdade de Direito da Universidade de Coimbra*, 1943, pág. 361; AFONSO QUEIRÓ, *Nota sobre o contencioso de normas administrativas*, in *Revista de Direito e Estudos Sociais*, ano I, 1945-1946, págs. 217 e segs.; JORGE MIRANDA, *Contributo...*, cit., pág. 168, e *Decreto*, cit., págs. 101 e segs.; MIGUEL GALVÃO TELES, *Direito Constitucional Português Vigente*, policopiado, Lisboa, 1971, págs. 72 e 73, nota; RUI MACHETE, *Contencioso administrativo*, in *Dicionário Jurídico da Administração Pública*, II, pág. 782; MÁRIO ESTEVES DE OLIVEIRA, *Direito Administrativo*, Coimbra, 1980, I, págs. 92 e segs.; TEIXEIRA RIBEIRO, *Os poderes orçamentais da Assembleia da República*, Coimbra, 1987, pág. 7; LUÍS SERRADAS TAVARES, *A aplicação interna das convenções internacionais face ao controlo do Tribunal Constitucional*, Lisboa, 1997, págs. 107 e

FISCALIZAÇÃO DA CONSTITUCIONALIDADE

Assim sucede com a subordinação das leis às normas de Direito internacional vigente na ordem interna, designadamente as produzidas por tratado vinculativo do Estado ou emanados de organização internacional de que Portugal seja parte (art. 8.º) [48]; com a subordinação às correspondentes leis dos decretos-leis publicados no uso de autorizações legislativas e dos que desenvolvam as bases gerais dos regimes jurídicos (art. 112.º, n.º 2); com a subordinação dos atos da Assembleia da República ao seu regimento [arts. 175.º, alínea a), e 178.º, n.º 1]; com a subordinação dos regulamentos às leis [arts. 112.º, n.º 8, e 199.º, alínea c)]; e com a limitação dos regulamentos das autarquias locais pelos regulamentos emanados das autarquias de grau superior e das autoridades com poder tutelar (art. 241.º) [49].

As leis de autorização legislativa e as leis de bases são leis reforçadas frente aos respetivos decretos-leis. Não são as únicas. Outras há que, similarmente, desempenham uma função específica no ordenamento, uma função conformadora – de impulsão, de habilitação ou de garantia – que acarreta um valor reforçado [arts. 112.º, n.º 3, 280.º, n.º 2, alínea a), e 281., n.º 1, alínea b)]. E, além daquelas que se encontram em relação apenas com certas leis, há leis reforçadas que se impõem a quaisquer normas legislativas, que determinam uma vinculação de carácter geral [50].

E não se pense que a qualificação de qualquer fenómeno de contradição que possa surgir a propósito destas relações de subordinação e vinculação é algo de meramente académico. Ao invés, podem ser questões de grande

---

segs.; Rui MEDEIROS, *A decisão...*, cit., pág. 362; GOMES CANOTILHO, *Direito Constitucional...*, cit., págs. 922 e segs.; GOMES CANOTILHO e VITAL MOREIRA, *Constituição da República Portuguesa Anotada*, II, 4.ª ed., 2010, págs. 909 e 910. E, na doutrina italiana, por exemplo, COSTANTINO MORTATI, *Atti con forza di legge e sindicato di costituzionalità*, Milão, 1964; FRANCO MODUGNO, *op. cit.*, II, págs. 91 e segs.; PAOLO GIOCOLI NACCI, *Norme interposte e giudizio di costituzionalità*, in *Giurisprudenza Costituzionale*, 1982, págs. 1875 e segs.; MASSIMO SILLARI, *Le «norme interposte» nel giudizio di costituzionalità*, Pádua, 1992.

[48] V. a demonstração em *A Constituição de 1976*, cit., pág. 301, e em *Curso de Direito Internacional Público*, 5.ª ed., Cascais, 2012, págs. 170 e segs.

[49] E sucedia também assim até à revisão constitucional de 2004 com o respeito dos princípios fundamentais das leis gerais da República pelos decretos legislativos regionais, salvo quando o Parlamento autorizasse o contrário em certos termos [arts. 112.º, n.º 4, e 227.º, n.º 1, alíneas a) e b)].

[50] V. *Manual...*, V, cit., págs. 379 e segs.

CAPÍTULO I - INCONSTITUCIONALIDADE, GARANTIA E FISCALIZAÇÃO

importância prática, em face das respostas que o Direito venha a dar e dos resultados – eventualmente divergentes – que venha a estabelecer.

IV – Reiteramos a opinião que há muito sustentamos de que se trata de um problema de ilegalidade (ou de ilegalidade *sui generis*), e não de inconstitucionalidade [51]. E isso não somente por virtude de uma determinada visão do sistema de normas e atos como ainda por virtude do próprio teor do fenómeno: pois o que está em causa em qualquer das hipóteses é, primariamente, a contradição entre duas normas não constitucionais, não é a contradição entre uma norma ordinária e uma norma constitucional; e é somente por se dar tal contradição que indiretamente (ou, porventura, consequentemente) se acaba por aludir a inconstitucionalidade [52].

O art. 8.º, n.º 2, da Constituição em si não rege nenhuma situação ou relação que seja objeto de tratado e de lei discrepante; ele encerra tão-só o princípio abstrato da adstrição das normas legais às normas convencionais. E o mesmo se diga do art. 112.º, n.º 2, quanto às leis de autorização legislativas [53] e aos decretos-leis autorizados e quanto às leis de bases e aos decretos-leis de desenvolvimento; do art. 175.º, alínea *a)*, quanto aos atos *interna corporis*; do art. 199.º, alínea *c)*, quanto às leis e aos regulamentos; do art. 241.º, quanto aos regulamentos das autarquias locais; e dos vários preceitos atinentes a leis ordinárias reforçadas. Ainda que eles não existissem, pela natureza das

---

[51]   Especialmente controverso foi o problema da qualificação como inconstitucionalidade ou como ilegalidade *sui generis* da contradição entre lei e tratado até ser resolvido em 1989: cfr. *infra*.
No Tribunal Constitucional, durante anos, uma das secções optou pela inconstitucionalidade (e considerou-se, portanto, competente para dela conhecer), ao passo que a outra a recusou (com a inerente consequência). V., entre tantos, de um lado, acórdão n.º 27/84, de 21 de março (*Diário da República*, 2.ª série, de 4 de julho de 1984) ou acórdão n.º 409/87, de 21 de outubro (*ibidem*, 2.ª série, de 2 de janeiro de 1988); e, do outro lado, acórdão n.º 107/84, de 14 de novembro (*ibidem*, 2.ª série, de 18 de fevereiro de 1985); e um bom resumo do debate no acórdão n.º 371/91, de 10 de outubro (*ibidem*, 2.ª série, de 10 de dezembro de 1991).
Nós próprios também já aderimos à tese da inconstitucionalidade (in *Decreto*, cit., págs. 105 e segs.), alegando que o tratado não regulava o ato legislativo e que eram diversos os fundamentos de um e outro.

[52]   Assim também, por exemplo, MARCELO NEVES, *op. cit.*, págs. 72-73.

[53]   No sentido, porém, da inconstitucionalidade orgânica, implicitamente, acórdão n.º 473/89, de 12 de julho, do Tribunal Constitucional, in *Diário da República*, 2.ª série, de 26 de setembro de 1989.

FISCALIZAÇÃO DA CONSTITUCIONALIDADE

coisas, pela própria estrutura das relações entre as fontes, uma lei não poderia prevalecer sobre um tratado ou um regulamento sobre uma lei.

Por outras palavras: a distinção encontra-se quer numa perspetiva de fundamentação ou condição de validade – e, quanto aos tratados, de condição de eficácia – quer num critério prático de confronto entre a norma que seja arguida de desconformidade e a norma que, direta e imediatamente, recaia sobre o seu objeto e que deve ter-se por seu parâmetro. Não havendo regulamentação direta das matérias pela Constituição, não se justifica falar em inconstitucionalidade. Somente, haverá inconstitucionalidade se ocorrer ofensa de outra norma constitucional (de fundo, de competência ou de forma) [54] [55].

Como veremos adiante, hoje, em Portugal, o regime de fiscalização corrobora inteiramente esta maneira de equacionar a questão, ainda que só em três aspetos distinga inconstitucionalidade e ilegalidade.

V – A invalidade (ou a ineficácia) dos atos jurídico-públicos não se esgota toda em inconstitucionalidade. Em contrapartida, não tem de se reduzir, em esquema abstrato rígido, à invalidade da lei e do ato político (os atos jurídico-constitucionais por excelência), da mesma maneira que não se regista apenas ilegalidade através da contradição entre o regulamento ou o ato administrativo e a lei [56].

---

[54] Nem sequer se verifica inconstitucionalidade quando ocorra violação de um tratado relativo a direitos do homem (como a Convenção Europeia ou qualquer dos Pactos ou das convenções das Nações Unidas). A função do art. 16.º, n.º 1, da Constituição não se confunde com a do art. 16.º, n.º 2: cláusula aberta não equivale a constitucionalização (formal).

[55] Hipótese diferente dá-se quando num mesmo ato se cumulem inconstitucionalidade (agora direta) e ilegalidade. Aqui – e nada há a objetar, no plano da economia processual – o Tribunal Constitucional tem considerado que se deve conhecer, em primeiro lugar, da inconstitucionalidade, ficando prejudicado o conhecimento da ilegalidade, pelo menos em regra, quando se julgue procedente a inconstitucionalidade (v., por exemplo, acórdão n.º 280/90, de 23 de outubro, in *Diário da República*, 1.ª série-A, de 2 de janeiro de 1991).

[56] Diferentemente para KELSEN a fiscalização jurídica dos atos tem em vista assegurar o exercício das funções do Estado e a distinção e a hierarquia entre as regras jurídicas, conferindo força obrigatória às de grau superior; e, por isso, garantia da Constituição significa garantia da regularidade das regras imediatamente subordinadas à Constituição. Mas o próprio KELSEN admite a subordinação imediata à Constituição, por diversas causas, de outros atos que não a lei. V. *La Garantie Juridictionnelle de la Constitution*, cit., págs. 2 e segs., ou CHARLES EISENMANN, *La Justice constitutionnelle...*, cit., págs. 22-23.

CAPÍTULO I - INCONSTITUCIONALIDADE, GARANTIA E FISCALIZAÇÃO

Nada obsta a que outros atos além dos atos legislativos e dos políticos venham também a ficar diretamente subordinados a normas constitucionais, pelo menos por algum dos seus pressupostos ou dos seus elementos (insistimos), por não se interpor norma legal em que repousem – e, de igual modo, nada há *a priori* que impeça que à regulamentação constitucional dos atos legislativos, por vezes, acresça uma regulamentação derivada de outras leis.

Poderá, portanto, ter de se reconhecer a inconstitucionalidade de atos não legislativos ou infralegais (a par da ilegalidade de certas leis). Tudo reside em que seja possível individualizar uma relação imediata e autónoma de desconformidade entre tais atos ou as normas deles dimanadas e certo preceito constitucional – como sucede se um regulamento viola reserva de lei ou é publicado sem lei habilitante [57] [58] [59].

VI – Assim como há reserva de Constituição, de convenção internacional ou de lei, também existe reserva de regimento. Em nome de um princípio de auto-organização, certas matérias relativas às assembleias políticas só podem ser objeto de normas constantes dos respetivos regimentos [assim, em Portugal, os arts. 156.º, alíneas *b)*, *c)* e *g)*, 160.º, n.º 1, alínea *b)*, 176.º, n.ºˢ 1 e 3, 177.º, n.ºˢ 1 e 2, e 178.º].

Destas matérias fica arredada a lei, inclusive a da própria Assembleia da República (sujeita a promulgação e a veto) e, por conseguinte, se acaso alguma lei ou outro ato nelas interferir, dar-se-á inconstitucionalidade formal, ou da perspetiva do princípio da separação dos órgãos de soberania (art. 111.º, n.º 1) – de que é corolário o princípio da auto-organização – inconstitucionalidade material.

Inversamente, se o regimento se ocupar de matérias que extravasam do seu âmbito próprio, também se verificará inconstitucionalidade, por violação do mesmo princípio da separação e (ou) de reserva de lei.

---

[57] Cfr. ARMANDO MARQUES GUEDES, *Direito Administrativo*, lições policopiadas, Lisboa, 1957-1958, págs. 381-382.

[58] Cfr. parecer n.º 11/79 da Comissão Constitucional, de 19 de abril, in *Pareceres*, VIII, págs. 55 e segs.; ou acórdãos do Tribunal Constitucional n.º 209/87, de 25 de junho, n.º 53/92, de 5 de fevereiro, e n.º 148/2000, de 21 de março, in *Diário da República*, 1.ª série, de 9 de julho de 1987, 2.ª série, de 24 de abril de 1992, e 2.ª série, de 9 de outubro de 2000, respetivamente.

[59] Tirando este caso, um regulamento, porque acessório de lei, não pode ser impugnado autonomamente; só o pode ser por referência à lei que executa.

FISCALIZAÇÃO DA CONSTITUCIONALIDADE

Afora isto, salvo em zonas cinzentas em que caberá admitir revogabilidade mútua de regimento e lei, o que poderá acontecer será o desrespeito por qualquer ato do Parlamento (legislativo ou não) de qualquer regra regimental – regra necessariamente orgânica ou formal, e não material; mas regra insuscetível de tutela jurisdicional [com a única exceção do art. 223, n.º 1, alínea *g*)] [60].

VII – Problema muito específico vem ainda a ser o da contradição entre lei e o sentido afirmativo de um referendo político nacional.

No Direito português, o referendo não é ato legislativo, nem ato de aprovação de uma convenção internacional. É apenas ato político que, quando nele participe mais de metade dos cidadãos eleitores (art. 115.º, n.º 11), tem efeito vinculativo, obrigando o órgão competente a decidir em conformidade com o seu resultado [61]. Logo, uma lei, anterior ou posterior, contrária ao sentido do referendo não pode subsistir. Mas tão pouco aqui se trata de um caso de inconstitucionalidade, porque só mediatamente a norma constitucional é afrontada.

5. Inconstitucionalidade e hierarquia

I – Falámos em disposição hierarquizada da ordem jurídica. Importa sucintamente esclarecer, até por causa de equívocos frequentes, qual o seu sentido e quais as suas implicações sobre a inconstitucionalidade (e sobre ilegalidade).

O que deva entender-se por hierarquia constitui dificuldade grave. Se a doutrina dominante admite, pelo menos, a necessidade de hierarquizar os atos normativos, muito continua a discutir-se acerca do correto significado que possui. A Escola de Viena realça o conceito, aludindo, como se sabe, a uma estrutura escalonada da ordem jurídica ligada à criação do Direito por graus. Outras correntes consideram-no insuficiente para explicar a dinâmica jurídica e fazem apelo também a outros conceitos. Não cabe evidentemente aqui entrar nesta complexa problemática [62], embora se deseje evitar a repetição de afirmações empíricas.

---

[60]   Cfr. *Manual...*, v, págs. 87 e segs.

[61]   *Ibidem*, págs. 190, 191 e 418 e segs.

[62]   Além de Kelsen, *Teoria Pura*, cit., II, págs. 62 e segs., v., entre outros, Roger Bonnard, *La théorie de la formation du droit par degrés dans l'oeuvre d'Adolf Merkl*, in *Revue du droit public*, 1928,

CAPÍTULO I - INCONSTITUCIONALIDADE, GARANTIA E FISCALIZAÇÃO

Como quer que seja, não é preciso entronizar as teses da Teoria Pura para reconhecer que as fontes e as normas se distribuem por níveis bastante diversos. Apesar de só no século XX disso se ter tomado perfeita consciência, a supremacia da Constituição decorre da sua função no ordenamento e os atos que lhe ficam imediatamente subordinados não podem deixar de ter força superior aos que por ela não são regulados. Tal como as normas sobre produção jurídica hão-de prevalecer sobre as normas de produção jurídica ou os atos normativos sobre os atos concretos (e individuais) que regem, as leis sobre os regulamentos e os atos jurisdicionais, ou os atos de função política sobre os atos da função administrativa, etc. E, aceite o primado do Direito internacional, também os atos internacionais (*v. g.*, tratados) têm preferência sobre os atos de Direito interno (*v. g.*, leis).

págs. 668 e segs.; CARRÉ DE MALBERG, *Confrontation de la théorie de la formation du droit par degrés*, Paris, 1933; MARCEL WALINE, *Observations sur la gradation des normes juridiques établie par M. Carré de Malberg*, in *Revue du droit public*, 1934, págs. 522 e segs.; GUIDO ZANOBINI, *Gerarchia e parità tra le fonti*, in *Studi in onore di Santi Romano*, obra coletiva, I, Pádua, 1939, págs. 589 e segs.; CARLO DI MAJO, *Norme costituzionale e gerarchia delle fonti del Diritto*, in *Studi in onore di Ernesto Eula*, obra coletiva, I, Milão, 1957, págs. 373 e segs.; VEZIO CRISAFULLI, *Gerarchia e competenza nel sistema costituzionale delle fonti*, in *Rivista Trimestrale di Diritto Pubblico*, 1960, págs. 775 e segs.; ENZO CHELI, *Potere regolamentare e strutura costituzionale*, Milão, 1967, págs. 193 e segs.; GIUSEPPE MUSACCHIA, *Gerarchia e teoria delle norme sulla produzione giuridica nel sistema costituzionale delle fonti*, in *Rivista Trimestrale di Diritto Pubblico*, 1960, págs. 172 e segs.; FRANCO MODUGNO, *op. cit.*, I, págs. 135 e segs.; ANTONIO RUGGERI, *Norme e tecniche costituzionali sulla produzione giuridice*, in *Politica del Diritto*, 1987, págs. 175 e segs.; MARCELO NEVES, *op. cit.*, págs. 27 e segs.; ALFONSO RUIZ-MIGUEL, *El principio de jerarquia normativa*, in *Revista Española de Derecho Constitucional*, n.º 24, setembro-dezembro de 1988, págs. 135 e segs.; ALESSANDRO PIZZORUSSO, *Cultura e politica nella produzione ed applicazione del diritto*, in *Quaderni Costituzionali*, 1990, págs. 83 e segs.; OTTO PFERSMANN, *Carré de Malberg et la hiérarchie des normes*, in *Revue française de droit constitutionnel*, 1997, págs. 481 e segs.; PAUL AMSELEK, *Une fausse idée claire: la hierarchie des normes juridiques*, in *Renouveau du droit constitutionnel – Mélanges en l'honneur de Louis Favoreu*, obra coletiva, Paris, 2007, págs. 983 e segs.

Escassas são as tentativas de elaboração entre nós: FEZAS VITAL, *Hierarquia das Fontes de Direito*, in *Revista da Ordem dos Advogados*, 1943, págs. 12 e segs.; JOSÉ H. SARAIVA, *Lições de Introdução ao Direito*, cit., págs. 338 e segs.; JOSÉ DIAS MARQUES, *Introdução ao Estudo do Direito*, 4.ª ed., Lisboa, 1972, págs. 329 e segs.; AFONSO QUEIRÓ, *Lições...*, cit., págs. 513 e segs., e *A hierarquia das normas de Direito administrativo*, in *Boletim da Faculdade de Direito da Universidade de Coimbra*, 1982, págs. 775 e segs.; JOSÉ SÉRVULO CORREIA, *Noções de Direito Administrativo*, Lisboa, 1982, pág. 91; CARLOS BLANCO DE MORAIS, *As leis reforçadas*, Coimbra, 1998, págs. 250 e segs.; GOMES CANOTILHO, *Direito Constitucional...*, cit., págs. 700-701 e 781; OLIVEIRA ASCENSÃO, *O Direito*, cit., pág. 579 e segs.

FISCALIZAÇÃO DA CONSTITUCIONALIDADE

No entanto, a hierarquia não tem valor por si, exprime coerência intra e intersistemática, liga-se a ordenação explícita ou implícita de instituições, funções, órgãos e formas no sistema. Por isso, deve ser vista basicamente como «regra construtiva» e postulado de lógica formal mais ou menos arquitetado sobre o Direito positivo e dependente de dados variáveis em cada país e momento [63]. Por isso, não há inconstitucionalidade ou ilegalidade só por ela não ser acatada, nem o problema de invalidade dos atos jurídicos-públicos se reconduz à sua violação.

II – Em primeiro lugar, a inconstitucionalidade ou a ilegalidade do ato desconforme com a norma de grau superior não deriva simplesmente da preterição da hierarquia. Deriva (na linha do que atrás se disse) de o ato regido por certa norma (de regra, mas não sempre, situada noutro escalão hierárquico) a vir transgredir e de um ordenamento coerente consigo mesmo não poder conciliar-se com esse facto, ainda que de comportamento do Estado se trate. A hierarquia nesta perspetiva – disposição de pedras no sistema ou resultante da distribuição de valor jurídico por ele – não é, nem deixa de ser suscetível de violação [64].

Pode o princípio hierárquico traduzir-se em normas específicas, cuja necessidade tenha sido sentida pelo legislador constituinte ou ordinário: as regras há momento indicadas de sujeição dos regulamentos às leis ou de regulamentos locais aos regulamentos das autarquias de grau superior ou das autoridades com poder tutelar [65]. Mas, para além de se tratar de inconstitucionalidade indireta, a função das regras é, sobretudo, declarativa (insista-se) e impeditiva – impeditiva de que outras normas de hierarquia inferior estabeleçam o contrário [66].

---

[63] O que não quer dizer que possam ser acolhidas quaisquer formulações de Direito positivo sem crítica (*v. g.*, as que se encontram nos arts. 1.º e 3.º do Código Civil português). Assim, FREITAS DO AMARAL, *Da necessidade de revisão dos arts. 1.º a 13.º do Código Civil*, in *Themis*, I, 1, 2000, págs. 9 e segs.

[64] Cfr. MIGUEL GALVÃO TELES, *Eficácia...*, cit., págs. 104-105, nota; RUI MACHETE, *op. cit.*, *loc. cit.*, II, pág. 782, nota.

[65] Cfr. o art. 54.º do Código Administrativo de 1940.

[66] No sentido de conhecimento só de violação direta de Constituição, e não de violação indireta ou do princípio da hierarquia, acórdão n.º 276/92 do Tribunal Constitucional, de 14

CAPÍTULO I – INCONSTITUCIONALIDADE, GARANTIA E FISCALIZAÇÃO

III – Em segundo lugar, seria profundamente erróneo supor que qualquer ato jurídico-público só seria inválido quando ofendesse uma norma de grau superior. Muito pelo contrário: pode certo ato, posterior a outro, de igual grau, em vez de o revogar ou derrogar, dever ter-se por inválido, ineficaz ou irregular, por ser dele discrepante.

Às leis de valor reforçado a que há pouco aludimos liga-se uma posição de proeminência funcional – não hierárquica – relativamente a outros atos legislativos, a qual se traduz numa específica força formal negativa – na impossibilidade de serem afetadas por leis posteriores que não sejam dotadas da mesma função, com afastamento do princípio *lex posterior*... E, se essa proeminência decorre, no tocante às relações de vinculação especial, de um intuito de divisão de tarefas e de racionalização do sistema legislativo, já no tocante às relações de vinculação geral prossegue outrossim objetivos materiais próprios (o equilíbrio orçamental, ou a defesa da autonomia das regiões autónomas ou a preservação de certos institutos) [67]. Não se vislumbra um sentido de preferência hierárquica.

A noção de Constituição flexível merece igualmente ser chamada à colação. Para nós (esclareça-se ou sublinhe-se, de novo), ela é hierarquicamente superior à lei, porquanto *constitui* a ordem jurídica e contém a base da autoridade do Estado [68]. Mas a opinião talvez prevalecente pronuncia-se em moldes diversos; e, no entanto, tem de reconhecer casos tanto de inconstitucionalidade orgânica e formal quanto de inconstitucionalidade material. Basta pensar numa lei não aprovada pelo Parlamento, ou que subverta os princípios do regime e da forma do governo ou, eventualmente, que abra um desvio a uma regra geral, sem que haja intenção ou causa de modificação constitucional [69].

A natureza dos regimentos das assembleias políticas está longe de ser pacífica [70]. Seja ela qual for, se as próprias assembleias poderão modificar as normas regimentais quando lhes aprouver, não poderão dispensar-se de as

---

de julho, in *Diário da República*, 2.ª série, de 2 de dezembro de 1992. Diferentemente, acórdão n.º 304/85, de 11 de dezembro, *ibidem*, de 10 de abril de 1986.

[67] Cfr. *Manual...*, v, cit., págs. 379 e segs.

[68] Cfr. *Contributo...*, cit., págs. 39 e segs.

[69] Cfr., por todos, O. HOOD PHILLIPS, *The Constitutional Law of Great Britain and the Commonweath*, Londres, 1952, pág. 50; ou *Manual...*, II, cit., págs. 165 e segs.

[70] Cfr. *Manual...*, v, cit., págs. 86 e segs., e autores citados.

FISCALIZAÇÃO DA CONSTITUCIONALIDADE

cumprir enquanto estiverem em vigor. Quando o Parlamento vota uma lei, ou uma resolução, o objeto da deliberação é o projeto ou a proposta e não o regimento; essa deliberação tem de se fazer nos termos que este prescreve e não pode revestir o sentido de modificação «tácita» ou implícita das suas regras. E coisa semelhante se diga a respeito da ação legislativa do Governo, o qual também não pode eximir-se de observar as normas que a regulam, apesar de poderem provir da sua lavra (art. 198.º, n.º 2).

O princípio que aqui se projeta para além do princípio hierárquico é sempre o de que o órgão que pode modificar a lei sob que vive deve, pelo menos, fazê-lo específica e diretamente. Doutro modo, frustrar-se-ia a missão ordenadora do Direito e comprometer-se-ia a própria ideia de institucionalização jurídica do poder.

6. Os diferentes tipos e juízos de inconstitucionalidade

I – A inconstitucionalidade não é um vício, embora em concreto resulte de um vício que inquina o comportamento de qualquer órgão de poder. Não redunda, desde logo, em invalidade, embora a determine ou possa determinar. Nem é um valor jurídico negativo, embora a invalidade constitucional acarrete nulidades constitucionais.

Para ser apreendida em todas as dimensões e manifestações que reveste, importa recortar vários tipos de inconstitucionalidade (ou, doutro prisma, de juízos de inconstitucionalidade): inconstitucionalidade por ação e por omissão; inconstitucionalidade total e parcial; inconstitucionalidade material e formal ou formal e orgânica; inconstitucionalidade originária e superveniente; inconstitucionalidade presente e pretérita; inconstitucionalidade antecedente e consequente.

II – A *inconstitucionalidade por ação* (a categoria mais importante e a que tem sido alvo de tratamento jurídico mais aprofundado) é a inconstitucionalidade positiva, a que se traduz na prática de ato jurídico-público que, por qualquer dos seus elementos, infringe a Constituição. A *inconstitucionalidade por omissão* é a inconstitucionalidade negativa, a que resulta da inércia ou do silêncio de qualquer órgão de poder, o qual deixa de praticar em certo tempo o ato exigido pela Constituição.

CAPÍTULO I – INCONSTITUCIONALIDADE, GARANTIA E FISCALIZAÇÃO

Melhor compreenderemos a inconstitucionalidade por omissão à face do respetivo regime de fiscalização.

III – A inconstitucionalidade diz-se *total*, quando inquina todo um ato ou diploma e *parcial*, quando atinge apenas uma das suas – partes ou uma ou algumas das suas normas. Ou, doutra perspetiva – a de certa norma – é *total* quando o afeta na totalidade e *parcial* quando afeta só um dos seus segmentos [71]. Manifesta-se aqui um princípio de conservação a conjugar com um princípio de razoabilidade [72].

No interior da mesma norma, o Tribunal Constitucional tem vindo a distinguir entre inconstitucionalidade parcial *horizontal* ou *quantitativa* (quando há partes verbalmente separadas) e inconstitucionalidade parcial *vertical* ou *qualitativa* (quando o preceito legal pode ser dividido em segmentos ideais relevantes para efeito de fiscalização) [73] [74].

A distinção pode também reportar-se ao tempo de aplicação da norma, sendo total então a inconstitucionalidade que a atinge em todo o tempo de vigência e parcial a que atinge apenas em determinado, limitado tempo [75].

Quanto à inconstitucionalidade por omissão, é total aquela que consiste na falta absoluta de medidas legislativas ou outras que deem cumprimento a uma norma constitucional ou a um dever prescrito por norma constitucional

---

[71] Cfr. José Manuel Durão Barroso, *O recurso para a Comissão Constitucional*, in *Estudos sobre a Constituição*, obra coletiva, III, Lisboa, 1979, pág. 709; Vitalino Canas, *Introdução às decisões de provimento do Tribunal Constitucional*, 2.ª ed., Lisboa, 1994, págs. 89 e segs.; Rui Medeiros, *A decisão...*, cit., págs. 413 e segs.; Gomes Canotilho, *Direito Constitucional...*, cit., pág. 959; Carlos Blanco de Morais, *Justiça...*, I, cit., págs. 160 e segs.

[72] Cfr. acórdão n.º 479/94 do Tribunal Constitucional, de 7 de julho, in *Diário da República*, 1.ª série-A, de 24 de agosto de 1994.

[73] Cfr. acórdão n.º 12/84, de 8 de fevereiro, in *Diário da República*, 2.ª série, de 8 de maio de 1984; ou acórdão n.º 143/85, de 30 de julho, *ibidem*, 1.ª série, de 3 de setembro de 1985; ou acórdão n.º 181/97, de 5 de março, *ibidem*, 2.ª série, de 22 de abril de 1997.

[74] Cfr. o fenómeno paralelo da redução do negócio jurídico.

[75] No acórdão n.º 297/86, de 4 de novembro (*Diário da República*, 1.ª série, de 21 de novembro de 1986), o Tribunal Constitucional declarou inconstitucionais certas normas legais por violação do art. 170.º (hoje 167.º) da Constituição, na medida em que aplicáveis no ano económico em curso, mas não para o futuro. E no acórdão n.º 148/94, de 8 de fevereiro (*ibidem*, 1.ª série-A, n.º 102, de 3 de maio de 1994), declarou a inconstitucionalidade de certa norma na parte em que permitia que, para os anos letivos de 1993-94 e seguintes, a percentagem para a determinação do montante das propinas universitárias ficasse acima de certa percentagem.

FISCALIZAÇÃO DA CONSTITUCIONALIDADE

e parcial aquela que consiste na falta de cumprimento do comando constitucional quanto a alguns dos seus aspetos ou dos seus destinatários.

IV – A *inconstitucionalidade material* ou *interna* reporta-se ao conteúdo, a *inconstitucionalidade formal* ou *externa* à formação e à forma do ato jurídico-público (porque a distinção recai dentro da inconstitucionalidade por ação).

Se todo o ato jurídico possui um conteúdo e uma forma, um sentido e uma manifestação [76], e se o ato jurídico-público se destina a atingir o fim previsto pela norma e nasce, de ordinário, mediante um processo ou procedimento, ele tanto pode ser inconstitucional (ou ilegal) por o seu sentido volitivo divergir do sentido da norma como pode sê-lo por deficiência de formação e exteriorização; e, se num ato normativo a norma como que parece desprender-se do ato que a gerou, tanto pode ser esta norma ilegítima quanto ilegítimo o ato em si. E, como se sabe, se a validade do ato tem de ser referida ao tempo da sua elaboração, a validade da norma terá de ser vista em cada momento que durar a sua vigência [77] [78].

Noutra perspetiva atende-se preferentemente à norma ofendida e qualifica-se então a inconstitucionalidade de *material*, quando é ofendida uma norma constitucional de fundo, de *orgânica*, quando se trata de norma de competência, e de *forma*, quando se atinge uma norma de forma ou de processo [79].

Não é apenas a inconstitucionalidade material que pode ser total ou parcial, também a inconstitucionalidade orgânica e a formal. Se é certo que estas se referem ao ato em si mesmo, não menos seguro é que vão projetar-se no seu resultado, designadamente na norma que seja seu conteúdo (por exemplo, há inconstitucionalidade orgânica parcial se um ato provém de um órgão que não poderia decretar algumas das normas nele contidas).

---

[76] Cfr. *Manual...*, v, cit., págs. 108 e segs., e autores citados.

[77] Recorde-se o que se diz em *Manual...*, II, cit., págs. 361 e segs. Cfr., por todos, acórdão n.º 275/98, de 9 de março, in *Diário da República*, 2.ª série, de 24 de novembro de 1998.

[78] Sobre o juízo de inconstitucionalidade, v., no que toca à norma constitucional, *Contributo...*, cit., págs. 237 e segs., e, no que respeita ao ato normativo, M. S. GIANNINI, *Alcuni caratteri della giurisdizione di legittimità delle norme*, cit., *loc. cit.*, págs. 513 e segs., ou A. M. SANDULLI, *Ilegitimità delle leggi e rapporti giuridici*, in *Stato Sociale*, ano x, n.º 2, fevereiro de 1966, págs. 95 e segs.

[79] Cfr. GUSTAVO ZAGREBELSKY, *La Giustizia Costituzionale*, Bolonha, 1977, págs. 36 e segs.; ou o acórdão do Tribunal Constitucional federal alemão de 11 de junho de 1987, in *Boletin de Jurisprudencia Constitucional*, n.º 74, junho de 1987, págs. 717 e segs.

CAPÍTULO I – INCONSTITUCIONALIDADE, GARANTIA E FISCALIZAÇÃO

A inconstitucionalidade orgânica pode resultar de incompetência *absoluta* (quando o órgão autor do ato não possui nenhuma competência sobre a matéria – *v. g.*, um ato proveniente de órgão não legislativo) e *relativa* (*v. g.* – um ato proveniente de um órgão legislativo, mas sem competência sobre a matéria em causa) [80].

V – A separação entre *inconstitucionalidade originária* e *superveniente* concerne o diverso momento de edição das normas constitucionais.

Se na vigência de certa norma constitucional se emite um ato (ou um comportamento omissivo) que a viola, dá-se inconstitucionalidade originária. Se uma nova norma constitucional surge e com ela se torna desconforme uma norma preexistente, dá-se inconstitucionalidade superveniente (que é só inconstitucionalidade material, porque *tempus regit actum*); e esta tanto ocorre por causa de revisão constitucional como por virtude de mutação tácita (interpretação evolutiva, costume constitucional).

Um caso particular de inconstitucionalidade superveniente seria, segundo alguns Autores, a inconstitucionalidade *deslizante*.

Por exemplo, no dizer de VITALINO CANAS, uma norma que foi até certa altura conforme com a Constituição começa visivelmente a tomar-se desconforme, ou porque as próprias normas da Constituição são suscetíveis de uma interpretação evolutiva que minará a compatibilidade da norma infraconstitucional, ou porque os pressupostos fácticos que haviam impressionado o legislador no momento em que produzira a norma infraconstitucional se alteraram de modo a que ela com toda a certeza se irá tornar arbitrária, desproporcional ou violadora do princípio da igualdade, ou por qualquer outro motivo[81]. Mas temos bastantes dúvidas sobre a autonomização da figura.

VI – A dicotomia *inconstitucionalidade presente-inconstitucionalidade pretérita* apresenta-se sob duas feições:

---

[80]   Estes conceitos não coincidem com os de Direito administrativo. Cfr. DIOGO FREITAS DO AMARAL, *Curso de Direito Administrativo*, II, 2.ª ed., Coimbra, 2011, págs. 426 e 427.

[81]   *Introdução às decisões de provimento do Tribunal Constitucional*, 2.ª ed., Lisboa, 1994, pág. 99; RUI MEDEIROS, *A decisão...*, cit., págs. 542 e segs.; JORGE PEREIRA DA SILVA, *Dever de legislar e protecção jurisdicional contra omissões legislativas*, Coimbra, 2003, págs. 265 e segs.

FISCALIZAÇÃO DA CONSTITUCIONALIDADE

a) Inconstitucionalidade presente ou atual como inconstitucionalidade *perante norma constitucional* em vigor e inconstitucionalidade pretérita ou póstuma como inconstitucionalidade perante norma que já não se encontra em vigor;

b) Inconstitucionalidade presente como inconstitucionalidade *de norma infraconstitucional* em vigor e inconstitucionalidade pretérita como inconstitucionalidade de norma infraconstitucional que já não se encontra em vigor (por ter sido revogada, ter caducado ou, porventura, ter caído em desuso).

Sobre a primeira contraposição, já nos pronunciámos, sustentando que só procede relativamente à revisão constitucional, não relativamente à emergência de nova Constituição [82].

A segunda distinção não levanta quaisquer dúvidas. O Tribunal Constitucional português, tal como os tribunais de outros países (e, antes, a Comissão Constitucional) tem muitas vezes conhecido da inconstitucionalidade de normas legais já não em vigor, por haver utilidade nesse conhecimento – derivada da regra da eficácia retroativa, *ex tunc*, da eventual declaração de inconstitucionalidade e da circunstância de, mesmo depois do seu período de vigência, as normas poderem continuar a produzir efeitos jurídicos. Voltaremos ao assunto mais à frente.

VII – A inconstitucionalidade, por último, apresenta-se *antecedente* ou *consequente* do prisma do seu apuramento. A inconstitucionalidade antecedente (contraposta à consequente) vem a ser a que se divisa através de um juízo de inconstitucionalidade levado a cabo a título específico ou principal ou que resulta, direta e imediatamente, do confronto de um ato ou comportamento com a Constituição. A inconstitucionalidade consequente vem a ser a que decorre como corolário desse juízo ou a que inquina certo ato por inquinar outro ato de que ele depende.

Casos de inconstitucionalidade consequente são os de decreto-lei de desenvolvimento de lei de bases em matéria reservada ao Parlamento que seja

---

[82] *Manual...*, ii, cit., págs. 348 e segs. Diferentemente, Miguel Galvão Teles, *Inconstitucionalidade pretérita...*, cit., *loc. cit.*, págs. 265 e segs.

CAPÍTULO I – INCONSTITUCIONALIDADE, GARANTIA E FISCALIZAÇÃO

inconstitucional; de decreto-lei ou decreto legislativo autorizado por lei de autorização legislativa inconstitucional; ou de um regulamento ou ato administrativo consequente da inconstitucionalidade da respetiva lei) [83] [84].

Inconstitucionalidade consequente, ou talvez melhor *conexa*, será a de norma conexa com outra norma do mesmo diploma julgada ou declarada inconstitucional.

7. Inconstitucionalidade material e inconstitucionalidade formal e orgânica

I – Discute-se sobre se a inconstitucionalidade (ou a ilegalidade) material tem prioridade sobre a formal ou se, ao invés, a esta não acaba necessariamente por se reconduzir aquela. E conhecem-se os pressupostos doutrinais e as implicações dogmáticas e práticas de uma e outra teses, quer em Direito constitucional quer em Direito administrativo. A questão, no fundo, reside no modo de interpretar – material ou formalmente – a estrutura da ordem jurídica e em atribuir a cada ato um fundamento material ou formal.

Tendo que escolher, cremos que a precedência lógica e ontológica tem de pertencer aos elementos substanciais. Outra não pode ser a maneira de encarar a função da norma jurídica, cujos valores penetram e se inserem no comportamento humano, sem se limitarem aos seus aspetos formais e exteriores. Outra, sobretudo, não pode ser a função das normas constitucionais e legais, das quais depende a juridicidade (isto é, a própria essência) dos atos do poder público [85].

---

[83] Cfr. FRANCESCO NOVARESE, *L'illegittimità costituzionale derivata*, in *Rivista Trimestrale de Diritto Pubblico*, 1970, págs. 1160 e segs.; FULVIO FENUCCI, *Giuridicato implicito ed impliciti effetti della dichiarazione di ilegittimità costituzionale delle leggi sugli atti amministrativi*, in *Giurisprudenza Costituzionale*, 1981, págs. 1989 e segs.; ANGELO COSTANZO, *Questioni di costituzionalità connesse*, in *Giurisprudenza Costituzionale*, 1994, págs. 1441 e segs.

[84] Na prática, cfr. acórdão n.º 180/92 do Tribunal Constitucional, de 12 de maio, in *Diário da República*, 1.ª série-A, de 10 de julho de 1992; acórdão n.º 429/93, de 7 de julho, *ibidem*, 1.ª série-A, de 7 de outubro de 1993; acórdão n.º 436/98, de 17 de junho, *ibidem*, 2.ª série, de 23 de novembro de 1999.

[85] A esta luz, qualquer inconstitucionalidade ou ilegalidade, em última análise, tem mesmo carácter material. Consiste na não realização daquilo que a Constituição ou a lei permitem ou exigem, no incumprimento do que prescrevem, na frustração da vontade normativa.

FISCALIZAÇÃO DA CONSTITUCIONALIDADE

Para KELSEN, um ato vale por ser regular o seu processo de criação (ou seja, conforme à norma que, por isso, lhe é superior), e não por causa do seu conteúdo. A lei ordinária de conteúdo contrário à Constituição deixaria de ser inconstitucional se fosse votada como lei constitucional [86]. Não é essa a posição a que aderimos [87], porque nos parece que as relações entre graus no ordenamento exprimem uma diferenciação de matérias a que se procura dar – mas complementarmente – forma adequada. A supremacia da Constituição é uma supremacia material; a Constituição não é Constituição por ser obra de um poder constituinte; é o poder constituinte que é poder constituinte por fazer a Constituição. Por seu lado, a lei, que encontra na norma constitucional limites que não pode exceder, fornece ao mesmo tempo sentido e substância à ação administrativa.

II – Como quer que se pense, impõe-se distinguir, pelo menos quando o Direito positivo discrimine tipos de inconstitucionalidade e ilegalidade ou tipos de vícios, sujeitando-os a regimes dissemelhantes [88]. E, sendo assim, os conceitos a definir, em termos de exegese ou dogmática, têm de atender à relevância que a Constituição e a lei lhes confiram; não pode, a pretexto de pureza conceitual, ser prestada menos atenção àquilo que uma e outra estabeleçam.

A Constituição de 1911 não fazia aceção de espécies [89]. Já a Constituição de 1933 subtraía ao conhecimento dos tribunais a constitucionalidade dos diplomas dos órgãos de soberania quanto à entidade de que dimanavam ou à forma de elaboração (art. 122.º) ou a inconstitucionalidade orgânica e formal dos diplomas promulgados (art. 123.º desde 1935) e também dos tratados (após

---

[86] *La Garantie...*, cit., *loc. cit.*, pág. 206; e ainda, entre outros, CHARLES EISENMANN, *op. cit.*, págs. 12 e segs.; AGOSTINO ORIGONE, *Costituzionalità*, in *Nuovo Digesto Italiano*, IV, 1938, pág. 381; e, até certo ponto, SALVATORE BARTHOLINI, *La Promulgazione*, Milão, 1955, págs. 373 e segs.

[87] Desde *Aspectos de uma teoria da inconstitucionalidade*, policopiado, Lisboa, 1964, pág. 173. Também criticamente, entre nós, J. H. SARAIVA, *A crise...*, cit., págs. 69 e segs. ou CARLOS BLANCO DE MORAIS, *Justiça...*, I, cit., pág. 148.

[88] Sem esquecer (sublinhe-se, de novo) que a inconstitucionalidade superveniente apenas pode ser inconstitucionalidade material.

[89] Mas havia quem sustentasse que o art. 63.º não compreendia os vícios na formação do ato legislativo, apesar de os tribunais deverem conhecer dos vícios quanto à existência da lei: FEZAS VITAL, *Jurisprudência crítica*, in *Boletim da Faculdade de Direito da Universidade de Coimbra*, ano VI, págs. 587 e segs. Diversamente, MAGALHÃES COLAÇO, *Ensaio...*, cit., págs. 101 e segs.

CAPÍTULO I - INCONSTITUCIONALIDADE, GARANTIA E FISCALIZAÇÃO

1971). E a Constituição de 1976, no seu texto inicial, sem diminuir o âmbito de competência dos tribunais quanto a todas as manifestações de inconstitucionalidade, dispunha que a inconstitucionalidade orgânica ou formal de convenções internacionais não impedia a aplicação das suas normas na ordem interna portuguesa, salvo se a impedisse na ordem interna da outra ou das outras partes (art. 280.º, n.º 3); e também preceituava que o Conselho da Revolução poderia declarar a inconstitucionalidade com força obrigatória geral de uma norma se a Comissão Constitucional a tivesse julgado inconstitucional em três casos concretos ou, num só, tratando-se de inconstitucionalidade orgânica ou formal (art. 281.º, n.º 2). Mas a revisão constitucional de 1982 apenas manteria a relevância do primeiro aspeto, embora noutros termos (art. 277.º, n.º 2, atual).

Na prática do Tribunal Constitucional observa-se, no entanto, tendência para dar prioridade à inconstitucionalidade orgânica e formal em detrimento da material: não raras vezes quando são arguidas uma e outra, o Tribunal não conhece da inconstitucionalidade material, por achar que, através da apreciação da orgânica e formal, se alcança o efeito útil e normal dos recursos [90]. É uma diretriz, quanto a nós, criticável, por assim se enfraquecer a plena garantia da Constituição.

III – Por seu turno, a inconstitucionalidade formal (ou a inconstitucionalidade orgânica e formal) reveste-se de várias feições.

Umas vezes tem dimensão meramente procedimental ou técnica. Outras vezes pode repercutir-se na vida dos cidadãos e no equilíbrio entre os órgãos de poder – como na hipótese de violação de reserva de lei ou de regimento [91] ou no caso de violação da reserva de competência legislativa da Assembleia da República (arts. 161.º, 164.º e 165.º).

No limite, de certa perspetiva, pode ainda, convolar-se em inconstitucionalidade material – no caso de impostos criados pelo Governo sem autorização legislativa, com ofensa do direito fundamental dos cidadãos de não pagarem

---

[90] V., por todos, acórdão n.º 244/90, de 4 de julho, in *Diário da República*, 2.ª série, de 22 de janeiro de 1991.

[91] V. *Manual...*, v, cit., págs. 196 e segs.

FISCALIZAÇÃO DA CONSTITUCIONALIDADE

impostos que não tenham sido estabelecidos em harmonia com a Constituição (art. 103.º, n.º 3) [92] [93] ou no de leis dimanadas de órgãos de soberania aplicáveis apenas numa região sobre matérias não reservadas, de âmbito regional [arts. 112.º, n.º 4, e 227.º, n.º 1, alínea *a)*].

8. Desvio de poder legislativo e razoabilidade

I – Afigura-se que existem dois vícios quanto ao conteúdo dos atos legislativos (em paralelo com os vícios dos atos administrativos): *violação de lei constitucional* e *desvio de poder legislativo* – aquela patenteada através da pura e simples contradição de conteúdos tal como constam dos textos e esta através da contradição entre os fins da norma e do ato e os fins da norma constitucional; aquela apurando-se, por conseguinte, por mera subsunção e esta exigindo uma ponderação [94].

Como escrevia já FEZAS VITAL, o desvio de poder não é vício privativo dos atos praticados por agentes administrativos. O Parlamento, órgão legislativo

[92] Assim, TEIXEIRA RIBEIRO, *Os princípios constitucionais da fiscalidade portuguesa*, in *Boletim da Faculdade de Direito da Universidade de Coimbra*, vol. XLII, 1966, pág. 11; PESSOA JORGE, *Poderão os impostos ser criados por decreto-lei?*, Lisboa, 1968, págs. 19 e segs.; JOSÉ MANUEL CARDOSO DA COSTA, *Curso de Direito Fiscal*, 2.ª ed., Coimbra, 1972, págs. 180 e segs.; declaração de voto do vogal Amâncio Ferreira no acórdão n.º 211 da Comissão Constitucional. Contra, insistindo em inconstitucionalidade formal (que determina, contudo, inexistência), MIGUEL GALVÃO TELES, *Eficácia*, cit., pág. 215, nota.

[93] No entanto, essa inconstitucionalidade material só pode valer na vigência da mesma Constituição, não na sucessão de duas Constituições: exatamente por ter na sua raiz um vício de forma (como na hipótese de impostos criados por regulamento antes da Constituição vigente). Neste sentido, acórdão n.º 446, de 6 de maio de 1982, da Comissão Constitucional, in *Apêndice ao Diário da República*, de 18 de janeiro de 1983, ou acórdão n.º 313/85 do Tribunal Constitucional, de 18 de dezembro, in *Diário da República*, 2.ª série, de 12 de abril de 1986.

[94] MARCELO REBELO DE SOUSA (*O valor...*, cit., pág. 124) vai um pouco mais longe, distinguindo dois vícios respeitantes às relações entre o conteúdo e o fim do ato: desvio de poder e excesso de poder. O desvio de poder traduziria uma inadequação entre o conteúdo e o fim do ato e os fins do ordenamento constitucional, com violação do princípio da proporcionalidade global. O excesso de poder traduziria uma inadequação entre o conteúdo e o fim concreto do ato, sem que os fins globais do ordenamento fossem questionados, havendo apenas uma violação do princípio da proporcionalidade concreta.
E· embora em termos diferentes, também faz essa distinção CARLOS BLANCO DE MORAIS, *A justiça...*, I, cit., págs. 145 e segs.

CAPÍTULO I - INCONSTITUCIONALIDADE, GARANTIA E FISCALIZAÇÃO

por excelência, pode também exceder os seus poderes, usando das faculdades que a Constituição lhe confere na realização de fins diversos dos que a mesma Constituição tinha em vista ao conceder-lhe a competência. Os atos jurídicos não podem apreciar-se desligando-os do fim que os determinou, sejam ou não atos do Parlamento [95] [96].

Só recorrendo à noção de desvio de poder legislativo pode aperceber-se o que seja a violação dos princípios constitucionais, como o da igualdade e o da proporcionalidade [97]; ou a violação de normas programáticas; e, em geral, de normas não exequíveis por si mesmas, as quais não apenas proíbem a prática de comportamentos contrários como fixam diretivas para o legislador ordinário [98]. Só através da noção de desvio de poder legislativo pode sindicar-se o uso das autorizações constitucionais de restrições e de suspensão de direitos, liberdades e garantias. Só através dela pode sindicar-se o respeito

---

[95] *Da responsabilidade do Estado no exercício da função legislativa*, in *Boletim da Faculdade de Direito da Universidade de Coimbra*, ano II, 1916, n.º 20, págs. 515-516.

[96] Para estudo desenvolvido, cfr. Massimo Severo Giannini, *L'illegittimità degli atti normativi...*, cit., *loc. cit.*, págs. 41 e segs.; Livio Paladin, *Osservazioni sulla discrezionalità e sull'eccesso di potere del legislatore ordinario*, in *Rivista Trimestrale di Diritto Pubblico*, 1956, págs. 1017 e segs.; Giuseppe Abbamonte, *Illegitimità costituzionale ed eccesso di potere*, in *Studi in memoria di Guido Zanobini*, obra coletiva, III, Milão, 1965, págs. 3 e segs.; Costantino Mortati, *Leggi-provvedimento*, Milão, 1968, págs. 244 e segs.; Franco Modugno, *op. cit.*, II, págs. 323 e segs.; Ernst Forsthoff, *Le leggi-provvedimenti*, in *Stato di Diritto in trasformaziome*, trad., Milão, 1973, págs. 125 e segs.; Vezio Crisafulli, *Lezioni di Diritto Costituzionale*, II, Pádua, 1976, págs. 330 e segs.; Alain Bockel, *Le pouvoir discrétionnaire du législateur*, in *Itinéraires – Études en l'honneur de Léon Hamon*, obra coletiva, Paris, 1982, págs. 43 e segs., *maxime* 55-56; Gomes Canotilho, *Constituição dirigente...*, cit., págs. 259 e segs., e *Direito Constitucional...*, cit., págs. 1317 e segs.; Jorge Rodriguez-Zapata y Perez, *Desviación de poder y discrecionalidad del legislador*, in *Revista de Administración Publica*, n.ᵒˢ 100-102, vol. I, 1983, págs. 1527 e segs.; Alessandro Pizzorusso, *Le contrôle de la Cour Constitutionnelle sur l'usage par le législateur de son pouvoir d'appréciation discrétionnaire*, in *Annuaire International de Justice Constitutionnelle*, 1986, págs. 35 e segs.; Roberto Bin, *Atti normativi e norme programmatiche*, págs. 263 e segs.; Xavier Philippe, *Le contrôle de proportionnalité deux les jurisprudences constitutionnelle et administrative françaises*, Aix-Marselha, 1990; Giuseppina Mignemi, *Sull' inesistenza dell' eccesso di potere legislativo*, in *Rivista Trimestrale de Diritto Pubblico*, 1995, págs. 167 e segs.; Gustavo Ferreira Santos, *Excesso de poder no exercício da função legislativa*, in *Revista de Informação Legislativa*, n.º 140, outubro-dezembro de 1998, págs. 283 e segs.; Tomas-Ramon Fernandez, *De la arbitrariedad del legislador*, Madrid, 1998.
[V.] ainda acórdão n.º 35/84 do Tribunal Constitucional, de 4 de abril, in *Diário da República*, 2.ª série, de 31 de maio de 1984.

[97] *Direitos Fundamentais*, cit., págs. 287 e 327 e segs.

[98] *Manual ...*, II, págs. 287 e segs.

FISCALIZAÇÃO DA CONSTITUCIONALIDADE

pelo Parlamento da obrigação de definir bases gerais, regimes gerais ou enquadramento de certas matérias [99]; ou a obrigação de definir o sentido das autorizações legislativas [100] [101].

II – Deve evitar-se, no entanto, uma transposição mecânica de conceitos do Direito administrativo para o Direito constitucional, porquanto a relação entre lei e Constituição não pode assimilar-se à relação entre ato administrativo e lei; daí, alguma resistência de parte da doutrina a aceitá-lo.

Mesmo considerando que a administração não se reduz a mera atividade executiva da lei, ninguém contesta a muito maior margem de liberdade de que goza o legislador, sem comparação com a discricionariedade administrativa. Esta liberdade é liberdade de iniciativa (de feitura originária da lei, de modificação e de revogação) e liberdade de conformação ou de determinação de conteúdo [102]. E ela deriva tanto da própria estrutura das normas constitucionais – relativamente mais abertas, pelo menos no domínio da Constituição social, com virtualidade de diferentes concretizações por força da legitimidade política imediata detida pelo legislador, ao contrário do que sucede com os órgãos administrativos.

Feita esta advertência, insista-se na adstrição da lei ordinária aos fins, aos valores e aos critérios da Constituição. Nenhuma lei, seja qual for a matéria de que se ocupe, pode deixar de ser conforme com esses fins. Parafraseando um Autor, dir-se-á que a liberdade de conformação do legislador, a sua

---

[99]   *Manual ...*, v, pág. 219.

[100]   *Ibidem*, v, pág. 345.

[101]   Quando o Parlamento não cumpra qualquer destas obrigações há quem fale em *incompetência negativa*, por, afinal, ele não exercer a sua competência e, implicitamente, assim, admitir que outro órgão a exerça (cfr. FRANÇOIS PRIET, *L'incompétence negative du législateur*, in *Revue française de droit constitutionnel*, 1994, págs. 59 e segs.).

Na realidade, porém, o vício não é orgânico, é de conteúdo: o que se verifica é a contradição entre o ato em si mesmo e o *fim* da norma atributiva de competência. Vício orgânico será apenas o do outro órgão que se aproveita da deficiência do Parlamento para legislar ou para densificar o que deveria estar já densificado.

[102]   Cfr., por todos, as perspetivas de KONRAD HESSE, *Escritos de Derecho Constitucional*, trad., Madrid, 1983, págs. 17 e segs., e de GOMES CANOTILHO, *A concretização da Constituição pelo legislador e pelo Tribunal Constitucional*, in *Nos dez anos da Constituição*, obra coletiva, Lisboa, 1987, págs. 347 e segs., *maxime* 364 e segs.

CAPÍTULO I – INCONSTITUCIONALIDADE, GARANTIA E FISCALIZAÇÃO

discricionaridade começa onde acaba a interpretação que lhe cabe fazer das normas constitucionais [103].

Por sua banda, os órgãos de fiscalização da constitucionalidade devem raciocinar não tanto com base em juízos lógico-formais quanto em juízos valorativos, procurando soluções constitucionalmente corretas; descendo ao fundo das coisas e não se contentando com quaisquer aparências. Nunca estará em causa apreciar a oportunidade política desta ou daquela lei ou a sua maior ou menor bondade para o interesse público. Estará ou poderá estar em causa a correspondência (ou não descorrespondência) de fins, a harmonização (ou não desarmonização) de valores, a inserção (ou não desinserção) nos critérios constitucionais [104] [105].

III – Há ainda quem sustente que o juízo de constitucionalidade (sobretudo em face do princípio da igualdade) não pode deixar de envolver a consideração da *razoabilidade (reasonableness, raggionovolezza)* da norma ou da solução.

No entanto, razoabilidade é algo que pode ser entendido de diferentes maneiras. Pode equivaler a adequação à *ratio Constitutionis*, a harmonia de valorações, a proporcionalidade, a respeito do processo equitativo *(due process of law)*. Ou pode significar não já adequação teleológica, mas sim adequação lógica, coerência interna da lei, razoabilidade imanente.

Em qualquer das aceções compreendidas na primeira perspetiva, a preterição da razoabilidade redunda ainda em desvio de poder ou em excesso. E também, na segunda ótica, desde que se evite o risco de transformar a apreciação da lei ou do ato num exame de legística ou num juízo de mérito [106], em vez de se procurar equilíbrio e não contradição entre princípios e regras.

---

[103]   ANDRÉ GONÇALVES PEREIRA, *Erro e ilegalidade...*, cit., pág. 217.

[104]   Como escreve GOMES CANOTILHO (*Constituição dirigente...*, cit., págs. 262 e 263), os princípios jurídico-constitucionais afirmam-se positivamente como determinantes heterónomos comandando a satisfação dos fins constitucionais através dos atos legislativos. A legitimidade substancial das leis não dispensa a averiguação dos pressupostos justificativos, dos motivos primários invocados e dos resultados obtidos, como elementos vinculados da validade das normas legais.

[105]   Sob pena de se expropriar a função ordenadora da Constituição, degradando-a a mero sistema de normas orgânicas (como escrevemos em *Inviolabilidade de domicílio*, in *Revista de Direito e Estudos Sociais*, 1974, pág. 415).

[106]   Cfr., sobre o problema, CARLO LAVAGNA, *Ragionevollezza e legittimità costituzionale*, in *Studi in memoria di Carlo Esposito*, obra coletiva, III, Pádua, 1973, págs. 1573 e segs.; ANGEL CARRASCO

FISCALIZAÇÃO DA CONSTITUCIONALIDADE

Vale a pena transcrever Jörg Luther:

"O termo "razoabilidade" permite ao Tribunal Constitucional dar-se conta dos limites e das circunstâncias não só da lei mas também dos próprios juízes. A "autopoiese" da razoabilidade está em pretender um controlo sobre a função do legislador que não degenere em colegislação e em sujeitar o próprio juiz à crítica da sociedade aberta de intérpretes da Constituição ..." [107].

Ou Vitalino Canas:

"A grande diferença entre proporcionalidade e.s.e. e razoabilidade reside no seguinte: o controlo da proporcionalidade e.s.e. da interferência assenta no contrapeso dos *efeitos positivos* e dos *efeitos negativos* da norma, com vista a verificar se há uma relação proporcional entre eles; diversamente, a verificação da razoabilidade centra-se exclusivamente na apreciação do impacto dos efeitos *negativos* na esfera jurídica do(s) indivíduo(s) afetados, com vista a verificar se são toleráveis, independentemente dos efeitos positivos gerais que se produzam. Desse modo, um ato com caraterísticas gerais e abstratas pode ser adequado, necessário e objetivamente não desproporcional e, todavia ser desrazoável, por a sua incidência na esfera pessoal de um indivíduo ser inadmissível ou intolerável por razões essencialmente atinentes à sua subjetividade ou ao impacto subjetivo da medida"[108].

Perera, *El «juicio de razoabilidad» en la justicia constitucional*, in *Revista Española de Derecho Constitucional*, maio-agosto de 1984, págs. 39 e segs.; Aldo Corasaniti, *La ragionevolezza come parametro del giudizio di legittimità costituzionale*, in *Diritto e Società*, 1995, págs. 1 e segs.; Jörg Luther, *Ragionevolezza (delle leggi)*, in *Digesto delle Discipline Pubblicistiche*, xii, págs. 341 e segs.; Bruno Leonardo Câmara Carrá, *Aplicação do princípio da razoabilidade no Direito Brasileiro*, in *Temas Atuais de Direito Administrativo*, obra coletiva, Fortaleza, 2000, págs. 73 e segs.; Cino Scallia, *Gli «strumenti» della raggionevolezza nel giudizio costituzionale*, Milão, 2000; Jorge Reis Novais, *Os princípios constitucionais estruturantes da República Portuguesa*, Coimbra, 2004, págs. 187 e segs.; Gomes Canotilho, *Direito Constitucional...*, cit., págs. 1319-1320; Carlos Blanco de Morais, *Justiça...*, i, cit., págs. 144 e segs.; Maria Rosaria Donnarumma, *Un mythe brisé: l'intangibilité de la loi. Le controle juridictionnel de la "ragionevolezza" des lois*, in *Revue française de droit constitutionnel*, 2008, págs. 797 e segs.; Hindemberg Alves da Frota, *O proporcional e o razoável e a contribuição pioneira de Rui Barbosa ao estudo brasileiro do diálogo entre o critério da necessidade e o princípio da razoabilidade – a liberdade de iniciativa económica e a interdição da liberdade de empresa e de comércio*, in *O Direito*, 2011, págs. 838 e segs.; Vitalino Canas, *O princípio da proibição de excesso na conformação e no controlo de atos legislativos*, Coimbra, 2017, págs. 1067 e segs.

[107] *Op. cit., loc. cit.*, pág. 343.

[108] *Op... cit.*, pág. 1080.

§ 2.º
Garantia e fiscalização

9. Norma jurídica e garantia

I – Não é a garantia, antes a virtualidade de garantia que integra o conceito de norma jurídica. Pode aquela faltar, não ser admitida, ou não conseguir agir que, nem por isso, deixa de ser jurídica a norma; a sua obrigatoriedade não advém disso.

É à efetividade da norma que se liga a garantia, e a virtualidade que qualquer norma tem de a receber assenta na necessidade de observância (ou de um grau satisfatório de observância) sem o qual não tem razão de ser. Pois que a norma por natureza pode não ser cumprida, por natureza pode (ou deve) ser garantida.

A garantia tem de estar de fora da norma, porquanto ela é de alguma norma, não a própria norma garantida. Representa-se como algo de acessório, que se acrescenta, que reforça a norma, que lhe imprime um poder ou um alcance maior. Consistindo num ato ou num conjunto de atos ou de atividades, em faculdades de fazer ou de exigir, numa função (consoante os prismas que se adotem), a garantia traduz-se num mecanismo ao serviço da norma jurídica.

Mas, considerada em si mesma, garantia implica necessariamente norma jurídica: *primo*, porque ela não existe senão em conexão com certa e determinada norma (ou certo e determinado complexo de normas) a que tem de se adequar; *secundo*, porque qualquer garantia (ou melhor, qualquer meio de

FISCALIZAÇÃO DA CONSTITUCIONALIDADE

garantia – político ou jurisdicional, contencioso ou gracioso) não tem realidade senão enquanto, por seu turno, prevista numa norma jurídica.

Ou seja: o conteúdo e o sentido de uma norma não se garantem de per si, garantem-se através do conteúdo e do sentido de outra ou outras normas. Donde, *normas jurídicas garantidas* e *normas jurídicas de garantia* (estas ainda suscetíveis de ser garantidas), dispostas lado a lado e, embora nem sempre da mesma fonte ou do mesmo escalão, todas sujeitas a interpretação sistemática.

Garantia postula coordenação de normas.

II – O que assim se diz aplica-se *de pleno* às normas constitucionais e à sua garantia. As normas constitucionais substantivas, passíveis de serem infringidas por ação ou por omissão do poder político, são acompanhadas por normas constitucionais adjetivas [109]. À inconstitucionalidade corresponde a garantia da constitucionalidade [110].

---

[109] Normas adjetivas a qualificar de materialmente constitucionais, ainda que formalmente possam não o ser.

[110] Cfr. JELLINEK, *Allgemeine Staatslehre*, trad. *Teoria General del Estado*, Buenos Aires, 1954, págs. 591 e segs.; MAURICE HAURIOU, *Précis de Droit Constitutionnel*, 2.ª ed., Paris, 1929, págs. 266 e segs.; KELSEN, *La Garantie...*, loc. cit., e *La Giustizia Costituzionale*, cit., 1981; C. SCHMITT, *Teoria...*, cit., págs. 131 e segs., e *Der Hüter der Verfassung*, trad. castelhana *La Defensa de la Constitución*, Barcelona, 1931 e trad. portuguesa *O guardião da Constituição*, Belo Horizonte, 2007; JOSÉ CARLOS MOREIRA, *Fiscalização Judicial da Constituição*, cit., loc. cit., págs. 1 e segs. e 354 e segs.; GIUSEPPE CHIARELLI, *Appunti sulle Garanzie Costituzionali*, in *Studi in onore di Emilio Crosa*, obra coletiva, I, Milão, 1960, págs. 527 e segs.; SALVATORE ROMANO, *L'ordinamento giuridico ed il sistema positivo della giurisdizione in generale e della giurisdizione costituzionale in particolare*, Milão, 1961; EUGENE ROSTOW, *The Sovereign Prerogative*, New Haven e Londres, 1962; GIUSEPPE FERRARI, *Guarentigie Costituzionali*, in *Enciclopedia del Diritto*, VIII, págs. 44 e segs.; OTTO BACHOF, *Grundgesetz und Richtermacht*, trad. *Jueces y Constitución*, trad., Madrid, 1963; THEMISTCLES BRANDÃO CAVALCANTI, *Do controle da constitucionalidade*, Rio de janeiro, 1966; JORGE MIRANDA, *Contributo...*, cit., págs. 209 e segs.; GEORGES BURDEAU, *Traité de Science Politique*, IV, 2.ª ed., págs. 365 e segs.; PABLO LUCAS VERDU, *Garantias constitucionales*, in *Nueva Enciclopedia Juridica*, X, 1976, págs. 541 e segs.; GUSTAVO ZAGREBELSKY, *La giustizia costituzionale*, cit.; PHILIP BOBBIT, *Constitutional Fate-Theory of the Constitution*, Nova Iorque-Oxónia, 1982; KLAUS STERN, *Derecho del Estado de la Republica Federal Alemana*, trad., Madrid, 1987, págs. 366 e segs.; GILMAR FERREIRA MENDES, *Controle de constitucionalidade*, São Paulo, 1990; LUÍS ROBERTO BARROSO, *O Direito Constitucional e a efetividade de suas normas*, 2.ª ed., Rio de Janeiro, 1993, págs. 115 e segs.; *Control in Constitutional Law*, obra coletiva editada por CARLA M. ZOETHOUT, GER VAN DER TANG e PIET AKKERMANS, Dordrecht, 1993; LÉNIO LUIZ STRECK, *Jurisdição constitucional e hermenêutica*, 2.ª ed., Rio de Janeiro, 2004; GOMES CANOTILHO, *Direito Constitucional...*, cit., págs. 887 e segs.; CARLOS BLANCO DE MORAIS, *A justiça...*, I, cit.,

CAPÍTULO I – INCONSTITUCIONALIDADE, GARANTIA E FISCALIZAÇÃO

10. Garantia da constitucionalidade e garantia da Constituição

I – A garantia da constitucionalidade, tal como a inconstitucionalidade, afere-se perante cada comportamento de órgãos do poder político ou, mediatamente, perante cada relação ou situação da vida subordinada à Constituição; e significa que nesta relação ou situação prevalece a norma constitucional que sobre ela incide, e não qualquer outra norma ou decisão do poder.

Porém, a garantia da constitucionalidade reverte em garantia da Constituição como um todo. Se, como salientámos, inconstitucionalidade relevante pressupõe violação direta e específica de uma norma constitucional, não menos seguro é que os seus efeitos e as suas repercussões, maiores ou menores, se projetam no contexto global da Constituição. E, assim sendo, a garantia da constitucionalidade também aí se há-de recortar. Do cumprimento ou incumprimento das normas constitucionais – em qualquer caso, avulso – depende a integridade ou não da Lei Fundamental.

Passando de considerações teóricas gerais para o exame do Direito positivo, torna-se ainda mais evidente esta verificação. Não há meio de garantia, nem sistema de garantia no ordenamento jurídico de qualquer Estado à margem das conceções gerais que o enformam e comandam. Não há garantia da constitucionalidade apartada da respetiva Constituição – formal e material – ou incongruente com os seus princípios.

II – Entretanto, da *garantia da constitucionalidade* como garantia da efetividade de normas constitucionais (de todas e de cada uma delas) importa distinguir as garantias da Constituição no seu conjunto ou deste ou daquele instituto em que consistem as *formas de defesa da Constituição*, por um lado, e as *sanções constitucionais*, por outra banda.

Como formas de defesa ou garantia preventivas refiram-se, entre outras, o juramento de titulares de cargos públicos, a vedação de associações ou partidos contrários à Constituição, o estado de exceção ou de necessidade e regras de organização adequadas na vigência deste estado: em Portugal, hoje, o juramento do Presidente da República (arts. 127.º, n.º 2, e 120.º), a

---

págs. 13 e segs.; JORGE BACELAR GOUVEIA, *Manual de Direito Constitucional*, 4.ª ed., Coimbra, 2011, págs. 1315 e segs.

FISCALIZAÇÃO DA CONSTITUCIONALIDADE

proibição de organizações de ideologia fascista e racistas (art. 46.º, n.º 4) [111], o estado de sítio e o estado de emergência (art. 19.º) e a proibição de dissolução do Parlamento e de revisão constitucional em estado de sítio ou em estado de emergência (arts. 172.º, n.os 1 e 2, e 289.º). E delas podem aproximar-se a proibição de partidos regionais (art. 51.º, n.º 4) e as incompatibilidades de titulares de cargos políticos (arts. 117.º, n.º 2, e 154.º) [112][113].

Aqui se incluem outrossim os poderes-deveres do Presidente da República de garantir o regular funcionamento das instituições democráticas (art. 120.º), da Assembleia da República de vigiar pelo cumprimento da Constituição e das leis [art. 162.º, alínea *a*)] e do Governo, dos tribunais e do Ministério Público de defesa da legalidade democrática [arts. 199.º, alínea *f*), 202.º e 219.º, n.º 1]. Em especial, para esse efeito, ao Presidente da República compete pronunciar-se sobre todas as emergências graves para a vida da República [art. 134.º, alínea *e*)], declarar o estado de sítio ou o estado de emergência com autorização do Parlamento e referenda ministerial [arts. 134.º, alínea *d*), 138.º e 140.º], o de vetar lei ou decreto-lei contrário ao resultado de referendo (art. 115.º) [114]. Também o Presidente da Assembleia da República não pode admitir projetos ou propostas de lei que infrinjam a Constituição ou os princípios nele consignados [arts. 120.º, n.º 1, alínea *a*), 125.º e 126.º do Regimento].

Aqui entra ainda o Tribunal de Contas, como órgão supremo de fiscalização da legalidade das despesas públicas e de julgamento das contas (art. 214.º) [115].

---

[111] Sobre o assunto, v. *Manual...*, III, 6.ª ed., Coimbra, 2010, págs. 364 e 365. Cfr., na Alemanha, a proibição de partidos contrários à ordem constitucional democrática e liberal (art. 21.º, n.º 2, da Constituição de Bona).

[112] Cfr. o conceito amplo de garantia de CARLOS BLANCO DE MORAIS, que distingue garantias estáticas e dinâmicas, políticas, legislativas e jurisdicionais e diatópicas, diacrónicas, preventivas e repressivas (*Justiça...*, I, cit., págs. 56 e segs.).

[113] Recorde-se ainda, no domínio da Constituição de 1933, entre 1951 e 1959, a apreciação da idoneidade política dos candidatos à Presidência da República pelo Conselho de Estado [art. 84.º, alínea *a*)]; e na Constituição atual, até 2004, a dissolução dos órgãos das regiões autónomas por prática de atos graves contrários à Constituição (art. 234.º, após 1997).

[114] Até porque não pode haver fiscalização preventiva pelo Tribunal Constitucional nesta hipótese (art. 278.º).

[115] Cfr. JÓNATAS MACHADO e PAULO NOGUEIRA DA COSTA, *O Tribunal de Constas como guardião da Constituição?: a relevância constitucional do controlo financeiro externo em tempos de crise*, in *Estudos em homenagem ao Prof. Doutor Jorge Miranda*, obra coletiva, VI, Coimbra, 2012, págs. 149 e segs.

CAPÍTULO I – INCONSTITUCIONALIDADE, GARANTIA E FISCALIZAÇÃO

As sanções constitucionais ou garantias repressivas [116] atingem os titulares de órgãos do poder pela prática de atos ilícitos ou, pelo menos, inconstitucionais ou ilegais, no exercício das suas funções: responsabilidade civil e criminal em geral e crimes de responsabilidade (arts. 117.º, n.º 1, e 130.º) [117][118], perda do cargo de Presidente da República por ausência do território nacional (art. 129.º, n.º 3), perda do mandato de Deputado nos casos previstos na Constituição (art. 160.º, n.º 1), demissão do Governo quando tal se torne necessário para assegurar o regular funcionamento das instituições democráticas [arts. 133.º, alínea f), e 195.º, n.º 2] e dissolução dos órgãos das autarquias locais por ações ou omissões ilegais graves (art. 242.º, n.º 3).

11. Garantia e fiscalização da constitucionalidade

I – A garantia em geral de uma norma jurídica pode ser operada através de meios individuais, inorgânicos ou não institucionais: os direitos de garantia da área privatística (os mais estudados dos quais são os direitos reais de garantia) disso dão exemplo; e, no Direito público, o direito de petição (hoje, em Portugal, art. 52.º da Constituição), o direito de resistência (arts. 21.º e 103.º, n.º 3) e o direito de iniciativa legislativa (art. 167.º, n.º 1) [119]. Mas, a par ou para além deles, suprindo as suas deficiências e progressivamente subalternizando-os, há meios institucionais cada vez mais desenvolvidos.

O problema particular da garantia constitucional reside em que ela se dirige à subordinação à Constituição de comportamentos provenientes de órgãos do poder. Sem menosprezar o papel dos cidadãos, a necessária adequação de meios a este fim impõe que sejam outros órgãos a levar a cabo a função de garantia e o Estado constitucional será tanto mais Estado de Direito

---

[116] Cfr. *Contributo...*, cit., pág. 211, nota, e Luigi Ventura, *Le Sanzioni Costituzionali*, Milão, 1981.

[117] No caso do Presidente da República, a condenação por crime de responsabilidade envolve não só a destituição do cargo mas também a impossibilidade de reeleição (art. 130.º, n.º 3) e a não inclusão entre os membros do Conselho de Estado [art. 142.º, alínea f), *in fine*]. São sanções constitucionais acessórias.

[118] Cfr. Jorge Miranda, *Imunidades constitucionais e crimes de responsabilidade*, in *Direito e Justiça*, 2001, págs. 27 e segs.

[119] Contra, designadamente, inconstitucionalidades por omissão: assim, Jorge Pereira da Silva, *op. cit.*, pág. 10.

FISCALIZAÇÃO DA CONSTITUCIONALIDADE

quanto mais forte e aperfeiçoada vier a ser a ação duns órgãos relativamente a outros.

Contra o poder só o poder consegue, em último termo, prevalecer[120]. Logo, a garantia constitucional implica não apenas coordenação de normas mas também coordenação de órgãos[121].

II – Quando a garantia se exerce através de meios institucionais, assume a forma de fiscalização ou controlo.

Contudo, o conceito de fiscalização surge em Direito constitucional ora aproximando-se, ora afastando-se do conceito de garantia. A garantia é mais que a fiscalização, assim como a fiscalização existe para mais do que para a garantia.

Pode haver uma fiscalização ao serviço da garantia – é a fiscalização da constitucionalidade (para empregar a expressão corretamente consagrada no título I da parte IV da Constituição portuguesa). Pode haver uma fiscalização independente da garantia – assim, a fiscalização de um órgão sobre outro, em especial quando os seus titulares são perante ele responsáveis (como é a do Presidente da República e a da Assembleia da República, aliás em moldes diferentes, relativamente ao Governo, nos termos do art. 190.º). Ali, a fiscalização consta de normas adjetivas, aqui de normas substantivas.

A fiscalização de constitucionalidade (tal como a da legalidade *stricto sensu*) recai sobre atos ou sobre omissões, sobre comportamentos certos e individualizados ou individualizáveis. A fiscalização à margem de garantia, *maxime* a política, é essencialmente uma fiscalização de atividades.

III – A garantia de uma norma comporta qualquer meio habilitado a conferir-lhe efetividade ou maior efetividade. A fiscalização é um meio institucionalizado, um sistema, um aparelho orgânico ou um processo criados a título mais ou menos específico para tal fim. A garantia é um fim mais que um meio, a fiscalização um meio, e nunca um fim em si; a garantia é um resultado (hipotético ou almejado), a fiscalização reside, antes de mais, numa atividade[122].

---

[120] MONTESQUIEU, sempre.

[121] O que permitirá ainda enfrentar a clássica pergunta *quis custodiet custodes?*

[122] Sobre fiscalização em geral, cfr. VINCENZO RODOLFO CASULLI, *Controllo*, in *Novissimo Digesto Italiano*, IV, págs. 728 e segs.; SERIO GALEOTTI, *Introduzione alla teoria dei controlli*

CAPÍTULO I – INCONSTITUCIONALIDADE, GARANTIA E FISCALIZAÇÃO

IV – A fiscalização da constitucionalidade reveste diversas modalidades. Há grandes contraposições a enunciar. Respeitam ao objeto da fiscalização, aos órgãos, ao tempo, às circunstâncias, aos interesses relevantes no processo e à forma processual. E, enquanto que as três primeiras se ligam a opções do Direito constitucional substantivo, a terceira e a quarta dependem *de pleno* do Direito constitucional adjetivo. Assim como se impõem interrelações, visto que este ou aquele tipo de fiscalização postula ou exclui outro [123].

12. Critérios substantivos de fiscalização

I – A fiscalização da constitucionalidade define-se, em primeiro lugar, pelo *objeto* sobre que incide – pelo tipo de comportamento, positivo ou negativo, sujeito a apreciação no confronto da Constituição ou pelos elementos ou vícios do ato de que se cura.

Por conseguinte, fiscalização de inconstitucionalidade por ação e por omissão, fiscalização de atos ou só de normas, fiscalização de diplomas na sua globabilidade ou de normas uma a uma, fiscalização de inconstitucionalidade material, orgânica e formal ou fiscalização só de inconstitucionalidade material, de inconstitucionalidade orgânica ou de inconstitucionalidade formal.

---

costituzionali, Milão, 1963, *maxime* págs. 93 e segs. e 133 e segs.; K. Loewenstein, *Teoria...*, cit., págs. 29 e segs. e 68 e segs.; Massimo Severo Giannini, *Controllo: nozioni e problemi*, in *Rivista Trimestrale di Diritto Pubblico*, 1974, págs. 1263 e segs.; *Control in Constitutional Law*, obra coletiva, Dordrecht, 1993; Manuel Aragón, *Constitución y Control del Poder*, Buenos Aires, 1995; Pedro Bacelar de Vasconcelos, *Teoria geral do controlo jurídico do poder*, Lisboa, 1996; Diego Valadés, *El control del poder*, México, 1998.

[123] Sobre as formas ou os tipos de fiscalização da constitucionalidade, v., por exemplo, Kelsen, *La Garantie...*, cit., *loc. cit.*, págs. 212 e segs.; Jorge Miranda, *Contributo...*, cit., págs. 253 e segs.; Mauro Cappelletti, *Il controllo giudiziario de costituzionalità delle leggi nel diritto compatato*, Milão, 1960, págs. 1 e segs.; Marcello Caetano, *Direito Constitucional*, I, Rio de Janeiro, 1977, págs. 403 e segs.; Marcelo Rebelo de Sousa, *Direito Constituciona-I*, Braga, 1979, págs. 373 e segs.; Gomes Canotilho, *Direito Constitucional...*, cit., págs. 895 e segs.

FISCALIZAÇÃO DA CONSTITUCIONALIDADE

II – Quanto aos *órgãos* (ou sujeitos) da fiscalização, há que apontar três grandes classificações: fiscalização por órgãos comuns e por órgãos especiais; fiscalização por órgãos políticos e por órgãos jurisdicionais ou, eventualmente, por órgãos políticos, por órgãos jurisdicionais e por órgãos administrativos; fiscalização difusa e concentrada.

Na *fiscalização por órgãos comuns*, são órgãos definidos por competências diversas das de garantia, ou, não especificamente, de garantia (o Parlamento, os tribunais comuns, judiciais ou administrativos, porventura o Rei ou o Presidente da República) que recebem também competências de fiscalização da constitucionalidade. Na *fiscalização por órgãos especiais*, são órgãos *ex professo* criados para isso (jurias, comissões, conselhos, tribunais constitucionais), ainda que, muitas vezes, com competências complementares.

A fiscalização é política, jurisdicional ou, eventualmente, também administrativa, consoante efetuada por *órgãos políticos*, por *tribunais* e por *órgãos administrativos* – quer dizer, por órgãos correspondentes às três funções fundamentais do Estado, os quais possuem formas próprias de intervir e se orientam segundo critérios bem diferenciados [124].

A *fiscalização difusa* é a que compete a uma pluralidade de órgãos dispersos, a *fiscalização concentrada* a que compete a um só órgão (ou, eventualmente, a um número muito reduzido de órgãos, *v. g.*, os supremos tribunais das ordens de jurisdição existentes). Na primeira, o poder de apreciar a inconstitucionalidade distribui-se por todos esses órgãos. Na segunda, fica sendo competência específica de algum ou alguns órgãos.

A fiscalização difusa dá-se quando todos os tribunais (ou todos os tribunais judiciais ou todos os tribunais comuns) recebem o poder de conhecimento da inconstitucionalidade. No entanto, teoricamente nada impede que seja exercida por órgãos não jurisdicionais: pode, assim, perguntar-se se os órgãos de Administração, em certas condições, não deverão também a ela ser chamados. A fiscalização concentrada, essa pode ser confiada quer a um órgão jurisdicional quer a um órgão político.

A fiscalização jurisdicional pode, por conseguinte, tanto ser difusa como concentrada; a fiscalização política é (ou tende a ser) sempre concentrada; a fiscalização administrativa (a existir) é sempre difusa.

[124]   Cfr. *Manual...*, v, cit., págs. 22 e segs.

CAPÍTULO I - INCONSTITUCIONALIDADE, GARANTIA E FISCALIZAÇÃO

III – Quanto ao tempo ou à sua relação com a formação dos comportamentos ou dos atos, a fiscalização ora aparece como preventiva ora aparece como sucessiva.

É *preventiva* a que se exerce antes de concluído o procedimento de formação ou antes do momento de consumação da obrigatoriedade ou, eventualmente, da executoriedade do ato. É *sucessiva* a que se exerce sobre comportamentos ou atos já perfeitos e eficazes. Quando se trate de atos normativos, o ponto de separação vem a ser a publicação, e não a entrada em vigor das normas.

Só há fiscalização preventiva de inconstitucionalidade originária; não de inconstitucionalidade superveniente, como é óbvio

IV – Quanto às circunstâncias ou ao modo como se manifesta, a fiscalização vem a ser ou concreta ou abstrata.

É *fiscalização concreta* a que surge a propósito da aplicação de normas ou de quaisquer atos (ou conteúdos de atos) a casos concretos, trate-se de solução de lides ou de providências administrativas ou outras providências. É *fiscalização abstrata ou em tese* a que se dirige aos comportamentos dos órgãos do poder público ou às normas em si, por aquilo que significam na ordem jurídica, independentemente da sua incidência em quaisquer relações ou situações da vida.

A fiscalização concreta redunda em garantia da constitucionalidade no espaço comunitário quotidiano. A fiscalização abstrata insere-se no equilíbrio global dos órgãos do Estado e pode ser entendida como expressão qualificada de um *pouvoir d'empêcher*.

13. Critérios processuais de fiscalização

I – Em razão dos interesses subjacentes à fiscalização, determinantes da iniciativa do respetivo processo, a fiscalização pode ser subjetiva ou objetiva [125].

Diz-se *subjetiva*, quando se prende a um interesse direto e pessoal de alguém, quando tem por causa ou por ocasião a repercussão da ofensa da Lei Fundamental nas esferas jurídicas de certas e determinadas pessoas, quando

---

[125] À semelhança do que acontece, como se sabe, no contencioso administrativo.

FISCALIZAÇÃO DA CONSTITUCIONALIDADE

a ofensa da Constituição se repercute em lesão ou ameaça de lesão de direitos ou interesses destas pessoas. Diz-se *objetiva*, quando, à margem de tal ou tal interesse, tem em vista a preservação ou a restauração da constitucionalidade objetiva, quando o que avulta é a constante conformidade dos comportamentos, dos atos e das normas com as normas constitucionais.

Fiscalização subjetiva não equivale, todavia, à existência de qualquer direito subjetivo à constitucionalidade (tal como não há qualquer direito subjetivo à legalidade). Em si mesma, esta é, por definição, objetiva. De que se trata é tão-só de uma particular relevância dos direitos e interesses dos cidadãos e de, por meio dela, se abrir caminho à garantia [126].

De resto, deve frisar-se que há sempre uma face subjetivista e uma face objetivista em toda a fiscalização. Acontece é que cada sistema ou cada modalidade de fiscalização propende para certo sentido, realça mais uma face sem realçar a outra, estrutura-se com o centro ou nos direitos ou posições constitucionais dos sujeitos ou na constitucionalidade como valor em si [127].

II – No plano do objeto do processo (do objeto do processo de fiscalização, *maxime* do jurisdicional), a fiscalização pode ser incidental ou principal.

Apresenta-se como *incidental* a fiscalização inserida em processo que converge para outro resultado que não a garantia da Constituição; e nele a inconstitucionalidade é questão prejudicial ou seja, questão de Direito substantivo de que depende a decisão final a tomar no processo [128]. Diz-se *principal* a fiscalização em que a garantia é o fim principal ou único e a inconstitucionalidade é elevada a questão principal, a objeto do processo.

Observe-se que uma coisa é falar em questão prejudicial, outra coisa – noutro plano – falar em incidente de inconstitucionalidade. A questão de inconstitucionalidade não é uma questão incidental ou de Direito processual, é uma questão prejudicial ou de Direito constitucional substantivo;

---

[126]   V. *Contributo...*, cit., págs. 274 e segs.

[127]   Cfr. Massimo Villone, *Interessi costituzionali protetti e giudizio sulle leggi. Logiche e politiche della Corte Costituzional*, Milão, 1974; Sylvie Schmitt, *La nature objective du contentieux constitutionnel des normes: les exemples français et italien*, in *Revue français e de droit constitutionnel*, 2007, págs. 719 e segs.

[128]   Cfr., por todos, Miguel Teixeira de Sousa, *Prejudicialidade e limites objetivos do caso julgado*, in *Revista de Direito e Estudos Sociais*, 1977, págs. 304 e segs., *maxime* 306.

CAPÍTULO I – INCONSTITUCIONALIDADE, GARANTIA E FISCALIZAÇÃO

mas é suscitada *incidentalmente* em processo que tem por objeto uma questão diferente [129] [130].

III – Pode ser também distinta a forma processual: há fiscalização por via de exceção e fiscalização por via de ação.

A *exceção* é uma iniciativa enxertada num processo já em curso, seja um meio de defesa indireta propiciado ao réu (ou ao autor reconvinte) para obter a improcedência do pedido (ou da reconvenção), seja (alargando o conceito) um instrumento ao dispor do Ministério Público [131]; a ação *latissimo sensu* é a tradução processual do direito ou do poder de desencadear um processo com vista a determinado fim [132].

Para lá desta distinção, fica o conhecimento oficioso da inconstitucionalidade pelo juiz.

Na maior parte dos casos, a fiscalização incidental corresponde a fiscalização por via de excepção, e a principal a fiscalização por via de ação. Mas pode haver fiscalização incidental desencadeada por ação: é possível alguém dirigir-se a tribunal, invocando um direito fundamental seu, e sustentar o seu pedido na inconstitucionalidade da norma legislativa ou do ato administrativo e no princípio geral da tutela jurisdicional de direitos (em Portugal, arts. 20.º e 268.º, n.º 4, da Constituição) [133] [134].

---

[129] Cfr. arts. 96.º e 97.º do Código de Processo Civil.

[130] Cfr. MAURO CAPPELLETTI, *La pregiudizialità costituzionale nel processo civile*, Milão, 1957; JORGE MIRANDA, *Contributo...*, cit., págs. 257 e segs.; VEZIO CRISAFULLI, *In tema di instaurazione dei giudizi incidentali di costituzionalità delle leggi*, in *Studi in memoria de Carlo Esposito*, obra coletiva, IV, págs. 2790 e segs.; GIROLANO MONTELEONE, *Giudizio incidentale sulle leggi e giurisdizione*, Pádua, 1984, págs. 1 e segs.

[131] Cfr., por todos, EDUARDO COUTURE, *Introdução ao Estudo do Processo Civil*, trad., Lisboa, 1952, págs. 25 e segs., e *Contributo...*, cit., págs. 260 e segs.

[132] Cfr., por todos, JOÃO DE CASTRO MENDES, *O direito de acção judicial*, Lisboa, 1959.

[133] Cfr. ALEC STONE, *Qu'y a-t-il de concret dans le contrôle abstrait aux États-Unis?*, in *Revue française de droit constitutionnel*, 1998, págs. 227 e segs.

[134] V. o caso objeto do acórdão da Relação de Lisboa de 21 de julho de 1983 (in *Colectânea de Jurisprudência da Associação Sindical dos Magistrados Judiciais*, ano VII, tomo 4, 1987, págs. 109 e segs.) ou os casos objeto do acórdão n.º 80/91, de 10 de abril, do Tribunal Constitucional, in *Diário da República*, 2.ª série, de 29 de agosto de 1991; do acórdão n.º 353/94, de 27 de abril, *ibidem*, de 6 de setembro de 1994; ou do acórdão n.º 681/95, de 5 de dezembro, *ibidem*, de 30 de janeiro de 1996.

FISCALIZAÇÃO DA CONSTITUCIONALIDADE

Nesta hipótese, a questão principal é a relativa ao direito constitucional-mente garantido e a questão prejudicial a relativa à inconstitucionalidade da norma legislativa – assim como a decisão do tribunal no sentido da inconsti-tucionalidade só produz efeitos na causa, no caso concreto. O juiz declara o direito invocado, aplicando a norma constitucional, a qual prevalece sobre a norma infraconstitucional.

De certo modo, é o que acontece na intimação para a proteção de direi-tos, liberdades e garantias (art. 109.º do Código de Processo nos Tribunais Administrativos) e na ação de responsabilidade civil por atos ou omissões no exercício da função legislativa (art. 15.º da Lei n.º 67/2007, de 31 de de-zembro) [135].

IV – A excepção carrega-se sobretudo de uma intenção subjetivista, mas é de sentido objetivista quando provenha do Ministério Público.

A ação tanto pode ser de sentido subjetivo como de sentido objetivo.

É subjetiva a ação *stricto sensu*, a ação direta para defesa ou para realização de um direito ou interesse constitucionalmente protegido das pessoas [136] – surja aí a questão de inconstitucionalidade a título incidental, ou surja a título principal, como sucede no *amparo* espanhol, de outros países hispânicos e de Cabo Verde (art. 20.º da Constituição) e na *Verfassungsbeschwerde* dos Direitos germânicos e em figuras análogas [137].

---

[135] *Direitos Fundamentais*, cit., págs. 408 e segs.

[136] Cfr. ainda, quanto à ilegalidade de regulamentos, o art. 73.º do Código de Processo dos Tribunais Administrativos.

[137] Cfr., por exemplo, Fernando Bermudez, *La Procédure l'Amparo contre les Actes et les Lois contraires à la Constitution du Méxique*, Paris, 1914; Mauro Cappelletti, *La giurisdizione costi-tuzionale della libertà*, reimpressão, Milão, 1976; Garcia Ruiz, *El recurso de amparo en el derecho español*, Madrid, 1980; Adele Anzon, *Il ricorso individuale di costituzionalità in Germania Federale, Austria e Spagna*, in *Politica del Diritto*, 1989; Hector Fix-Zanudio, *Ensayos sobre el Derecho de Amparo*, México, 1993; Allan R. Brewer-Carias, *El amparo a los derechos y garantias constitu-cionales*, Caracas, 1993; *O direito de amparo em Macau e em Direito Comparado*, número especial da *Revista Jurídica de Macau*, 1999; Wladimir Brito, *O amparo constitucional*, in *Direito e Cidadania*, n.º 7, julho-outubro de 1999, págs. 9 e segs.; Peter Häberle, *La Vertassungsbeschwerde nel sistema della giustizia costituzionale tedesca*, trad., Milão, 2000; Pablo Perez Tremps, *El recurso de amparos*, Madrid, 2004; Manuel Carrasco Durán, *Amparo judicial: presente y futuro*, in *Revista de Derecho Politico*, n.º 68, 2007, págs. 143 e segs.

CAPÍTULO I – INCONSTITUCIONALIDADE, GARANTIA E FISCALIZAÇÃO

É objetiva a *ação popular* ou ação que é proposta por qualquer cidadão para garantia da constitucionalidade [138], e ainda a *ação pública* ou ação promovida por um órgão do Estado ou por entidade assimilada para o efeito.

A legitimidade – relação necessária entre a titularidade do direito processual e a titularidade de um direito ou interesse substantivo a prosseguir – molda-se, conforme os casos, em termos completamente diferentes.

Por último, o conhecimento *ex officio* da inconstitucionalidade não pode deixar de assumir carácter objetivo.

No Direito português, já existiu *amparo*. Referimo-nos a Macau e ao recurso (previsto no art. 17.º, n.º 1, da Lei n.º 112/91, de 29 de agosto) de decisões proferidas por tribunais sediados no território para o plenário do Tribunal Superior de Justiça, com fundamento em violação de direitos fundamentais garantidos pelo Estatuto Orgânico (e que abrangiam os direitos, liberdades e garantias constantes da Constituição portuguesa), sendo o recurso direto e restrito à questão da violação desses direitos [139]. E, ao abrigo da Declaração Conjunta Luso-Chinesa de 1987, a figura subsiste na ordem jurídica da Região Administrativa Especial [140].

V – Suscitada a questão de inconstitucionalidade por qualquer das formas indicadas, há que a decidir.

Na fiscalização incidental, existem, a esse respeito, dois regimes possíveis: ou o tribunal decide a questão segundo o processamento geral da causa; ou, verificada a sua pertinência, envia-a (faz subir em separado o incidente) ao órgão, político ou jurisdicional, que seja considerado competente para a decisão – é o chamado reenvio prejudicial.

---

[138] Exemplo de Constituição que a prevê: a colombiana de 1991, no seu art. 242.º; cfr. ERNESTO REY CANTOR, *Acción popular de inconstitucionalidad*, in *Estudios Constitucionales*, Universidade de Talca, Santiago do Chile, 2003, págs. 343 e segs.

[139] Sobre alguns problemas, como o da qualificação rigorosa como recurso ou como ação e da exaustão ou não dos meios jurisdicionais, v. os estudos de GOMES CANOTILHO, PAULO CARDINAL e JORGE MENEZES DE OLIVEIRA em *O direito de amparo em Macau*, cit., págs. 331 e segs., 353 e segs. e 403 e segs, respetivamente (o estudo de GOMES CANOTILHO também está publicado no *Boletim da Faculdade de Direito da Universidade de Coimbra*, 1994, págs. 107 e segs.).

[140] Voltaremos a falar em "recurso de amparo" adiante a propósito de uma eventual reforma do sistema português de fiscalização.

FISCALIZAÇÃO DA CONSTITUCIONALIDADE

Quando compete ao tribunal da causa decidir, ainda outra disjuntiva se oferece no tocante a recursos: ou o recurso da decisão sobre a inconstitucionalidade segue os trâmites dos recursos ordinários; ou segue uma tramitação específica em tribunal ou outro órgão localizado fora do aparelho ou da ordem de tribunais em que se integra o tribunal *a quo*. E os recursos adquirem uma carga subjetivista ou objetivista, conforme as entidades legitimadas para recorrer (as partes ou o Ministério Público).

Diversamente, quando a questão de inconstitucionalidade é, desde logo, decidida por um órgão específico de fiscalização – seja a título incidental, seja a título principal – da sua decisão não cabe recurso para nenhuma outra instância.

14. Fiscalização difusa e fiscalização concentrada

I – A fiscalização difusa é concreta, predominantemente subjetiva e incidental. A fiscalização concentrada é, de regra, abstrata, objetiva e principal.

Na fiscalização difusa, a inconstitucionalidade é apreciada *ex officio* pelo juiz e por via de excepção (salvo o que há pouco se disse acerca da fiscalização incidental). Na fiscalização concentrada, por via de ação ou de recurso. E pode haver enlace entre ambas, sendo a fiscalização difusa no suscitar da questão e concentrada na decisão. Pela natureza das coisas, a decisão do tribunal em fiscalização difusa esgota-se no caso concreto e é sempre *inter partes*. Já em fiscalização concentrada a decisão tanto pode ser de efeitos gerais, *erga omnes*, como (quando seja ainda concreta e subjetiva) *inter partes*.

II – Mais do que um autor tem contestado a presença no conhecimento difuso de uma ideia ou função de garantia da constitucionalidade, reduzindo-a, por exemplo, ora a uma situação de necessidade perante um conflito de normas, ora a um pressuposto da atividade jurisdicional, ora a uma genérica tutela [141].

Nunca perfilhámos tal postura negativista, até porque os sistemas jurídicos positivos, incluindo o português, demonstram a importância da atribuição

---

[141] São as teses, respetivamente, de SCHMITT, ESPOSITO e CHIARELLI, que examinámos em *Contributo...*, cit., págs. 214 e segs.

CAPÍTULO I - INCONSTITUCIONALIDADE, GARANTIA E FISCALIZAÇÃO

aos tribunais do poder de apreciar e não aplicar normas inconstitucionais e como o seu aparecimento representa uma mudança qualitativa na história do Estado de Direito.

Não pode, contudo, deixar de se admitir que – independentemente das vantagens e dos inconvenientes, dos avanços e dos riscos que comporte – é apenas em fiscalização concentrada que a garantia avulta em plenitude e chega a recortar-se (como, não raro, se diz) como um verdadeiro poder do Estado a par dos demais poderes, com todos os problemas que isso acarreta; é aí que pode falar-se em *justiça constitucional* em sentido estrito. E isto ocorre ainda com maior nitidez quando a concentração se dá em Tribunal Constitucional e este, em fiscalização abstrata, declara a inconstitucionalidade com força obrigatória geral.

Qual seja a natureza destas decisões do Tribunal Constitucional é outrossim controvertido. KELSEN sustenta ser ela legislativa, pois anular uma lei seria ainda editar uma norma geral, editá-la com sinal negativo [142]. É posição a que não podemos aderir, pois tudo se dá em aplicação da Constituição e os poderes do pretenso legislador negativo encontram-se aí completamente definidos.

15. O Direito processual constitucional

I – A fiscalização jurisdicional difusa exerce-se de harmonia com as regras comuns dos diferentes processos em que se insere e não admira, por isso, que os códigos respetivos não contemplem a suscitação aí da questão da

---

[142] *La Garantie...*, cit., *loc. cit.*, págs. 224-225, e *La giustizia...*, cit., págs. 172 e segs. Com esta explicação, julga também KELSEN afastar o risco de a justiça constitucional conduzir um órgão judicial a interferir em atos de um órgão legislativo: seriam ambos órgãos legislativos, o fiscalizado e o fiscalizador, só que o segundo com estatuto jurisdicional.
Cfr., entre outros, CARLO CERETI, *Funzione legislativa e controllo di legittimità*, in *Studi in onore di Emilio Crosa*, obra coletiva, I, Milão, 1960, págs. 495 e segs., IGNACIO DE OTTO, *Derecho Constitucional – Sistema de Fuentes*, Barcelona, 1987, pág. 286, ou ADRIANO GIOVANNELLI, *Alcune considerazioni sul modello della Verfassungsgerichtbarkeit kelseniana nel contesto del dibattito sulla funzione «politica» della Corte Costituzionale*, in *Scritti in onore di Vezio Crisafulli*, obra coletiva, págs. 445 e segs. E também a respeito do Conselho Constitucional francês já foi defendida a sua natureza legislativa: JEAN CHRISTOPHE BALAT, *La nature juridique du contrôle de constitutionnalité des lois dans de cadre de l'article 61 de la Constitution de 1958*, Paris, 1983.

FISCALIZAÇÃO DA CONSTITUCIONALIDADE

inconstitucionalidade [143]. Ao invés, a fiscalização concentrada – mormente em tribunal constitucional – requer um tratamento legislativo autónomo. E é perante ele que se justifica falar em Direito processual constitucional [144].

Tal como existem Direito civil e Direito processual civil, Direito processual penal e Direito processual penal ou Direito administrativo e direito processual administrativo, também existe Direito constitucional substantivo – as normas *a garantir* – e Direito constitucional adjetivo – as normas de garantia. Tal como há *procedimentos*, eleitoral, legislativo, de conclusão de tratados, de

---

[143] O que não significa que não suscite problemas jurídico-processuais: cfr., por exemplo, *Contributo...*, cit., págs. 253 e segs.

[144] Na doutrina portuguesa, a única obra geral de consulta continua sendo a de VITALINO CANAS, *Os processos de fiscalização da constitucionalidade e da legalidade pelo Tribunal Constitucional*, Coimbra, 1988. Além dela, citem-se JOSÉ MANUEL DURÃO BARROSO, *O recurso para a Comissão Constitucional*, cit., *loc. cit.*, págs. 707 e segs.; ARMINDO RIBEIRO MENDES, *A jurisdição constitucional, o processo constitucional e o processo civil em Portugal*, in *Estudos em memória do Prof. Doutor Castro Mendes*, obra coletiva, Lisboa, 1994, págs. 81 e segs., e *Recursos em processo civil*, Lisboa, 1994, págs. 317 e segs.; MIGUEL LOBO ANTUNES, *Fiscalização abstracta da constitucionalidade: questões processuais*, in *Estudos sobre jurisprudência do Tribunal Constitucional*, obra coletiva, Lisboa, 1993, págs. 397 e segs.; INÊS DOMINGOS e MARGARIDA MENERES PIMENTEL, *O recurso de inconstitucionalidade (espécies e respectivos pressupostos)*, *ibidem*, págs. 427 e segs.; GUILHERME DA FONSECA e INÊS DOMINGOS, *Breviário do Direito Processual Constitucional*, 2.ª ed., Coimbra, 2002; CARLOS BLANCO DE MORAIS, *Direito Constitucional II – Sumários Desenvolvidos*, Lisboa, 2004, págs. 48 e segs.; MIGUEL TEIXEIRA DE SOUSA, *Legitimidade e interesse no recurso da fiscalização concreta de constitucionalidade*, in *Estudos em Homenagem ao Prof. Doutor Armando Marques Guedes*, obra coletiva, Coimbra, 2004, págs. 947 e segs.; JOSÉ MANUEL CARDOSO DA COSTA, *A jurisdição constitucional em Portugal*, 3.ª ed., Coimbra, 2007, págs. 63 e segs.; JORGE BACELAR GOUVEIA, *Manual* ..., II, cit., págs. 1357 e segs.
Na doutrina de outros países, cfr., entre tantos, SALVATORE VILLARI, *Il processo costituzionale*, Milão, 1957; MASSIMO LUCIANI, *Le decisioni processuali e la logica del giudizio costituzionale incidentale*, Pádua, 1984; JOSÉ ALFREDO DE OLIVEIRA BARACHO, *Processo costituzionale*, Rio de Janeiro, 1984; JÖRG LUTHER, *Idee e storie di Giustizio Costituzionale nell'ottocento*, Turim, 1990, págs. 3 e segs.; PEDRO CRUZ VILLALON *et alii*, *Los procesos Constitutionales*, Madrid, 1992; ANTONIO SATTA, *Leogica e retorica nella motivazione delle decisioni della Corte Costituzionale*, Milão, 1996; FRANCISCO CAAMAÑO DOMINGUEZ, *Jurisdicción y procesos constitucionales*, 2.ª ed., Madrid, 2000; DOMINGO GARCIA BELAUNDE, *Derecho Procesal Constitucional*, Bogotá, 2001; ANNA CÂNDIDA CUNHA FERRAZ, *Princípios fundamentais do processo constitucional*, in *Revista do Mestrado em Direito da UNIFIEO* (São Paulo), 2006, págs. 181 e segs.; *Encuesta sobre Derecho Procesal Constitucional*, obra coletiva, Lima, 2006; PAULO ROBERTO DE GOUVÊA MEDINA, *Direito Processual Constitucional*, 4.ª ed., Rio de Janeiro, 2010; PETER HÄBERLE, *O Direito processual constitucional como Direito constitucional concretizado frente à judicatura do Tribunal Constitucional*, in *Nove ensaios constitucionais e uma aula de jubileu*, trad., São Paulo, 2012, págs. 27 e segs.

CAPÍTULO I – INCONSTITUCIONALIDADE, GARANTIA E FISCALIZAÇÃO

formação do Governo, etc. [145], também há *processo* – constitucional (ou melhor, processos constitucionais) [146].

Os processos de inconstitucionalidade de normas jurídicas encontram-se, pois, no cerne do Direito processual constitucional. Todavia, neste entram também, por extensão, os processos derivados de competências de atribuição que um Tribunal Constitucional, porventura também possua, como os relativos a eleições, a referendos, a Deputados e a partidos, alíneas *c)*, *e)*, *f)* e *g)*, da Constituição]. Assim como são vários em Portugal os processos de fiscalização de inconstitucionalidade em correspondência com os diversos tipos de fiscalização acolhida, também cada competência de atribuição postula um processo próprio.

II – Sem embargo da prevalência de princípios comuns a todas as formas de processo e decorrentes, desde logo, dos princípios cardeais da Constituição, os processos do Tribunal Constitucional assentam ainda em princípios específicos, impostos pela função de garantia e pela estrutura do orgão. E não coincidem, necessariamente, como se compreende, ao projetarem-se sobre a fiscalização abstrata.

Neste contexto e distinguindo entre princípios estruturantes e princípios instrumentais [147], podem ser considerados como princípios estruturantes do Direito processual constitucional português, todos reconduzíveis à ideia – força de processo equitativo (art. 20.º, n.º 4, 2.ª parte, da Constituição e art. 6.º da Convenção Europeia dos Direitos do Homem), os seguintes:

a) O princípio da igualdade dos intervenientes processuais (das partes na fiscalização concreta);

---

[145]   Ver *Manual...*, v, cit., págs. 115 e segs.

[146]   Doutro prisma: em sentido lato, Direito processual constitucional equivale a Direito constitucional adjetivo e abrange todos os institutos respeitantes à fiscalização da constitucionalidade, designadamente as relativas aos órgãos que a exercem; em sentido estrito, só abrange as normas processuais.

[147]   Na esteira de MIGUEL TEIXEIRA DE SOUSA, *Introdução ao processo civil*, 2.ª ed., Lisboa, 2000, págs. 51 e segs. Cfr. MANUEL DE ANDRADE, *Noções Elementares de Processo Civil*, I, Coimbra, 1956, págs. 359 e segs., ou JOÃO DE CASTRO MENDES, *Manual de Processo Civil*, Lisboa, 1963, págs. 37 e segs.

FISCALIZAÇÃO DA CONSTITUCIONALIDADE

b) O princípio do contraditório (*audiatur et altera pars*) ou de que os intervenientes processuais devem gozar de igualdade de oportunidades para expor as suas razões, procurando convencer o Tribunal em dialética e recíproca fiscalização [148];

c) O princípio da legalidade dos atos do processo;

d) O princípio da fundamentação das decisões que não sejam de mero expediente (arts. 205.º, n.º 1, e 282.º, n.º 4, da Constituição);

E como princípios instrumentais:

a) O princípio do pedido (art. 51.º, n.º 5, 1.ª parte, da lei orgânica do Tribunal Constitucional) na dupla vertente de necessidade de iniciativa externa para a abertura do processo e de fixação do objeto do processo – a constitucionalidade da norma a apreciar – pelo pedido [149].

b) O princípio do conhecimento oficioso do Direito (art. 204.º da Constituição e arts. 51.º, n.º 5, *in fine*, e 79.º da lei orgânica do Tribunal Constitucional).

c) O princípio da utilidade da decisão, em face da situação normativa que se verifique ou da sua relevância para as situações da vida [150];

d) O princípio da economia processual (arts. 64.º, 74.º, 78.º-A, 78.º-B e 79.º-A da Lei Orgânica);

e) O princípio da celeridade (art. 20.º, n.º 4, 1.ª parte, da Constituição e arts. 60.º e 65.º da Lei Orgânica);

f) O princípio do processo escrito (arts. 52.º, 54.º, 63.º e 79.º da lei orgânica);

g) O princípio da subsidiariedade do Direito processual civil (arts. 48.º, 69.º e 79.º-B da Lei Orgânica) [151].

---

[148] João de Castro Mendes, *op. cit.*, pág. 39.

[149] Cfr. Manuel de Andrade, *op. cit.*, págs. 559 e segs.

[150] Cfr. Miguel Lobo Antunes, *op. cit.*, *loc. cit.*, págs. 418 e segs.

[151] Embora seja vital temperar os conceitos de processo civil com os de outros processos, conforme escreve Vitalino Canas (*Os processos...*, cit., págs. 10-20 e 87 e segs.), salientando estar muito mais próximo do processo de fiscalização de constitucionalidade o processo de anulação dos atos administrativos.

CAPÍTULO I – INCONSTITUCIONALIDADE, GARANTIA E FISCALIZAÇÃO

Já temos algumas dúvidas não tanto a respeito do princípio da *adequação funcional* proposto por VITALINO CANAS – como adequação das normas processuais aos fins materiais a efetivar – quanto a respeito do corolário, que dele tira, da consequente inconstitucionalidade daquelas normas quando não adequadas aos princípios constitucionais [152], pois parece ir mais além do que consta do art. 265.º-A do Código de Processo Civil [153].

Por sua vez, para GOMES CANOTILHO, são princípios gerais do Direito processual constitucional os princípios do pedido, da instrução, da congruência entre pretensão e decisão, da individualização ou da correspondência entre o pedido e o pronunciado e do controlo material (embora com ajustamentos a respeito dos três últimos) [154].

[152] *Ibidem*, págs. 91 e segs.
[153] *Ibidem*, págs. 96 e segs.
[154] *Direito Constitucional...*, cit., págs. 971 e segs.

§ 3.º
As decisões de fiscalização

16. Juízo de inconstitucionalidade e decisões dos tribunais

I – Suscitada de qualquer forma a questão de inconstitucionalidade por ação, o resultado pode ser positivo ou negativo, pode traduzir-se num juízo de inconstitucionalidade ou num juízo de não inconstitucionalidade.

A esses juízos correspondem, contudo, decisões de natureza diversa consoante se trate de fiscalização concreta ou de fiscalização abstrata:

- Na fiscalização concreta, decisão de *não aplicação* (desaplicação ou recusa de aplicação) de normas inconstitucionais ou, inversamente, de *aplicação* com base em juízo de não inconstitucionalidade;
- Na fiscalização abstrata, *declaração de inconstitucionalidade, não declaração de inconstitucionalidade* e, anomalamente, *declaração de constitucionalidade.*

II – Mas outras espécies de decisões ou de efeitos das decisões existem quando se trate de tribunais constitucionais ou de órgãos homólogos, previstas, por vezes, desde logo pelas Constituições ou pelas leis ou, frequentemente, surgidas a partir da sua prática. Embora conexas com o juízo de inconstitucionalidade, elas escapam àquela contraposição fundamental.

Tais decisões – ditas, por isso (mas não com todo o rigor) intermédias ou atípicas – reconduzem-se, no essencial, a três situações:

FISCALIZAÇÃO DA CONSTITUCIONALIDADE

- Podem ser decisões *interpretativas* – ou de fixação de uma interpretação (vinculativa ou não para os restantes tribunais), *maxime* de uma interpretação conforme com a Constituição que evite o juízo de inconstitucionalidade;
- Podem ser decisões *limitativas* – limitativas de efeitos da decisão de inconstitucionalidade ou até da própria inconstitucionalidade;
- Podem ser decisões *aditivas* ou *modificativas*, quando, considerando inconstitucional o entendimento da norma seu objeto só com certo conteúdo ou alcance, lhe acrescentam (e, por conseguinte, modificam-na) um segmento que permite a sua subsistência à luz da Constituição [155].

[155] Cfr. em geral GUSTAVO ZAGREBELSKY, *La Giustizia Costituzionale*, Bolonha, 1977, págs. 145 e segs.; FRANCO MODUGNO, *La funzione legislativa complementare della Corte Costituzionale*, in *Giurisprudenza Costituzionale*, 1981, págs. 1646 e segs.; LOUIS FAVOREU, *La décision de constitutionnalité*, in *Revue Internationale de Droit Comparé*, 1986, págs. 611 e segs.; LUCIO PEGORARO, *La Corte e il Parlamento – Sentenze – indirizzo e attività legislativa*, Pádua, 1987; VII Conferência dos Tribunais Constitucionais, *A Justiça Constitucional e espécies, conteúdo e efeitos das decisões sobre a constitucionalidade de normas*, obra coletiva, Lisboa, 1987; ALS VIGNUDELLI, *La Corte della Leggi*, Rimini, 1988; Luís NUNES DE ALMEIDA, *O Tribunal Constitucional e o conteúdo, a vinculatividade e os efeitos das suas decisões*, in *Portugal – O sistema político e constitucional*, obra coletiva, Lisboa, 1989 págs. 951 e segs.; REGINA FERRARI, *Efeitos da declaração de inconstitucionalidade*, 2.ª ed., São Paulo, 1990; GIUSTINO D'ORAZIO, *Le sentenze costituzionali additive tra esaltazione e contestazione*, in *Rivista Trimestrale di Diritto Pubblico*, 1992, págs. 61 e segs.; PAULO OTERO, *Ensaio sobre o caso julgado inconstitucional*, Lisboa, 1993, págs. 110 e segs.; VITALINO CANAS, *Introdução às decisões de provimento do Tribunal Constitucional*, 2.ª ed., Lisboa, 1994; *La Cour de Cassation et la Constitution de la République*, obra coletiva, Aix-en-Provence, 1994, págs. 265 e segs.; M. DE LOS ANGELES GUTIERREZ ZARGA, *Las sentencias interpretativas y aditivas del Tribunal Constitucional Español*, in *Revista de Derecho Procesal*, 1995, n.º 3; GILMAR FERREIRA MENDES, *Jurisdição Constitucional – O controle abstracto de normas no Brasil e na Alemanha*, São Paulo, 1996, págs. 187 e segs.; *As decisões no controle de constitucionalidade e seus efeitos*, in *Revista da Faculdade de Direito da Universidade de Lisboa*, 2006, págs. 187 e segs.; FABRIZIO POLITI, *Gli effetti nel tempo delle sentenze di accoglimento della Corte Costituzionale*, Pádua, 1997; THIERRY DI MANNO, *Le juge constitutionnel et la téchnique des décisions interpretatives en France et en Italie*, Aix-en-Provence, 1997; JAVIER JIMÉNEZ CAMPO *et alii*, *La sentencia sobre la costitucionalidad de la ley*, Madrid, 1997; *Las tensions entre el Tribunal Constitucional y el legislador en la Europa actual*, obra coletiva editada por ELISEO AJA, Barcelona, 1998; JOSÉ JULIO FERNÁNDEZ RODRÍGUEZ, *Typologie des dispositions des Cours Constitutionnelles*, in *Revue Belge de Droit Constitutionnelle*, 1998, págs. 333 e segs.; GIAN PAOLO DOLSO, *Le sentenze additive di principio*, in *Giurisprudenza Costituzionale*, 1999, págs. 4111 e segs.; RUI MEDEIROS, *A decisão de inconstitucionalidade*, Lisboa, 1999, págs. 289 e segs., 413 e segs. e 533 e segs.; MARKOS GONZÁLEZ BEILFUSS, *Tribunal Constitucional y reparación de la discriminación normativa*, Madrid, 2000; FRANCISCO JAVIER DIAZ REVORIO, *Las sentencias interpretativas del Tribunal Constitucional*, Valladolid, 2001; MIGUEL NOGUEIRA DE BRITO,

Já não formam propriamente uma categoria autónoma as chamadas decisões *redutivas* ou de inconstitucionalidade parcial. Nem elas se reconduzem a decisões limitativas, visto que aqui o que é limitado é o objeto do juízo (como se sabe, não a norma *in totum*, mas um seu segmento) e não a inconstitucionalidade em si mesma [156].

III – As decisões de inconstitucionalidade ou de não inconstitucionalidade oferecem-se simplesmente declarativas, sem trazerem inovações ou modificações ao ordenamento jurídico.

Contudo, não com pouca frequência, por causa dos efeitos, diretos ou colaterais, que os seus autores são chamados ou autorizados a fixar, assumem também natureza constitutiva. E tal verifica-se, com nitidez, em algumas das decisões limitativas e em todas as decisões aditivas.

IV – Na fiscalização concreta e na fiscalização preventiva, as decisões exaurem os seus efeitos nos respetivos processos e procedimentos.

Na fiscalização sucessiva abstrata, eles são necessariamente extraprocedimentais. Como está em causa a validade ou a eficácia da norma ou do ato em si, com vista à preservação objetiva de ordem constitucional, as decisões dirigem-se a todos os órgãos do poder e a toda a comunidade política.

JOAQUIM PEDRO CARDOSO DA COSTA e ANTÓNIO DE ARAÚJO, *A execução das decisões do Tribunal Constitucional pelo legislador*, in *Sub Júdice*, n.º 20/21, 2001, págs. 111 e segs.; GINEVRA CERRINA FERON, *Giuridizione costituzionale e legislatore nella Repubblica federale tedesca*, Turim, 2002; HÉCTOR LÓPEZ BOFILL, *Decisiones interpretativas en el control de costitucionalidad de la ley*, Valência, 2004; THIERRY DI MANNO, *Les décisions de constitutionnalité précaire en Italia et en France*, in *Liber Amicorum Jean-Claude Escarras*, obra coletiva, Bruxelas, 2005, págs. 2003 e segs.; JOSÉ MANUEL CARDOSO DA COSTA, *A jurisdição...*, cit., págs. 85 e segs.; *As sentenças intermédias da justiça constitucional*, obra coletiva (coord. CARLOS BLANCO DE MORAIS), Lisboa, 2009; RICARDO BRANCO, *O efeito aditivo da declaração de inconstitucionalidade com força obrigatória geral*, Coimbra, 2009; JOSÉ JÚNIOR FLORENTINO DOS SANTOS MENDONÇA, *A eficácia das decisões proferidas no controle de constitucionalidade e os seus efeitos no caso julgado – Ensaio para um estudo comparado sobre Brasil, Portugal e Espanha*, in *Estudos em homenagem ao Professor Doutor Carlos Ferreira de Almeida*, obra coletiva, I, Coimbra, 2011, págs. 135 e segs.; CARLOS BLANCO DE MORAIS, *Justiça ...*, II, págs. 259 e segs., 315 e segs., 375 e segs. e 402 e segs.; FERNANDO ALVES CORREIA, *Justiça Constitucional*, Coimbra, 2016, págs. 292 e segs.; MARIA BENEDITA URBANO, *Curso de Justiça Constitucional*, 2.ª ed., Coimbra, 2016, págs. 107 e segs.; BERNARDO DE CASTRO, *As sentenças intermédias na ordem constitucional nacional*, Coimbra, 2016.
[156] Cfr. LUÍS NUNES DE ALMEIDA, *O Tribunal...*, cit., *loc. cit.*, págs. 955-956; VITALINO CANAS, *Introdução...*, cit., págs. 89 e segs.

FISCALIZAÇÃO DA CONSTITUCIONALIDADE

V – A fiscalização da inconstitucionalidade por omissão conduz só a dois tipos de decisões, sempre meramente declarativas: de verificação da existência de omissão e de não verificação da existência de omissão.

17. As decisões em fiscalização concreta

I – A fiscalização concreta pressupõe três poderes: o de determinar a norma aplicável ao caso, o de apreciar a sua conformidade com a Constituição e, como consequência, o de não a aplicar quando desconforme.

Mas, como os juízes não podem deixar de julgar, este poder acha-se, de ordinário, coenvolvido com um poder positivo, com eficácia retroativa: o de aplicar a norma anterior quando se esteja diante de inconstitucionalidade originária [157] [158]; e, na falta de norma aplicável – seja por não haver norma anterior repristinável, seja por a inconstitucionalidade ser superveniente – o poder de preencher a lacuna através dos critérios gerais de integração [159]. Só em matéria penal, por causa do princípio da aplicação da lei mais favorável (art. 29.º, n.º 4, da Constituição), poderá não ser assim [160].

Dissociação entre a não aplicação da norma inconstitucional e a aplicação de outra norma só se verifica, quando a decisão caiba a tribunal para o qual haja recurso restritivo à questão de inconstitucionalidade (como sucede, em Portugal, à face do art. 280.º, n.º 6, da Constituição), por então haver de ser o tribunal recorrido a encontrar a norma de decisão em causa [161].

---

[157]   Cfr. acórdão n.º 490/89 do Tribunal Constitucional, de 13 de julho, in *Acórdãos do Tribunal Constitucional*, 14.º vol., págs. 197 e segs.

[158]   Sobre repristinação, cfr. *Manual...*, II, cit., págs. 359 e 359, e autores citados, assim como ALEXANDRE SOUSA PINHEIRO, *Repristinação*, in *Dicionário Jurídico da Administração Pública*, VII, 1996, págs. 234 e segs., e RUI MEDEIROS, *A decisão...*, cit., págs. 651 e segs.; CARLOS BLANCO DE MORAIS, *Justiça...*, I, cit., págs. 802-803, e II, págs. 845 e segs.

[159]   Em qualquer caso é ainda a própria norma da Constituição violada pela norma julgada inconstitucional que recebe aplicação e é porque *a aplica* que o tribunal *desaplica* a norma inconstitucional. Assim (como escrevemos em *Contributo...*, cit., pág. 229), o ato de garantia *substitui* o ato de criação da norma de grau inferior, enquanto, devido a ele,.a norma constitucional que, antes fora postergada, passa a ser observada.

[160]   Cfr. *infra*.

[161]   Cfr. VITALINO CANAS, *Introdução...*, cit., págs. 58 e segs.; ALEXANDRE SOUSA PINHEIRO, *op. cit., loc. cit.*, pág. 236; CARLOS BLANCO DE MORAIS, *Justiça...*, I, cit., págs. 811 e segs.

CAPÍTULO I – INCONSTITUCIONALIDADE, GARANTIA E FISCALIZAÇÃO

II – Em princípio, a eficácia da decisão – consoante os sistemas, decisão do tribunal do caso, decisão de Tribunal Constitucional ou de órgão homólogo ou decisão do último tribunal de recurso – apresenta-se restrita, pois:

a) Esgota-se no caso;
b) É eficácia apenas *inter partes,* não *erga omnes*;
c) Só aí faz caso julgado (caso julgado *formal*) [162].

Todavia, também consoante os sistemas, pode suceder:

a) Que, conexa com a decisão do caso, haja uma decisão de fiscalização abstrata (provocada, portanto, pela fiscalização concreta) – é o sistema dominante nos países com Tribunal Constitucional;
b) Ou que a decisão de inconstitucionalidade propicie, se seguida de outras com idêntico sentido, a passagem à fiscalização abstrata – é o atual sistema português, como se verá adiante.

III – Nenhum problema específico levanta a decisão de aplicação de norma não julgada inconstitucional. Relevantes podem vir a ser, porém, as regras relativas aos recursos que caibam dessa decisão.

18. A decisão de inconstitucionalidade em fiscalização abstrata

I – A decisão de inconstitucionalidade em fiscalização abstrata possui, simultaneamente, um alcance positivo e um alcance negativo.

Possui um alcance positivo, por implicar o acolhimento ou provimento do pedido endereçado ao órgão de controlo [163], e um alcance negativo, por acarretar a erradicação da norma declarada inconstitucional do ordenamento

---

[162] Sobre caso julgado formal e caso julgado material, cfr., por todos, MANUEL DE ANDRADE, *op. cit.*, I, págs. 289 e segs.; CASTRO MENDES, *Manual...*, cit., págs. 457 e segs.; TEIXEIRA DE SOUSA, *O objecto da sentença e o caso julgado material*, Lisboa, 1983; ANTUNES VARELA, J. MIGUEL BEZERRA e SAMPAIO E NORA, *Manual de Processo Civil*, Coimbra, 1985, págs. 683 e segs.; ISABEL ALEXANDRE, *O caso julgado na jurisprudência constitucional portuguesa*, in *Estudos em Homenagem ao Conselheiro José Manuel Cardoso da Costa*, obra coletiva, Coimbra, 2003, págs. 11 e segs.
[163] Daí falar-se, correntemente, em decisão de acolhimento ou de provimento.

FISCALIZAÇÃO DA CONSTITUCIONALIDADE

jurídico. Consequentemente ainda um alcance positivo, quando haja inconstitucionalidade originária: a repristinação da norma anterior, mesmo se ao
Tribunal Constitucional possa não caber determiná-la.

II – Assume também a decisão um sentido eminentemente proibitivo ou
preclusivo, porque:

a) Os órgãos administrativos [164], os tribunais em geral e o próprio Tribunal Constitucional [165] ou órgão homólogo de decisão não mais podem
aplicar o ato ou a norma em causa [166];

b) Estando pendente em qualquer tribunal um processo em que esteja em
causa a norma declarada inconstitucional, o tribunal não a poderá aplicar e da sua decisão já não há recurso para o Tribunal Constitucional;

c) Os particulares não mais podem invocar esse ato ou essa norma nas
relações entre eles ou perante os poderes públicos [167];

d) Quando a inconstitucionalidade seja material, o órgão autor do ato
ou da norma não pode voltar a praticá-lo ou a emitir a norma sem que
sofra revisão (ou outra mutação objetiva e geralmente reconhecida)
a norma constitucional parâmetro [168] [169];

---

[164] Cfr. o acórdão do Supremo Tribunal Administrativo de 28 de janeiro de 1988, in *Acórdãos
Doutrinais*, n.º 325, 1989, pág. 34: tendo o Tribunal Constitucional declarado a inconstitucionalidade com força obrigatória geral de uma norma, é nula por usurpação de poder a decisão
da Administração que aplica uma medida por ela autorizada.

[165] Relativamente ao Tribunal Constitucional, ao invés do que sucede com as entidades
públicas e privadas, nem sequer é necessário que a decisão seja publicada para que seja vinculativa: acórdão n.º 141/87, de 22 de abril, in *Diário da República*, 2.ª série, de 30 de julho de 1987.

[166] Cfr. acórdão n.º 78/85, de 7 de maio, in *Diário da República*, 2.ª série, de 26 de julho de
1985.

[167] Cfr. acórdão n.º 119/90, de 18 de abril, in *Diário da República*, 2.ª série, de 4 de setembro
de 1990, ou acórdão n.º 385/98, de 19 de maio, *ibidem*, de 30 de novembro de 1998.

[168] Cfr., em sentido próximo, LUÍS NUNES DE ALMEIDA, *Les effets des arrêts du Tribunal Cons-
titucional*, in *La Justice Constitutionnelle au Portugal*, obra coletiva, Paris, 1989, pág. 398; PAULO
OTERO, *Ensaio...*, cit., págs. 139 e segs. (mas excetuando as decisões inconstitucionais);
VITALINO CANAS, *Introdução...*, cit., págs. 172 e 173; PAULO DE CASTRO RANGEL, *O legislador e o
Tribunal Constitucional*, in *Direito e Justiça*, 1997, 2, págs. 217 e segs.; GOMES CANOTILHO, *Direito
Constitucional...*, cit., págs. 1010 e segs.; GOMES CANOTILHO e VITAL MOREIRA, *Constituição...*,
cit., II, págs. 980-981; BERNARDO DE CASTRO, *op. cit.*, p. 56

CAPÍTULO I – INCONSTITUCIONALIDADE, GARANTIA E FISCALIZAÇÃO

e) Quando a inconstitucionalidade seja orgânica ou formal [170], o órgão autor do ato ou da norma não pode voltar a praticá-lo ou a emitir a norma sem que afaste os vícios que inquinam o ato;

f) Confrontado com uma norma que reproduza o mesmo tipo de inconstitucionalidade que já antes havia declarado, o Tribunal Constitucional tornará, em princípio, a pronunciar-se no mesmo sentido [171];

g) Em especial, o legislador não pode convalidar, por via legislativa, atos praticados à sombra de lei inconstitucional;

h) O legislador pode, depois de revisão constitucional, emitir lei igual à que foi declarada inconstitucional; mas não pode conferir-lhe eficácia retroativa, pelo mesmo motivo – o valor ou primado da Constituição – porque, por revisão constitucional, não se convalida lei contrária a norma por ela revogada [172].

Não por acaso à decisão atribui-se «força obrigatória geral» (art. 282.º, n.º 1, da Constituição) e, noutra perspetiva, ela pode ser reconduzida não só a caso julgado *formal* como a caso julgado *material* [173] [174].

III – No fundo, não se trata senão de cumprir o ditame da obrigatoriedade das decisões dos tribunais para todas as entidades públicas e da sua prevalência sobre as decisões de quaisquer autoridades (art. 205.º, n.º 2). Todavia, como

---

[169] Cfr., expressamente, o art. 243.º da Constituição colombiana: «Nenhuma autoridade poderá reproduzir o conteúdo material do ato jurídico declarado inexequível por razões de fundo enquanto subsistirem na Constituição as disposições que serviram para fazer o confronto entre a norma ordinária e a Constituição».

[170] Cfr. o acórdão n.º 92/84, de 31 de agosto, in *Diário da República*, 1.ª série, de 7 de novembro de 1984.

[171] MIGUEL NOGUEIRA DE BRITO, JOAQUIM PEDRO CARDOSO DA COSTA e ANTÓNIO DE ARAÚJO, *op. cit.*, *loc. cit.*, pág. 118.

[172] Cfr. *Manual...*, II, cit., págs. 346 e 347.

[173] O caso julgado formal só obsta a que no mesmo processo se altere o conteúdo da decisão. Com o caso julgado material aquilo que fica indiscutível e imutável não é a decisão enquanto ato continente, mas a decisão enquanto conteúdo ou matéria, o decidido, a situação fáctica ou jurídica tal como a sentença a representou (CASTRO MENDES, *Manual...*, cit., pág. 459).

[174] O instituto do caso julgado responde a um conflito, também presente nos processos de fiscalização abstrata, entre a preocupação com a correção da decisão e o objetivo de paz e de segurança jurídicas (RUI MEDEIROS, *A decisão...*, cit., pág. 797). Contra, VITALINO CANAS, *Introdução...*, cit., págs. 173 e segs.

FISCALIZAÇÃO DA CONSTITUCIONALIDADE

acontece em geral com as decisões dos tribunais, vinculativa é a decisão em si mesma, e não os seus fundamentos.

IV – Rui Medeiros sustenta, pelo contrário, que o legislador não ficaria vinculado à declaração de inconstitucionalidade, podendo reproduzir normas com conteúdo idêntico àquelas que tivessem sido declaradas inconstitucionais e até consolidar retroativamente atos praticados à sua sombra ou alterar os efeitos da declaração de inconstitucionalidade [175].

Fá-lo em nome da abertura da Constituição, por temer consequências bloqueadoras e fossilizadoras [176], por não estar aí em causa (ao contrário do que sucede noutras áreas) um direito fundamental dos particulares à tutela jurisdicional efetiva [177] e por nenhum outro órgão controlar o Tribunal Constitucional ou corrigir as suas decisões [178]. Fá-lo com base na legitimidade política dos órgãos legislativos, os quais se encontram em subordinação *imediata* à Constituição e não em subordinação *mediata* através da interpretação vinculante de outro órgão [179]. Fá-lo chamando à colação o art. 279.º, n.º 2 [180].

Rui Medeiros admite apenas que, se o legislador persistir teimosamente na sua atitude, ignorando sem motivo justificativo o sentido da jurisprudência constitucional, não será difícil, numa ação de responsabilidade civil pelo ilícito legislativo, demonstrar a sua censurabilidade [181].

Entendamo-nos. Ninguém advoga uma imutabilidade *ad aeternum*. Ela tem de ceder, sobrevindo qualquer evento que afete a norma parâmetro – revisão constitucional, costume *contra legem* ou mutação tácita por interpretação evolutiva ou por alteração da realidade constitucional. E não custa reconhecer que nem sempre será fácil discernir o que é identidade de normas [182].

---

[175] *A decisão...*, cit., págs. 819 e segs. e 843 e segs.
[176] *Ibidem*, pág. 826.
[177] *Ibidem*, pág. 823.
[178] *Ibidem*, págs. 827 e segs. e 837.
[179] *Ibidem*, págs. 830 e 831.
[180] *Ibidem*, pág. 834.
[181] *Ibidem*, pág. 840. Mantendo essa posição, *A Constituição Portuguesa num Contexto Global*, Lisboa, 2015, págs. 235 e 236..
[182] Conquanto contemos entre nós com a doutrina firmada, a propósito de renovação de texto legislativo, no parecer n.º 16/80, de 22 de maio, da Comissão Constitucional, in *Pareceres*, XII, págs. 188 e segs.

CAPÍTULO I – INCONSTITUCIONALIDADE, GARANTIA E FISCALIZAÇÃO

Do que se trata é de saber se o legislador *na constância dos mesmos pressupostos constitucionais*, está autorizado a repetir aquilo que o Tribunal Constitucional – órgão com competência específica na matéria e em processo com o elemento contraditório da audição do órgão autor da norma (art. 54.º da lei orgânica – Lei n.º 28/82, de 25 de novembro) tenha declarado inconstitucional. Do que se trata é de saber se a obrigatoriedade das decisões do Tribunal Constitucional para todas as entidades públicas (art. 2.º da Lei n.º 28/82) se compadece com a não vinculação do legislador. Não vemos como.

Se os projetos e as propostas de lei definitivamente rejeitados não podem ser renovados na mesma sessão legislativa, salvo nova eleição da Assembleia da República (art. 167.º, n.º 4, da Constituição), e se algo de semelhante se estatui a respeito de propostas de referendo recusadas pelo Presidente da República ou objeto de resposta negativa do eleitorado (art. 115.º, n.º 10), como permitir que, no dia seguinte ao da decisão do Tribunal Constitucional, pudesse o Parlamento, o Governo ou qualquer das assembleias legislativas regionais retomar o procedimento tendente à reaprovação da lei declarada inconstitucional? Em vez de um pretenso equilíbrio entre o órgão legislativo e o órgão fiscalizador, seria esse o caminho mais curto para todos os conflitos – estivessem em causa a Assembleia da República e o Governo (politicamente solidários, pelo que não procede contra-esgrimir com a existência de vários órgãos legislativos entre nós) ou estivesse em causa (o que poderia revelar-se extremamente nocivo para a unidade do Estado) qualquer das assembleias legislativas regionais.

Muito menos seria de aceitar a possibilidade de convalidação de atos administrativos produzidos à sombra de lei inconstitucional, por isso violar ainda a reserva de fixação de efeitos da inconstitucionalidade pelo Tribunal Constitucional (art. 282.º, n.º 4) [183] [184].

Depois, a invocação do art. 279.º, n.º 2, parece descabida, porque a confirmação nele prevista se situa numa fase interlocutória do procedimento, na qual se manifesta a tensão entre os dois princípios estruturantes do regime político (o democrático e o do Estado de Direito), e porque a eventual promulgação

---

[183] Cfr., assim, GOMES CANOTILHO e VITAL MOREIRA, *Constituição...*, cit., II, pág. 981.
[184] De resto, algo contraditoriamente, RUI MEDEIROS aponta um dever da Administração de revogação invalidatória de atos baseados na normação declarada inconstitucional (*op. cit.*, pág. 800).

– sanção presidencial[185] não preclude a fiscalização sucessiva, com os inerentes efeitos. Eis o verdadeiro equilíbrio consagrado pela Constituição – tal como, em caso de declaração de inconstitucionalidade, o Parlamento pode, por seu turno, ultrapassar o problema, através de revisão constitucional (contanto que observados os limites desta).

Finalmente, a possibilidade, em Portugal, de votos de vencido[186], longe de infirmar a tese do necessário respeito da declaração de inconstitucionalidade, apenas vem demonstrar que o Tribunal Constitucional é um órgão aberto a uma pluralidade de correntes e opiniões jurídicas e cujas decisões são ponderadas, contraditoriamente, em face de todos os elementos disponíveis. Órgão aberto de uma Constituição aberta, nem por isso deixam de ser vinculativas as suas decisões[187].

V – Posição, de certo modo, aparentada da de RUI MEDEIROS é a de CARLOS BLANCO DE MORAIS, para quem o efeito vinculativo em relação ao legislador, como protagonista de um poder primário de concretização direta das normas constitucionais, *não tem de ser tão intenso* como o que opera em relação aos poderes secundários que se encontram subordinados à lei. Mas também *não deve ser tão débil* ao ponto de nominalizar o n.º 1 do art. 282.º da Constituição[188].

Tudo dependeria de proceder ou não qualquer alteração fundamental das circunstâncias. O critério *rebus sic stantibus* constituiria o fundamento determinante de eventual reedição de norma inconstitucional ou de aprovação de norma com conteúdo idêntico. Se a declaração de inconstitucionalidade tem força obrigatória obrigatória geral, o mesmo se não passaria, em regra, com a generalidade dos critérios hermenêuticos do Tribunal, os quais poderiam ser revistos por ele próprio, nada impedindo o legislador de induzir, de modo fundamentado, a essa revisão.

---

[185] Cfr. *infra*.

[186] Referida a pág. 839.

[187] Também MIGUEL NOGUEIRA DE BRITO, JOAQUIM PEDRO CARDOSO DA COSTA e ANTÓNIO DE ARAÚJO escrevem que não há norma constitucional que impeça a renovação de normas declaradas inconstitucionais (*A execução...*, cit., *loc. cit.*, pág. 118), mas acabam por reconhecer que o respeito pela *razão pública* (no sentido de JOHN RAWLS) justifica a inibição do legislador (pág. 123); só naqueles casos em que estejam em causa questões de evidentes contornos ético-políticos elas devem permanecer sempre em aberto (págs. 124-125).

[188] *Justiça...*, II, cit., págs. 206 e 207.

CAPÍTULO I – INCONSTITUCIONALIDADE, GARANTIA E FISCALIZAÇÃO

Contudo, indo aqui um pouco além, o mesmo Autor entende que, no caso da edição de normas de conteúdo idêntico a outras declaradas inconstitucionais ou no caso de ser, no futuro, editada uma norma de conteúdo igual, nada inibe o Tribunal Constitucional de *alterar o sentido da sua jurisprudência*, se essas normas forem impugnadas em controlo sucessivo. Podem gerar-se mutações da orientação jurisprudencial, alterações constitucionais, legislativas e doutrinárias, bem como transformações políticas, económicas, sociais e tecnológicas de fundo. Ou ocorrer alterações nas pré-compreensões políticas e filosóficas dominantes na composição do Tribunal, relativamente a questões altamente controversas que o tenham dividido [189].

Mas esta posição deve ser também refutada, por desvalorizar não pouco a força normativa da Constituição, a segurança jurídica e o sentido da decisão de inconstitucionalidade. Nem se vislumbra como as alterações de circunstâncias indicadas – vicissitudes subjetivas do Tribunal, mudança de orientações jurisprudenciais, mudanças tecnológicas, económicas, sociais e culturais – possam ser relevantes. Apenas mudanças normativas – e de normas da Constituição – o podem ser.

VI – Em nome da supremacia da Constituição como fundamento de validade dos atos surgidos na sua vigência, logicamente a decisão de inconstitucionalidade deveria adquirir eficácia retroativa ou *ex tunc*.

Todavia, nem sempre o Direito positivo consagra este postulado, podendo estabelecer eficácia só para o futuro ou *ex nunc*: assim, por exemplo, o art. 140.º da Constituição austríaca, o art. 136.º da Constituição italiana [190], o art. 100.º, n.º 4, da Constituição grega, o art. 126.º da Constituição croata, o art. 161.º da Constituição estoniana ou o art. 190.º, n.º 3, da Constituição polaca [191] [192].

---

[189]   *Ibidem*, pág. 198.
[190]   Embora quanto ao caso concreto, através do qual a questão suba ao Tribunal Constitucional, a decisão produza efeitos *ex tunc*. Cfr., por todos, GUSTAVO ZAGREBELSKY, *La Giustizia...*, cit., pág. 169.
[191]   Ou o art. 280.º, n.º 3, da Constituição cabo-verdiana quanto a normas constantes de tratados.
[192]   Para mais informação, v. JOSÉ ADÉRCIO LEITE SAMPAIO, *A Constituição reinventada pela jurisdição constitucional*, Belo Horizonte, 2002, págs. 233 e segs.

E, mesmo quando a eficácia é, em princípio, *ex tunc*, pode o Tribunal Constitucional ser ou sentir-se autorizado a fixar os efeitos com diferente dimensão temporal.

19. Natureza da declaração de inconstitucionalidade

I – Em sistema de Tribunal Constitucional, a força obrigatória geral não colide com a natureza jurisdicional da decisão. É algo inerente à decisão, não algo que acresça, enxertado ou acessório.

O Tribunal, como qualquer tribunal, decide uma questão jurídica – a da constitucionalidade ou da legalidade de uma norma – à luz da norma aplicável – que é a norma constitucional ou legal. A despeito de repercussões ou conotações políticas, ele não define ou prossegue o interesse público (ou um interesse público primário) como os órgãos de função política[193], nem sequer faz interpretação autêntica da Constituição.

Por isso, se escreve que a anulação de uma norma com fundamento da violação de outra é diferente da revogação: esta é um ato de decisão – opção desvinculada (é ato de oportunidade) e a anulação é, em princípio, ato vinculado normativamente, é juízo normativo estrito[194]. Ou que o acórdão com força obrigatória geral surge no exercício da jurisdição, entendida no seu sentido próprio e substancial[195]. Ou que o Tribunal Constitucional é *controlador* de normas, não *co-produtor* de normas jurídicas[196].

Se o Tribunal Constitucional, ao declarar a inconstitucionalidade de uma lei, atuasse como legislador, ainda que negativo, isso significaria, em coerência, que os demais tribunais, quando considerassem ilegal um regulamento ou um contrato administrativo ou de direito privado, também exerceriam,

---

[193] Cfr. *Manual...*, v, cit., págs. 27 e segs.

[194] A. Castanheira Neves, *O instituto dos «assentos» e a função jurídica dos Supremos Tribunais*, Coimbra, 1983, págs. 612-613.

[195] José de Oliveira Ascensão, *Os Acórdãos com Força Obrigatória Geral do Tribunal Constitucional como fonte de Direito*, in *Nos dez anos da Constituição*, obra coletiva, Lisboa, 1987, pág. 261. Cfr., também, Afonso Queiró, *A função administrativa*, in *Revista de Direito e Estudos Sociais*, 1977, págs. 29-30.

[196] Gomes Canotilho, *A Concretização da Constituição pelo Legislador e pelo Tribunal Constitucional*, in *Nos dez anos...*, cit., pág. 353.

CAPÍTULO I – INCONSTITUCIONALIDADE, GARANTIA E FISCALIZAÇÃO

respetivamente, um poder regulamentar ou uma liberdade contratual negativa [197].

II – Precisando, ou explicitando melhor:

a) O Tribunal Constitucional nunca tem a iniciativa da declaração de inconstitucionalidade ou de ilegalidade, está sempre adstrito a uma iniciativa externa, ao princípio do pedido;

b) Requerida a apreciação do ato ou da norma, o Tribunal fica obrigado a decidir;

c) O Tribunal não pode interpretar, modificar, suspender ou revogar a decisão que venha a tomar [198];

d) Cabendo ao Tribunal Constitucional também conhecer de recursos em fiscalização concreta, deve decidir todos os recursos pendentes sobre a mesma questão de inconstitucionalidade de acordo com essa declaração [199];

e) Se, porventura, qualquer tribunal aplicar a norma declarada inconstitucional e sendo chamado o Tribunal Constitucional a intervir, ele não poderá reapreciar a sua decisão, apenas poderá determinar que ela seja cumprida;

f) A declaração de inconstitucionalidade com força obrigatória geral não está sujeita, quanto ao seu sentido, a fiscalização de constitucionalidade – nem pelo Tribunal, nem, muito menos, pelos demais tribunais [200] – o que não significa que, quando inquinada de certos vícios, a *decisão em si* não possa ser corrigida ou sindicada [201].

---

[197]   Rui Medeiros, *A decisão...*, cit., pág. 803.

[198]   Nem sequer se, por revisão constitucional, for suprimida ou modificada a norma que serviu de fundamento à decisão. Simplesmente, a força formal passiva desta – reagindo contra lei oposta àquela norma – cessará.

[199]   Gomes Canotilho, *Direito Constitucional...*, cit., pág. 1012.

[200]   Assim, Paulo Otero, *Ensaio...*, cit., págs. 95 e segs.; Rui Medeiros, *A decisão...*, cit., págs. 804 e segs. Diversamente, Vitalino Canas, *Introdução...* cit., págs. 168 e segs.

[201]   Cfr. *infra*.

FISCALIZAÇÃO DA CONSTITUCIONALIDADE

III – Por vezes, diz-se que força obrigatória geral equivale a força de lei [202] ou a força afim de força de lei, justamente por causa de a decisão atingir atos legislativos.

Atinge-os, por certo; mas em moldes e com uma intensidade diferente dos moldes e da intensidade que se registam nas relações entre atos legislativos. A força obrigatória geral não se limita a tornar ineficaz um ato normativo inconstitucional; torna-o, pura e simplesmente, nulo, invalidando os seus efeitos [203].

Por outro lado, a declaração não tem de versar apenas sobre atos legislativos. Pode versar também, como se sabe, sobre outros atos jurídico-públicos – ora supralegislativos, como as leis de revisão constitucional, ora infralegislativos, como certos regulamentos [204]. E isto não menos confirma a natureza jurisdicional da decisão.

20. A decisão de não inconstitucionalidade em fiscalização abstrata

I – A decisão de não inconstitucionalidade não tem, na generalidade dos países, qualquer eficácia. Quando muito, produz caso julgado formal relativamente ao respetivo processo de fiscalização. Ao Tribunal Constitucional ou a órgão homólogo compete declarar – e somente lhe pode ser pedido que declare – a inconstitucionalidade, não a constitucionalidade ou a não inconstitucionalidade.

É isto que decorre do objetivo de garantia a que se destina a fiscalização [205]. Só esta concepção impede que tais sentenças venham como que a adquirir força constitucional, por não mais poderem ser reformadas [206]; só ela assegura plena liberdade de julgamento do Tribunal Constitucional e dos demais

---

[202] *Manual...*, II, 3.ª ed., 1991, pág. 485; GOMES CANOTILHO, *Direito Constitucional...*, cit., págs. 1009-1010. Cfr. RICARDO BRANCO, *op. cit.*, pág. 32.

[203] CARLOS BLANCO DE MORAIS, *As leis reforçadas*, Coimbra, 1998, pág. 153.

[204] Com a correspondente força jurídica. GIOVANNI QUADRI, *La Forza di Legge*, Milão, 1992, págs. 21 e segs.

[205] Assim, já *Ciência Política...*, I, cit., pág. 511. Cfr. acórdão n.º 15/88 do Tribunal Constitucional, de 14 de janeiro, in *Diário da República*, 1.ª série, de 3 de fevereiro de 1988, pág. 375.

[206] RAUL BOCANEGRA SIERRA, *Cosa Juzgada, vinculación, fuerza de ley en las decisiones del Tribunal Constitucional Alemán*, in *Revista Española de Derecho Constitucional*, n.º 1, janeiro-abril de 1982, pág. 270.

CAPÍTULO I – INCONSTITUCIONALIDADE, GARANTIA E FISCALIZAÇÃO

tribunais; só ela obsta à fraude à Constituição que seria qualquer órgão ou entidade com poder de iniciativa requerer a apreciação de certa norma para, uma vez obtida uma decisão de não inconstitucionalidade, impedir que noutro momento, em qualquer tribunal ou no próprio Tribunal Constitucional, com ou sem a mesma composição, essa norma viesse a ser arguida [207].

II – Contudo, na Alemanha admite-se declaração de constitucionalidade [208]; na Espanha, a decisão de não provimento de um recurso de inconstitucionalidade impede qualquer apreciação ulterior da mesma questão e pelos mesmos fundamentos em novo recurso [209] e no Brasil foi-se ao ponto de criar uma *ação declaratória de constitucionalidade* de lei ou ato normativo federal. Esta ação pode ser proposta pelo Presidente da República, pela Mesa do Senado, pela Mesa da Câmara dos Deputados ou pelo Procurador-Geral da República [art. 102-I, alínea *a*), 2.ª parte, e art. 103, § 4.º, da Constituição, após a Emenda Constitucional n.º 3/93]. E a decisão definitiva do Supremo Tribunal Federal produz eficácia contra todos e efeito vinculante relativamente aos demais órgãos do Poder Judiciário e à Administração pública direta e indireta, em todas as esferas da Federação (art. 102, § 2.º; na versão da Emenda Constitucional n.º 45/2004), embora não relativamente ao próprio Supremo e ao Poder Legislativo [210].

---

[207] Rui Medeiros (*A decisão...*, cit., pág. 838), ainda a propósito da proibição de reprodução de normas declaradas inconstitucionais, afirma que ela não é compatível com a recusa de atribuição de força obrigatória geral às declarações de constitucionalidade, pois também uma errada declaração de inconstitucionalidade viria como que a adquirir força constitucional por nunca poder ser reformada.

Tudo está, quanto a nós, na opção entre a primazia da Constituição e a do legislador. Se se opta pela primeira – como é a tendência dominante após 1920 ou 1945 – compreende-se bem que só à declaração de inconstitucionalidade se atribua força obrigatória geral, deixando-se sempre em aberto aos cidadãos e aos juízes em geral recolocar a questão na hipótese de não inconstitucionalidade.

[208] V. Gilmar Ferreira Mendes, *Jurisdição...*, cit., págs. 243 e segs.

[209] Art. 38.º, n.º 2 da lei orgânica do Tribunal Constitucional.

[210] V. Gilmar Ferreira Mendes, *O controle de constitucionalidade das leis na actualidade*, in *Estudos em homenagem ao Prof. Caio Tácito*, obra coletiva, Rio de Janeiro, 1997, págs. 253 e segs.; Marisa Ferreira dos Santos, *O poder do Supremo Tribunal Federal e a acção declaratória de constitucionalidade*, in *Revista da AJUFE – Associação dos Juízes Federais*, n.º 61, abril-junho de 1999, págs. 15 e segs.; Zeno Veloso, *op. cit.*, págs. 281 e segs.; Clemerson Merlin Clève, *A fiscalização abstracta da constitucionalidade no Direito Brasileiro*, 2.ª ed., São Paulo, 2000,

FISCALIZAÇÃO DA CONSTITUCIONALIDADE

Voltado para a certeza do Direito e a economia processual, o instituto brasileiro apresenta-se bastante vulnerável: desde logo, porque, para tanto, bastaria atribuir força obrigatória geral à não declaração de inconstitucionalidade; depois, porque diminui o campo de fiscalização difusa; e, sobretudo, porque o seu sentido útil acaba por se traduzir num acréscimo de legitimidade, numa espécie de sanção judiciária a medidas legislativas provenientes dos órgãos (salvo o Procurador-Geral da República) a quem se reserva a iniciativa. Não admira que seja controvertido.

Mas, ainda mais, foi-se ao ponto de, por lei ordinária (a Lei n.º 9.868, de 10 de novembro de 1999), estatuir que, em caso de não procedência de ação direta de inconstitucionalidade, seria proclamada a constitucionalidade da disposição ou da norma impugnada (arts. 23.º e 24.º) – quer dizer, foi-se ao ponto de, assim, uma ação proposta com certa finalidade converter-se em ação com resultado oposto.

21. A interpretação conforme com a Constituição e as decisões interpretativas

I – Todo o tribunal e, em geral, todo o operador jurídico fazem interpretação conforme com a Constituição. Quer dizer: acolhem, entre vários sentidos *a priori* configuráveis da norma infraconstitucional, aquele que lhe seja conforme ou mais conforme; e, no limite, por um princípio de economia jurídica, procuram um sentido que – na órbita da razoabilidade e com um mínimo de correspondência verbal na letra da lei (art. 9.º, n.º 2, do Código Civil) – evite a inconstitucionalidade [211].

Variável – em face dos sistemas jurídicos, dos regimes de fiscalização e das opções do Direito positivo – vem a ser, entretanto, o grau de vinculatividade jurídica ou meramente argumentativa que adquirem, em concentração de

---

págs. 272 e segs.; RICARDO ALESSI DELFIM, *Acção declarativa de constitucionalidade e os princípios constitucionais do processo*, São Paulo, 2001; ROGER STIEFELMANN LEAL, *O efeito vinculante na jurisdição constitucional*, São Paulo, 2006, págs. 138 e segs. Cfr. TANIA GROPPI, *La «ação declaratória de constitucionalidade»: una novità nel sistema brasileiro di giustizia costituzionale*, 1994, págs. 109 e segs.

[211] Cfr. *Manual...*, II, cit., págs. 328 e segs., e autores citados.

CAPÍTULO I – INCONSTITUCIONALIDADE, GARANTIA E FISCALIZAÇÃO

competência, as decisões interpretativas dos tribunais constitucionais ou de órgãos homólogos frente aos demais tribunais [212].

O problema, com autonomia, não se suscita na fiscalização abstrata, por aí, independentemente da interpretação operada, até conforme com a Constituição, só ter relevância a força obrigatória da declaração de inconstitucionalidade. Ao invés, ganha todo o interesse em fiscalização concreta. E aqui podem ser proferidas por Tribunal Constitucional decisões interpretativas com três conteúdos possíveis:

- Interpretação concordante com a que o tribunal *a quo* tenha proferido de modo a não recusar a aplicação da norma impugnada [art. 280.º, n.º 1, alínea *b)*, da Constituição];
- Interpretação discordante da que o tribunal *a quo* tenha adotado e, igualmente, sem conduzir à recusa de aplicação da norma;
- Interpretação em contraste com a do tribunal *a quo*, o qual agora havia concluído pela inconstitucionalidade.

II – Em Portugal, o art. 80.º, n.º 3, da lei do Tribunal Constitucional [213] [214] estipula que, no caso de o juízo de constitucionalidade ou de legalidade sobre a norma que a decisão recorrida tiver aplicado, ou a que tiver recusado aplicação, se fundar em determinada interpretação da mesma norma, esta deverá ser aplicada com tal interpretação no processo em causa.

---

[212] Sobre a doutrina do «Direito vivo», acolhida na Itália e segundo a qual, perante jurisprudência consolidada, mormente dos tribunais superiores, no sentido de inconstitucionalidade, o Tribunal Constitucional deve abster-se de fazer interpretação conforme com a Constituição, cfr., por exemplo, ANDREA PUGIOTTO, *Sindacato di costituzionalità e «diritto vivente»*, Milão, 1994; RUI MEDEIROS, *A decisão...*, cit., págs. 406 e segs. (considerando-a irrelevante entre nós); ou CATERINA SEVERINO, *La doctrine du droit vivant*, Paris-Aix, 2003.

[213] Que teve por fonte o art. 44.º, n.º 2, do estatuto da Comissão Constitucional (aprovada pelo Decreto-Lei n.º 503-F/76, de 30 de junho).

[214] No Brasil, a Lei n.º 9.868, comina também o efeito vinculante da interpretação conforme com a Constituição (art. 28.º, § único).

Sobre as decisões interpretativas, cfr., por exemplo, JÚLIA DE MELO RIBEIRO, *Controle de constitucionalidade das leis e decisões interpretativas*, in *Revista de Informação Legislativa*, 191, julho-setembro de 2011, págs. 265 e segs.

Para uma visão comparativa mais ampla, cfr. HÉCTOR LÓPEZ BOFILL, *Decisiones interpretativas en el control de constitucionalidad de la ley*, Valência, 2004.

E o próprio Tribunal sustentou, num dos seus acórdãos, que, funcionando como última instância de recurso de constitucionalidade das leis, não pode ser cerceado nos seus poderes cognitivos por decisão anterior não transitada em julgado, proferida no processo a que o recurso respeita. Isso equivaleria a negar-lhe a sua finalidade de garante da Constituição em sede de fiscalização concreta, que, precisamente, se traduz em decidir da constitucionalidade ou inconstitucionalidade das *normas* cuja aplicação ou recusa de aplicação ocorrer em qualquer outro tribunal. Os poderes cognitivos têm de assumir a máxima amplitude [215].

Todavia, uma parte significativa da doutrina manifesta fortes reticências perante esta orientação.

Assim, segundo GOMES CANOTILHO e VITAL MOREIRA, tudo está em saber se o Tribunal Constitucional pode não apenas revogar as decisões dos restantes tribunais em matéria de inconstitucionalidade mas também impor-lhes a sua própria interpretação da norma em causa. A resposta mais conforme com o sentido do recurso de constitucionalidade e com a autonomia dos tribunais na aplicação do direito ordinário é, em princípio, negativa, não devendo o Tribunal Constitucional, senão excecionalmente, afastar-se do entendimento que o tribunal recorrido fez da norma fiscalizanda [216].

Ainda mais vincadamente, para RUI MEDEIROS, o Tribunal Constitucional careceria de competência qualificada para interpretação da lei ordinária à margem da interpretação dada na decisão recorrida [217]. Se pudesse conhecer da constitucionalidade de outros sentidos da lei diferentes daquele que lhe foi conferido pelo tribunal recorrido, as suas decisões contrariariam o princípio do pedido e frustrariam a garantia da dupla apreciação que envolve o sistema de recursos [218]. O art. 80.º, n.º 3, permitiria que o Tribunal Constitucional se convertesse em senhor não só da Constituição mas também de leis ordinárias

---

[215]   Acórdão n.º 2/84, de 11 de janeiro, in *Diário da República*, 2.ª série, de 26 de abril de 1984, n.º 4.2.4.

[216]   *Fundamentos da Constituição*, Coimbra, 1991, pág. 271. V., igualmente, GOMES CANOTILHO, *Direito Constitucional...*, cit., 3.ª ed., Coimbra, 1999, págs. 1227 e segs.

[217]   *A decisão...*, cit., págs. 363 e segs.

[218]   *Ibidem*, págs. 370 e segs.

CAPÍTULO I - INCONSTITUCIONALIDADE, GARANTIA E FISCALIZAÇÃO

com ela confrontadas [219], preterindo a independência dos outros tribunais [220] e até o princípio da constitucionalidade, por se retirar aos tribunais competência para julgar inconstitucional um sentido anteriormente considerado compatível com a Constituição por aquele Tribunal [221] [222].

Quanto a nós, não temos tantas certezas. O art. 80.º, n.º 3, não será uma decorrência necessária da função específica do Tribunal Constitucional. Será uma decorrência impossível? O objeto de processo de fiscalização concreta deverá ser apreendido restritivamente? Ao suscitar-se uma questão de inconstitucionalidade, estar-se-á a confinar a norma impugnada a um único sentido? A interpretação em sede desse processo não poderá abarcar todas as virtualidades ínsitas na ou na disposição em causa? Ao Tribunal Constitucional ficará vedado procurar outro sentido afora o emprestado pelo tribunal *a quo*? A negar-se a sua competência para decisões interpretativas como estas não se terá de lhe negar outrossim competência para decisões interpretativas inversas – aquelas em que julga inconstitucional uma norma com sentido diferente daquele que lhe tenha dado o tribunal *a quo* (seja em interpretação conforme, seja julgando logo a norma inconstitucional)?

Mais: se o Tribunal Constitucional julgar inconstitucional uma norma, o tribunal recorrido deverá reformar a sua decisão em conformidade (art. 80.º, n.º 2, da Lei n.º 28/82); logo, por que motivo, se ele a julgar não inconstitucional, não terá o tribunal recorrido de observar a interpretação – seja qual for – que lhe tiver atribuído? A não se fixar imperativamente pelo Tribunal

---

[219] *Ibidem*, pág. 386.

[220] *Ibidem*, págs. 379 e segs.

[221] *Ibidem*, pág. 378.

[222] Cfr., aceitando o art. 80.º, n.º 3, ou não o discutindo, José Mário Ferreira de Almeida, *A justiça constitucional em Portugal*, Lisboa, 1985, págs. 73 e segs.; Paulo Otero, *Ensaio...*, cit., págs. 115 e segs.; Vitalino Canas, *Introdução...*, cit., págs. 85 e segs.; Maria dos Prazeres Beleza, *Admissibilidade de um recurso autónomo para o Tribunal Constitucional por violação de caso julgado*, in *Estudos em homenagem à Professora Doutora Isabel de Magalhães Collaço*, obra coletiva, II, Coimbra, 2002, pág. 483; José Manuel Cardoso da Costa, *A jurisdição...*, cit., págs. 89-90. Numa posição próxima, Carlos Blanco de Morais, *Justiça...*, II, cit., págs. 920 e segs., *maxime* 932; rejeita os argumentos em favor da inconstitucionalidade do art. 80.º, n.º 3, nas entende que a interpretação conforme com a Constituição realizada pelo Tribunal Constitucional carece de vinculatividade quando existam outras soluções interpretativas verosímeis não consideradas na decisão ou quando esta imponha uma solução por razões de mérito estranhas a uma questão de constitucionalidade; e ainda Bernardo de Castro, *op. cit.*, pág. 149 e segs.

FISCALIZAÇÃO DA CONSTITUCIONALIDADE

Constitucional determinado sentido da lei – embora apenas naquele caso concreto – não se irá deixar ao tribunal *a quo* a possibilidade de, depois da decisão do Tribunal Constitucional, estabelecer qualquer outra (inclusive, uma que ele tenha, por forma explícita ou implícita, considerado inadmissível) e, assim, propiciar novo recurso? E a provável multiplicação de recursos não acarretará inconvenientes para a economia processual e conflitualidade entre tribunais [223]?

Finalmente, em face da prática do nosso Tribunal não poderá falar-se na formação de um costume constitucional corroborador das decisões interpretativas [224]?

22. As decisões limitativas

I – A limitação dos efeitos da inconstitucionalidade ou, mais do que dos efeitos, da própria inconstitucionalidade resulta da conveniência de temperar o rigor das decisões, adequando-as às situações da vida, em nome de outros princípios e interesses constitucionalmente protegidos [225].

Envolve, pois, uma tarefa de harmonização e concordância prática. E acaba (por paradoxal que pareça *prima facie*) por servir de instrumento de garantia, porque se ela se não operasse, poderiam os órgãos de fiscalização, para evitar consequências demasiado gravosas, vir a não decidir pela inconstitucionalidade.

Segundo OTTO BACHOF, os Tribunais Constitucionais consideram-se não só autorizados mas inclusivamente obrigados a ponderar as suas decisões, a tomar em consideração as possíveis *consequências* destas. É assim que eles verificam se um possível resultado da decisão não seria manifestamente injusto, ou não acarretaria um dano para o bem público, ou não iria lesar interesses dignos de proteção de cidadãos singulares. Não pode entender-se

---

[223]   O próprio RUI MEDEIROS tem consciência desta dificuldade (*op. cit.*, págs. 369-370).

[224]   Cfr. ainda LUÍS NUNES DE ALMEIDA, *O Tribunal Constitucional...*, cit., *loc. cit.*, págs. 953 e segs.; MÁRIO DE BRITO, *As decisões interpretativas do Tribunal Constitucional*, in *Revista do Ministério Público*, n.º 62, 1995, págs. 57 e segs., e *Ainda sobre as decisões interpretativas do Tribunal Constitucional*, in *Estudos em homenagem à Professora Doutora Isabel de Magalhães Collaço*, II, págs. 725 e segs.

[225]   Cfr. a noção de «situações constitucionais imperfeitas» em GOMES CANOTILHO, *Direito Constitucional...*, cit., pág. 955.

CAPÍTULO I – INCONSTITUCIONALIDADE, GARANTIA E FISCALIZAÇÃO

isto, naturalmente, como se os tribunais tomassem como ponto de partida o presumível resultado da sua decisão e passassem por cima da Constituição e da lei em atenção a um resultado desejado. Mas a verdade é que um resultado injusto, ou por qualquer outra razão duvidoso, é também em regra – embora nem sempre – um resultado juridicamente errado [226].

II – Por ordem crescente de intensidade da limitação, as decisões limitativas podem consistir em:

a) Produção dos efeitos da inconstitucionalidade apenas a partir da decisão e (ou) sem repristinação da norma revogada pela norma declarada inconstitucional;

b) Declaração de inconstitucionalidade, mas com suspensão de efeitos durante certo tempo;

c) Declaração de inconstitucionalidade sem produção de efeitos, ou mero reconhecimento de inconstitucionalidade sem pronúncia de nulidade [227] [228].

---

[226] *Estado de Direito e poder político*, in *Boletim da Faculdade de Direito da Universidade de Coimbra*, 1980, pág. 15. Na mesma linha, KARL LARENZ, *Methodenlehre der Rechtswissenschaft*, 1991, 3.ª ed. portuguesa *Metodologia da Ciência do Direito*, Lisboa, 1997, pág. 517, salientando que a avaliação das consequências previsíveis da decisão do Tribunal Constitucional deve estar orientada especialmente para a manutenção ou o aperfeiçoamento da capacidade funcional do Estado de Direito.
Cfr., também, RAUL BOCANEGRA SIERRA, *El valor...*, cit., págs. 237 e segs.; EDUARDO GARCIA DE ENTERRIA, *Un paso importante para el desarollo de nuestra justicia constitucional: la doctrina prospectiva en la declaración de ineficacia de las leyes inconstitucionales*, in *Civitas – Revista Española de Derecho Administrativo*, 1989, págs. 5 e segs.; ANDREA PISANESCHI, *Determinazione dei limiti alla retroattività delle decisioni costituzionali di accoglimento: potere del giudice costituzionale o del giudice ordinario*, in *Giurisprudenza Costituzionale*, 1989, págs. 295 e segs.; *Effetti temporali delle sentenze della Corte Costituzionale anche con riferimento alle esperienze straniere*, obra coletiva, Milão, 1989; VITALINO CANAS, *Introdução...*, cit., págs. 104 e segs. e 203 e segs.; GILMAR FERREIRA MENDES, *A Jurisdição...*, cit., págs. 202 e segs. e 285 e segs.; RUI MEDEIROS, *A decisão...*, cit., págs. 673 e segs.; MARCO RUOTOLO, *La dimensione temporale dell' invalidità della legge*, Pádua, 2000.
[227] É o que VITALINO CANAS (*Introdução...*, cit., págs. 104 e segs. e 203 e segs.) designa por decisões de provimento fictício.
[228] Nos casos das alíneas *b)* e *c)* pode também falar-se em decisões *apelativas*, na medida em que nelas está implícito (ou explícito) o apelo ao legislador para que reponha a constitucionalidade.

III – No Direito português, encontram-se previstas:

- As decisões do primeiro subtipo, no art. 282.º, n.º 4, segundo o qual quando a segurança jurídica, razões de equidade ou interesse público de excepcional relevo, que deverá ser fundamentado, o exigirem, poderá o Tribunal Constitucional fixar os efeitos da inconstitucionalidade ou da ilegalidade com alcance mais restrito do que os estabelecidos em geral [229];
- As decisões do terceiro subtipo, relativamente a tratados internacionais, dizendo-se no art. 277.º, n.º 2, que a inconstitucionalidade orgânica ou formal de tratados regularmente ratificados não impede a aplicação das suas normas na ordem jurídica portuguesa, desde que tais normas sejam aplicadas na ordem jurídica da outra parte, salvo se tal inconstitucionalidade resultar da violação de uma disposição fundamental.

Salvo nestas hipóteses (a analisar adiante), não se acham autorizadas e, por conseguinte, devem ter-se por inadmissíveis quaisquer outras decisões [230], ao contrário do que sucede, por virtude de normas constitucionais, legais ou consuetudinárias, noutros países [231].

---

[229]   Cfr., analogamente no Brasil, o disposto no art. 27 da Lei n.º 9.868, de 10 de novembro de 1999: «Ao declarar a inconstitucionalidade de lei ou ato normativo, e tendo em vista razões de segurança jurídica ou de excepcional interesse social, poderá o Supremo Tribunal Federal, por maioria de dois terços dos seus membros, restringir os efeitos daquela declaração ou decidir que ela só tenha eficácia a partir do seu trânsito ou de outro momento que venha a ser fixado». A parte final parece abrir a possibilidade de decisões do segundo subtipo. Cfr. GILMAR FERREIRA MENDES, *A declaração de inconstitucionalidade sem a pronúncia de nulidade e a declaração de inconstitucionalidade de carácter restritivo ou limitativo no direito brasileiro*, in *As vertentes do Direito constitucional contemporâneo – Estudos em homenagem a Manoel Gonçalves Ferreira Filho*, obra coletiva, São Paulo, 2002, págs. 419 e segs.

[230]   Diferentemente, VITALINO CANAS, *Introdução...*, cit., págs. 192 e segs., 202 e 203 e segs.; RUI MEDEIROS, *A decisão...*, cit., págs. 724 e segs.

[231]   Assim, decisões do segundo subtipo são permitidas no art. 140.º, n.º 5, da Constituição austríaca, no art. 100.º, n.º 4, da Constituição grega, no art. 161.º da Constituição estoniana, no art. 26.º da Lei do Tribunal Constitucional da Lituânia ou no art. 190.º, n.º 3, da Constituição da Polónia; e decisões do terceiro subtipo são bem conhecidas na Alemanha (cfr. GILMAR FERREIRA MENDES, *Jurisdição...*, cit., págs. 202 e segs.).

IV – Em zona de fronteira fica outra espécie de decisões: a decisão de rejeição de inconstitucionalidade acompanhada de recomendação ao legislador para que modifique ou substitua a norma, a chamada decisão *apelativa*[232].

Dir-se-ia coexistirem aqui dois juízos: de não inconstitucionalidade, ou de não inconstitucionalidade atual; e de necessidade de nova normação, ou de inconstitucionalidade no futuro. Todavia, só o primeiro é juridicamente eficaz, porquanto nem sequer o decurso do prazo acarreta o automático reconhecimento de inconstitucionalidade, não há uma declaração de inconstitucionalidade a termo ou sob condição suspensiva[233]. E, por isso, a decisão apelativa não se confunde com a decisão de provimento proferida em fiscalização de inconstitucionalidade por omissão (a qual obriga o legislador ou torna patente a obrigação de legislar, mesmo se desprovida de sanção).

Em Portugal, não parece que possa haver decisões apelativas[234].

23. As decisões aditivas

I – Nas decisões aditivas (também ditas modificativas ou manipulativas) a inconstitucionalidade detetada não reside tanto naquilo que a norma preceitua quanto naquilo que ela não preceitua; ou, por outras palavras, a inconstitucionalidade acha-se na norma *na medida em que não contém tudo aquilo que deveria conter* para responder aos imperativos da Constituição. E então, o órgão de fiscalização acrescenta esse elemento que falta (e, acrescentando, modifica a norma)[235].

Uma lei, ao atribuir um direito ou uma vantagem (*v. g.*, uma pensão) ou ao adstringir a um dever ou ónus (*v. g.*, uma incompatibilidade), contempla certa

---

[232] Cfr. Luís Nunes de Almeida, *O Tribunal...*, cit., *loc. cit.*, págs. 958-959; Gilmar Ferreira Mendes, *Jurisdição...*, cit., págs. 229 e segs.; Rui Branco, *op. cit.*, págs. 70 e segs.

[233] Gilmar Ferreira Mendes, *Jurisdição...*, cit., pág. 242, escrevendo sobre a Alemanha.

[234] Cfr., neste sentido, o acórdão n.º 154/86 do Tribunal Constitucional, de 6 de maio, in *Diário da República*, 1.ª série, de 12 de junho de 1986. A favor, Vitalino Canas, *O Tribunal Constitucional: órgãos de garantia da segurança jurídica, da equidade e do interesse público de especial relevo*, in *Estudos em homenagem ao Prof. Doutor Armando de Marques Guedes*, obra coletiva, Coimbra, 2004, págs. 114-115 (invocando a natureza do Tribunal Constitucional como guardião da segurança jurídica e o papel pedagógico e operacional das decisões apelativas).

[235] Cfr., em geral, com largo excurso comparativo, Rui Medeiros, *A decisão...*, cit., págs. 456 e segs., Carlos Blanco de Morais, *As sentenças com efeitos aditivos*, in *As sentenças intermédias*, págs. 13 e segs.; Ricardo Branco, *op. cit.*, págs. 172 e segs.

FISCALIZAÇÃO DA CONSTITUCIONALIDADE

categoria de pessoas e não prevê todas as que se encontrem na mesma situação, ou acolhe diferenciações infundadas. Que fazer: eliminar os preceitos que, qualitativa ou quantitativamente, violem o princípio de igualdade? Ou, pelo contrário, invocando os valores e interesses constitucionais que se projetam nessas situações, restabelecer a igualdade? Decisões aditivas são, em especial, as que adotam o segundo termo da alternativa.

Nas decisões redutivas ou de inconstitucionalidade parcial há um segmento de norma que cai para ela ser salva. Nas decisões aditivas há um segmento ou uma norma que se acrescenta (ou aparentemente se acrescenta) com idêntico fim; ou uma norma que passa a abranger um conjunto de situações idênticas, e não apenas algumas. E isto pressupõe um momento ablativo – a ablação do que representa um tratamento desfavorável, de discriminação ou exclusão [236].

II – Das decisões aditivas distinguem-se as decisões *integrativas*, através das quais se interpreta certa lei (com preceitos insuficientes e, nessa medida, eventualmente inconstitucionais) completando-a com preceitos da Constituição sobre esse objeto que lhe são aplicáveis e porque *diretamente* aplicáveis [237] [238].

A diferença está em que nas decisões aditivas o órgão de fiscalização formula, implícita ou indiretamente, uma regra, ao passo que nas decisões integrativas ele vai apoiar-se diretamente numa regra constitucional.

II – Podem as decisões aditivas ser proferidas por todos os tribunais ou somente pelo Tribunal Constitucional? E podem ser emitidas tanto em fiscalização concreta como em fiscalização abstrata?

---

[236] Há ainda quem (VITALINO CANAS, *Introdução...*, cit., págs. 100-101) acrescente o conceito de decisões diretivas como decisões mistas de decisões redutivas e aditivas: as decisões tendentes à reformulação de um instituto, como teria sido o acórdão n.º 810/93, de 7 de dezembro (in *Diário da República*, 2.ª série, de 2 de março de 1994), sobre assentos do Supremo Tribunal de Justiça.

[237] *Manual...*, II, cit., pág. 331.

[238] Exemplos: os acórdãos n.ºs 329/99 e 517/99 do Tribunal Constitucional, de 2 de junho, e de 22 de setembro (sobre licenças de loteamento, de obras de urbanização e de construção), in *Diário da República*, 2.ª série, de 20 de julho e de 11 de novembro, respetivamente; e já o parecer n.º 14/77 da Comissão Constitucional, de 10 de maio (sobre inquéritos parlamentares), in *Pareceres*, II, págs. 57 e 58.

CAPÍTULO I – INCONSTITUCIONALIDADE, GARANTIA E FISCALIZAÇÃO

À primeira vista, pareceria que, em virtude do princípio geral da fiscalização difusa do art. 204.º da Constituição portuguesa, qualquer tribunal poderia emitir qualquer dessas decisões, depois com eventual recurso para o Tribunal Constitucional (art. 280.º). Todavia, se um tribunal comum pode sempre recusar-se a aplicar uma norma ou um segmento de norma por inconstitucionalidade, já não tem a possibilidade, à face do atual sistema de fiscalização, de formular a norma ou o segmento de norma em falta.

Diferente é a posição do Tribunal Constitucional, enquanto órgão ao qual compete especificamente administrar a justiça em matérias de natureza jurídico-constitucional (art. 221.º) e com um papel fulcral de garantia e realização dos princípios constitucionais. Por isso, são várias, em nome do princípio da igualdade, as suas decisões aditivas quer em controlo concreto [239] quer em controlo abstrato [240], embora, neste, com maior ou menor contenção em face das situações fácticas [241].

---

[239] Cfr. acórdãos n.ᵒˢ 181/87, de 20 de maio, ou 449/87, de 18 de novembro (sobre desigualdade de pensões), in *Diário da República*, 2.ª série, de 5 de agosto de 1987 e de 19 de fevereiro de 1987; acórdãos n.ᵒˢ 457/99, de 13 de julho e 545/99, de 13 de outubro (sobre atribuição da subvenção mensal vitalícia de ex-titulares de cargos políticos a ex-titulares de funções no Governo de Macau), in *Diário da República*, 2.ª série, de 3 de março de 2000 e de 22 de novembro de 1999).

[240] Decisões no sentido do aditamento de norma ou segmento de norma: acórdãos n.os 12/88, de 12 de janeiro, e n.º 191/88, de 20 de setembro (sobre pensões por acidente de trabalho), in *Diário da República*, 1.ª série, de 30 de janeir e de 20 de setembro de 1988; acórdão n.º 231/94, de 9 de março (sobre pensões de sobrevivência), *ibidem*, 1.ª série-A, de 28 de abril de 1994.
Decisão no sentido do alargamento de certo regime jurídico, com consequente queda da discriminação ou exclusão: acórdão n.º 143/85, de 30 de julho (sobre atividades docentes não jurídicas e advocacia), *ibidem*, 1.ª série, de 3 de setembro de 1985; acórdãos n.os 203/86, de 4 de maio, e 12/88, de 12 de janeiro (atualização de pensões), *ibidem*, de 26 de agosto de 1986 e 30 de janeiro de 1988; acórdão n.º 359/91, de 9 de julho (sobre transmissão do arrendamento a filhos menores de pais em uniões de facto), *ibidem*, 1.ª série-A, de 15 de outubro de 1991; acórdão n.º 251/92, de 1 de julho (pagamento de juros por atraso no pagamento de impostos), *ibidem*, 2.ª série, de 27 de outubro de 1992; acórdão n.º 411/93, de 29 de junho (pensões por acidente de trabalho), *ibidem*, 2.ª série, de 19 de janeiro de 1994; acórdão n.º 423/2001, de 9 de outubro (preferência no provimento em certas funções públicas), *ibidem*, 1.ª série, de 7 de janeiro de 2001; acórdão n.º 544/2014, *ibidem*, 2.ª série, de 23 de setembro de 2014 (sobre trabalho por turnos e liberdade religiosa).
Mas o primeiro caso entre nós foi o tratado no acórdão n.º 95 da Comissão Constitucional de 6 de abril de 1978 (julgando inconstitucional a fixação da idade núbil para os indivíduos do sexo feminino inferior à fixada para os indivíduos do sexo masculino), in Apêndice ao *Diário da República* de 3 de maio de 1978.

FISCALIZAÇÃO DA CONSTITUCIONALIDADE

III – Com relevo para a Itália, decisões aditivas têm sido pronunciadas noutros países (com modulações diversas) [242]. Nem por isso elas têm deixado de ser consideradas problemáticas por certos Autores [243] e combatidas com fortes argumentos [244] [245].

Tais decisões brigariam, escreve RUI MEDEIROS, com o princípio democrático e com o da separação de poderes. Ainda que se admitisse que a proibição do retrocesso pudesse impedir a decisão de inconstitucionalidade de uma lei que concretizasse em termos discriminatórios uma norma constitucional, daí não se retiraria uma legitimidade geral dessas decisões, pois não se vislumbraria como uma lei inconstitucional poderia condicionar a atuação futura do legislador legitimado democraticamente [246]. Substituindo a vontade do

---

[241]   Pense-se no problema objeto do acórdão n.º 423/87, de 27 de outubro, in *Diário da República*, 1.ª série, de 26 de novembro de 1987. Estava em causa o ensino de religião e moral católicas nas escolas públicas e o Tribunal não se sentiu habilitado, conquanto tivesse deixado aberta a porta, a estender, se mais, esse regime às confissões religiosas não católicas. Porventura, este acórdão corresponde mais propriamente a uma sentença apelativa.

[242]   Cfr. FRANCISCO JAVIER DÍAZ REVORIO, *El control de la constitucionlidad de las omissiones legislativas relativas en el derecho comparado europeo*, in *Revista Española de Derecho Constitucional*, 2001, págs. 81 e segs.

No Brasil, realcem-se as duas importantes decisões do Supremo Tribunal Federal sobre fidelidade partidária (no sentido de os parlamentares que mudem do partido por que tenham sido eleitos perderem o mandato) e sobre a greve na função pública (estendendo-lhe o regime da greve em geral).

[243]   GOMES CANOTILHO e VITAL MOREIRA, *Constituição...*, cit., II, pág. 982.

[244]   Entre outros, GUSTAVO ZAGREBELSKY, *La Giustizia...*, cit., págs. 158 e segs.; JOSÉ MARIO FERREIRA DE ALMEIDA, *A justiça...*, cit., págs. 74-75; RUI MEDEIROS, *A decisão...*, cit., págs. 456 e segs.

[245]   A favor das decisões aditivas, com várias distinções, JORGE PEREIRA DA SILVA, *op. cit.*, págs. 212 e segs.; e, limitadamente, VITALINO CANAS, *Introdução...*, pág. 92 e CARLOS LOPES DO REGO, *Os recursos de fiscalização de fiscalização concreta na lei e na jurisprudência do Tribunal Constitucional*, Coimbra, 2010, págs. 295 e segs.; PEDRO CRUZ E SILVA, *Sentenças aditivas do Tribunal Constitucional e princípio da igualdade*, in *O Direito*, 2008, págs. 1113 e segs.; CARLOS BLANCO DE MORAIS, *As sentenças...*, in *As sentenças intermédias...*, págs. 102 e segs.; e *Justiça...*, II, cit., págs. 458 e segs.; RICARDO BRANCO, *op. cit.*, págs. 232 e segs.; SOFIA MONTELOBO, *A tutela das omissões relativas geradas pela violação do princípio da igualdade através do controlo de constitucionalidade por acção*, in *As sentenças intermédias...*, págs. 165 e segs., *maxime* 303 e segs.; FÁTIMA SÁ, *Omissões inconstitucionais e sentenças aditivas*, *ibidem*, págs. 427 e segs., *maxime* 454 e segs.

[246]   RUI MEDEIROS, *A decisão...*, cit., pág. 509.

CAPÍTULO I – INCONSTITUCIONALIDADE, GARANTIA E FISCALIZAÇÃO

legislador por outra, elas só em casos excecionais seriam de aceitar e deveriam ser limitadas na medida do possível [247].

De resto, a modificação da lei proposta pelo Tribunal Constitucional não seria vinculativa para o tribunal *a quo* na fiscalização concreta e na fiscalização abstrata não beneficiaria da força obrigatória geral da declaração de inconstitucionalidade [248].

Não seguimos esta posição. Embora reconhecendo a necessidade de divisas estreitas e de se não menosprezarem os condicionalismos financeiros à luz do postulado da chamada «reserva do possível» [249], não vemos como recusar esse tipo de decisões em especial perante discriminações ou diferenciações infundadas, frente às quais a extensão do regime mais favorável se oferece, simultaneamente, como a decisão mais imediata para a sensibilidade coletiva e a mais próxima dos valores constitucionais [250]. Há imperativos materiais que se sobrepõem a considerações orgânico-funcionais.

O órgão de fiscalização não se comporta aqui como legislador, pois que não age por iniciativa própria, nem segundo critérios políticos; age em processo instaurado por outrem e vinculado aos critérios de interpretação e construção jurídica inerentes à hermenêutica constitucional [251]. E nem se invoque *a*

---

[247]   *Ibidem*, pág. 511. Cfr., no mesmo sentido, GOMES CANOTILHO, *Jurisdição constitucional e intranquilidade discursiva*, in *Perspectivas Constitucionais*, obra coletiva, I, Coimbra, 1996, págs. 882 e segs.

[248]   *Ibidem*, pág. 478.

[249]   Cfr. *Direitos Fundamentais*, cit., págs. 531 e segs.

[250]   Trata-se de situação em que o legislador, tendo tratado juridicamente certa questão, omitiu um ponto concreto, facilmente detetável pela análise das restantes normas do diploma, de normas de diplomas diferentes, ou por qualquer outra forma que permita a afirmação de que certa solução em concreto teria sido ou deveria ter sido a eleita (ou disso estaria próxima) pelo legislador; ou então aquela em que não se lhe atribui qualquer liberdade de escolha, nem quanto aos fins, nem quanto aos meios (VITALINO CANAS, *Introdução...*, cit., págs. 94-95; v. também págs. 192 e segs.).

[251]   V. ainda os argumentos de RICARDO BRANCO (*op. cit.*, pág. 279) quanto à declaração de inconstitucionalidade com força obrigatória geral, acentuando que o efeito aditivo só ocorre mediante a existência de parâmetro constitucional de fiscalização densificado e nos estritos limites de um juízo jurisdicional de restauração da ordem constitucional legitimamente aprovada; que em nada se relaciona, designadamente, com o tendencial exclusivo da criação *ex novo* de normas jurídicas constitucionalmente atribuído à função legislativa, pois opera sobre normas legislativas pré-existentes à declaração de inconstitucionalidade e só evidencia, sobre elas, o primado da Constituição; e que não se distingue da própria erradicação de norma especial ou excepcional e dos seus consequentes efeitos expansivos da norma geral.

FISCALIZAÇÃO DA CONSTITUCIONALIDADE

contrario o art. 283.º como sinal de preferência pelo legislador [252], porquanto este preceito, na sua letra, se reporta a normas constitucionais não exequíveis por si mesmas e as decisões aditivas (ou modificativas) pressupõem normas exequíveis e a eficácia destas depende do processo em que são emitidas.

IV – Há, todavia, um domínio onde não são admissíveis decisões aditivas: em matéria penal, devido ao princípio da legalidade (art. 29.º da Constituição).

Outro é o das leis restritivas de direitos, liberdades e garantias [253], em virtude do princípio do carácter restritivo das restrições [254]. E outro domínnio o de todas as normas excecionais, mas não das normas especiais (de resto, as normas restritivas podem ser consideradas também normas excecionais) [255].

V – Rui Medeiros critica ainda a opção pela inconstitucionalidade por omissão quando não sejam viáveis as decisões modificativas [256] [257]. Ela seria mais gravosa para o princípio da constitucionalidade do que aquela que resultasse de uma declaração de inconstitucionalidade com força obrigatória geral, acompanhada de limitação de efeitos *in futuro* por um período curto, ou de mera declaração de incompatibilidade; e acabaria por permitir perpetuar as desigualdades.

Sem negarmos nem a debilidade do instituto do controlo da inconstitucionalidade por omissão [258], nem o perigo, enfatizado por Jónatas Machado, de os direitos de grupos minoritários ficarem à mercê de grupos maioritários [259], continuamos a pensar que, nem por não poder o Tribunal Constitucional descobrir logo norma concretizadora apta a abranger todas as

---

[252] Rui Medeiros, *A decisão...*, cit., págs. 497 e segs.

[253] Assim, Ricardo Branco, *op. cit.*, pág. 364.
Estender uma restrição é diverso de estender um dever ou um ónus, conquanto, na prática, possa ser difícil deslindar.

[254] *Direitos Fundamentais*, cit., págs. 457 e segs.

[255] Cfr., entre tantos, José de Oliveira Ascensão, *O Direito – Introdução e Teoria Geral*, 13.ª ed., Coimbra, 2005, págs. 527 e segs.; Miguel Teixeira de Sousa, *Introdução ao Direito*, Coimbra, 2012, págs. 274 e segs.

[256] Rui Medeiros, *op. cit.*, págs. 511 e segs.

[257] *Ibidem*, págs. 513 e segs.

[258] Cfr. *infra*.

[259] *Liberdade religiosa numa comunidade constitucional inconclusiva*, Coimbra, 1996, págs. 296 e segs.

situações e categorias de pessoas, deve ter-se por inconstitucional a concretização já alcançada e que só no limite, frente a soluções arbitrárias, se justifica a declaração de inconstitucionalidade. O princípio da igualdade não deve ser visto tanto pela negativa quanto pela positiva; mais do que a supressão de diferenças, ele exige hoje a atribuição de benefícios por igual e, em algumas circunstâncias, paulatinamente.

Noutro plano, para lá de eventuais efeitos perturbadores no tecido social da declaração de inconstitucionalidade, resta saber se a restrição de efeitos para o futuro não viria, na prática, a pouco se distinguir da linha até agora adotada entre nós [260], sem satisfazer, de imediato, as aspirações das minorias. Talvez seja mais forte a pressão sobre o legislador no caso de declaração de inconstitucionalidade, mas nada garante à partida que um almejado breve período não se vá prolongando por meses e anos.

---

[260] V., principalmente, o acórdão n.º 423/87 do Tribunal Constitucional, de 27 de outubro, in *Diário da República*, 1.ª série, de 26 de novembro de 1987 (sobre ensino religioso nas escolas públicas).

§ 4.º
Consequências da inconstitucionalidade

24. Inconstitucionalidade e valores jurídicos

I – Porque fundamento do poder político, a Constituição é o fundamento de validade, substancial e formal, de todos e de cada um dos atos dos seus órgãos, projeta-se sobre eles, determina, direta ou indiretamente, a sua subsistência [261] – eis o postulado em que assentamos e que o art. 3.º, n.º 3, da Constituição portuguesa proclama [262].

Mas, se todos os atos de Direito interno inconstitucionais devem ter-se por inválidos, nem por isso se apresentam idênticos a posição e o alcance que obtêm na dinâmica jurídica. Condicionam-nos certos fatores: os requisitos que as normas constitucionais estabeleçam, o sentido e a função sistemática

---

[261] Sobre validade jurídica, cfr., por exemplo, FRANCESCO CARNELUTTI, *Teoria General del Derecho*, trad. castelhana, Madrid, 1955, págs. 407 e segs.; ROGÉRIO SOARES, *Interesse público...*, cit., págs. 39 e 270 e segs.; GUY HÉRAUD, *La validité juridique*, in *Mélanges offerts à Jacques Maury*, obra coletiva, II, Paris, 1960, págs. 477 e segs.; KELSEN, *Teoria Pura...*, cit., I, págs. 18 e segs., e II, págs. 149 e segs.; RUGGERO MENEGHELLI, *Il problema dell'effettività nella teoria della validità giuridica*, Pádua, 1964; HERBERT HART, *The Concept of Law*, 1961, e *O conceito de direito*, trad., Lisboa, 1986, págs. 111 e segs.; MARCELO NEVES, *op. cit.*, págs. 39 e segs.; TÉRCIO SAMPAIO FERRAZ JÚNIOR, *Legitimidade na Constituição de 1988*, in *Legitimidade, Vigência e Eficácia, Supremacia*, deste autor, de MARIA HELENA DINIZ e de RITINHA A. STEVENSON GEORGALIKAS, São Paulo, 1989, págs. 22 e 23; RICCARDO GUASTINI, *L'illegittimità delle disposizioni e delle norme*, in *Analisi e Diritto – Ricerche di giurisprudenza analitica*, 1992, págs. 175 e segs.; FRANCO MODUGNO, *Validità*, in *Enciclopedia del Diritto*, XLVI, 1993, págs. 1 e segs. e 44 e segs.

[262] Sobre este preceito (primitivo art. 115.º), v. *Diário da Assembleia Constituinte*, n.º 107, reunião de 3 de fevereiro de 1976, págs. 3512 e segs.

FISCALIZAÇÃO DA CONSTITUCIONALIDADE

destas normas à luz da Constituição material, a gravidade maior ou menor da infração, as estruturas de garantia predispostas. Quer dizer: a invalidade compagina-se com uma pluralidade de valores jurídicos (negativos) [263] dos atos inconstitucionais.

Mais do que qualquer outro aspeto torna-se aqui nítido como o juízo de inconstitucionalidade não se reduz a algo de lógico-formal ou silogístico; como se torna ainda indispensável apreciar o ato frente à norma constitucional, bem como às relações e situações da vida que visa conformar. E tal juízo ainda mais complexo se recorta, quando recai sobre um ato normativo – então a norma, que é um dever ser ou um valor, é também objeto de um juízo de valor.

II – Tomando o ato (normativo ou não normativo) em si mesmo, há diversos requisitos – correspondentes a pressupostos e a elementos [264] – que deve satisfazer para estar em conformidade com a Lei Fundamental e, por conseguinte, para perdurar e produzir efeitos.

Por via descendente são três essas categorias de requisitos:

a) *Requisitos de qualificação* – requisitos de identificação ou de recondução do ato a qualquer dos tipos constitucionais de ato (lei de revisão constitucional, lei, decreto-lei, decreto legislativo regional, referendo, etc.);

b) *Requisitos de validade stricto sensu* – requisitos de perfeição do ato ou de plena virtualidade de produção dos seus efeitos jurídicos típicos (ou tratando-se de ato normativo, requisitos de plena integração da norma no ordenamento positivo);

c) *Requisitos de regularidade* – requisitos de adequação do ato a regras constitucionais, mormente a regras formais, à margem da produção dos seus efeitos [265].

---

[263]   O conceito foi introduzido na ciência jurídica portuguesa por PAULO CUNHA, como é bem sabido.
Há também quem fale em *desvalores jurídicos*.
[264]   Cfr. *Manual...*, v, cit., págs. 111 e segs.
[265]   Cfr. a distinção entre validade e regularidade dos atos eleitorais no art. 113.º, n.º 7, da Constituição.

Naturalmente, os requisitos de qualificação prevalecem sobre os demais: só cabe indagar dos requisitos de validade *stricto sensu* ou dos de regularidade depois de verificados os requisitos de qualificação. E, assim, a preterição destes acarreta *inexistência jurídica de ato* (no mínimo, enquanto ato de certo tipo); a dos requisitos de validade *invalidade*; e a dos requisitos de regulalidade mera *irregularidade*.

Em região diversa, ficam os requisitos de *eficácia* ou requisitos de realização prática dos efeitos do ato, através de condições positivas que se ofereçam ou da superação de obstáculos. A validade é ainda uma suscetibilidade, a eficácia traduz-se já na ocorrência real e atual dos efeitos (e pode haver ato válido e ineficaz ou ato eficaz inválido).

III – Entretanto, se se partir da norma constitucional para o ato que lhe está sujeito, encontram-se diferentes graus de apreciação ou de assimilação decorrentes quer da relevância da norma constitucional quer dos meios e das formas processuais de defesa organizados.

Quanto mais próxima do cerne da Constituição material se situar a norma violada, mais forte será a reação contra o ato inconstitucional. Quanto mais valioso for o seu conteúdo – seja um direito fundamental, seja um princípio de participação política, de organização económica ou de interdependência de órgãos de soberania – menor valor será atribuído ao comportamento que lhe seja desconforme. Quanto mais intangível se almejar, menor proteção será dada aos eventuais efeitos que em concreto do ato tenham resultado.

O destino do ato inconstitucional ou dos seus efeitos depende, por outro lado, do sistema de garantia: o agir sobre um ou sobre outros, destruindo-os ou, porventura, transigindo com eles não pode apreender-se à revelia dos regimes de fiscalização da constitucionalidade. São distintas as consequências – *substantivas* – de inconstitucionalidade consoante esses regimes.

Em fiscalização difusa, nenhum tribunal pode declarar a inconstitucionalidade com força obrigatória geral, ao contrário do que acontece em fiscalização concentrada. Em fiscalização difusa a não aplicação do ato (ou da norma) pressupõe a não conformação pelo ato (ou pela norma) da relação material *sub judice*, ao passo que em fiscalização concentrada mostra-se possível tanto a declaração com eficácia *ex tunc* (retroativa) quanto a declaração com eficácia *ex nunc*. Já o sabemos.

FISCALIZAÇÃO DA CONSTITUCIONALIDADE

IV – Valores jurídicos da inconstitucionalidade ou do ato inconstitucional [266], são, pois, os diferentes graus de apreciação da inconstitucionalidade pelo ordenamento; ou, doutro ângulo, os diversos graus de assimilação jurídica do ato, tendo em conta os fatores acabados de referenciar [267].

---

[266] O problema não se põe, obviamente, a respeito da inconstitucionalidade por omissão.

[267] V. P. LABAND, *Le Droit Public de l'Empire Allemand*, trad., II, Paris, 1901, págs. 321 e segs.; ROCHA SARAIVA, *Construção Jurídica do Estado*, I, Coimbra, 1912, págs. 63 e segs.; GASTON JÉZE, *Les principes généraux du droit administratif*, 9.ª ed., Paris, 1925, págs. 68 e segs.; JOSEPH BARTHÉLEMY e PAUL DUEZ, *Traité Élémentaire de Droit Constitutionnel*, Paris, 1926, págs. 273 e segs.; HANS KELSEN, *La garantie...*, cit., *loc. cit.*, págs. 233 e segs.; CARLO ESPOSITO, *op. cit.*, págs. 231 e segs.; GAETANO AZZARITTI, *Invalidità della legge per motivi di forma e di sostanza*, in *Rivista Trimestrale di Diritto Pubblico*, 1951, págs. 114 e segs.; ANDRÉ e SUZANNE TUNC, *Le Système Constitutionnel des États-Unis d'Amérique*, II, Paris, 1954, págs. 294 e segs.; MAURO CAPPELLETTI, *La pregiudizialità costituzionale nel processo civile*, cit., págs. 37 e segs. e 84 e segs., e *Il controllo giudiziario della legge in diritto comparato*, Milão, 1970, págs. 105-106; ALFREDO BUZAID, *Da acção directa de declaração da inconstitucionalidade no Direito brasileiro*, São Paulo, 1958, págs. 128 e segs.; KELSEN, *Teoria Pura...*, cit., II, págs. 159 e segs.; FRANCO PIERANDREI, *Corte Costituzionale*, Milão, 1962, págs. 898 e segs.; BIAGGIO DE GIOVANNI, *La nullità nella lógica del diritto*, Nápoles, 1964; JORGE MIRANDA, *Aspecto de uma teoria da inconstitucionalidade*, policopiado, Lisboa, 1964, págs. 210 e segs.; ERNST FRIESENHAHN, *Die Verfassungs gerichtsbarkeit in der Bundes Republik Deutschland*, 1963, trad. *La giurisdizione costituzionale nella Repubblica Federale Tedesca*, Milão, 1965, págs. 76 e segs.; MIGUEL GALVÃO TELES, *Eficácia de tratados...*, cit., págs. 196 e segs., *Direito Constitucional Português Vigente*, cit., págs. 101 e segs., e *Inconstitucionalidade pretérita*, cit., *loc. cit.*, págs. 310 e 326 e segs.; FELICE DELFINO, *La dichiarazione di illegittimità costituzionale delle leggi*, Nápoles, 1970, págs. 101 e segs.; MARCELLO CAETANO, *Direito Constitucional*, Rio de Janeiro, 1977, I, págs. 406 e 407; VEZIO CRISAFULLI, *Lezioni di Diritto Costituzionale*, II-2, Pádua, 1978, págs. 349 e segs.; MARCELO REBELO DE SOUSA, *Direito Constitucional*, Braga, 1979, págs. 381 e 391 e segs., e *O valor jurídico..., cit., págs. 144 e segs.; MARCELO NEVES, op. cit.*, págs. 74 e segs.; RUI MEDEIROS, *Os valores jurídicos negativos da lei inconstitucional*, in *O Direito*, 1989, págs. 485 e segs., e *A decisão...*, cit., págs. 37 e segs. e 138 e segs.; REGINA FERRARI, *op. cit.*, págs. 82 e segs.; RAUL BOCANEGRA SIERRA, *Sobre el alcance objetivo de las – sentencias del Tribunal Constitucional*, in *Estudios sobre la Constitución Española – Homenaje al Profesor Eduardo Garcia de Enterria*, obra coletiva, I, Madrid, 1991, págs. 527 e segs.; JORGE BACELAR GOUVEIA, *O valor positivo do acto inconstitucional*, Lisboa, 1992, págs. 28 e segs., e *Manual...*, II, cit., págs. 1306 e segs.; PAULO OTERO, *Ensaio...*, cit., págs. 113-114; VITALINO CANAS, *Introdução...*, cit., págs. 125 e segs.; GOMES CANOTILHO, *Direito Constitucional...*, cit., págs. 947 e segs.; LUÍS ROBERTO BARROSO, *op. cit.*, págs. 15 e segs.; CARLOS BLANCO DE MORAIS, *Justiça...*, I, cit., págs. 156 e segs.; PAULO BONAVIDES, *A evolução histórica do conceito de nulidade na juridição constitucional*, in *Anuario Iberoamericano de Derecho Constitucional*, n.º 11, 2007, págs. 41 e segs.; LUÍS AFONSO HECK, *Jurisdição constitucional – teoria da nulidade versus teoria da nulificabilidade*, Porto Alegre, 2008, págs. 33 e segs.; MANOEL GONÇALVES FERREIRA FILHO, *Princípios fundamentais do Direito Constitucional*, São Paulo, 2009, págs. 122 e segs.; TIAGO SERRÃO, *A nulidade do acto*

CAPÍTULO I – INCONSTITUCIONALIDADE, GARANTIA E FISCALIZAÇÃO

O conceito abrange a inexistência jurídica, a invalidade (*stricto sensu*) e a irregularidade. Contudo, a invalidade desdobra-se classicamente em nulidade e anulabilidade, revestindo, não raro ainda, configurações mistas, poliédricas ou atípicas; assim como nada impede que a Constituição venha a considerar feridos de inexistência jurídica atos que, embora perfaçam os requisitos de qualificação, ofendam, de modo muito nítido, normas constitucionais de importância mais elevada.

O Direito positivo de cada país e de cada momento possui, por conseguinte, o seu quadro de valores jurídicos negativos e é no interior da respetiva Constituição que se tem de procurar o que significam.

V – Em termos muito perfunctórios, sem embargo de uma necessária localização e aproveitando, na medida do possível, a lição das ciências do Direito privado [268] e do Direito administrativo [269], os quatro valores jurídicos (negativos) enunciados distinguem-se pelo seguinte:

a) *Inexistência jurídica* – o ato inconstitucional não produz nenhuns efeitos desde a origem, sem necessidade de declaração por parte de qualquer órgão com competência específica, as autoridades públicas não o podem executar, uma decisão jurisdicional que o aplique não faz caso julgado [270], os funcionários e agentes da Administração não devem

---

inconstitucional, in *Estudos de Direito Público* (de PLMJ – Sociedade de Advogados), obra coletiva, Coimbra, 2011, págs. 171 e segs.

[268] Cfr., por todos, RAÚL VENTURA, *Valor jurídico do casamento*, Lisboa, 1951; PONTES DE MIRANDA, *Tratado de Direito Privado*, IV, 2.ª ed., Rio de Janeiro, 1954, págs. 8 e segs.; PAULO CUNHA, *Teoria Geral da Relação Jurídica*, II, policopiado, Lisboa, 1959-1960, págs. 242 e segs.; RUI DE ALARCÃO, *A confirmação do negócio anulável*, I, Coimbra, 1971, págs. 33 e segs.; MOTA PINTO, *Teoria Geral do Direito Civil*, 2.ª ed., Coimbra, 1983, págs. 591 e segs.; CARVALHO FERNANDES, *Teoria Geral do Direito Civil*, II, 2.ª ed., Lisboa, 1996, págs. 377 e segs.; INOCÊNCIO GALVÃO TELLES, *Manual dos Contratos em Geral*, 4.ª ed., Coimbra, 2002, págs. 355 e segs.; MENEZES CORDEIRO, *Tratado de Direito Civil Português*, I, tomo I, 3.ª ed., Coimbra, 2005, págs. 853 e segs.

[269] Cfr., por todos, ROGÉRIO SOARES, *Interesse público...*, cit., págs. 259 e segs.; MARCELLO CAETANO, *Manual de Direito Administrativo*, I, 10.ª ed., Lisboa, 1973, págs. 512 e segs.; SÉRVULO CORREIA, *Noções de Direito Administrativo*, I, Lisboa, 1982, págs. 350 e segs.; FREITAS DO AMARAL, *Curso de Direito Administrativo*, II, Coimbra, 2001, págs. 342 e segs.; JOÃO CAUPERS, *Introdução ao Direito Administrativo*, 7.ª ed., Lisboa, 2003, págs. 187 e segs.

[270] Ainda que seja uma decisão do Tribunal Constitucional. No mesmo sentido, PAULO OTERO, *Ensaio...*, cit., *Ensaio...*, cit., págs. 113 e segs. Mas invocando uma posição específica ou

FISCALIZAÇÃO DA CONSTITUCIONALIDADE

obediência a ordens nele fundadas e os cidadãos não estão adstritos a acatá-lo;

b) *Nulidade* – o ato não produz efeitos desde a origem ou desde que o seu conteúdo colida com a norma constitucional, e é insanável ou inconvalidável, mas torna-se necessária uma decisão pelo órgão de fiscalização, embora de natureza declarativa e não podendo ser alvo de sanções os cidadãos que, antes dela, se tenham recusado a obedecer [271];

c) *Anulabilidade* – o ato só deixa de produzir efeitos depois da decisão do órgão de fiscalização, a qual tem, portanto, natureza constitutiva; e pode, porventura, ainda ser prevista a sanação do vício;

d) *Irregularidade* – a inconstitucionalidade não prejudica a produção de efeitos pelo ato, se bem que possa, lateralmente, trazer outras consequências e até sanções [272].

25. Os valores jurídicos da inconstitucionalidade no Direito português

I – A Constituição portuguesa fulmina de inexistência jurídica atos jurídico-constitucionais a que faltem determinados requisitos: atos da Assembleia da República ou do Governo a que faltem a promulgação ou a assinatura e atos do Presidente da República a que falte a referenda ministerial (art. 140.º, n.º 2). É assim por considerar a promulgação, a assinatura presidencial e a

---

privilegiada do Tribunal na fiscalização da constitucionalidade, RUI MEDEIROS, *A decisão...,* cit., págs. 142 e segs., e CARLOS CARLOS BLANCO DE MORAIS, *Justiça...,* I, cit., págs. 209 e 210. Este último Autor fala em caso julgado do Tribunal Constitucional, que se pronuncie pela *existência jurídica.* Mas, alguma vez, este Tribunal se pronuncia pela existência jurídica ou pela constitucionalidade? E, não havendo julgamento ou decisão positiva de constitucionalidade no Direito português, como podem os tribunais comuns estar adstritos a uma decisão negativa ou de não provimento do Tribunal Constitucional?

[271] Sobre a situação da lei inconstitucional antes da declaração, cfr. GUSTAVO ZAGREBEZSKY, *op. cit.,* págs. 175 e segs.

[272] Observe-se que a doutrina portuguesa (como a de outros países) não coincide inteiramente no elenco dos valores jurídicos negativos da inconstitucionalidade. Assim, MARCELO REBELO DE SOUSA (*O valor jurídico...,* cit., págs. 155 e segs.) enuncia inexistência, invalidade, nulidade atípica, irregularidade e ineficácia; RUI MEDEIROS (*Os valores...,* cit., *loc. cit.,* págs. 496 e segs.), anulabilidade, nulidade, ineficácia e irregularidade; CARLOS BLANCO DE MORAIS (*Justiça...,* I, cit., págs. 188 e segs.), inixistência jurídica, invalidade e irregularidade; GOMES CANOTILHO (*Direito Constitucional...,* cit., págs. 952 e segs.), inexistência, invalidade, ineficácia e irregularidade.

CAPÍTULO I - INCONSTITUCIONALIDADE, GARANTIA E FISCALIZAÇÃO

referenda formalidades essenciais na perspetiva da interdependência dos órgãos de soberania (art. 111.º); elas não são simples requisitos de eficácia como a publicação (art. 119.º, n.º 2) [273]; inserem-se, pelo contrário, ainda dentro dos processos complexos de formação daqueles atos [274].

De igual sorte, são juridicamente inexistentes o ato de dissolução de qualquer órgão colegial baseado no sufrágio direto sem ser marcada a data de novas eleições, a realizarem-se nos sessenta dias subsequentes e pela lei eleitoral vigente ao tempo da dissolução (art. 113.º, n.º 6) e o decreto de dissolução da Assembleia da República nos seis meses posteriores à sua eleição, no último semestre do mandato do Presidente da República ou na vigência de estado de sítio ou de estado de emergência (art. 172.º, n.º 2) – por estarem em causa agora não só a separação e a interdependência de órgãos do poder mas também o respeito de direitos, liberdades e garantias dos cidadãos.

Nem são estes os únicos casos de inexistência jurídica que importa reconhecer. Outros há decorrentes da não integração destes ou daqueles comportamentos em concreto em qualquer dos tipos normativos previstos na Constituição ou da total impossibilidade, pela natureza das coisas, de surtirem quaisquer efeitos ou de os produzirem no escopo aparentemente pretendido por quem aparece como seu autor. E não é sequer preciso que se apele para uma norma como a do art. 3.º, n.º 2, da Constituição de 1911, segundo a qual só obrigava a lei «promulgada nos termos da Constituição»; a própria objetividade das situações impõe-se por si mesma [275].

---

[273]   Entre 1976 e 1982 cominava-se, porém, a inexistência para a falta de publicação (tal como no art. 81.º, n.º 9, da Constituição anterior).

[274]   Contra: RUI MEDEIROS, *Os valores jurídicos...*, cit., *loc. cit.*, págs. 537 e segs.

[275]   Com maior ou menor amplitude, a doutrina, ao longo das três Constituições republicanas, tem, por isso, convergido na admissibilidade desta inexistência jurídica *por natureza* (como, às vezes, se diz). V. MAGALHÃES COLAÇO, *Ensaio...*, cit., págs. 101 e segs., *maxime* 104-105 e 106; FEZAS VITAL, jurisprudência crítica, in *Boletim da Faculdade de Direito da Universidade de Coimbra*, ano 6.º, págs. 587 e segs.; AFONSO QUEIRÓ, *O controle da constitucionalidade das leis, ibidem*, 1950, pág. 218; MIGUEL GALVÃO TELES, *Eficácia...*, cit., págs. 136-137, e *Direito Constitucional Português Vigente*, cit., pág. 101; JORGE MIRANDA, *Ciência Política...*, II, cit., pág. 520; MARCELO REBELO DE SOUSA, *O valor jurídico...*, cit., págs. 164 e 313; RUI MEDEIROS, *Os valores jurídicos...*, cit., *loc. cit.*, págs. 528 e 529 (embora falando em *nulidade*); GOMES CANOTILHO, *Direito Constitucional...*, cit., págs. 954 e segs.; CARLOS BLANCO DE MORAIS, *Justiça...*, I, cit., págs. 217 e segs.

FISCALIZAÇÃO DA CONSTITUCIONALIDADE

Além da inexistência jurídica da pretensa lei de revisão constitucional feita com preterição de qualquer dos requisitos de qualificação, refiram-se mais estes casos:

- usurpação de funções, por facto praticado por quem não é ou já foi titular do órgão (*v. g.*, promulgação por ex-Presidente da República);
- incompetência absoluta (*v. g.*, lei dimanada do Presidente da República ou ato jurisdicional sob a forma de ato legislativo do Parlamento ou do Governo);
- falta de ratificação de tratado pelo Presidente da República [arts. 8.º, n.º 2, 135.º, alínea *f*), e 277.º, n.º 2];
- lei, resolução ou moção aprovada sem *quorum* [276] ou não aprovada de acordo com a regra geral da maioria relativa do art. 116.º, n.º 3;
- quando tal seja exigido, lei não aprovada pela maioria qualificada (arts. 136.º, n.º 3, e 168.º, n.os 5 e 6) [277] [(4)];
- aprovação de uma lei, de uma resolução ou de uma moção da Assembleia da República fora de Lisboa, capital do Estado ou, porventura

---

[276] A exigência de *quorum* implica que os Deputados necessários para o perfazer devem estar presentes no momento da votação, não podendo os seus votos ser substituídos por declarações de representantes dos respetivos grupos parlamentares no sentido da aprovação ou não aprovação do projeto ou da proposta em causa. Sobre o problema, v. o nosso parecer *Deputações e votações parlamentares*, in *Revista da Faculdade de Direito da Universidade de Lisboa*, 2001, págs. 809 e segs.

[277] A inexistência jurídica tanto pode ser total como parcial; e é parcial a que ocorre se da lei que vem a ser promulgada consta uma norma que não chegou a ser aprovada pelo órgão competente – confome já aconteceu, quer na vigência da Constituição de 1933 (v. *Diário das Sessões* da Assembleia Nacional, 1971, n.º 98, págs. 1952-1953, e Lei n.º 6/71, de 8 de novembro), quer na de 1976 (v. acórdão n.º 868/96 do Tribunal Constitucional, de 4 de julho, in *Diário da República*, 1.ª série-A, de 16 de outubro de 1996).

[(4)] CARLOS BLANCO DE MORAIS (*Justiça...*, I, cit., págs. 203-204) entende que, em caso de preterição de maioria qualificada, a inexistência jurídica criaria efeitos sancionatórios rígidos e desproporcionados. Contudo, deve lembrar-se que a exigência de tal maioria para certas leis assenta em fundamentos análogos aos da exigência da maioria qualificada para a revisão constitucional: a necessidade de consenso parlamentar alargado e a proteção das minorias, que são interesses constitucionais tão elevados como os subjacentes à cominação de inexistência para a falta de promulgação ou de referenda.

Todavia, tendemos hoje a concordar com este Autor, quando sustenta que não se verifica inexistência jurídica quando uma lei seja aprovada apenas na especialidade (pág. 202). Isso sempre ressalvada a observância de maioria qualificada, quando tal for o caso.

CAPÍTULO I – INCONSTITUCIONALIDADE, GARANTIA E FISCALIZAÇÃO

mesmo, fora do edifício público a ela destinado, salvo estado de sítio ou estado de emergência (art. 19.º);

– em caso de veto por inconstitucionalidade, promulgação, assinatura ou ratificação com desrespeito do art. 279.º;

– aprovação de tratado ou de lei sobre questão relativamente à qual tenha havido resultado negativo de referendo antes do decurso dos prazos constitucionais (art. 115.º, n.º 10);

– invasão de espaço jurídico (*v. g.*, decreto legislativo regional pretensamente aplicável fora da respetiva região autónoma);

– falta de assinatura do Representante da República de qualquer decreto regional (art. 233.º), até por paridade de razão com a falta de promulgação ou assinatura do Presidente da República.

II – Inversamente, detetam-se não poucas hipóteses de irregularidade, quer dizer, de infrações de normas constitucionais que, por virtude da conjugação ou da influência de outros interesses ou princípios constitucionais, não obstam à produção de efeitos, no todo ou em parte, dos respectivos actos.

A título não exaustivo apontem-se:

– Convocação de referendo depois do prazo de 20 dias dado ao Presidente para decidir após fiscalização preventiva (art. 136.º, n.º 1, por analogia);

– Lei sobre matérias não respeitantes especificamente a uma região autónoma sob proposta da sua Assembleia Legislativa (art. 167.º, n.º 1);

– Lei sobre matérias das alíneas *a)* a *f)*, *h)*, *n)* e *o)* do art. 164.º ou da alínea *q)* do n.º 1 do art. 165.º aprovada na especialidade em comissão (art. 168.º, n.º 4);

– Decreto-lei ou decreto de aprovação de acordo internacional não aprovado em Conselho de Ministros [art. 200.º, n.º 1, alínea *d)*];

– Decreto-Lei publicado com discrepâncias do que fora aprovado em Conselho de Ministros [art. 198.º, alínea *d)*];

– Promulgação de lei orgânica antes de decorrido o prazo do art. 278.º, n.os 6 e 7;

FISCALIZAÇÃO DA CONSTITUCIONALIDADE

- Promulgação ou assinatura para além dos prazos do art. 136.º, n.ºs 1, 2 e 4, e do art. 233.º, n.ºs 2, 3 e 4;
- Inconstitucionalidade orgânica ou formal de tratado internacional regularmente ratificado, quando as suas normas sejam aplicadas na ordem jurídica da outra parte e a inconstitucionalidade não resulte de violação de uma disposição fundamental (art. 277.º, n.º 2) [278] [279].

Irregularidade era também o desvalor, à face da Constituição de 1933, da lei da Assembleia Nacional que se não restringisse às bases gerais dos regimes jurídicos (art. 92.º).

III – A inexistência jurídica e a irregularidade colocam-se nos pontos extremos dos valores jurídicos; são valores negativos quer de actos normativos quer de actos não normativos; sobretudo, têm de comum reportarem-se só a vícios formais e orgânicos, não a vícios materiais – porque a inconstitucionalidade material, por um lado, não se compadece com o regime da inexistência em todos os seus aspectos (desde logo, pela bem maior dificuldade de dilucidação objectiva) e, por outro lado, nunca pode ser tão pouco grave que se cinja à irregularidade, simplesmente.

Não ignoramos que uma corrente de opinião estende a inexistência jurídica a vícios de conteúdo: estende-a à violação de direitos, liberdades e garantias – já que os cidadãos têm o direito de resistir a ordens que os infrinjam (art. 21.º) – e à criação inconstitucional de impostos – já que os cidadãos não são obrigados a pagar impostos que não sejam criados nos termos da Constituição (art. 106.º, n.º 3) [280]; ou estende-a mesmo à inexistência de

---

[278] Há também quem acrescente decreto-lei com conteúdo de ato administrativo: assim, RUI MEDEIROS, *Os valores jurídicos...*, cit., *loc. cit.*, pág. 530; e este *Manual...*, II, 3.ª ed., cit., pág. 370. Ou decreto-lei não inovatório em matéria de reserva relativa da Assembleia da República, norma de lei reforçada para além de matérias da sua reserva, lei orgânica deficientemente titulada ou preterição de votação na generalidade de qualquer lei, salvo quando a Constituição requeira aí maioria qualificada (CARLOS BLANCO DE MORAIS, *Justiça...*, I, cit., págs. 259 e segs.).

[279] Irregular, conquanto não por causa de inconstitucionalidade, é também o ato da Assembleia da República ou de uma Assembleia Legislativa Regional (o ato *interna corporis*) contrário ao respetivo regimento.

[280] MIGUEL GALVÃO TELES, *Eficácia...*, cit., págs. 135-136, e *Direito Constitucional Português Vigente*, cit., págs. 101-102; GOMES CANOTILHO, *Direito Constitucional...*, cit., pág. 955; e também

CAPÍTULO I - INCONSTITUCIONALIDADE, GARANTIA E FISCALIZAÇÃO

identificabilidade material mínima, a situações de desconformidade total em relação à Constituição material[281]. Todavia, não cremos hoje possível acolher esta postura[282].

Na verdade, a inexistência jurídica desenha-se em face do acto jurídico-público como expressão de vontade imputável ao Estado; não tem que ver com o seu conteúdo ou sentido. O que importa para o acto existir juridicamente, produzindo ou não certos efeitos, é que haja uma vontade subsumível na previsão de uma norma constitucional; não é que essa vontade se conforme ou oriente desta ou daquela maneira.

Avultam ainda outros motivos, talvez mais importantes, a impelir-nos para a rejeição: 1.º) o conceito de Constituição material é um conceito doutrinal, cuja única base firme se encontra na Constituição formal; alargar a violação do cerne da Constituição material à inexistência jurídica seria excessivo e perigoso para a segurança e a certeza do Direito; 2.º) também o âmbito dos direitos, liberdades e garantias se oferece tão vasto em Constituições como a portuguesa que acabar-se-ia por consumir na inexistência jurídica praticamente toda e qualquer infração de dezenas e dezenas de preceitos constitucionais, com consequências absurdas; 3.º) o direito de resistência, apesar de revelar uma valorização, consistência ou força jurídica mais intensa dos direitos, liberdades e garantias (arts. 18.º e 19.º da Constituição), não serve de alternativa ou de sucedâneo à declaração jurisdicional.

IV – Para lá das hipóteses de inexistência jurídica e de irregularidade, a inconstitucionalidade está submetida a um regime multifacetado, que reflecte o papel de diferentes princípios e institutos e a variedades das situações da vida.

Os contornos principais deste regime podem ser esquematizados assim (devolvendo-se para lugares próprios adiante algum aprofundamento):

---

nós próprios em *Aspectos de uma teoria...*, cit., págs. 236 e segs., e em *Ciência Política...*, II, cit., pág. 520.

[281]   MARCELO REBELO DE SOUSA, *O valor jurídico...*, cit., págs. 168 e segs. (contra, contudo, em *Direito Constitucional*, cit., págs. 391 e segs.).

[282]   No mesmo sentido, CARLOS BLANCO DE MORAIS, *Justiça...*, I, cit., págs. 193 e segs.

FISCALIZAÇÃO DA CONSTITUCIONALIDADE

a) Não aplicação pelos tribunais, nos feitos submetidos a – julgamento, de normas inconstitucionais (art. 204.º);

b) Não atribuição (ou não atribuição em princípio) de idêntico poder aos outros órgãos do Estado, políticos e administrativos, e, pelo contrário, imposição de aplicação sem faculdade autónoma de apreciação [283];

c) Obrigatoriedade também das normas inconstitucionais para os cidadãos até decisão judicial em contrário, salvo nas duas hipóteses aludidas de direito de resistência (arts. 21.º e 103.º, n.º 3);

d) Possibilidade de impugnação a todo o tempo, sem qualquer limite, das normas inconstitucionais, através da fiscalização sucessiva abstracta (art. 281.º);

e) Não sanação da inconstitucionalidade nem por decisão do Tribunal Constitucional, nem por superveniente revisão constitucional;

f) Não sanação da inconstitucionalidade orgânica de decreto-lei por negação da sua cessação de vigência no procedimento do art. 169.º [284].

g) Efeitos, em princípio, *ex tunc* da declaração de inconstitucionalidade – ou seja, a partir da entrada em vigor da norma inconstitucional (na inconstitucionalidade originária) e a partir da entrada em vigor da nova norma da Constituição (na inconstitucionalidade superveniente) (art. 282.º, n.ºs 1 e 2);

h) Impossibilidade de convalidação de actos de aplicação de normas declaradas inconstitucionais;

i) Repristinação, em princípio (na inconstitucionalidade originária), da norma anterior à norma declarada inconstitucional (art. 282.º, n.º 1);

j) Garantia, porém, dos casos julgados, exceto quando a norma inconstitucional respeitar a matéria penal, disciplinar ou de ilícito de mera ordenação social e for de conteúdo menos favorável ao arguido (art. 282.º, n.º 3);

l) Possibilidade de fixação dos efeitos da inconstitucionalidade pelo Tribunal Constitucional (e, porventura, pelo tribunal da causa, na fiscalização concreta) com alcance mais restrito, quando o exigirem

---

[283] Cfr. *infra*.
[284] V. *Manual...*, v, cit., págs. 374 e segs.

CAPÍTULO I – INCONSTITUCIONALIDADE, GARANTIA E FISCALIZAÇÃO

a segurança jurídica, razões de equidade ou interesse público de excecional relevo (art. 282.º, n.º 4);

m) Regime *a se* das normas violadoras de direitos, liberdades e garantias insuscetíveis de suspensão em estado de sítio (art. 19.º, n.º 6), as quais as autoridades administrativas podem (e devem) recusar-se a aplicar e relativamente às quais nem há ressalva de casos julgados, nem conformação de efeitos.

V – Os elementos carreados inclinam-nos a qualificar como nulidade – se se quiser, uma nulidade *sui generis* peculiar ao Direito constitucional – o valor jurídico dos actos normativos de Direito interno inconstitucionais, que não sejam inexistentes ou irregulares [285].

Verifica-se que a norma inconstitucional é *ab initio* inválida; que não consegue regular (ou regular até ao fim) as relações e situações da vida; que, em vez dela, é (em inconstitucionalidade originária) a norma anterior, que ela revogara, que vem a aplicar-se; que a decisão judicial à sombra do art. 204.º isso mesmo pressupõe; que a declaração com força obrigatória geral pelo Tribunal Constitucional retroage à ocorrência da inconstitucionalidade.

E não vulnera ainda a qualificação a salvaguarda dos casos julgados. Como frisa Miguel Galvão Teles, esta salvaguarda diz respeito exclusivamente aos efeitos da declaração de inconstitucionalidade, sem contender com as consequências substantivas da inconstitucionalidade. Quando o art. 282.º, n.º 3, ressalva os casos julgados, não está a permitir que, no plano substantivo, um acto inconstitucional produza efeitos. Aquilo que faz é, num segundo grau,

---

[285] Também no sentido da nulidade, Marcelo Rebelo de Sousa, *O valor...*, págs. 233 e segs. e 341 e segs. (referindo-se a nulidade atípica); Gomes Canotilho, *Direito Constitucional...*, cit., pág. 956 (v., contudo, *Constituição dirigente...*, cit., pág. 206); André Salgado de Matos, *op. cit.*, págs. 244 e segs.; José de Oliveira Ascensão, *O Direito*, cit., pág. 298; Carlos Blanco de Morais, *Justiça...*, I, cit., págs. 228 e segs. (quanto à fiscalização abstrata); Gomes Canotilho e Vital Moreira, *Constituição...*, II, cit., pág. 975.
Diferentemente, aceitando a nulidade como valor negativo típico, mas afirmando a necessidade de apreciação concreta do vício da norma, Vitalino Canas, *Introdução...*, cit., págs. 126 e segs. E dizendo que, se na generalidade dos casos, a norma inconstitucional é nula, a consideração de outros interesses constitucionalmente protegidos impõe, excecionalmente, a anulabilidade, Rui Medeiros, *A decisão...*, cit., págs. 37 e segs. e 765 (em *Os valores jurídicos...*, cit., *loc. cit.*, págs. 531 e segs., alude, em geral, a anulabilidade).

FISCALIZAÇÃO DA CONSTITUCIONALIDADE

salvaguardar *juízos* precedentes sobre a inconstitucionalidade diferentes do juízo que veio a prevalecer na decisão com efeito geral [286].

De mais difícil explicação se antolha o poder de fixação dos efeitos da inconstitucionalidade. Mas, como nota de novo MIGUEL GALVÃO TELES, se o acto nulo *em princípio* não é apto a desencadear efeitos conformes com o seu conteúdo, excecionalmente, em particular por razões de proteção da confiança e da boa fé, pode produzi-los. De *putatividade* parece ser a situação, pois a emissão de uma lei, ainda que inconstitucional, pode determinar expectativas razoáveis e, na base delas, comportamentos. É a consideração de expectativas dessas, sejam dos particulares sejam dos próprios órgãos do Estado ou de pessoas de direito público, que o n.º 4 do art. 282.º visa salvaguardar [287].

Ou, como sublinha doutra perspectiva ANDRÉ SALGADO DE MATOS, a decisão do Tribunal Constitucional não é meramente recognoscitiva de efeitos já produzidos e imputáveis ao acto inconstitucional. *É, necessariamente, constitutiva desses efeitos.* A decisão atípica do Tribunal que declara a inconstitucionalidade e, simultaneamente, limita os seus efeitos, tem uma dupla natureza: no primeiro aspecto, é *declarativa* da nulidade da norma; no segundo, é *constitutiva* da convolação de efeitos putativos em efeitos jurídicos [288].

Em suma, o art. 282.º, n.º 4, implica uma atenuação do valor jurídico negativo, não uma alteração qualitativa. O Tribunal Constitucional recebe uma faculdade, aliás sujeita a limites [289], não mais. E se, exercendo-a, constitui efeitos, não constitui, nem deixa de constituir a invalidade.

Não se trata, portanto, de anulabilidade. Bem pelo contrário, o que cabe sugerir é a contraposição de dois escalões ou subvalores: *a)* uma nulidade *radical* [290] ou *fundamental* (sem chegar à inexistência jurídica), correspondente à violação de preceitos constitucionais atinentes aos direitos, liberdades e

---

[286]   *Inconstitucionalidade pretérita...*, cit., *loc. cit.*, pág. 329. E acrescenta: para a jurisdição, o direito substantivo converte-se sempre numa incógnita e a autonomia de cada decisão torna possível que essa incógnita seja resolvida de maneira diferente.
Cfr., no mesmo sentido, RUI MEDEIROS, *A decisão...*, cit., pág. 764 (em certos casos, a eventual limitação de efeitos não briga com a nulidade) e já, apesar da posição geral contrária (*Os valores jurídicos...*, cit., *loc. cit.*, pág. 510, nota).

[287]   *Op. cit.*, pág. 252.

[288]   *Ibidem*, pág. 330.

[289]   Cfr. *infra*.

[290]   A não confundir com a *nulidade radical* de Direito administrativo.

CAPÍTULO I – INCONSTITUCIONALIDADE, GARANTIA E FISCALIZAÇÃO

garantias mencionadas no art. 19.º, n.º 6, e insuscetíveis de suspensão mesmo em estado de sítio, por virtude da sua superior carga valorativa [291]; e *b)* uma nulidade *não fundamental*, abrangendo os demais casos.

CARLOS BLANCO DE MORAIS entende que a privação da eficácia, e não a nulidade, é a sanção da invalidade em fiscalização concreta [292]. E, para tanto, invoca as seguintes razões: 1.º) o tribunal limita-se a não aplicar a norma inconstitucional; 2.º) a norma julgada inconstitucional continua a produzir efeitos nas restantes situações jurídicas; 3.º) não há uma incaducabilidade da impugnação da norma inconstitucional, as partes e o Ministério Público, em caso de decisão de não inconstitucionalidade, apenas poderão recorrer para o Tribunal Constitucional se houverem suscitado a questão durante o processo e só o poderão fazer no prazo de 10 dias.

Todavia, mal se percebe como a invalidade possa acarretar consequências diversas consoante o processo de fiscalização, abstracta ou concreta, subordinando uma realidade substantiva – a descorrespondência entre uma norma ou um acto e a Constituição – a um elemento adjectivo – o modo e o tempo em que ela é apreciada.

Que na fiscalização concreta haja apenas a recusa de aplicação de uma norma tal resulta do carácter difuso do sistema: e que, portanto, outro tribunal (ou o mesmo tribunal noutro caso, por não haver regime de precedente) possa decidir diferentemente, não menos natural. Mas isso não afecta o cerne do instituto, que consiste em a situação *sub judice* não ser regulada – e (pelo menos, em princípio) desde a origem – pela norma desaplicada. E não é por acaso, para obviar à eventual desarmonia de julgados, que existe uma panóplia de recursos para o Tribunal Constitucional (art. 280.º, a estudar adiante) e a passagem da fiscalização concreta à abstracta (art. 281.º, n.º 3).

As regras restritivas do recurso na hipótese de o tribunal não julgar no sentido da inconstitucionalidade [art. 280.º, n.º 1, alínea *b)*, e n.º 6, e art. 75.º, n.º 1, da lei orgânica do Tribunal Constitucional] explicam-se tão só por razões estritamente processuais de racionalização do acesso ao Tribunal Constitucional.

---

[291] Sobre o regime dos direitos, liberdades e garantias do art. 19.º, n.º 6, v. *Direitos Fundamentais*, cit., págs. 507 e segs.

[292] *Justiça...*, I, cit., págs. 240 e segs., e II, págs. 826 e segs.

E, de resto, se, num dado caso, este acesso fica vedado, nada impede que venha a dar-se noutro caso, a respeito da mesma norma, verificados os adequados pressupostos constitucionais e legais.

A norma infraconstitucional não é simplesmente suscetível ou insuscetível de produzir efeitos frente à regra ou ao princípio constitucional. É, mais do que isso, desprovida de valor se a contraria, por naquela residir o seu fundamento de validade [293]. E a decisão do tribunal da causa, não a aplicando, é tão declarativa quanto a do Tribunal Constitucional na fiscalização sucessiva abstracta [294].

VI – Em plano diferente ficam as hipóteses de ineficácia:

– contradição entre lei ou tratado e sentido de decisão referendária [295];
– contradição entre convenção internacional e norma constitucional;
– contradição entre lei e convenção internacional [296].

26. Vícios na formação da vontade e valores jurídicos

Em circunstâncias extremas, não são de excluir *a priori* vícios na formação da vontade dos titulares dos órgãos do poder político, designadamente a coação [297].

Por isso se proíbem, em estado de sítio ou de emergência, a prática de actos de revisão constitucional (art. 289.º da Constituição portuguesa e art. 60, § 1.º, da Constituição brasileira, entre outros), a realização de referendo (art. 9.º da Lei n.º 15-A/98, de 3 de abril) e, por identidade de razão, de eleições.

---

[293]   E tanto é assim que o próprio Carlos Blanco de Morais reconhece que a decisão determina repristinação da norma anterior, embora não como consequência necessária (págs. 811 e segs., já *supra* citadas).

[294]   Mantemos a posição que defendemos desde 1964 (cfr. *Aspectos de uma teoria da inconstitucionalidade*, policopiado, Lisboa, 1964, págs. 241 e segs.).

[295]   V. *Manual...*, v, cit., pág. 419.

[296]   Jorge Miranda, *Curso de Direito Internacional Público*, 6.ª ed., Cascais, 2016, págs. 183 e 184.

[297]   Para uma introdução teórica geral, é clássico o estudo (de 1935) de Costantino Mortati, *La volontà e la causa nell'atto amministrativo e nella legge* (in *Scritti*, ii, Milão, 1972, págs. 473 e segs., *maxime* 558 e segs.). Cfr. ainda Massino Severo Giannini, *L'ilegittimità...*, cit., *loc. cit.*, pág. 59.

Evidentemente, a violação de regras como estas reconduz-se, desde logo, a inconstitucionalidade ou a ilegalidade. Já na hipótese (ainda que remota ou quase inimaginável) de acto sob coação em tempo de normalidade constitucional, apenas num sentido muito lato pode falar-se em inconstitucionalidade – por ofensa ao princípio da liberdade de decisão dos órgãos constitucionais (e, em certos casos, do princípio da independência nacional dos arts. 1.º e 9.º e, noutros, do princípio da separação dos poderes dos arts. 2.º e 111.º).

Seja como for, actos assim inquinados não podem deixar de ser considerados juridicamente inexistentes [298], não se concebendo qualquer comparação com a anulabilidade do negócio jurídico (art. 256.º do Código Civil), tão abissal é a diferença de gravidade.

27. Inconstitucionalidade e responsabilidade civil do Estado

Além de envolver inexistência, nulidade, irregularidade ou ineficácia, o acto inconstitucional pode ser gerador de responsabilidade civil do Estado (art. 22.º da Constituição). Ou seja: a inconstitucionalidade pode não apenas atingir o acto enquanto tal mas também constituir uma relação jurídica obrigacional entre o Estado e um particular que, por causa desse acto, tenha um seu direito ou interesses ofendido e sofra um prejuízo, passível (mesmo se não patrimonial) de avaliação pecuniária.

Está-se, nesta altura, a raciocinar não tanto do prisma da invalidade quanto do prisma da ilicitude: a inconstitucionalidade será um pressuposto de responsabilidade civil a acrescer a outros, entre os quais um específico dever de atuação (ou de não atuação) por parte do Estado. E não é de excluir que, limitando o Tribunal Constitucional os efeitos da inconstitucionalidade ao abrigo do art. 282.º, n.º 4, da Constituição, o direito a indemnização se revele um sucedâneo necessário da plena produção de efeitos.

Mais grave seria ainda a reaprovação ou reprodução de norma declarada inconstitucional com força obrigatória geral sem ter mudado a norma parâmetro. Seria um caso, se não de dolo, pelo menos de culpa do legislador.

O fenómeno da responsabilidade civil do Estado derivado de inconstitucionalidade tem aqui as suas manifestações mais interessantes. Mas não

---

[298] Neste sentido, MARCELO REBELO DE SOUSA, *O valor...*, cit., pág. 314.

se esgota nesta função. Pode haver outrossim responsabilidade por actos de função administrativa e da função jurisdicional: quando a Administração ou um tribunal aplique norma declarada inconstitucional com força obrigatória geral (art. 282.º).

A par da responsabilidade por actos inconstitucionais, e mais ou menos conexa com ela, pode haver responsabilidade civil do Estado por omissões inconstitucionais, *maxime* por omissões legislativas [299].

28. Inconstitucionalidade e responsabilidade criminal

Os titulares de cargos políticos respondem criminalmente pelas ações e omissões que pratiquem no exercício das suas funções (art. 117.º, n.º 1, da Constituição). Mas dificilmente se concebe, em Estado de Direito democrático e com normal funcionamento das instituições, que um ato, normativo ou não, inconstitucional possa ser qualificado de crime.

Crimes como os previstos no Código Penal e na Lei n.º 34/87, de 16 de junho, a verificarem-se, corresponderiam já a um golpe de Estado [300].

29. Inconstitucionalidade e responsabilidade política

Além da responsabilidade civil e da responsabilidade criminal, o Direito constitucional conhece uma forma muito sua. É a responsabilidade política, baseada num princípio de prestação de contas por parte dos órgãos de poder ou dos seus titulares e traduzida em juízos de mérito de carácter político.

Mas há que distinguir entre *responsabilidade-representação* e *responsabilidade-fiscalização*:

- a primeira, inerente à democracia representativa e efectivada ou, difusamente, através da sujeição à crítica dos cidadãos no exercício da

---

[299]   Cfr. *infra*.

[300]   Cfr., no Código Penal, art. 325.º (alteração violenta do Estado de Direito), art. 330.º (incitamento à desobediência coletiva), art. 333.º (coação contra órgão constitucional), art. 334.º (perturbação no funcionamento de órgão constitucional). E, na Lei n.º 34/87, art. 8.º (atentado contra a Constituição da República), art. 9.º (atentado contra o Estado de Direito), art. 10.º (coação contra órgãos constitucionais).

CAPÍTULO I – INCONSTITUCIONALIDADE, GARANTIA E FISCALIZAÇÃO

liberdades fundamentais ou, especificamente, em eleições no final dos mandatos dos titulares eleitos ou por outros procedimentos;
- a segunda, integrada nos mecanismos próprios de certos sistemas (como o parlamentar ou o semipresidencial), em que a subsistência do Governo depende do Parlamento [301].

Aqui interessa a responsabilidade – a representação (pois que não envolvem responsabilidade-fiscalização as sanções constitucionais a que atrás aludimos).

Os titulares dos cargos políticos respondem pelas ações e omissões que pratiquem no exercício das suas funções (art. 117.º, n.º 1, da Constituição). Respondem perante o povo, a quem pertence a soberania (arts. 2.º, 3.º, n.º 1, e 108.º), e também por ações ou omissões inconstitucionais – independentemente do desenvolvimento ou não dos meios, jurisdicionais e não jurisdicionais, de controlo e da eventual declaração de inconstitucionalidade pelo Tribunal Constitucional [302].

---

[301] Cfr. A. H. BIRCH, *Representative and Responsible Government*, Londres, 1964; GIUSEPPE UGO RESCIGNO, *La Responsabilità Politica*, Milão, 1967; *La responsabilité des gouvernants*, obra coletiva (sob a direção de OLIVIER BEAUD e JEAN-MICHEL BLANQUER), Paris, 1999; PEDRO LOMBA, *Teoria da responsabilidade política*, Coimbra, 2008; JOSÉ DE MATOS CORREIA e RICARDO LEITE PINTO, *A responsabilidade política*, Lisboa, 2010.
[302] Cfr. *Manual...*, VII, 2007, págs. 78 e segs., e Autores citados.

CAPÍTULO II
SISTEMAS DE FISCALIZAÇÃO DA CONSTITUCIONALIDADE

§ 1.º
A fiscalização da constitucionalidade
em Direito comparado

30. Inserção histórica

I – Os grandes pressupostos da fiscalização da constitucionalidade das leis e dos demais atos jurídico-públicos vêm a ser, primeiro, a existência de uma Constituição em sentido formal, e, em segundo lugar, a consciência da necessidade de garantia dos seus princípios e regras com a vontade de instituir meios adequados.

Não é preciso que haja Constituição formal para que se produza inconstitucionalidade e, muito menos, que a Constituição seja rígida. Basta que haja Constituição em sentido material. Mas em Constituição só em sentido material e flexível, como a britânica (e, de certo modo, também em Constituição formal e flexível), a inconstitucionalidade não se configura violação jurídica autónoma e, de qualquer sorte, não se propiciam condições para a organização de uma fiscalização [303].

---

[303] Vale a pena transcrever DICEY, traduzido por RUI BARBOSA (*op. cit.*, págs. 41-42): «A expressão *inconstitucional* aplicada a uma lei tem, pelo menos, três aceções diferentes, variando segundo a natureza da Constituição a que aludir. – Empregada em relação a um ato do Parlamento inglês, significa simplesmente que esse ato é, na opinião do indivíduo que o

FISCALIZAÇÃO DA CONSTITUCIONALIDADE

Em contrapartida, não é suficiente a emanação de uma Constituição em sentido formal para que o sistema se dote de um aparelho de fiscalização e, muito menos, de uma fiscalização jurisdicional – porque, lógica e historicamente, não se confundem inconstitucionalidade e fiscalização da inconstitucionalidade. É necessário, além disso, que a supremacia da Constituição se revele um princípio jurídico operativo [304].

II – O constitucionalismo liberal europeu não possuiu uma clara consciência da necessidade de garantia constitucional por quatro razões principais:

- Por, no seu otimismo, acreditar numa espécie de harmonia política estabelecida a partir das Constituições escritas;
- Por a Constituição não ser tomada rigorosamente como fundamento ou como critério de validade das leis;
- Por a lei ser entendida como expressão de racionalidade;
- Por prevalecer uma visão rígida e mecanicista da separação dos poderes ou (contraditoriamente, mas com resultados idênticos) uma conceção jacobina de unidade da soberania e de democracia absoluta.

Não deixou de haver então garantias graciosas e políticas – desde o direito de petição à vigilância do cumprimento da Constituição pelas Câmaras e à predisposição, embora esporádica, de um ou outro órgão político com essa função. Em alguns países, na prática, os tribunais invocaram ou tentaram invocar um poder de não aplicação de normas inconstitucionais – assim, na

---

aprecia, oposto ao espírito da Constituição inglesa; mas não pode significar que esse ato seja infração da legalidade e, como tal, nulo. – Aplicada a uma lei das câmaras francesas, exprimiria que essa lei ampliando, suponhamos, a extensão do período presidencial, é contrária ao disposto na Constituição. Mas não se segue necessariamente daí que a lei se tenha por vã; pois não é certo que os tribunais franceses se reputem obrigados a desobedecer às leis inconstitucionais. Empregada por franceses, a expressão, de ordinário, se deve tomar como simples termo de censura... Dirigido a um ato do Congresso, o vocábulo «*inconstitucional*» quer dizer que esse ato excede os poderes do Congresso e é, *por consequência, nulo*. Neste caso a palavra não importa necessariamente reprovação. O americano poderia, sem incongruência alguma, dizer que um ato do Congresso é uma boa lei, beneficia o país, mas, infelizmente, peca por *inconstitucional*, isto é, *ultra vires*, isto é, nulo».

[304] Sobre toda esta matéria, v. *Contributo...*, cit., *maxime* págs. 77 e segs.

CAPÍTULO II – SISTEMAS DE FISCALIZAÇÃO DA CONSTITUCIONALIDADE

Grécia desde 1859 [305], na Noruega desde 1890, em Portugal. Mas, afora isso e a despeito de outros antecedentes [306], o século XIX não conheceu sistemas de controlo jurisdicional devidamente estruturados.

De modo diferente, se passaram as coisas nos Estados Unidos por causas e em circunstâncias igualmente bem conhecidas [307].

III – Ao invés, no século XX não só se perde o otimismo liberal acerca da Constituição e se adquire a convicção de que ela só poderá servir de garantia – de garantia dos direitos fundamentais ou da ordem social e política – se for garantida como alguns poderosos fatores elevam a inconstitucionalidade a núcleo de toda a problemática do Direito constitucional e, quiçá, do Direito público.

Assim, verificam-se:

- No plano da realidade constitucional, o imperativo de melhor defesa dos direitos dos indivíduos e dos grupos perante o dilatar da ação do Estado e da penetração da sociedade pelo político, a crise da lei [308] e as experiências totalitárias e autoritárias, vividas ou temidas;
- No plano da organização política, as transformações e as novas exigências de divisão de poderes, bem como a expansão das formas de Estado regional e de Estado federal;
- No plano conceitual, o aprofundamento do princípio da legalidade da administração, homólogo do princípio da constitucionalidade dos atos legislativos e de governo, a difusão das noções (kelsenianas e não kelsenianas) da estrutura escalonada da ordem jurídica e o triunfo das tendências normativistas sobre as decisionistas;
- No plano normativo, a a passagem da centralidade jurídico-positiva da lei para a centralidade jurídico-positiva da Constituição, sobretudo no

---

[305] Cfr. ANTONIS MANITAKIS, *Fondement et légitimité du contrôle juridictionnel des lois en Grèce*, in *Revue internationale de droit comparé*, 1988, págs. 39 e segs.

[306] Cfr. MARIO BATTAGLINI, *Contributi alla storia del controllo di costituzionalità delle leggi*, Milão, 1957; ou JÖRG LUTHER, *Idee e storie giustizia costituzionale nell'ottocento*, cit., pág. 26.

[307] V. *Contributo...*, cit., págs. 53 e segs.

[308] V. *Manual...*, v, cit., págs. 139 e segs.

domínio dos direitos fundamentais, com a consequente aplicabilidade imediata das normas constitucionais, sem lei ou contra lei [309];

- No plano valorativo, a revivescência do jusnaturalismo, de diversas inspirações [310].

Duas linhas de força vão conduzir à formação e à difusão, na Europa (e também fora da Europa) de sistemas de fiscalização jurisdicional ou jurisdicionalizada da validade das leis e de outros atos jurídico-públicos.

Uma, endógena, resulta do desenvolvimento dos institutos e meios do Estado de Direito, crescentemente aperfeiçoados, de maneira a eliminar ou a diminuir as imunidades do poder e a permitir o controlo tanto concreto como abstrato das normas jurídicas. A outra, exógena, liga-se ao incremento das tarefas do Estado e das demais entidades públicas, à passagem do Estado liberal para o Estado social e à resposta às violações ou às tentativas de violação de direitos, liberdades e garantias; e prende-se ainda à exigência de formas de solução de conflitos jurídicos em ordenamentos plurilegislativos (regionais e federais) [311].

IV – Não quer isto dizer, no entanto, que o princípio da fiscalização jurisdicional não tenha enfrentado e não enfrente ainda dificuldades ou resistências, por se temer o «governo de juízes» ou, pelo menos, a politicização da justiça, em vez da judicialização da política.

Basta recordar, entre várias, a atitude de SCHMITT – para quem a essência da Constituição é a decisão política [312]; a de LOEWENSTEIN – se se entrega

---

[309]   Aquilo que temos chamado a revolução copernicana do Direito público: cfr. *Direitos Fundamentais*, cit., pág. 353.

[310]   Cfr., quanto à estrutura escalonada, mais uma vez, KELSEN, *La Garantie...*, cit.; quanto à revivescência jusnaturalista, por exemplo, O. BACHOF, *Jueces...*, cit., págs. 25 e segs.; ou, doutra perspetiva, GEORGES VEDEL, *Le Conseil Constitutionnel, gardien du droit positif ou défenseur de la transcendance des droits de l'homme*, in *Pouvoirs*, 1988, n.º 45, págs. 149 e segs.; e, quanto à passagem de uma Constituição «proclamatória» a uma Constituição «paramétrica», ANDRÉ SALGADO DE MATOS, *op. cit.*, págs. 83 e segs.

[311]   Mesmo na Grã-Bretanha já tem sido suscitado o problema da introdução de mecanismos de fiscalização. Cfr., por exemplo, NEIL H. ANDREWS, *Should England adopt an entrenched Bill of Rights with Judicial review of primary legislation?*, in *Annuaire International de Justice Constitutionnelle*, 1989, págs. 15 e segs.

[312]   *Verfassungslehre*, 1927, trad. castelhana *Teoria de la Constitución*, Madrid e México, 1934 e 1966 págs. 23 e segs.

CAPÍTULO II – SISTEMAS DE FISCALIZAÇÃO DA CONSTITUCIONALIDADE

aos tribunais o direito de frustrar uma decisão política do Governo ou do Parlamento, corre-se o perigo ou de a decisão dos tribunais não ser acatada ou de a decisão política do Governo ficar substituída por um ato judicial que, embora revestido jurídico-constitucionalmente, não é senão um ato político de pessoas sem mandato democrático [313]; a de BURDEAU – a autoridade com poder de fiscalização é quem fixa o conteúdo de uma política através da interpretação da Constituição; a Constituição não é feita para os juízes, é feita para os governantes; a política do juiz só pode ser negativa [314]; ou a de ALFRED GROSSER – é difícil a posição dos tribunais constitucionais frente a conflitos de valores ou a antagonismos que atinjam os pontos mais sensíveis dos cidadãos ou os fundamentos éticos da sociedade [315].

Estas e outras visões críticas têm sido afastadas não só em nome dos grandes princípios mas também em função da necessidade de soluções políticas de equilíbrio [316]. E, por outro lado, não pouco tem concorrido para a sua superação a emergência, por obra legislativa ou jurisprudencial, de formas muito dúcteis de atuação dos tribunais e a limitação dos efeitos da inconstitucionalidade a que já nos referimos. Hoje não se concebem democracia e Estado de Direito sem fiscalização jurisdicional da constitucionalidade [317].

---

[313] *Verfassungslehre*, 1959, trad. *Teoria de la Constitución*, Barcelona, 1964, págs. 321 e segs.

[314] *Traité de Science Politique*, 2.ª ed., IV, Paris, págs. 370 e segs. e 481 e segs.

[315] *Cours Constitutionnelles et valeurs de référence*, in *Pouvoirs*, n.º 13, págs. 117 e segs.

[316] Cfr., por exemplo, GERHARD LEIBHOLZ, *Die Auflösung der Liberalendemokrazie in Deutschland und das Autoritäre Staatsbild*, 1933, trad. *La dissoluzione della demcrazia liberale in Germania e la forma di Stato autoritario*, Milão, 1966, págs. 36 e segs.; ALEXANDER M. BICKEL, *The least dangerous branch. The Supreme Court at the bar of politics*, 2.ª ed., New Haven, 1986; ou MICHEL TROPER, *Justice Constitutionnelle et Démocratie*, in *Revue française de droit constitutionnelle*, 1990, págs. 31 e segs.

Anote-se que, num dos seus últimos escritos, BURDEAU alterou a sua opinião sobre a justiça constitucional, admitindo que tudo se passaria como se o soberano tivesse estabelecido uma autoridade constituinte secundária sob a forma do juiz de constitucionalidade, embora autoridade supletiva, derivada e sem poder ultrapassar certos quadros (*Constitution, Droits de l'Homme et «Changement»*, in *Scriti in onore di Vezio Crisafulli*, obra coletiva, v, págs. 119 e segs., *maxime* 126).

[317] Por sinal, já em 1968 escrevíamos que o princípio da constitucionalidade havia cada vez mais de arreigar e desenvolver (*Contributo...*, cit., pág. 92).

FISCALIZAÇÃO DA CONSTITUCIONALIDADE

31. Os grandes modelos ou sistemas típicos

I – A observação histórico-comparativa revela três grandes modelos ou sistemas típicos de garantia da constitucionalidade [318]. Não podemos agora

[318] Cfr., em geral, ANDRÉ BLONDEL, *Le contrôle juridictionnel de la constitutionnalité des lois (étude critique comparative: États-Unis – France)*, Paris, 1928; EDWARD McWHINNEY, *Judical Review in the English Speaking World*, Toronto, 1960, e *Supreme Courts and Judicial Law-Making; Constitutional Tribunals and Constitutional Review*, Dordrecht, 1986; *Costituzione e giustizia costituzionale nel Diritto comparato*, obra coletiva, Turim, 1985; *Costituzione e giustizia costituzionale nel diritto comparato*, obra coletiva (coord. de Giorgio Lombardi), Rimini, 1985; MAURO CAPPELLETTI, *Il controllo giudiziario di costituzionalità delle leggi nel diritto comparato*, cit., e *Le Pouvoir des Juges*, Paris, 1990; MAURO CAPPELLETTI e WILLIAM COHEN, *Comparative Constitutional Law – Cases and Materials*, Nova Iorque e Charlottesville, 1979; BURT NEUBORNE, *Judicial Review and Separation of Powers in France and in the United States*, in *New York University Law Review*, 1982, págs. 363 e segs.; n.º 3 de *Quaderni Costituzionali (Le giustizia costituzionale in Europa: dai modelli alla prassi)*; *Costituzione e Giustizia Costituzionale*, obra coletiva editada por Giorgio Lombardi, Milão, 1985; PEDRO CRUZ VILLALÓN, *La formación del sistema europeo de control de constitucionalidad (1918-1939)*, Madrid, 1987; KONRAD LANAERTS, *Le juge et la Constitution aux États-Unis et dans l'ordre juridique européen*, Bruxelas, 1988; HELMUT STEINBERGER, *Modèles de juridiction constitutionnelle*, Estrasburgo, 1993; ALLAN R. BREWER CARIAS, *El control concentrado de la constitucionalidad de las leyes (Estudio de Derecho Comparado)*, Caracas, 1994; *Constitutional Justice under Older Constitutions*, obra coletiva editada por Eivind Smith, Haia, 1995; NUNO ROLO, *A fiscalização concreta em Portugal e o controlo difuso da constitucionalidade em Direito Comparado: o sistema americano e o(s) sistema(s) europeu(s)*, in *Galileu*, 1998 (revista da Universidade Autónoma de Lisboa), págs. 55 e segs.; RUI MEDEIROS, *A decisão...*, cit., págs. 17 e segs.; JOSÉ JULIO FERNÁNDEZ RODRIGUEZ, *La expansion de la justicia constitucional en Europa Central y Oriental*, in *Jus et Praxis* (da Universidade de Talca do Chile), 1999, págs. 321 e segs.; REGIS FROTA, *Derecho Constitucional y control de constitucionalidad en Latinoamerica*, Fortaleza, 2000; ANDRÉ ALEN et alii, *The relations between the Constitutional Courts and the other National Courts, including the interference in the area of action of the European Courts*, in *Human Rights Law Journal*, vol. 23, n.º 8-12, dezembro de 2002, págs. 304 e segs.; JOSÉ ADÉRCIO LEITE SAMPAIO, *op. cit.*, págs. 271 e segs. e 249 e segs.; GOMES CANOTILHO, *Direito Constitucional...*, cit., pág. 895; ANDRÉ RAMOS TAVARES, *Teoria da Justiça Constitucional*, São Paulo, 2005, págs. 115 e segs.; CARLOS BLANCO DE MORAIS, *Justiça...*, I, cit., págs. 265 e segs.; MARIA LÚCIA AMARAL, *Questões constitucionais e recursos de constitucionalidade (uma lição de "Direito público comparado")*, in *Estudos Comemorativos dos 10 anos da Faculdade de Direito da Universidade Nova de Lisboa*, obra coletiva, I, Coimbra, 2008, págs. 473 e segs.; *Dignidade de la persona, derechos fundamentales y justicia constitucional*, obra coletiva (coord. por Francisco Fernández Segado), Madrid 2008.
Desde 1985, a Universidade de Aix-en-Provence e Marselha edita um *Annuaire International de Justice Constitutionnel*, fundado por LOUIS FAVOREU; e desde 1996 o Centro de Estudos Políticos e Constitucionais de Madrid publica um *Anuario Iberoamericano de Justicia Constitucional*, agora sob a direção de FRANCISCO FERNÁNDEZ SEGADO.

CAPÍTULO II – SISTEMAS DE FISCALIZAÇÃO DA CONSTITUCIONALIDADE

reconstituir o modo como brotaram e como se desenvolveram as suas principais manifestações.

São esses modelos:

1.º) O modelo de fiscalização *política*, dito habitualmente de tipo francês (por ligado aos dogmas do constitucionalismo francês – e, portanto, europeu continental – dos séculos XVIII e XIX);

2.º) O modelo de *fiscalização judicial* (*judicial review*), desenvolvido nos Estados Unidos sobretudo desde 1803[319];

3.º) O modelo de *fiscalização jurisdicional concentrada* em tribunal constitucional ou modelo austríaco (por ter por paradigma o tribunal instituído pela Constituição austríaca de 1920) ou europeu (por hoje se ter estendido a quase toda a Europa).

II – No modelo político, deve subdistinguir-se:

a) Fiscalização pelo próprio Parlamento, pelo órgão legislativo *qua tale* – é o que se encontra, primeiro, em quase todos os países europeus no século XIX e ainda hoje na Holanda [320 321], depois, no constitucionalismo marxista-leninista do século XX [322] e em alguns Estados da Ásia e da África sob influência deste ou com constitucionalismo embrionário, como sucedeu nos países africanos de língua portuguesa logo após a independência;

b) Fiscalização por órgão político especialmente constituído para o efeito – seja ligado ao Parlamento (Comité Constitucional francês de 1946

---

[319] Mas remontando ao período colonial (pelo confronto entre as leis das Assembleias das treze colónias que dariam origem aos Estados Unidos e as Cartas outorgadas pela Coroa, e tendo ainda como antecedente remoto o caso *Benham*, de 1611, julgado pelo Juiz EDWARD COKE).

[320] Cuja Constituição proíbe expressamente os juízes de apreciar a constitucionalidade das leis e dos tratados (art. 120.º).

[321] E até 1999 na Finlândia.

[322] Cfr. HENRY ROUSSILLON, *Le problème du contrôle de la constitutionnalité des lois dans les pays socialistes*, in *Revue du droit public*, 1977, págs. 55 e segs.; JINGZHOU TAO, *Le contrôle de constitutionnalité des lois en République Populaire de Chine, ibidem*, 1987, págs. 579 e segs.

FISCALIZAÇÃO DA CONSTITUCIONALIDADE

a 1958, Comissão Constitucional romena de 1965 a 1989, Comité de Supervisão Constitucional criado na União Soviética em 1989 [323]), seja dele independente ou órgão *a se* (juria constitucional de Sieyès, Senado Conservador napoleónico, Conselho Constitucional de 1958) [324].

III – Em diferentes sistemas constitucionais, com concentração de poderes no Chefe do Estado – desde a monarquia constitucional com poder moderador (na linha de BENJAMIN CONSTANT) e a monarquia limitada aos sistemas de governo representativo simples – entendeu-se que lhe cabia a garantia da Constituição [325].

Também, no primeiro após-guerra, ao mesmo tempo que surgia o modelo jurisdicional concentrado de tribunal constitucional, houve quem preconizasse a atribuição ao Chefe do Estado (na Alemanha de Weimar, ao Presidente de «Reich») da função de «guardião da Constituição» – foi a tese de SCHMITT [326]; e a controvérsia com KELSEN ficaria célebre [327].

Uma forma institucional como esta não entra, porém, no modelo político de fiscalização de tipo francês, até porque a garantia da Constituição pelo Chefe do Estado não consiste propriamente na garantia da constitucionalidade

---

[323] Cfr. PATRICE GÉLARD, *L'actualité constitutionnelle en URSS*, in *Revue française de droit constitutionnel*, n.º 6, 1991, págs. 355 e segs.

[324] Cfr., recentemente, LUCIEN JAUME, *Sieyés et le sens du Jury constitutionnaire: une réinterprétation*, in *Pouvoirs*, n.º 36, 2003, págs. 115 e segs.

[325] V. *Contributo...*, cit., págs. 46 e segs.

[326] Principalmente em *O guardião da Constituição*, cit., *maxime* págs. 229 e segs. Cfr., de KELSEN, *Wer soll der Hüter der Verfassung sein?*, 1930-1931 (trad. italiana *La Giustizia Costituzionale*, cit., págs. 231 e segs.).

[327] V. entre tantos NICOLÒ ZANON, *La polémique entre Hans Kelsen et Carl Schmitt sur la justice constitutionnelle*, in *Annuaire International de Justice Constitutionnelle*, 1989, págs. 177 e segs.; CARLOS MIGUEL HERRERA, *La polemica Schmitt-Kelsen sobre el guardian de la Constitucion*, in *Revista de Estudios Políticos*, n.º 86, outubro-dezembro de 1994, págs. 195 e segs.; GILBERTO BERLOVICI, *Carl Schmitt, o Estado total e o guardião da Constituição*, in *Revista Brasileira de Direito Constitucional*, 2003, págs. 135 e segs.; WLADIMIR BRITO, *O Poder Judicial*, in *Boletim da Faculdade de Direito da Universidade de Coimbra*, 2004, págs. 247 e segs.; CAROLINA CARDOSO GUIMARÃES, *O guardião da Constituição e a sua legitimidade:* a polémica entre HANS KELSEN e CARL SCHMITT, in *Estudos de Homenagem a Prof. Doutor Jorge Miranda*, obra colectiva, I, Coimbra, 2012, págs. 457 e segs.

CAPÍTULO II – SISTEMAS DE FISCALIZAÇÃO DA CONSTITUCIONALIDADE

norma a norma, mas sim na defesa global do regime ou dos seus fundamentos e na regulação do poder entre os diferentes órgãos [328].

IV – O modelo judicialista baseia-se no poder normal do juiz de recusar a aplicação de leis inconstitucionais aos litígios que tenha de dirimir.

Como escreve HAMILTON, nenhum ato legislativo contrário à Constituição pode ser válido. Negar isto seria como que sustentar que o procurador é maior que o mandante, que os representantes do povo são superiores a esse mesmo povo, que homens agindo em virtude de poderes concedidos podem fazer não só o que eles autorizam mas também aquilo que proíbem. O corpo legislativo não é o juiz constitucional das suas atribuições. Torna-se mais razoável admitir os tribunais como elementos colocados entre o povo e o corpo legislativo, o que, aliás, não provoca qualquer superioridade do poder judicial sobre o poder legislativo. Tudo reside em que o povo está acima de ambos e em que, se a vontade do corpo legislativo, declarada na lei, se opuser à vontade do povo, declarada na Constituição, os tribunais deverão submeter-se a esta e não àquela. Não é a interpretação das leis a província dos tribunais? Portanto, ao verificar-se uma inconciliável divergência entre a Constituição e uma lei deliberada pelo órgão legislativo, entre uma lei superior e uma lei inferior, terá de prevalecer a Constituição [329].

No seu estado *puro* de fiscalização difusa, concreta, incidental e, em princípio, por via de exceção, este sistema irradiou dos Estados Unidos – por osmose ou não – em vários momentos, para diversos países: além dos países anglo-saxónicos dotados de Constituições escritas, para os países latino-americanos, no final do século XIX e início do século XX para a Grécia, a Noruega, Portugal, a Dinamarca e a Roménia, para a Alemanha de Weimar, para o Japão

---

[328] Era o que se passava na Espanha, com o *recurso de contrafuero*, previsto na Lei Orgânica do Estado de 1966 e sujeito a uma tramitação complexa em que intervinham o Conselho do Reino, um órgão jurisdicional *ad hoc* e o Chefe do Estado.

[329] HAMILTON, MADISON, JAY, *On the Constitution*, ed. de Ralph H. Gabriel, Nova Iorque, 1954, págs. 170 e segs.

FISCALIZAÇÃO DA CONSTITUCIONALIDADE

desde 1946 [330], para a Itália entre 1948 e 1956, ou para a Suécia, a Dinamarca e a Noruega[331].

Em alguns casos, a adaptação ou o funcionamento do sistema levou à concentração em Supremos Tribunais, através de recurso obrigatório ou de outras formas, com reserva ou primado de apreciação da inconstitucionalidade: Suíça (desde 1874, quanto às leis cantonais, únicas suscetíveis de controlo jurisdicional) [332], alguns Estados do *Commonwealth* (como Canadá, Austrália e Índia) [333] [334] e da América Latina [335], Irlanda, Filipinas, Guiné-Bissau (após 1984).

V – O modelo de Tribunal Constitucional dir-se-ia *prima facie* agregar elementos do modelo político e elementos do modelo judicialista, por o tribunal ostentar características de órgão jurisdicional, mas não ser um tribunal como os outros – antes de mais, pela sua composição e pelo modo de recrutamento dos juízes.

Mais correto afigura-se – quer a nível de conceitos, quer a nível de experiência – defini-lo como um *tertium genus*, entender que se trata de um tribunal em que se esgota uma ordem de jurisdição diferente tanto da dos tribunais civis e criminais como da dos tribunais administrativos (ou de qualquer outra), de um tribunal com competência especializada no campo do Direito constitucional [336].

---

[330] Cfr. YOICHI HIGUCHI, *La légitimité du juge constitutionnel et la théorie de l'interprétation*, in *XIVème Congrés International – Académie Internationale de Droit Comparé, Atenas*, 1994, págs. 597 e segs.; MYUKI SATO, *A fiscalização de constitucionalidade no Japão*, in *Boletim da Faculdade de Direito da Universidade de Coimbra*, 2009, págs. 71 e segs.

[331] Cfr. VALENTINO CARDINALE, *Alle origini del Judicial Review of Legislation nei paesi scandinavi*, in *La giustizia costituzionale in prospettiva storica*, obra coletiva, Nápoles, 2011, págs. 71 e segs.

[332] Cfr. ANDREAS AUER, *La juridiction constitutionnelle en Suisse*, Basileia, 1983.

[333] Cfr., por exemplo, LESLIE ZINES, *High Court and the Constitution*, Sidnei, 1981; MICHAEL DETMOND e GUY SCOFFONI, *La Justice constitutionnelle et la protection des droits fondamentaux en Australie*, in *Revue française de droit constitutionnel*, 1997, págs. 3 e segs.; PATRICE GARANT, *La justice constitutionnelle canadiene: 20 ans de renouveau (1985-2005)*, in *Renouveau...*, obra coletiva, págs. 165 e segs.

[334] Noutros (hoje poucos) países da *Commonwealth*, o Conselho Privado britânico funciona ainda como uma espécie de instância suprema de recurso.

[335] Cfr., por todos, GARCIA BELAUNDE e FRANCISCO FERNANDEZ SEGADO, *La Juridicción constitutional en Iberoamerica*, Madrid, 1997.

[336] De resto, quando em algum país há mais do que uma ordem de jurisdição, dificilmente a concentração de competência poderia deixar de se fazer fora dessas ordens.

CAPÍTULO II – SISTEMAS DE FISCALIZAÇÃO DA CONSTITUCIONALIDADE

Pensado inicialmente para exercer fiscalização abstrata, principal e por via de ação, a breve trecho (desde 1929, na Áustria e, depois, noutras Constituições) passou o Tribunal Constitucional a intervir na fiscalização concreta, mediante a subida obrigatória de incidentes de inconstitucionalidade provenientes de quaisquer tribunais (firmando-se, pois, uma comunicação entre eles) [337].

Concebido por Kelsen para garantia objetiva da "razoabilidade" dos atos do Estado [338], depois da segunda guerra mundial tornar-se-ia sobretudo tribunal dos direitos fundamentais.

Como Tribunais Constitucionais mais significativos e com papel mais ativo na conformação e na realização das próprias Constituições, mencionem-se o da Itália (Constituição de 1947, embora só posto a funcionar em 1956) e o da República Federal da Alemanha (Constituição de 1949) [339].

De existência efémera ou precária foram os Tribunais Constitucionais da Checoslováquia (Constituição de 1921), da Espanha (Constituição de 1931), de Chipre (Constituição de 1960) e os que se esboçaram, em regimes marxistas-leninistas, na Jugoslávia (Constituições de 1963 e 1974) e na Polónia (Constituição de 1985).

Mas o retorno a regimes democráticos pluralistas, a sua conquista ou a sua congregação com os princípios do Estado de Direito seriam acompanhados, no final do século XX, por toda a parte, pelo aparecimento de tribunais constitucionais ou de órgãos homólogos:

---

[337] Cfr. CHARLES EISENMANN, *La Justice Constitutionnelle et la Haute Cour Constitutionnelle d'Autriche*, cit.; PEDRO CRUZ VILLALÓN, *La formación del sistema europeo de control de constitucionalidad (1918-1939)*, Madrid, 1987; SYLVIE PEYROU-PISTOULEY, *La Cour Constitutionnelle et le controle de constitutionnalité des lois en Autriche*, Paris, 1993.

[338] Cfr. *La garantie...*, cit., *loc. cit.*, pág. 198: a garantia jurisdicional da Constituição é um elemento do sistema que tem por objetivo assegurar o exercício regular das funções do Estado.

[339] Cfr., quanto a este, WALTER LEISNER, *La conception du «politique» selon la jurisprudence de la Cour Constitutionnelle allemande*, in *Revue du droit public*, 1961, págs. 754 e segs.; ERNST FRIESENHAHN, *op. cit.*; SERGIO ORTINO, *L'esperienza delle Corte Costituzionale di Karlsruhe*, Milão, 1966; LUÍS AFONSO HECK, *O Tribunal Constitucional e o desenvolvimento dos princípios constitucionais*, Porto Alegre, 1995; GILMAR FERREIRA MENDES, *Jurisdição Constitucional*, 4.ª ed., São Paulo, 2004; CHRISTIAN STARCK, *La Cour Constitutionnelle Fédérale*, in *Renouveau...*, obra coletiva, págs. 455 e segs.; *Estudios sobre la jurisdicción constitucional (con especial referencia al Tribunal Constitucional Alemán)*, trad., México, 2005. V. a referência a algumas decisões pioneiras ainda em PETER HÄBERLE, *O Direito processual...*, cit., *loc. cit.*, págs. 93 e 94.

FISCALIZAÇÃO DA CONSTITUCIONALIDADE

- em Portugal (1976 e 1982) e na Espanha (1978) [340];
- No Equador (1979), no Peru (1979 e 1983), na Guatemala (1986), na Colômbia (1991), mesmo no Chile (com a Constituição de 1981 e a re-democratização iniciada em 1989) e na Bolívia (revisão constitucional de 1994) [341];
- Na Hungria (revisão constitucional de 1989, Constituição de 2010), na Croácia (Constituição de 1990), na Bulgária, na Eslovénia, na Roménia, na Lituânia, na Albânia e na Macedónia (Constituições de 1991), na República Checa e na Eslováquia (Constituições de 1992), em Andorra (1992), na Rússia (Constituição de 1993), na Moldova (Constituição de 1994) na Rússia (Constituição de 1993), na Ucrânia e na Letónia (Constituições de 1996) e na Polónia (Constituição de 1997) [342 343];
- No Luxemburgo (revisão de 1996);
- E, entre países de outros continentes, como a Coreia do Sul (desde 1987), Cabo Verde e Angola (Constituições de 1992 e 2010), a África

[340] Cfr., por exemplo, PIERRE BON e Y. RODRIGUEZ, *La Justice Constitutionnelle en Espagne*, Paris, 1984; FRANCISCO FERNÁNDEZ SEGADO, *La jurisdicción constitucional en España*, Madrid, 1984; *La jurisdicción constitucional en España*, obra coletiva, Madrid, 1995; FERNANDO ALVES CORREIA, *A justiça constitucional em Portugal e em Espanha. Encontros e divergências*, in *Revista de Legislação e de Jurisprudência*, n.os 3891, 3892 e 3893 (1998), págs. 162 e segs., 198 e segs. e 234 e segs.

[341] Cfr. *I Conferência da Justiça Constitucional da Ibero-América, Portugal e Espanha*, obra coletiva, Lisboa, 1997.

[342] Cfr. a obra coletiva *Giustizia costituzionale e sviluppo democratico nei paesi dell'Europa centro-orientale*, Turim, 2000, ou HERMAN SCHWARTZ, *The Struggle for Constitutional Justice in Post-communist Europe*, Chicago, 2000. E, em especial, ANNE GAZIER, *Justice Constitutionnelle et fédéralisme em Russie*, in *Pouvoirs*, setembro-outubro de 1999, págs. 1359 e segs.; LASZLO SOLYOM e GEORG BRUNNER, *Constitutional Judiciary in a New Democracy – The Hungariaun Constitutional Court*, Universidade de Michigan, 2000; ANGELA DE GREGORIO, *La giustizia costituzionale in Russia – Origini, modelli, giurisprudenza*, Milão, 2004; GENOVEVA VRABIE, *La Cour Constitutionnelle de Roumanie*, in *Anuario Iberoamericano de Derecho Constitucional*, 2005, págs. 547 e segs.; LECH GARLISKI, *Vingt ans du Tribunal Constitutionnel polonais*, in *Renouveau...*, obra coletiva, págs. 191 e segs; MARIA ZAKHAROVA, *Vingt après, la Russie est-elle dotée d'une véritable justice constitutionelle?*, in *Constitutions – Revue de Droit Constitutionnel Appliqué*, Abril-Junho de 2012, págs. 235 e segs.; ELENA SIMINA TĂNĂSESCU, *Exception d'Inconstitutionnalité in Roumanie*, in *Revue Internationale de Droit Comparé*, 2013, págs. 906 e segs.

[343] Para uma análise comparativa dos Tribunais Constitucionais nos países da União Europeia, v. ANA CATARINA SANTOS, *Papel político do Tribunal Constitucional*, Coimbra, 2011, págs. 26 e segs.

CAPÍTULO II – SISTEMAS DE FISCALIZAÇÃO DA CONSTITUCIONALIDADE

do Sul (Constituição de 1996) [344], S. Tomé e Príncipe (desde 2003) [345] ou o Congo-Quinxasa (2006).

VI – Com semelhança com os Tribunais Constitucionais são também:

- O Conselho Constitucional francês, vindo da Constituição de 1958;
- O Tribunal Supremo Especial da Grécia (Constituição de 1975), encarregado de dirimir conflitos de jurisprudência constitucional [346];
- O Tribunal de Arbitragem da Bélgica (criado em 1984), destinado a garantir a repartição de poderes legislativos entre o Estado, as comunidades e as regiões [347];
- Os Conselhos Constitucionais de Moçambique (Constituição de 1990), do Senegal (revisão constitucional de 1991) e de Marrocos (revisão de 1992).

VII – Sem contar com sistemas atípicos, o sistema de fiscalização de constitucionalidade de cada país oferece sempre aspetos peculiares ditados por fatores locais. A recondução a um ou outro dos grandes modelos historicamente surgidos não significa coincidência total de formas e de regimes jurídicos.

Mas, mais ainda, deparam-se sistemas que, por incorporarem contributos de mais de um modelo, ora com divisão, ora com concorrência de competências, dir-se-iam mistos, intermédios ou complexos, embora neles prevaleçam,

---

[344]   Cfr. AHMED SALEM OULD BOUBOUTT, *Les juridictions constitutionnelles en Afrique*, in *Annuaire Internationale de Justice Contitutionnelle*, 1997, págs. 31 e segs.; NUNO PIÇARRA, *A evolução do sistema de garantia da Constituição em Cabo Verde*, in *Homenagem ao Prof. Doutor André Gonçalves Pereira*, obra coletiva, Coimbra, 2006, págs. 407 e segs.

[345]   Cfr. N'GUNI N. TINY e ARMANDO MARQUES GUEDES, *O controlo da constitucionalidade em S. Tomé e Principe: Direito, Política e Política de Direito*, in *Negócios Estrangeiros*, outubro de 2007, págs. 134 e segs.

[346]   Cfr. VIRGINIA PERIFANAKI ROTOLO, *Le Corte Suprema Speciale nella Costituzione Greca del 1975*, in *Rivista Trimestrale di Diritto Pubblico*, 1979, págs. 183 e segs.; ANTONIS MANITAKIS, *Fondement et légalité du controle juridictionnel des lois en Grèce*, in *Revue du droit public*, 1988, págs. 39 e segs.

[347]   Cfr. FRANCIS DELPÉRÉE e ANNE RASSON-ROLAND, *Recueil d'études sur la Cour d'Arbitrage*, Bruxelas, 1990; JOSÉ JULIO FERNÁNDEZ RODRIGUEZ, *El Tribunal de Arbitrage Belga*, in *Dereito – Revista Xuridica da Universidade de Santiago de Compostela*, 1997, págs. 129 e segs.; FRANCIS DELPÉRÉE, *Le Droit Constitutionnel de la Belgique*, Bruxelas, 2000, págs. 107 e segs.

FISCALIZAÇÃO DA CONSTITUCIONALIDADE

afinal, determinadas características identificadoras. É o caso do Brasil e de Portugal hoje e foi, sobretudo, o caso de Portugal entre 1933 e 1974 e entre 1976 e 1982, como se vai mostrar.

VIII – Caso particularíssimo é o da França, onde chegou a ser proibida por lei [348], durante mais de duzentos anos, a apreciação da constitucionalidade pelos tribunais [349].

O Conselho Constitucional, criado pela Constituição de 1958, ainda era, no início, um órgão de tipo predominantemente político, encarregado de exercer fiscalização preventiva. Mas a partir de 1974 foi-se assumindo como órgão jurisdicionalizado e o seu papel a adquirir crescente importância na vida jurídica [350].

Depois de, em 1990, se ter malogrado um projeto de exceção de inconstitucionalidade, finalmente em 2008, por revisão da Constituição, o Conselho acabaria por receber funções próprias de um Tribunal Constitucional, embora com uma dupla filtragem. A partir de agora pode ser suscitada a questão de inconstitucionalidade em qualquer tribunal; a questão sobe ao Conselho de Estado ou ao Tribunal da Cassação, consoante as ordens jurisdicionais donde provenha; e, se um destes altos tribunais a considerar procedente, reenvia-a ao Conselho Constitucional para decisão final [351].

---

[348]   Decreto de 16 de agosto de 1790.

[349]   Apesar de já no início do século XX a maioria dos publicistas franceses se pronunciar contra e defender um sistema difuso, V. os Autores citados em *Contributo...*, cit., págs. 85 e 86.

[350]   Cfr. François Luchaire, *Le Conseil Constitutionnel*, Paris, 1980; Bernard Poulain, *La pratique française de la justice constitutionnele*, Paris, 1987; Louis Favoreu, *Recueil de jurisprudence constitutionnelle*, 1959-1993, Paris, 1994; Michel Fromont, *La justice constitutionnelle en France ou l'exception française*, in *Annuaire Iberoamericaine de Justice Constitutionnelle*, 2004, págs. 255 e segs.; Louis Favoreu *et alii, Droit Constitutionnel*, 7.ª ed., Paris, 2004.

[351]   Novo art. 61.º, n.º 1, da Constituição, que institui pois um duplo reenvio prejudicial. Cfr. François-Xavier Miller, *L'exception d'inconstitutionnalité en France ou l'impossibilité du souhaitable?*, in *Revue du droit public*, 2008, págs. 1305 e segs.; Julie Benetti, *La questio prioritaire d'inconstitutionnalité – La genèse de la réforme*, in *AJDA – Actualité Juridique – Droit Administratif*, janeiro de 2010, págs. 74 e segs.; Guillaume Drago, *La Cour de Cassation, Juge Constitutionnel*, in *Revue du droit public*, 2011, págs. 1438 e segs.; n.º 30 de 2011, de *Noveaux Cahiers du Conseil Constitutionnel*; Pierre Bon, *Une nouvelle compétence pour le Conseil constitutionnel français: la question prioritaire de constitutionnalité*, in *Estudos de Homenagem ao Prof. Doutor Jorge Miranda*, *III*, Coimbra, 2012, págs. 421 e segs.

CAPÍTULO II – SISTEMAS DE FISCALIZAÇÃO DA CONSTITUCIONALIDADE

32. A fiscalização da constitucionalidade no Brasil

I – A república proclamada no Brasil em 1889 não só adotou o federalismo e o presidencialismo como, através do Decreto n.º 848, de 11 de novembro de 1890, introduziu a fiscalização judicial da constitucionalidade das leis na esteira do modelo norte-americano – portanto, como fiscalização difusa, concreta e incidental.

A Constituição de 1891 consagrá-lo-ia de imediato. Das sentenças das Justiças dos Estados, em última instância, haveria recurso para o Supremo Tribunal Federal quando, questionada a validade ou a aplicação de tratados e leis federais, a decisão fosse contra ela, e quando, questionada a validade de leis ou de atos dos Governos estaduais em face da Constituição e de leis federais, a decisão fosse considerar válidos esses atos ou essas leis (art. 59, § 1.º). E competiria aos juízes ou tribunais federais processar e julgar as causas em que alguma das partes fundasse a ação ou a defesa em disposição da Constituição federal [art. 60, alínea *a*)].

A Constituição de 1934 enxertaria no sistema elementos de concentração. Por um lado, para que pudesse haver intervenção da União nos Estados para assegurar a observância de princípios constitucionais fundamentais e a execução de leis federais, teria a Corte Suprema, mediante provocação do Procurador-Geral da República, de declarar a constitucionalidade do ato que a decretasse (art. 12, § 2.º). Por outro lado, quando a Corte Suprema declarasse inconstitucional qualquer dispositivo de lei ou ato governamental, o mesmo Procurador-Geral comunicá-lo-ia ao Senado (art. 96) para efeito de suspensão da sua execução, no todo ou em parte (art. 91-IV). A Constituição de 1946 manteria no essencial estes dois elementos (arts. 8.º, § único, e 64).

Uma segunda fase abrir-se-ia com a Emenda Constitucional n.º 16, de 26 de novembro de 1965 (já com o regime militar), ao adicionar um mecanismo de fiscalização abstrata: a representação contra inconstitucionalidade de lei ou ato de natureza normativa, federal ou estadual, encaminhada pelo Procurador-Geral da República perante o Supremo Tribunal Federal [nova alínea *k*) do art. 101, inciso I, da Constituição de 1946, formalmente ainda mantida em vigor]. E ele passaria para a Constituição de 1967 [art. 114-I, alínea *l*), art. 119-I, alínea *l*), após 1969].

FISCALIZAÇÃO DA CONSTITUCIONALIDADE

Finalmente, a Constituição de 1988, recolhendo toda a experiência anterior, procuraria aperfeiçoar e desenvolver o sistema e completá-lo com novos institutos de controlo de inconstitucionalidade quer por ação quer por omissão, e tanto de controlo concreto quanto de controlo abstrato. Seria o começo de uma terceira fase, a atual [352].

II – O sistema brasileiro compreende um acervo de meios de garantia de constitucionalidade quase sem paralelo noutros sistemas:

a) Fiscalização concreta a cargo de todos os tribunais (arts. 97 e 102-III da Constituição);

b) Julgamento pelo Supremo Tribunal Federal de recursos extraordinários das causas decididas em única ou última instância, quando a decisão recorrida contrariar dispositivos da Constituição, declarar a inconstitucionalidade de tratado ou lei federal, julgar válida lei ou ato de governo local contestado em face da Constituição ou julgar válida lei local contestada em face de lei federal (art. 102-III, e § 3.º) [353];

---

[352] Cfr., entre tantos, Óscar Dias Correa, *O Supemo Tribunal Federal, Corte Constitucional do Brasil*, Rio de Janeiro, 1987; Sacha Calmon Navarro Coelho, *O controle da constitucionalidade das leis e do poder de tributar*, Belo Horizonte, 1992; Dircéo Torrecillas Ramos, *O controle de constitucionalidade por via de acção*, São Paulo, 1994; e *Direitos fundamentais e controle da constitucionalidade*, São Paulo, 1998; Ivo Dantas, *O Valor da Constituição*, Rio de Janeiro, 1996; Adhemar Ferreira Maciel, *Observações sobre o controle da constitucionalidade das leis no Brasil*, in *O Direito*, 1998, págs. 165 e segs.; Clemerson Merlin Clève, *A fiscalização abstracta da constitucionalidade no Direito brasileiro*, 2.ª ed., São Paulo, 2000; Zeno Veloso, *Controle judicial da constitucionalidade*, 2.ª ed., Belo Horizonte, 2000; Manoel Gonçalves Ferreira Filho, *Curso de Direito Constitucional*, 27.ª ed., São Paulo, 2001, págs. 38 e segs.; José Adércio Leite Sampaio, *op. cit.*, págs. 309 e segs., 451 e segs. e 564 e segs.; Lénio Luiz Streck, *op. cit.*, págs. 415 e segs.; Luis Roberto Barroso, *op. cit.*, págs. 57 e segs.; Dirley da Cunha Rodrigues, *Curso de Direito Constitucional*, Salvador, 2008, págs. 253 e segs.; Elival da Silva Ramos, *Controle de constitucionalidade no Brasil – Perspectivas de evolução*, São Paulo, 2010; Luís Guilherme Marinoni, in Ingo Sarlet, Luiz Guilherme Marinoni e Daniel Mitidiero, *Curso de Direito Constitucional*, São Paulo, 2012, págs. 740 e segs.

[353] E continuando a ter o Senado o poder de suspensão da execução de lei declarada inconstitucional (art. 52-x), com vista à generalização dos efeitos da decisão de inconstitucionalidade (apesar de este poder estar sendo posto em causa). Cfr. Paulo Napoleão Nogueira da Silva, *O controle da constitucionalidade e o Senado*, 2.ª ed., Rio de Janeiro, 2000; Sergio Resende de Barros, *A função do Senado no controle difuso da constitucionalidade*, in *Revista da Faculdade de Direito da Universidade de Lisboa*, 2002, 1, págs. 577 e segs., Gilmar Ferreira Mendes, *O papel*

CAPÍTULO II – SISTEMAS DE FISCALIZAÇÃO DA CONSTITUCIONALIDADE

c) Ação direta de inconstitucionalidade de lei ou ato normativo federal ou estadual, a propor pelo Presidente da República, pela Mesa do Senado Federal ou pela da Câmara dos Deputados, por Mesa de Assembleia Legislativa, por Governador de Estado, pelo Procurador-Geral da República, pelo Conselho Federal da Ordem dos Advogados, por partido político com representação no Congresso Nacional e por confederação sindical ou entidade de classe de âmbito nacional [arts. 102-I, alíneas *a)*, 1.ª parte, e *p)*, e § 2.º, e 103] [354];

d) Ação declaratória de constitucionalidade de lei ou ato normativo federal [arts. 102-I, alínea *a)*, 2.ª parte, e § 2.º, e 103];

e) Arguição de descumprimento de preceito fundamental decorrente da Constituição, a apreciar pelo Supremo Tribunal Federal (art. 102, § 1.º);

f) Ação de inconstitucionalidade por omissão (art. 103, § 2.º);

g) Mandado de injunção [arts. 5.º-LXXI e 102-I, alínea *q)*].

Já nos referimos à figura constante da alínea *d)* e aludiremos adiante às figuras constantes das alíneas *f)* e *g)*.

Quanto à arguição de descumprimento de preceito fundamental (regulamentada pela Lei n.º 9.883, de 3 de dezembro de 1999), poderia ser um meio de defesa de direitos fundamentais, quando esgotados ou inviáveis outros meios, e aproximável da *Verfassungsbechwerde* alemã [355].

A Emenda Constitucional n.º 45/04 aditou à Constituição um novo art. 103-A sobre súmula vinculante, em que se diz: "O Supremo Tribunal Federal poderá, de ofício ou por provocação, mediante decisão de dois terços

---

do Senado Federal no controle da constitucionalidade: um caso clássico de mutação constitucional, in *Revista de Informação Legislativa*, n.º 162, abril-junho de 2004, págs. 149 e segs.; Luiz Guilherme Marinoni, *op. cit.*, *loc. cit.*, págs. 882 e segs.

[354] Esta ação corresponde à transformação e ao alargamento da «representação» do Procurador-Geral da República vinda de 1965.

[355] Cfr., por exemplo, André Ramos Tavares, *Tratado da Arguição de Preceito Fundamental*, São Paulo, 2001; ou a obra coletiva *Arguição de descumprimento de preceito fundamental*, São Paulo, 2001; Edilson Pereira Nobre Junior, *Direitos fundamentais e arguição de descumprimento de preceito fundamental*, Porto Alegre, 2004; Manoel Gonçalves Ferreira Filho, *Princípios fundamentais...*, cit., págs. 141 e segs.; Gilmar Ferreira Mendes, *Arguição de descumprimento de preceito fundamental*, 2.ª ed., São Paulo, 2011.

FISCALIZAÇÃO DA CONSTITUCIONALIDADE

dos seus membros, após reiteradas decisões sobre matéria constitucional, aprovar súmula que, a partir de sua publicação na imprensa oficial, terá efeito vinculante em relação aos demais órgãos do Poder Judiciário e à administração pública direta e indireta, nas esferas federal, estadual e municipal, bem como proceder à sua revisão ou cancelamento, na forma estabelecida em lei"[356].

Nos últimos anos, tem sido intenso o debate doutrinal e político acerca do ativismo (ou pretenso ativismo) do Supremo Tribunal Federal[357].

III – O Supremo Tribunal Federal tem onze juízes, "Ministros" nomeados – à semelhança do que sucede nos Estados Unidos – pelo Presidente da República, depois de aprovada a escolha pela maioria absoluta do Senado Federal.

33. A fiscalização da constitucionalidade nos países africanos de língua portuguesa e em Timor

I – Nos países africanos de língua portuguesa, com as transições constitucionais democráticas[358] naturalmente iriam ganhar força as preocupações com a garantia da Constituição e dos direitos fundamentais e todas as novas Leis Fundamentais iriam refleti-las.

Assim, os princípios da justiça e da legalidade aparecem na Constituição de São Tomé e Príncipe (art. 7.º), os da constitucionalidade e da legalidade nas Constituições de Cabo Verde (art. 3.º), da Guiné-Bissau (art. 8.º), de Moçambique (art. 2.º) e de Angola (art. 6.º). E em todos encontram-se sistemas de controlo jurisdicional da constitucionalidade.

Em São Tomé e Príncipe, há fiscalização concreta a cargo de todos os tribunais e, admitida a questão de inconstitucionalidade, o incidente sobe em separado ao Tribunal Constitucional (art. 129.º). Preveem-se fiscalização

---

[356] Cfr., entre tantos, ROGER STIEFELMANN LEAL, *O efeito vinculante na jurisdição constitucional*, São Paulo, 2006; ou FERNANDO DIAS MENEZES DE ALMEIDA, *Súmula vinculante*, in *Perspetivas de reforma da justiça constitucional em Portugal e no Brasil*, obra coletiva (coord. por Elival da Silva Ramos e Carlos Blanco de Morais), São Paulo, 2012, págs. 209 e segs.

[357] Cfr., por exemplo, ELIVAL DA SILVA RAMOS, *Ativismo judicial – parâmetros dogmáticos*, São Paulo, 2010; ou *As novas faces do ativismo judicial*, obra coletiva, Salvador, 2011.

[358] V. *Manual...*, I, cit., págs. 236 e segs.

CAPÍTULO II – SISTEMAS DE FISCALIZAÇÃO DA CONSTITUCIONALIDADE

preventiva (arts. 145.º e 146.º), sucessiva abstrata (arts. 147.º e 150.º) e de inconstitucionalidade por omissão (art. 148.º). O Tribunal Constitucional é composto por cinco juízes designados pela Assembleia Nacional (art. 148.º).

Em Cabo Verde, há fiscalização concreta e difusa, com recurso das decisões dos tribunais para o Tribunal Constitucional (art. 276.º). E existem igualmente fiscalização preventiva (arts. 273.º e 274.º) e sucessiva (arts. 275.º e 280.º) através desse Tribunal (art. 213.º, n.º 1).

Na Guiné-Bissau apenas se prevê a fiscalização concreta e difusa, com subida do incidente ao Supremo Tribunal de Justiça (art. 125.º).

Em Moçambique, a Constituição contempla fiscalização concreta, da competência de todos os tribunais (art. 241.º), com recurso das decisões para o Conselho Constitucional; assim como fiscalização preventiva (art. 264.º) e sucessiva (art. 245.). O Conselho é formado por sete juízes conselheiros, um, o Presidente, nomeado pelo Presidente da República, cinco eleitos pela Assembleia da República segundo o critério da representação proporcional e um designado pelo Conselho Superior da Magistratura Judicial (art. 242.º).

Em Angola, há também fiscalização difusa, com recurso para o Tribunal Constitucional [art. 180.º, n.º 2, alíneas *d)* e *e)*]. E fiscalização preventiva (arts. 228.º e 229.º), fiscalização sucessiva abstrata (arts. 230.º e 231.º) e fiscalização da inconstitucionalidade por omissão (art. 232.º), atribuídas ao Tribunal Constitucional. Compõem este onze juízes conselheiros, dos quais quatro, incluindo o Presidente, nomeados pelo Presidente da República, quatro eleitos pela Assembleia Nacional por maioria de dois terços dos Deputados em efetividade de funções; dois eleitos pelo Conselho Superior da Magistratura Judicial; e um selecionado por concurso público curricular.

II – Em Timor, existe fiscalização difusa concreta (art. 125.º), com recurso das decisões para o Supremo Tribunal [art. 126.º, n.º 1, alínea *d)*]. E ainda fiscalização preventiva [art. 126.º, n.º 1, alínea *b)*], sucessiva abstrata [art. 126.º, n.º 1, alínea *a)*] e de inconstitucionalidade por omissão [art. 126.º, n.º 1, alínea *c)*].

III – Verifica-se que o sistema menos desenvolvido vem a ser o da Guiné-Bissau. Nos demais Estados, além da fiscalização concreta (seja com recurso das decisões dos tribunais para o Tribunal Constitucional ou para o Supremo Tribunal, seja por reenvio prejudicial), deparam-se sempre fiscalização preventiva e sucessiva; e em São Tomé e Príncipe, Angola e Timor fiscalização da inconstitucionalidade por omissão.

O órgão supremo da justiça constitucional é o Supremo Tribunal de Justiça na Guiné-Bissau e em Timor, o Tribunal Constitucional em São Tomé e Príncipe, Cabo Verde e Angola, e o Conselho Constitucional em Moçambique [359].

34. A opção por fiscalização difusa ou por fiscalização concentrada

I – São bem conhecidos e quase clássicos os argumentos favoráveis e contrários quer relativamente à fiscalização judicial difusa quer relativamente à fiscalização concentrada.

Em abono da primeira, diz-se que só ela confere aos tribunais a sua plena dignidade de órgãos de soberania; que só ela os implica e responsabiliza no cumprimento da Constituição; que, com ela, a questão da inconstitucionalidade se põe naturalmente como questão jurídica, e não política (pois *jura novit curia*); que ela permite a maior eficácia possível da garantia da Constituição, já que, sem haver que aguardar pela decisão de qualquer órgão central, o tribunal que julga no caso concreto deixa de aplicar a lei inconstitucional.

Contra a fiscalização difusa invocam-se a possibilidade de desarmonia de julgados, com o consequente risco de desvalorização dos julgamentos de inconstitucionalidade e da própria Constituição; e a diluição do poder de controlo pelas centenas de tribunais existentes, com o consequente risco de não acatamento das decisões pelos órgãos políticos, legislativos e administrativos.

Em favor da fiscalização concentrada apontam-se a certeza do Direito, mormente quando haja eficácia geral das decisões sobre inconstitucionalidade; o aprofundamento das questões, ligado às especialidades da interpretação constitucional (designadamente, quanto a conceitos indeterminados e normas programáticas), com a consequente formação de uma jurisprudência enriquecedora do conteúdo da Constituição; a sensibilidade às implicações

---

[359] Cfr. JORGE BACELAR GOUVEIA, *A fiscalização da constitucionalidade na República Democrática de S. Tomé e Príncipe*, in *Democracia e Cidadania*, 25/26, págs. 101 e segs.; CARLOS BASTOS DE HORBACH, *O controle da constitucionalidade na Constituição de Timor*, in *Revista da Faculdade de Direito da Universidade de Lisboa*, 2005, págs. 1019 e segs.; RODRIGO TORQUATO MATA, *O controlo de constitucionalidade em Timor-Leste*, in *Estudos sobre o constitucionalismo no mundo de língua portuguesa*, obra coletiva, Coimbra, 2015, págs. 325 e segs.

CAPÍTULO II – SISTEMAS DE FISCALIZAÇÃO DA CONSTITUCIONALIDADE

políticas ou comunitárias globais dos problemas; o realçar da autoridade do órgão fiscalizador a par dos órgãos legislativos e de governo (o que significa que, se a concentração diminui a posição de cada um dos restantes tribunais, em contrapartida reforça a dos tribunais no seu conjunto, do Poder Judicial ou do tribunal de concentração no confronto dos demais órgãos de soberania).

Contra a fiscalização concentrada alegam-se o perigo de um exagerado poder do órgão fiscalizador ou a sua vulnerabilidade às pressões vindas dos órgãos com poder real no Estado; a rigidez do funcionamento do sistema, os riscos de cristalização jurisprudencial e, muitas vezes, a sua desproporção frente às necessidades de decisão jurídica a satisfazer; o acabar por se subtrair, na prática, a Constituição, a sua interpretação e os seus valores aos tribunais judiciais.

Pode supor-se que estes argumentos – de política constitucional – se neutralizam reciprocamente. Em última análise, porém, por reais que sejam os méritos e os deméritos que apresentem, fiscalização difusa e fiscalização concentrada hão-de valer mais ou menos consoante os sistemas jurídico-políticos em que venham a ser integradas e aplicadas.

II – A lição do Direito comparado parece indicar que:

1.º) A fiscalização jurisdicional difusa parece particularmente adequada em sistemas judicialistas como os anglo-saxónicos (com forte autoridade social dos juízes, consciência de constitucionalidade na comunidade jurídica e mecanismos de harmonização de julgados), ao passo que o tribunal constitucional se mostra mais idóneo para levar a cabo a fiscalização nos sistemas continentais;

2.º) A fiscalização difusa pode ser criada em diferentes sistemas políticos (pelo menos, teoricamente) e é sempre uma salvaguarda potencial da constitucionalidade, mas a fiscalização concentrada apenas tem sentido num sistema de divisão do poder político, do qual vem a ser uma das peças mais relevantes.

3.º) Descendo à prática, encontram-se elementos de aproximação entre o modelo norte-americano e o modelo austríaco ou comum europeu subsequente a 1929 e a 1949 (basta recordar que com a regra *stare decisis* se obtém nos Estados Unidos uma eficácia geral dos arestos

FISCALIZAÇÃO DA CONSTITUCIONALIDADE

do Supremo Tribunal e que na fiscalização concreta enxertada em Tribunal Constitucional os tribunais da causa desempenham sempre um papel indispensável) [360].

4.º) Todavia, só a fiscalização por Tribunal Constitucional ou por órgão homólogo permite o exercício de funções jurídico-políticas cada vez mais necessárias na nossa época, como assegurar o equilíbrio dos órgãos de poder ou o equilíbrio entre poder central e poderes periféricos, racionalizar os procedimentos legislativos e contribuir para o desenvolvimento constitucional [361] [362].

35. Justiça constitucional e princípio democrático

I – Em estritos termos jurídicos, a legitimidade do tribunal constitucional não é maior, nem menor do que a dos órgãos políticos: advém da Constituição. E, se esta Constituição deriva de um poder constituinte democrático, então ela há-de ser, natural e forçosamente, uma legitimidade democrática.

Enfoque diferente abarca o plano substantivo das relações interorgânicas, da aceitação pela coletividade, da legitimação pelo consentimento. Como justificar o poder de um tribunal constitucional (ou de órgão homólogo) de declarar a inconstitucionalidade de uma lei votada pelo Parlamento ou pelo próprio povo? Como compreender que ele acabe por conformar não só negativamente (pelas decisões de inconstitucionalidade) mas também positivamente (pelos outros tipos de decisões) o ordenamento jurídico? Como conciliar, na prática, a fiscalização jurisdicional concentrada e o princípio da constitucionalidade com o princípio de soberania do povo [363]?

---

[360] Cfr., por todos, CHRISTIAN STARCK, *Jurisdiccion constitucional y tribunales ordinarios*, in *Revista Española de Derecho Constitucional*, maio-agosto de 1988. págs. 11 e segs.; ou RUI MEDEIROS, *A decisão...*, cit., págs. 18 e segs.; ALBRECHT WEBER, *Notes sur la justice constitutionnele comparée*, in *Annuaire International le Justice Constitutionnelle*, 2003, págs. 29 e segs.; FRANCISCO FERNANDEZ SEGADO, *La Justicia constitucional el siglo XXI: la progressiva convergência de los sistemas americano y europeo-kelsiano*, in *Revista Latino-americana de Estudios Costitucionales*, n.º 2, julho-dezembro de 2003, págs. 211 e segs.

[361] Sobre desenvolvimento constitucional, *Manual...*, II, cit., págs. 172-173.

[362] Cfr., por exemplo, FERNANDO ALVES CORREIA, *Direito Constitucional (Justiça Constitucional)*, Coimbra, 2001, págs. 1 e segs.

[363] Cfr., entre tantos, ALDO SANDULLI, *Sulla «posizione» della Corte Costituzionale nel sistema degli organi supremi dello Stato*, in *Rivista Trimestrale di Diritto Pubblico*, 1960, págs. 705 e segs.;

CAPÍTULO II – SISTEMAS DE FISCALIZAÇÃO DA CONSTITUCIONALIDADE

PAOLO BARILE, *La Corte Costituzionale organo sovrano*, in *Studi in onore di Emilo Crosa*, obra coletiva, I, Milão, 1960, págs. 527 e segs.; GEHRARDT LEIBHOLZ, *El Tribunal Constitucional de la Republica Federal de Alemania y el problema de la apreciación judicial de la politica*, in *Problemas fundamentales de la democracia moderna*, trad., Madrid, 1971, págs. 147 e segs.; OTTO BACHOF, *Estado de Direito e Poder Político: os Tribunais Constitucionais entre o Direito e a Política*, trad., Coimbra, 1980; GARCIA DE ENTERRIA, *La posición juridica del Tribunal Constitucional en el sistema español; posibilidade y perspectivas*, in *Revista Española de Derecho Constitucional*, 1981, págs. 35 e segs.; GARCIA PELAYO, *El «status» de Constitucional, ibidem*, 1981, págs. 11 e segs.; JAVIER SALAS, *El Tribunal Constitucional Español y su competencia desde la perspectiva de la forma de gobierno, ibidem*, 1982, págs. 141 e segs.; PAOLO CARETTI e ENZO CHELI, *Influenza dei valori costituzionali sulla forma di governo: il ruolo della giustizia costituzionale*, in *Quaderni Costituzionali*, 1984, págs. 24-25 e 36; ALEXANDER BICKEL, *The Least Dangerous Branche: The Supreme Court at the Bar of Politics*, 2.ª ed., 1986; ALESSANDRO PACE, *Corte Constituzionale e «altri» giudici, tra «garantismo» e «sensibilità politica»*, in *Scritti in onore di Vezio Crisafulli*, obra coletiva, I, págs. 587 e segs.; GOMES CANOTILHO, *Para uma teoria pluralista da jurisdição constitucional*, in *Revista do Ministério Público*, 1988, págs. 9 e segs.; *Jurisdição constitucional e intranquilidade discursiva*, cit., *loc. cit.*; CARLOS S. NINO, *La filosofia del control judicial de constitucionalidad*, in *Revista del Centro de Estudios Constitucionales*, n.º 4, setembro-dezembro de 1989, págs. 79 e segs.; OTTO KIMMINICH, *A jurisdição constitucional e o princípio da divisão de poderes*, in *Revista de Informação Legislativa*, n.º 105, janeiro-março de 1989, págs. 283 e segs.; RONALD DWORKIN, *Equality, democracy and Costitution: We the People in Court*, in *Alberta Law Review*, XXVIII, n.º 2, 1990, págs. 324 e segs.; MAURO CAPPELLETTI, *Le Pouvoir des Juges*, cit., págs. 249 e segs.; JÜRGEN HABERMAS, *Faktizität und Geltung-Beiträge zur Diskurstheorie des Rechts und des Demokratischen Rechtstaats*, 1992, trad. *Droit et démocratie*, Paris, 1997, págs. 261 e segs.; YOICHI HIGUCHI, *La légitimité du juge constitutionnel et la théorie de l'interprétation*, in *Rapports Généraux – XIVème Congrès International – Académie Internationale de Droit Comparé*, Atenas, 1994, págs. 597 e segs.; *Legitimidade e legitimação da justiça constitucional*, obra coletiva, Coimbra, 1995; PAULO CASTRO RANGEL, *O legislador e o Tribunal Constitucional*, cit., *loc. cit.*, págs. 195 e segs.; LOUIS FAVOREU, *La notion de Cour Constitutionnelle*, in *Perspectivas Constitucionais*, obra coletiva, III, Coimbra, 1998, págs. 1067 e segs.; GUY SCOFFONI, *La légitimité du juge constitutionnel en droit comparé: les enseignements de l'expérience américaine*, in *Revue internationale de droit cmparé*, 1999, págs. 243 e segs.; CRISTINA QUEIROZ, *Interpretação constitucional e poder judicial*, Coimbra, 2000, págs. 313 e segs.; JOSÉ MANUEL CARDOSO DA COSTA, *Algumas reflexões em torno da justiça constitucional*, in *Perspectiva do Direito no início do século XXI*, obra coletiva, Coimbra, 2000, págs. 113 e segs.; JOSÉ ADÉRCIO LEITE SAMPAIO, *op. cit.*, págs. 60 e segs.; CÉSAR SALDANHA SOUZA JÚNIOR, *O Tribunal Constitucional como poder*, São Paulo, 2002; LUIS ROBERTO BARROSO, *op. cit.*, págs. 501 e segs.; ANDRÉ RAMOS TAVARES, *Teoria...*, cit., págs. 491 e segs.; OMAR CHIESSA, *Corte Costituzionale e trasformazione della democrazia pluralicistica*, in *Corte Costituzionale e processi di decisione politici*, obra coletiva, Turim, 2005, págs. 17 e segs., *maxime* 46 e segs.; WALBER DE MOURA AGRA, *A reconstrução da legitimidade do Supremo Tribunal Federal*, Rio de Janeiro, 2005, *maxime* págs. 107 e segs.; MARC VERDUSSEN, *Un procès constitutionnel légitime*, in *Renouveau...*, obra coletiva, págs. 473 e segs.; PEDRO DERMIZAKY, *Justicia constitucional y democracia*, in *Anuario Iberoamericano de Justicia Constitucional*, n.º 13, 2009, págs. 2007 e segs.; MAURO ARTURO RIVERO LEÓN, *Jurisdicción constitucional: ecos del argumento contramayoritario*, in *Cuestiones Constitucionales (Revista Mexicana de Derecho Constitucional)*, 2010, págs. 223 e segs.;

FISCALIZAÇÃO DA CONSTITUCIONALIDADE

Vale a pena reter as posições de alguns Autores.

II – Segundo John Rawls [364] em sistema de governo constitucional, o poder último, ou fundamental não pode ser atribuído ou deixado à Assembleia Legislativa ou mesmo ao Supremo Tribunal de Justiça, que é apenas o intérprete judicial mais elevado da Constituição. O poder último ou fundamental é detido pelos três poderes numa relação devidamente especificada entre eles, sendo cada um responsável perante o povo. (...)

Ao aplicar a razão pública, o Supremo Tribunal evita que a lei seja corroída pela legislação de maiorias passageiras ou, com maior probabilidade, por interesses parciais, organizados e influentes, que se mostrem particularmente capazes de levar a sua avante. Se o Supremo assumir este papel e o desempenhar com eficácia, será incorreto dizer que é manifestamente antidemocrático. É, com efeito, antimaioritário no que respeita à legislação corrente, dado que um Supremo Tribunal, com a sua prerrogativa de revisão de juízo, pode considerar e declarar qualquer lei ordinária inconstitucional. No entanto, a autoridade superior do povo apoia essa competência.

O Supremo Tribunal não é antimaioritário em relação à lei fundamental quando as decisões da maioria concorrem razoavelmente com a própria Constituição e com as suas emendas e interpretações politicamente mandatadas.

EMERSON GARCIA, *Jurisdição constitucional e legitimidade democrática: tensão dialética no controle de constitucionalidade*, in *De Jure* (Revista Jurídica do Ministério Público do Estado de Minas Gerais), n.º 14, janeiro-junho de 2010, págs. 96 e segs ; *Legitimidade da jurisdição constitucional*, obra coletiva (org. de António Carlos Alpino Bigonha e Luiz Moreira), Rio de Janeiro, 2010; *Jurisdicción constitucional y democracia*, obra coletiva, Madrid, 2011; JORGE OCTÁVIO LAVOCAT GALVÃO, *Concentração de poder da jurisdição constitucional: uma análise crítica de seus pressupostos filosóficos*, in *Direito Constitucional, Estado de Direito e Democracia – Homenagem ao Prof. Manoel Gonçalves Ferreira Filho*, obra coletiva, São Paulo, 2011, págs. 365 e segs.; ALAIN DELCAMP, *Le cadre institutionnel des relations entre les Parlements et les juges constitutionnels*, in *Annuaire International de Justice Constitutionnelle*, 2011, págs. 549 e segs.; RICARDO LEITE PINTO, *O papel do Supremo Tribunal no sistema político-constitucional norte-americano e a questão da "politicidade" da justiça constitucional: a decisão sobre a lei da reforma dos cuidados de saúde*, in *Estudos em homenagem a Miguel Galvão Teles*, obra coletiva, I, Coimbra, 2012, págs. 215 e segs.; ROBERT ALEXY, *Direitos constitucionais e fiscalização da constitucionalidade*, in *Boletim da Faculdade de Direito da Universidade de Coimbra*, 2012, II, págs. 511 e segs.; FERNANDO ALVES CORREIA, *Justiça Constitucional*, cit., págs. 101 e segs.

[364] *Political Liberalism*, 1993, trad. *O liberalismo político*, Lisboa, 1996, págs. 225 e segs.

CAPÍTULO II – SISTEMAS DE FISCALIZAÇÃO DA CONSTITUCIONALIDADE

O papel do Supremo não é meramente defensivo. Com efeito, ao servir como paradigma instrtucional da razão pública, o seu papel é o de a realizar e assegurar o seu contínuo efeito. Isto significa, em primeiro lugar, que a razão pública é a única razão que o Supremo exerce. E o único Órgão do Estado em que visivelmente se manifesta a razão pública e apenas ela. Os cidadãos e os legisladores podem votar apropriadamente as suas mais abrangentes perspetivas quando os elementos constitucionais essenciais e a justiça básica não estão em jogo; não necessitam de justificar o sentido do seu voto através da razão pública ou tornar consistentes os fundamentos desse voto e articulá-los dentro de uma perspetiva constitucional coerente que cubra o conjunto completo das suas decisões.

III – Para BRUCE ACKERMANN [365] o Supremo Tribunal dos Estados Unidos funciona como garante do legado constitucional do passado nos períodos de estabilidade política, tempos normais de governo, e como depositário desse legado em relação ao futuro nos momentos de mutação político-constitucional.

Por um lado, "rejeitando um dispositivo de lei normal, a Corte busca um objetivo menor do que a democracia em si. Ela questiona o mandato popular de políticos e estadistas na capital federal. Embora todos esses representantes tenham sido eleitos, eles o foram com base na votação da maioria dos cidadãos que reconhecem não terem delegado a resolução de questões essenciais que merecem atenção especial. O Presidente e o Congresso normalmente não dispõem de apoio efetivo do povo norte-americano para atacar os princípios estabelecidos pelo sucesso conquistado no passado no âmbito da política constitucional. Se a Corte (...) achar que esses políticos e estadistas foram além do seu mandato, ela estará ampliando a democracia, e não a frustrando, ao revelar nossos representantes como meros "porta-vozes" do povo, cuja palavra não deve ser confundida com o julgamento coletivo do povo em si mesmo." (...) [366].

---

[365] *We the People: Foundations*, trad. *Nós, o Povo Soberano – Fundamentos de Direito Constitucional*, Belo Horizonte, págs. 7 e segs. e 365 e segs., *maxime* 366 e 369.
[366] *Ibidem*, pág. 366.

Mas, por outro lado, "a Suprema Corte, no seu exercício interpretativo, torna-se um aspeto fundamental de empreendimento da soberania popular voltado para o futuro. Buscando representar as implicações concretas dos princípios passados estabelecidos em nome do povo, a Corte convida o grupo dominante de políticos e estadistas, bem como o público em geral, para um diálogo crítico sobre o futuro: e se houver algum erro grave no legado constitucional herdado do passado, como o identificaríamos precisamente?" [367].

IV – Para JÜRGEN HABERMAS [368], a conceção republicana da política lembra que existe um nexo interno entre o sistema de direitos e a autonomia política dos cidadãos. O Tribunal Constitucional, nesta ótica, deve, no âmbito das suas competências, agir de tal maneira que o processo de emanação do Direito seja posto em prática em condições legitimantes de *política deliberativa*. Ora, esta acha-se ligada às condições comunicacionais muito exigentes das arenas políticas que não coincidem com a formação da vontade institucionalizada nos corpos parlamentares e se estendem ao espaço público político, ao seu contexto cultural e à sua base social [369].

> "A questão de saber se o Tribunal Constitucional está chamado a desempenhar um papel ativista ou modesto não se discute em abstrato. Se se compreender a Constituição como a interpretação e o desenvolvimento de um sistema de direitos em que se faz valer aquele nexo interno entre autonomia privada e autonomia público, um exercício ofensivo do Direito constitucional, longe de prejudicial, é mesmo normativamente requerido em todos os casos respeitantes à realização do procedimento democrático e do modo deliberativo da formação da opinião e da vontade política" [370].

V – Segundo a síntese de PETER HÄBERLE, o Tribunal Constitucional é o regulador do processo contínuo de garantia e atualização da Constituição enquanto contrato social [371].

---

[367]   *Ibidem*, pág. 369.
[368]   *Fäkzität und Geltung Beiträger zur Diskurstheorie des Rechts Und Demokratischen Rechtsstaats*, 1992, trad. francesa *Droit et Démocratie*, Paris, 1997, págs. 261 e segs.
[369]   *Ibidem*, pág. 298.
[370]   *Ibidem*, págs. 303-304.
[371]   *O Direito processual constitucional*, cit., *loc. cit.*, pág. 147.

CAPÍTULO II – SISTEMAS DE FISCALIZAÇÃO DA CONSTITUCIONALIDADE

A função de jurisdição constitucional consiste na restrição, na racionalização e no controlo do poder estatal e social; e é a cooperação material no consenso básico [372].

VI – Por seu turno, para ROBERT ALEXY [373], a democracia deliberativa é a tentativa de institucionalizar o discurso, tão amplamente quanto possível, como meio da tomada de decisão pública. Desse fundamento, a união entre o povo e o Parlamento precisa de ser determinada não somente por decisões, que encontram expressão em eleições e votações, mas também por argumentos. Desse modo, a representação do povo pelo Parlamento é, simultaneamente, volicional ou decisionista, argumentativa ou discursiva.

> "A representação do povo por um Tribunal Constitucional é, pelo contrário, puramente argumentativa. O facto de que a representação pelo Parlamento é tanto volitiva como argumentativa mostra que representação e argumentação não são incompatíveis [374].

> "A existência de argumentos bons ou plausíveis basta para deliberação ou reflexão, mas não para representação. Para isso, é necessário que o Tribunal não só promova a pretensão de que seus argumentos são os argumentos do povo ou do cidadão; um número suficiente de cidadãos precisa, pelo menos, em perspetiva mais prolongada, de aceitar esses argumentos como corretos. Somente pessoas racionais estão capacitadas para aceitar um argumento por causa de sua correção ou validade. Isso mostra que existem duas condições fundamentais de representação argumentativa autêntica: (1) a existência de argumentos válidos ou corretos e (2) a existência de pessoas racionais que sejam capazes e dispostas a aceitar argumentos válidos ou corretos porque eles são válidos ou corretos" [375].

36. Legitimidade de título e legitimidade de exercício

I – Está aqui em jogo, não qualquer conceção de democracia (das muitas que têm sido propostas e das muitas que diferentes regimes invocaram no século xx),

---

[372] *Ibidem*, pág. 150.
[373] *Constitucionalismo discursivo*, trad., Porto Alegre, 2011, págs. 163 e segs.
[374] *Ibidem*, págs. 163 e 164.
[375] *Ibidem*, pág. 165.

FISCALIZAÇÃO DA CONSTITUCIONALIDADE

e tão só a conceção de democracia pluralista e representativa de matriz ocidental (em que nasceu o Tribunal Constitucional).

Ora, se democracia postula maioria – com as múltiplas interpretações e reelaborações filosóficas e teoréticas de que tem sido alvo [376] – não menos, naturalmente, ela postula o respeito das minorias e, através ou para além dele, o respeito dos direitos fundamentais. Critério de decisão, a regra da maioria não se reconduz a simples convenção, instrumento técnico ou presunção puramente negativa de que ninguém conta mais do que outrem; reconduz-se à afirmação positiva da igual dignidade de todos os cidadãos, e reconduz-se ao reconhecimento de que a vontade soberana se forma no contraditório e na alternância [377].

Assim sendo, a fiscalização, mesmo quando de carácter objetivista, em último termo visa a salvaguarda dos valores de igualdade e liberdade. Toma-os como pontos de referência básicos quando dirigida ao conteúdo dos atos, à inconstitucionalidade material. E tão pouco deixa de se lhes reportar, quando voltada para a inconstitucionalidade orgânica e formal, na medida em que não se concebe maioria sem observância dos procedimentos constitucionalmente estabelecidos. Ela só é contramaioritária ao inviabilizar ou infringir esta ou aquela pretensão de maioria não consistente no contexto global do sistema [378].

II – Os Tribunais Constitucionais aparecem, na generalidade dos países, com estrutura arredada da estrutura dos demais tribunais, com juízes escolhidos pelos Parlamentos e (ou) pelos Presidentes da República sem atinência (ou atinência necessária) às carreiras judiciárias (e algo de semelhante sucede, como se sabe, com os Supremos Tribunais no modelo judicialista norte-americano).

Ora, pergunta-se como pode um tribunal com juízes designados desta maneira vir a sindicar os atos daqueles órgãos; como pode a *criatura* fiscalizar o *criador*; como pode um tribunal assim composto não reproduzir a composição do Parlamento ou a orientação do Chefe de Estado. Essa a aporia do tribunal

---

[376]   A bibliografia é imensa. V. o resumo em *Manual...*, VII, Coimbra, 2007, págs. 92 e segs.; ou, doutra ótica, em GOMES CANOTILHO, *Direito Constitucional...*, cit., págs. 1409 e segs.

[377]   *Manual...*, VII, cit., págs. 85 e segs.

[378]   Cfr. ANTÓNIO DE ARAÚJO e PEDRO COUTINHO MAGALHÃES, *A Justiça Constitucional: uma instituição contra a maioria?*, in *Análise Social*, n.º 154-155, Verão de 2004, págs. 207 e segs.

CAPÍTULO II – SISTEMAS DE FISCALIZAÇÃO DA CONSTITUCIONALIDADE

constitucional: se lhe falta a fonte de designação por órgãos representativos carece de legitimidade; se a recebe, dir-se-ia ficar desprovido de eficácia ou utilidade o exercício da sua competência.

Mas não. É, justamente, por os juízes constitucionais serem escolhidos por órgãos democraticamente legitimados – em coerência, *por todos* quantos a Constituição preveja, correspondentes ao sistema de governo consagrado – que eles podem invalidar atos com a força de lei. É por eles, embora por via indireta, provirem da mesma origem dos titulares de órgãos políticos que por estes conseguem fazer-se acatar [379].

Os membros do Tribunal Constitucional não se tornam representantes dos órgãos que os elegem ou nomeiam, não estão sujeitos a nenhum vínculo representativo. Muito pelo contrário, uma vez designados, são completamente independentes e beneficiam de garantias e incompatibilidades idênticas às dos demais juízes; para garantia dessa independência, os seus mandatos não coincidem com os dos titulares do órgão de designação, são mais longos e, por princípio, insuscetíveis de renovação; e, quando de eleição parlamentar, de ordinário requer-se maioria qualificada (o que obriga a compromissos e evita escolhas fora do «arco constitucional») [380].

Num Tribunal Constitucional ou em órgão homólogo podem e devem coexistir diversas correntes jurídicas e jurídico-políticas; e, mesmo se, em órgão parlamentar, se dá a interferência dos partidos nas candidaturas (porque, quer se queira quer não, a democracia atual é uma democracia *de* partidos ou *com* partidos), essas correntes atenuam-se e, aparentemente, diluem-se, em virtude dos fatores objetivos da interpretação jurídica e, sobretudo, em virtude do fenómeno de institucionalização que cria dinâmica e autonomia do órgão [381].

Nisto tudo (insista-se) reside a especificidade da figura (ou, se se preferir, a sua ambivalência): uma legitimidade de título assimilável à dos titulares dos

---

[379] É por isso também que um sistema do Tribunal Constitucional é muito mais transparente do que um sistema de Supremo Tribunal de Justiça de modelo continental, pois nele conhecem-se, à partida, as origens dos seus juízes, eleitos ou nomeados.

[380] Cfr. Pedro Coutinho Magalhães e António de Araújo, *A justiça constitucional entre o direito e a política: o comportamento judicial do Tribunal Constitucional português*, in *Análise Social*, n.º 145, 1998 – I, págs. 18 e segs. (salientando, designadamente, o direito de veto de cada um dos partidos proponentes a candidatos propostos pelo outro partido).

[381] Cfr. Jacques Chevalier, *Le juge constitutionnel et l'effet Becket*, in *Renouveau...*, obra coletiva, págs. 83 e segs.

órgãos de função política do Estado, uma legitimidade de exercício equiparável à dos juízes dos tribunais comuns; uma legitimidade de título, inerente ao Estado democrático, uma legitimidade de exercício, expressão de Estado de Direito – donde, mais uma vez, *Estado de Direito democrático* (art. 2.º da Constituição portuguesa) ou *Estado democrático de Direito* (art. 1.º da Constituição brasileira).

III – E a imparcialidade [382]? Está ela assegurada e os membros dos Tribunais Constitucionais e de órgãos homólogos conseguem ficar imunes à política?

Não é possível responder positivamente em termos absolutos – aqui, como, de resto, a respeito dos juízes dos tribunais em geral, porque qualquer juiz, enquanto pessoa e enquanto cidadão, tem a sua formação, precompreensões e sensibilidades próprias (o que não pode é declará-las) e elas manifestam-se nas suas maneiras de ver os factos e de interpretar os preceitos, mormente os preceitos constitucionais com as suas especificidades de interpretação [383]. Parafraseando ORTEGA [384], dir-se-á que cada juiz é ele e a sua circunstância.

Mas o problema deve ser visto também do lado dos atores políticos, como faz ANA CATARINA SANTOS, ao estudar o Tribunal Constitucional português. "O Tribunal Constitucional move-se entre justiça e política ... Os atores políticos sabem-no bem e procuram no Tribunal Constitucional a legitimação do poder. A litigância constitucional tem calendários políticos e muitas vezes as decisões do Tribunal Constitucional judicializam (e legitimam) conflitos políticos que, doutro modo, poderiam ser inultrapassáveis. É o último reduto da acção política sendo ainda assim um Tribunal. Os atores políticos descobriram o poder deste órgão e tentam cada vez mais influenciar, senão as suas decisões, pelo menos a forma como o Tribunal decide" [385].

---

[382]   Cfr., por exemplo, ROBERTO BIN, *Sull'imparzialità dei giudici costituzionali*, in *Giurisprudenza Costituzionali*, 2009, págs. 4015 e segs.; ou ALESSIO RAUTI, *Riflessioni in tema di imparzialità dei giudici costituzionali*, *ibidem*, págs. 429 e segs.

[383]   Cfr. *Manual...*, II, cit., págs. 311 e segs. e Autores citados.

[384]   Como faz LUÍS ROBERTO BARROSO, *Constituição, Democracia e Supremacia Judicial*, in *Cadernos de Soluções Constitucionais* (Associação Brasileira de Juristas Democratas), São Paulo, 4, 2012, pág. 320.

[385]   *Op. cit.*, pág. 214.

CAPÍTULO II – SISTEMAS DE FISCALIZAÇÃO DA CONSTITUCIONALIDADE

IV – Considerando os Tribunais Constitucionais já referidos e o Conselho Constitucional francês, encontram-se oito modalidades ou sistemas de designação dos seus membros:

a) Designação pelo Parlamento – Alemanha (com metade dos juízes designados por uma das Câmaras e outra metade pela outra Câmara), Portugal (com juízes eleitos pelo Parlamento e juízes cooptados pelos primeiros), Hungria, Croácia, Cabo Verde, Peru e Polónia;

b) Designação pelo Presidente da República com o assentimento da Câmara alta do Parlamento – República Checa e Rússia;

c) Designação pelo Presidente da República, sob proposta do Parlamento – Eslováquia;

d) Designação pelo Parlamento, sob proposta do Presidente da República e de outros órgãos – Colômbia, Eslovénia e Lituânia;

e) Designação em parte de origem parlamentar e em parte pelo Presidente da República – França, Roménia e Albânia;

f) Designação em parte de origem parlamentar e em parte de origem governamental – Áustria e Espanha;

g) Designação em parte de origem parlamentar, em parte de origem presidencial e em parte de origem judicial – Itália, Coreia do Sul, Bulgária, Ucrânia e Congo (Quinxasa);

h) Designação conjunta pelo Parlamento, pelo Presidente da República e por outros órgãos – Equador, Guatemala e Chile [386].

---

[386] Cfr. MARCELO REBELO DE SOUSA, *Legitimação da justiça constitucional e composição dos Tribunais Constitucionais*, in *Legitimidade e legitimação da justiça constitucional*, obra coletiva, Coimbra, 1995, págs. 211 e segs.; LOUIS FAVOREU, *La légitimité de la justice constitutionnelle et la composition de la juridiction constitutionnelle, ibidem*, págs. 229 e segs.; *Modelos de renovación personal de Tribunales Constitucionales* (seminário do Centro de Estudos Políticos e Constitucionais de Madrid), in *Revista Española de Derecho Constitucional*, 2001, págs. 209 e segs.; José JÚLIO FERNANDEZ RODRIGUEZ, *La justicia costitucional europea ante el siglo XXI*, Madrid, 2002, págs. 36 e segs.; ÓSCAR ALZAGA VILLAAMIL, *Sobre la composición del Tribunal Constitucional*, in *Teoría y realidad constitucional*, n.º 10-11, 2.º semestre de 2002 – 1.º semestre de 2003, págs. 149 e segs.; ANGELO RINELLA e MARIO TOBIA, *I giudici costituzionali nei sistema federali*, in *Anuario iberoamericano de justicia costitucional*, 2004, págs. 403 e segs.
Já KELSEN (*La garantia...*, cit., *loc. cit.*, págs. 226 e 227) parecia apontar para uma combinação de designação de juízes pelos Parlamentos e pelos Chefes de Estado; e importante era excluir membros do Parlamento ou do Governo.

FISCALIZAÇÃO DA CONSTITUCIONALIDADE

V – No caso português, o Tribunal Constitucional (desde a sua criação em 1982) é composto por treze juízes, sendo dez designados pela Assembleia da República por maioria de dois terços dos Deputados presentes, desde que superior à maioria absoluta dos Deputados em efetividade de funções, e três cooptados por estes (art. 222.º, n.º 1 da Constituição e arts. 18.º e 19.º da Lei n.º 28/82, de 15 de novembro)[387].

Seis de entre os juízes designados pela Assembleia da República ou cooptados são obrigatoriamente escolhidos de entre juízes dos restantes tribunais e os restantes de entre juristas (art. 222.º, n.º 2).

O mandato dos juízes do Tribunal Constitucional tem a duração de nove anos e não é renovável (art. 222.º, n.º 3, após 1997) [388].

Consideramos, como sempre considerámos [389], esta composição muito criticável:

1.º) Por todos os juízes serem, direta ou indiretamente, de origem parlamentar, e não haver juízes designados também pelo Presidente da República – por tal se mostrar contraditório com o princípio da legitimação democrática (tanto a Assembleia quanto o Presidente são eleitos por sufrágio nominal e o sistema de governo é semipresidencial).

---

[387] Para a cooptação, esta lei não exige, porém, maioria de dois terços; apenas exige maioria absoluta: 7 votos em 13 (art. 19.º, n.º 4).

[388] A proibição de reeleição é absoluta. Enquanto que um ex-Presidente da República, passado o quinquénio subsequente ao segundo mandato consecutivo, pode candidatar-se e ser eleito, de novo, Presidente (art. 123.º, n.º 1), um ex-juiz nem decorridos nove anos sobre a cessação do exercício de funções, não pode voltar a ser eleito ou cooptado. Compreende-se a diferença: o cargo de Presidente da República tem natureza política e um antigo titular que se recandidate está sujeito a um escrutínio pelos cidadãos; o cargo de juiz do Tribunal Constitucional é estritamente jurídico, ele não responde por quem o tenha designado, e, para salvaguarda da sua independência, não deve submeter-se a nova votação em que, forçosamente, seria tido em conta o modo como exerceu as suas funções.

[389] V. *Diário da Assembleia da República*, 2.ª legislatura, 2.ª sessão legislativa, 2.ª série, suplemento ao n.º 144, reunião de 6 de maio de 1982, págs. 2076(20)-2676(21), e 1.ª série, reunião de 27 de julho de 1982, págs. 5382 e segs.

CAPÍTULO II – SISTEMAS DE FISCALIZAÇÃO DA CONSTITUCIONALIDADE

2.º) Por, talvez ainda mais grave, ter de haver, pelo menos, três juízes dos restantes tribunais, três juízes de carreira, eleitos pela Assembleia, o que introduz (até pela forma como os candidatos a juízes são apresentados) conotações político-partidárias numa magistratura que, pela natureza das coisas, deve caracterizar-se pela isenção e pela reserva [390] [391].

Invoca-se, por vezes, contra a designação pelo Presidente da República, possuir ele um poder geral de iniciativa de fiscalização da constitucionalidade [arts. 278.º, n.º 1, 281.º, n.º 2, alínea *a*), e 283.º, n.º 1]. No entanto, poder de iniciativa de fiscalização preventiva das leis orgânicas também possui um quinto dos Deputados à Assembleia da República (art. 278.º, n.º 4) e iniciativa de fiscalização sucessiva abstrata o Presidente da Assembleia e um décimo dos Deputados [art. 281.º, n.º 2, alíneas *b*) e *f*)].

Ou o risco de desequilíbrio de correntes político-constitucionais no interior do Tribunal, por o Presidente, apesar de ser proposto por grupo de cidadãos (art. 124.º), aparecer sempre apoiado por certa área do espectro político. Mas esquece-se que as correntes representadas pelos partidos parlamentares não esgotam as correntes político-constitucionais existentes no País e que não faltam países (como atrás se viu), onde há Tribunais Constitucionais com juízes

---

[390] Sobre o cunho conjuntural e *ad hominem* da exclusão do Presidente da República em 1982, cfr. Marcelo Rebelo de Sousa, *Legitimação...*, cit., *loc. cit.*, pág. 224 (e ainda *Orgânica judicial, responsabilidade dos juízes e Tribunal Constitucional*, 1992, págs. 32 e segs.) e Luís Nunes de Almeida, *Da politização à independência (algumas reflexões sobre a composição do Tribunal Constitucional), ibidem*, pág. 148.

[391] Cfr. a alternativa que alvitrámos em *Ideias para uma revisão constitucional em 1996*, Lisboa, 1996, pág. 26, e retomámos em *Na hipótese de outra revisão constitucional*, in *Estudos em homenagem ao Prof. Doutor Sérvulo Correia*, obra coletiva, I, Coimbra, 2010, pág. 402: oito juízes a eleger pela Assembleia da República entre não juízes de carreira, por maioria de dois terços; dois nomeados pelo Presidente da República; e três cooptados pelos dez primeiros; sendo estes cinco últimos juízes escolhidos entre juízes de carreira.

Além disso, para garantia de separação entre atividade de juiz e atividade política deveria estabelecer-se um período de *nojo*: nenhum juiz poderia nos três (ou cinco?) anos subsequentes à cessação das suas funções no Tribunal exercer cargos políticos, cargos de nomeação política e cargos dirigentes em partidos e, vice-versa, ninguém poderia depois de exercer qualquer desses cargos ascender ao Tribunal senão transcorrido igual período.

nomeados pelo Presidente da República e juízes eleitos pelo Parlamento, sem que isso afete a sua autoridade [392].

37. A comunicação de jurisprudências constitucionais

Independentemente do modelo – sistema difuso com proeminência do Supremo Tribunal ou sistema concentrado em Tribunal Constitucional – um fenómeno extremamente interessante verifica-se desde há décadas: o da comunicação e, mesmo, do diálogo entre as jurisprudências saídas das suas decisões.

O conhecimento da jurisprudência de outros países, ainda que não sendo vinculativo, tornou-se um elemento de trabalho de grande relevo para os juízes desses Tribunais um pouco por toda a parte. E são patentes a influência, por exemplo, do Supremo Tribunal dos Estados Unidos e do Tribunal Constitucional Federal alemão (e, na Europa, também do Tribunal Europeu dos Direitos do Homem), seja no plano dos princípios, seja a respeito de casos singulares emblemáticos (como as decisões do Tribunal Constitucional Federal alemão sobre a propriedade das farmácias ou sobre o caso Luth).

---

[392]   O que deve ser rejeitado por infundado e excessivo é o que escreve EDUARDO VERA CRUZ PINTO (*Curso Livre de Ética e Filosofia do Direito*, São João do Estoril, 2010, págs. 197 e segs.), afirmando que o Tribunal Constitucional não tem natureza jurisdicional e que a prática mostra uma disciplina partidária dos juízes, com a consequente descredibilização da "justiça constitucional".
Mais curial é o que diz ANA CATARINA SANTOS (*op. cit.*, págs. 211e 212), depois de um estudo exaustivo: "Se é certo que as deliberações do Tribunal Constitucional nem sempre agradam a todas as partes envolvidas no processo, a verdade é que entre os juízes respira-se quase sempre consenso: mais de 80% dos acórdãos foram votados por unanimidade ou reuniram o apoio de dois terços dos juízes. Os juízes indicados como sendo próximos dos partidos políticos mais pequenos – PCP e CDS – são os que mais vezes apresentaram votos de vencido.
"Já sobre o comportamento dos juízes perante pedidos de fiscalização apresentados ao Tribunal Constitucional pelo seu partido político ou partido pelo qual nutrem simpatia ou proximidade, detetámos que há uma forte ligação entre um fator e outro. (...)
"Em suma, aquilo que formulámos como hipótese – a existência de uma relação entre os partidos políticos de proximidade e o sentido de voto dos juízes – é verificável factualmente. Trata-se mais de uma "partidarização" negativa do que positiva, isto é, reflete-se mais nos votos contra as propostas apresentadas pelos outros partidos, do que nos votos a favor das propostas apresentadas pelo seu próprio partido, mas a ligação existe e é estreita. A "partidarização" é visível e reflecte-se no sentido de voto em termos gerais."

CAPÍTULO II – SISTEMAS DE FISCALIZAÇÃO DA CONSTITUCIONALIDADE

Justifica-se, pois, falar hoje num verdadeiro Direito constitucional comparado jurisprudencial [393].

---

[393] Cfr. MARCELO NEVES, *Transconstitucionalismo*, São Paulo, 2009, págs. 101 e segs.; DIDIER MAUSS, *Le recours aux précédents étrangers et le dialogue des cours constitutionnelles*, in *Revue française de droit constitutionnel*, 2009, págs. 675 e segs.; CATARINA SANTOS BOTELHO, *Lost in translation – A crescente importância do Direito Constitucional Comparado*, in *Estudos em homenagem ao Professor Doutor Carlos Ferreira de Almeida*, obra coletiva, i, Coimbra, 2010, págs. 49 e segs., *maxime* 58 e segs. (e quanto ao Tribunal Constitucional português, págs. 87 e segs.); ANDRÉ RAMOS TAVARES, *Modelos de uso da jurisprudência estrangeira pela justiça constitucional*, in *Estudos em Homenagem ao Prof. Doutor Jorge Miranda*, I, págs. 261 e segs.; ANDREA LOLLINI, *Il Diritto Straniero nella Giusrisprudenza Costituzionale*, in *Rivista Trimestrale di Diritto Pubblico*, 2012, págs. 973 e segs.; *La coopération entre les cours constitutionnelles en Europe*, obra coletiva, Viena, 2014 ; MAURÍCIO RAMIRES, *Diálogo judicial internacional*, Rio de Janeiro, 2016.

§ 2.º
A fiscalização da constitucionalidade em Portugal

38. Períodos de evolução

I – No constitucionalismo português podem ser assinalados três grandes períodos na evolução e no desenvolvimento da fiscalização da constitucionalidade [394]:

1.º) De 1822 a 1911 – na vigência das três Constituições monárquicas – a fiscalização é puramente política, a cargo das Cortes [395], ainda que com tentativas, nas décadas finais, de abertura a certa intervenção dos tribunais;
2.º) De 1911 a 1976 – na vigência das Constituições de 1911 e 1933 e das leis
constitucionais revolucionárias de 1974 e 1975 – domina, em princípio,
o modelo de fiscalização judicial difusa, mas atenuada por elementos
de fiscalização, política e, sobretudo, com pouca aplicação prática;

---

[394] Sobre a fiscalização da constitucionalidade no Direito português em geral, v. Magalhães Colaço, *op. cit.*, págs. 43 e segs.; F. M. Loureiro, *Le problème de l'inconstitutionalité
des lois au Portugal*, in *Revue du droit public*, 1936, págs. 441 e segs.; Jorge Miranda, *Contributo...*, cit., págs. 111 e segs., e *As Constituições Portuguesas*, 1.ª ed., Lisboa, 1976, págs. XI e segs.;
Miguel Galvão Teles, *A concentração...*, cit., págs. 191 e segs.; Marcelo Rebelo de Sousa,
O valor jurídico..., cit., págs. 39 e segs.; António de Araújo, *A construção da justiça constitucional portuguesa: o nascimento do Tribunal Constitucional*, in *Análise Social*, 1995, págs. 881 e segs.;
Rui Medeiros, *A decisão...*, cit., págs. 111 e segs.; Giovanni Vagli, *L'evoluzione del sistema di
giustizia costituzionale in Portugallo*, Pisa, 2001; Gomes Canotilho, *Direito Constitucional...*, cit.,
págs. 913 e segs.; Carlos Blanco de Morais, *Justiça...*, I, cit., págs. 309 e segs.
[395] Constituição de 1822, arts. 102.º-II e 118.º-IV; Carta Constitucional, arts. 15.º, § 7.º,
e 139.º; Constituição de 1838, arts. 37.º-II e 38.º

FISCALIZAÇÃO DA CONSTITUCIONALIDADE

3.º) A partir de 1976 – na vigência da Constituição de 1976 – sobrevem a fiscalização jurisdicional concentrada, integrada com fiscalização judicial difusa e, entre 1976, e 1986, com fiscalização política, dentro de um complexo sistema misto.

II – Se o primeiro período se apresenta relativamente homogéneo, já os dois subsequentes exigem ainda subdivisões.

No segundo período, sucedem-se três fases:

a) Entre 1911 e 1933, só fiscalização judicial difusa;
b) Entre 1933 e 1974, fiscalização judicial difusa, mas limitada;
c) Entre 1974 e 1976, fiscalização judicial difusa, embora comprimida pela existência de órgãos políticos revolucionários.

No terceiro período, importa distinguir:

a) Entre 1976 e 1982, fiscalização judicial difusa, fiscalização concentrada na Comissão Constitucional (que prefigura um Tribunal Constitucional) e fiscalização política cometida ao Conselho da Revolução;
b) Desde 1982, fiscalização judicial difusa e fiscalização concentrada no Tribunal Constitucional.

39. A fiscalização da constitucionalidade nas Constituições anteriores à de 1976

I – Se as Constituições de 1822, 1826 e 1838, diretamente inspiradas no constitucionalismo de matriz francesa, não contemplaram nenhuma forma de apreciação da constitucionalidade pelos tribunais [396], não deixou de haver consciência do problema já em meados desse século [397] e ele assumiria depois grande acui-

---

[396] No entanto, não a proibiam, ao contrário, por exemplo, de que resultava do art. 246.º da Constituição espanhola de Cádis.

[397] V. o que escrevia Silva Ferrão, in *Tratado sobre limites e encargos da Serteníssima Casa de Bragança*, 1845, *apud* Magalhães Colaço, *op. cit.*, págs. 55-56: «Os juízes prestaram juramento de observar e fazer observar a Carta Constitucional da Monarquia e as Leis do reino, e não podem abstrair estas daquela no conjunto dos seus deveres... – Os juízes quando assim obram,

CAPÍTULO II – SISTEMAS DE FISCALIZAÇÃO DA CONSTITUCIONALIDADE

dade a propósito dos decretos com força de lei dimanados do Governo estando as Cortes dissolvidas, os chamados decretos ditatoriais. Uma larga corrente doutrinal [398], jurisprudencial e política defendeu então que se concedesse aos tribunais o poder de conhecer da validade, senão de todas as leis, pelo menos dos atos do Poder Executivo; e tal chegou a constar mesmo do art. 10.º da frustrada proposta de lei de reforma da Carta Constitucional de 1900.

Por causa da intensa discussão havida à volta dos decretos ditatoriais e – neste aspeto como noutros – por influxo da Constituição republicana brasileira de 1891 [399], seria a Constituição de 1911 (apesar do seu fortíssimo carácter parlamentarista) a primeira Constituição europeia a prescrever a fiscalização jurisdicional da constitucionalidade das leis sob forma difusa e concreta [400]. Dela curaria o seu art. 63.º

não têm por objeto apreciar as leis feitas pelo Poder Legislativo, ou pelas Ditaduras, nem se arrogam supremacia sobre os outros Poderes de Estado; muito pelo contrário, mantêm-se, única e precisamente, dentro da órbitra da sua própria independência e juramento, não reconhecendo, em cada um dos processos que têm de julgar, outros Poderes que incompetentemente lhe ditam as normas...».
Cfr., ANTÓNIO MANUEL HESPANHA, *Guiando a mão invisível – Direito, Estado e lei no liberalismo monárquico português*, Coimbra, 2004, págs. 112 e segs. e 226 e segs., e *Direito, Constituição e Lei no constitucionalismo monárquico português*, in *Themis*, n.º 10, 2005, págs. 7 e segs; ANDRÉ SALGADO DE MATOS, *Silva Ferrão e o nascimento do princípio da constitucionalidade em Portugal*, in *Estudos de Homenagem ao Prof. Doutor Jorge Miranda*, I págs. 293 e segs.

[398] V. MARNOCO E SOUSA, *Direito Político – Poderes do Estado*, cit., págs. 781 e segs., *maxime* 783 (em que se apresentam os clássicos argumentos americanos: a subordinação da função legislativa à função constituinte e o poder dos tribunais de resolver as contradições entre lei constitucional e lei ordinária), ou ARTUR MONTENEGRO, *O poder judicial, garante da legalidade*, in *O Direito*, ano 32, pág. 145. Contra: JOSÉ TAVARES, *O poder governamental no Direito Constitucional Português*, Coimbra, 1909, págs. 187 e segs., ou PINTO OSÓRIO, *No Campo da Justiça*, Porto, 1914, págs. 110 e segs. e 199 e segs.

[399] A influência americana foi expressamente afirmada pelo presidente da Comissão do Projeto de Constituição, o Deputado Francisco Correia de Lemos, in *Diário da Assembleia Constituinte*, sessão n.º 15, pág. 17. Cfr., com todo o desenvolvimento, MARGARIDA CAMARGO, WANDA VIANA DIREITO e CRISTINA V. M. ALEXANDRE, *Rui Barbosa e a Constituição republicana portuguesa de 1911*, in *Anuário Português de Direito Constitucional*, 2, 2002, págs. 141 e segs.; e ainda os estudos de MARCELO REBELO DE SOUSA, de ANTÓNIO DE ARAÚJO e MIGUEL NOGUEIRA DE BRITO e de MARGARIDA CAMARGO, in *A Assembleia Constituinte e a Constituição de 1911*, obra coletiva, Lisboa, 2011, págs. 395 e segs., 417 e segs. e 425 e segs.

[400] Cfr. MARNOCO E SOUSA, *Constituição Política da República Portuguesa – Comentário*, Coimbra, 1913, págs. 581 e segs.; MAGALHÃES COLAÇO, *op. cit.*, págs. 54 e segs.; FEZAS VITAL, jurisprudência crítica, in *Boletim da Faculdade de Direito da Universidade de Coimbra*, ano 6.º,

FISCALIZAÇÃO DA CONSTITUCIONALIDADE

O art. 122.º (depois 123.º) da Constituição de 1933 confirmaria o princípio, não sem modificações importantes, umas de sinal positivo, outra que representou um grave retrocesso. Os tribunais – agora todos os tribunais, e não apenas os tribunais ordinários [401] – adquiriram a possibilidade de, oficiosamente, sem necessidade de arguição por qualquer das partes, indagarem da constitucionalidade das normas que tivessem de aplicar aos casos concretos. Deixaram, contudo, de conhecer da inconstitucionalidade orgânica e formal dos diplomas promulgados – cujo conhecimento ficou reservado à Assembleia Nacional – afetando-se assim, a distribuição de competências entre os órgãos e, reflexamente, os direitos dos cidadãos [402].

As leis constitucionais provisórias publicadas depois de 25 de abril de 1974 fizeram referência a uma fiscalização política da constitucionalidade sem nada disporem acerca da fiscalização jurisdicional. Mas o seu silêncio não devia ser entendido negativamente. Não só o art. 123.º da Constituição de 1933 devia ter-se por um dos preceitos desta ressalvados pelo art. 1.º da Lei n.º 3/74, de 14 de maio, como era lícito afirmar, à luz dos princípios e objetivos do Programa do Movimento das Forças Armadas, que a exceção respeitante à inconstitucionalidade orgânica e formal dos decretos promulgados ficara abolida por inerente à índole autoritária do regime caído [403].

A experiência portuguesa anterior à Constituição atual foi, pois – salvo quanto à fiscalização no ultramar entre 1933 e 1974, concentrada em graus

---

págs. 587 e segs.; CAETANO GONÇALVES, *Supremo Tribunal de Justiça*, Coimbra, 1932, págs. 59 e segs., *maxime* 72 (contra a fiscalização judicial).

[401]   Quanto ao Supremo Tribunal Administrativo, v. arts. 15.º, n.º 4, e 25.º, § 1.º, n.º 3, e § 2.º, da respetiva lei orgânica (Decreto-Lei n.º 40 768, de 8 de setembro de 1956).

[402]   Sobre a fiscalização da constitucionalidade à face da Constituição de 1933, v. JOSÉ CARLOS MOREIRA, *Fiscalização...*, cit., *loc. cit.*; AFONSO QUEIRÓ, *O controlo da constitucionalidade das leis*, in *Boletim da Faculdade de Direito da Universidade de Coimbra*, 1950, págs. 207 e segs.; MARIO BATTAGLINI, *Contributo allo studio comparato...*, cit., *loc. cit.*, págs. 701-702; ANDRÉ GONÇALVES PEREIRA, *Da fiscalização da constitucionalidade das leis no ultramar*, Lisboa, 1966; MIGUEL GALVÃO TELES, *Eficácia...*, cit., págs. 134 e segs.; MARCELLO CAETANO, *Manual...*, II, 6.ª ed., cit., págs. 681 e segs.; JORGE MIRANDA, *Ciência Política...*, II, cit., págs. 499 e segs.; JORGE CAMPINOS, *O presidencialismo do Estado Novo*, Lisboa, 1978, págs. 211 e segs.

[403]   Foi o que sustentámos na altura: v. *A Revolução de 25 de Abril e o Direito Constitucional*, Lisboa, 1975, págs. 99-100. Sobre a subsistência do controlo judicial da constitucionalidade, v., por todos, acórdão do Supremo Tribunal Administrativo, 1.ª secção, de 8 de abril de 1976, in *Acórdãos Doutrinais*, ano XV, n.º 179, novembro de 1976, pág. 1371.

CAPÍTULO II - SISTEMAS DE FISCALIZAÇÃO DA CONSTITUCIONALIDADE

variados no Conselho Ultramarino [404], embora de duvidosa constitucionalidade até 1971 [405] –, uma experiência de fiscalização judicial difusa. Não quer isto dizer, no entanto, que, pela sua prática e pelos seus frutos, pudesse aproximar-se do sistema vivido nos Estados Unidos. Muito longe disso.

II – Apesar do domínio da regra de fiscalização difusa – e para a corrigir ou para a substituir – houve, tanto na fase preparatória da Lei Fundamental de 1911 como na vigência da de 1933, projetos vários, tentativas e ensaios de fiscalização concentrada num supremo tribunal ou num órgão à margem dos tribunais judiciais [406]. Todos falharam, exceto a acabada de citar concentração no Conselho Ultramarino.

Foram eles:

- Na Assembleia Constituinte de 1911, no projeto de Constituição do Deputado José Barbosa, ao Supremo Tribunal de Justiça competia, privativamente, suspender, por sentença, leis contrárias à Constituição (art. 6.º).
- O projeto de João Gonçalves criava um Supremo Tribunal Político (art. 93.º), com juízes e advogados eleitos de 12 em 12 anos e reelegíveis

---

[404] Art. 199.º da Carta do Império Colonial de 1933, base XLVIII da Lei Orgânica do Ultramar de 1953, base LVII da Lei Orgânica de 1963 e base LXVI da Lei Orgânica de 1972. O incidente de inconstitucionalidade levantado em qualquer tribunal ultramarino subia em separado, para decisão, ao Conselho.

[405] V. *Contributo...*, cit., págs. 205 e segs., e autores citados.

[406] Por paradoxal que pareça, foi um diploma destinado a impedir a apreciação judicial das leis que, primeiramente, introduziu no Direito português uma forma de concentração de competência atinente à inconstitucionalidade: foi o Decreto de 11 de julho de 1907 (*Diário do Governo*, n.º 152, de 12 de julho), publicado porque um juiz de 1.ª instância se tinha negado a reconhecer força obrigatória à primeira medida da ditadura de João Franco. E essa providência consistia em permitir a revisão pelo Supremo Tribunal de Justiça, reunido em tribunal pleno por iniciativa obrigatória do Ministério Público e facultativa de qualquer das partes, das decisões judiciais que recusassem força legal aos decretos do Poder Executivo. Cfr. PINTO OSÓRIO, *op. cit.*, págs. 175 e segs. (em que se acha transcrito um dos acórdãos do Supremo, ao abrigo do decreto – a págs. 235 e segs. – interessante por fundamentar largamente a incompetência dos tribunais para conhecerem da inconstitucionalidade na vigência da Carta).

O decreto viria a ser declarado nulo pelo art. 95.º-*três* da Lei de 9 de setembro de 1908 (*Diário do Governo*, n.º 205, de 12 de setembro).

FISCALIZAÇÃO DA CONSTITUCIONALIDADE

(art. 99.º). Quanto uma lei lhe parecesse inconstitucional, ele convidaria as duas Câmaras, em conjunto, a pronunciar-se novamente e, se não reconsiderassem, o Tribunal daria a lei como nula (arts. 98.º e 99.º).

– O Deputado Manuel Goulart de Medeiros propôs a substituição do preceito vindo da Comissão que tinha elaborado o projeto de Constituição por este: «O Supremo Tribunal de Justiça, como primeira instância, julgará qualquer reclamação contra a promulgação de leis inconstitucionais. Deste tribunal há recurso para a Nação, que será consultada diretamente» [407] – o que seria uma forma algo original de referendo sobre inconstitucionalidade.

– Também o Deputado António Macieira, frisando o perigo de divergência entre os juízes, propôs um § único ao art. 63.º, dizendo: «As decisões sobre constitucionalidade das leis não produzirão esses efeitos sem confirmação do Supremo Tribunal de Justiça até o qual haverá sempre recurso».

– O Deputado Fernando Boto-Machado, por entender que era nulo todo o decreto ou portaria que ofendesse o Código Fundamental da República (art. 53.º), preconizava a criação de uma Câmara de Censores, com 7 juízes de designação provenientes de vários órgãos (art. 19.º). Todo o cidadão ou autoridade podia requerer a arbitragem dos Censores se julgasse violado um seu direito constitucional. Mas as decisões não tinham caráter geral. Não invalidavam o ato senão em relação à pessoa ou às pessoas que tivessem reclamado.

– No seu texto, Basílio Teles previa uma Junta Constitucional (ou Presidencial), composta pelos presidentes das Câmaras, dos Conselhos de Estado e do Ministério, pelo Presidente da República e pelo seu secretário oficial. Ela decidiria, em última instância, sobre qualquer lei impugnada que lhe fosse submetida.

– No seu ensino, Marcello Caetano pronunciou-se sempre a favor da concentração de competência e preconizou que, na metrópole, o incidente de inconstitucionalidade subisse ao Tribunal de Conflitos [408].

---

[407] *Diário da Assembleia Nacional Constituinte*, sessão n.º 49, de 15 de agosto de 1911.
[408] V. *Manual de Ciência Política e Direito Constitucional*, 5.ª ed., págs. 622 e segs.

CAPÍTULO II – SISTEMAS DE FISCALIZAÇÃO DA CONSTITUCIONALIDADE

- O Deputado Afonso Pinto apresentou, em 1959, um projeto de revisão do corpo do art. 123.º da Constituição de 1933, em que se cometia ao Supremo Tribunal de cada uma das ordens de jurisdição (Supremo Tribunal de Justiça, Supremo Tribunal Militar e Supremo Tribunal Administrativo) a competência de apreciação da inconstitucionalidade [409].

- O Programa para a Democratização da República, obra da Oposição Democrática em 1961, propôs que no Supremo Tribunal de Justiça houvesse secções de contencioso eleitoral e de garantia das liberdades constitucionais.

- Em 1969, António de Oliveira Braga, candidato pelo Comissão Eleitoral de Unidade Democrática pelo distrito de Braga, propôs que se estabelecesse em preceito constitucional que «suscitada a questão de inconstitucionalidade, o incidente sobe em separado ao Supremo Tribunal de Justiça a fim de, funcionando em plenário, ser emitida decisão, a qual será obrigatória para todos os tribunais e autoridades administrativas».

- A revisão constitucional de 1971 aditou um § 1.º ao art. 123.º, estipulando que a lei poderia «concentrar em algum ou alguns tribunais a competência para a apreciação da inconstitucionalidade e conferir às decisões desses tribunais força obrigatória geral» (mas tal lei, afora no concernente ao Conselho Ultramarino, não chegou a ser editada) [410]; simultaneamente, procurou clarificar a fiscalização parlamentar do cumprimento da Constituição, vinda de muito atrás, dispondo que a Assembleia Nacional poderia «declarar com força obrigatória geral, mas ressalvadas sempre as situações criadas pelos casos julgados, a inconstitucionalidade de quaisquer normas» (art. 91.º, n.º 2, não regulamentado pelo Regimento).

- Em 1972, em livro de José de Magalhães Godinho [411], foi preconizada a criação de um Tribunal de Garantias Constitucionais.

---

[409] V. *Diário das Sessões da Assembleia Nacional*, 1959, n.º 90, pág. 415; n.º 118, pág. 913; n.º 123, pág. 1017; e n.º 131, págs. 1061 e 1062.

[410] Cfr. Miguel Galvão Teles, *A concentração...*, cit., *loc. cit.*, págs. 198 e segs., e parecer da Câmara Corporativa, in *Actas...*, n.º 67, de 16 de março de 1971, cit., págs. 648 e 660 e segs.

[411] *Direitos, Liberdades e Garantias*, Lisboa, págs. 184 e segs.

FISCALIZAÇÃO DA CONSTITUCIONALIDADE

– Por último, também nesse ano, o I Congresso Nacional dos Advogados pronunciou-se por um Tribunal Constitucional [412].

40. O problema da fiscalização entre 1974 e 1976

I – Depois da revolução de 1974 dá-se um duplo confronto – entre a fiscalização jurisdicional e a fiscalização política e entre a fiscalização difusa e a fiscalização concentrada. Dele haveria de emergir o sístema de garantia da constitucionalidade do texto inicial da Constituição.

II – No Direito constitucional intercalar, existiram, como há pouco se indicou, fiscalização jurisdicional (nos termos descritos) e fiscalização política (a cargo da Junta de Salvação Nacional, do Presidente da República e, sobretudo, do Conselho de Estado ou do Conselho da Revolução, este criado pela Lei n.º 5/75, de 14 de março, em substituição da Junta e do Conselho de Estado). A Junta vigiava «pelo cumprimento do Programa do Movimento das Forças Armadas e das leis constitucionais» (art. 10.º, n.º 1, da Lei n.º 3/74, de 14 de maio). O Conselho de Estado – como sucessor, nesse aspeto, da Assembleia Nacional – podia declarar com força obrigatória geral a inconstitucionalidade de quaisquer normas (art. 13.º, n.º 1, 3.º).

A 1.ª Plataforma de Acordo Constitucional, de 13 de abril de 1975, reduzia drasticamente a fiscalização jurisdicional, numa linha de acumulação do poder no Conselho da Revolução, de esvaziamento da função normativa da Constituição e de desconfiança perante a magistratura judicial. Ao Conselho passaria, por regra, a competir apreciar a inconstitucionalidade das leis e de outros diplomas legislativos e aos tribunais apenas era deixado o poder de conhecer da inconstitucionalidade formal [3.2, *b)*].

A despeito disso, porém, foi preconizada, nesse ano de 1975, em dois livros a criação de um Tribunal Constitucional [413] e os projetos de Constituição levados à Assembleia Constituinte pelo Centro Democrático Social, pelo Partido

---

[412] Conclusão 6.3 do tema IV (relator: Mário Raposo), in *Conclusões do I Congresso Nacional dos Advogados*, Coimbra, 1972, pág. 29.

[413] JORGE MIRANDA, *Um projecto de Constituição*, cit. (arts. 291.º e segs. e 341.º e segs.), e FRANCISCO LUCAS PIRES, *Uma Constituição para Portugal*, Coimbra, 1975, págs. 91, 92, 108, 123 e segs. e 137 e segs.

CAPÍTULO II – SISTEMAS DE FISCALIZAÇÃO DA CONSTITUCIONALIDADE

Popular Democrático e pelo Partido Socialista ainda tentaram tornar o mais presente possível, no espaço não preenchido pelo Conselho da Revolução, a componente jurisdicional.

Assim, no projeto do Centro Democrático Social (cuja parte IV era dedicada à «defesa e revisão da Constituição») chegava-se a prever um Tribunal Constitucional (arts. 133.º e segs.). No projeto do Partido Popular Democrático pretendia-se extrair do sistema de fiscalização pelos tribunais judiciais o máximo de compressão dos poderes do Conselho da Revolução (art. I da disposições finais e transitórias). E, se bem que menos ambicioso no tocante à articulação entre os tribunais e o Conselho da Revolução, no projeto do Partido Socialista instituía-se um Conselho de Defesa das Liberdades e de Garantia Constitucional (arts. 69.º e 70.º), que poderia ter sido o primeiro órgão específico dirigido à fiscalização preventiva da constitucionalidade no Direito português.

III – A Assembleia Constituinte não viria a votar nenhum articulado sobre garantia da Constituição antes dos acontecimentos de 25 de novembro de 1975.

Do texto da 5.ª Comissão (sobre organização do poder político) constava apenas como elemento de interesse, na linha do projeto do Partido Socialista, um Conselho Consultivo Constitucional, que seria ouvido pelo Presidente da República «especialmente quanto ao respeito e garantia dos direitos e liberdades fundamentais, à defesa da legalidade democrática e à interpretação da Constituição em face do processo revolucionário» (art. 27.º do texto da 5.ª Comissão) [414].

O único debate – e curto e inconclusivo – ocorreria aquando da discussão na generalidade do texto da 6.ª Comissão (sobre tribunais e que, aliás, não considerava a problemática da fiscalização). E nele se manifestariam orientações divergentes quanto à fiscalização jurisdicional, havendo então quem

---

[414] O art. 32.º, alínea *e*), do texto publicado no *Diário da Assembleia Constituinte* (n.º 85, de 22 de novembro de 1975), relativo ao Conselho da Revolução, pouco mais fazia que reproduzir a 1.ª Plataforma.

FISCALIZAÇÃO DA CONSTITUCIONALIDADE

se pronunciasse a favor da criação de um Tribunal Constitucional desde já, e quem defendesse a fiscalização difusa [415].

Mas não tornaria a haver outro, porquanto, admitida pelos partidos a conveniência de novo Pacto e admitida também por eles a entrega ao Conselho da Revolução, no período inicial de vigência da Constituição, de uma parcela significativa da função de garantia, a questão ficaria devolvida para as negociações tendentes à sua celebração; e a Assembleia só se ocuparia do tema para aprovar as cláusulas do Pacto transformadas em disposições constitucionais.

IV – A contraproposta inicial do Conselho da Revolução [416] ia mais longe, em certos aspetos, do que a 1.ª Plataforma. Por uma banda, criava uma fiscalização preventiva e uma fiscalização de inconstitucionalidade por omissão, ali não previstas, e que se traduziam, a primeira, num autêntico veto absoluto por inconstitucionalidade [3.5, *d*)] e, a segunda, na faculdade de, quando os órgãos legislativos continuassem a não adotar as medidas legislativas recomendades nos prazos fixados pelo Presidente da República, o Conselho da Revolução se lhes substituir e emitir ele próprio tais medidas [3.4, *b*), e 3.6, *c*)]. Por outra banda, atribuía ao Conselho da Revolução o julgamento das questões de inconstitucionalidade de quaisquer atos, fosse a título de questões prévias (verificada a sua viabilidade pelos tribunais), fosse a título de questões principais, quando a lei permitisse a impugnação direta dos atos e o fundamento daquela residisse na inconstitucionalidade [3.4, *c*), e 3.7].

Junto do Conselho funcionaria uma Comissão Constitucional, de que dois terços dos membros seriam magistrados judiciais eleitos pelo Supremo Tribunal de Justiça e pelo Supremo Tribunal Administrativo e um terço designado pelo Conselho da Revolução de entre juristas de reconhecida competência (3.8). A Comissão – cujo papel não era sem lembrar o Tribunal Constitucional no projeto de Constituição do Centro Democrático Social ou o Supremo Tribunal de Justiça no projeto do Partido Popular Democrático – daria parecer

---

[415]   No primeiro sentido, Deputado Jorge Miranda; no segundo, Deputados José Luís Nunes e António Barbosa de Melo. V. *Diário*, n.º 96, de 17 de dezembro de 1975, págs. 3099, 3100 e 3104 e segs.

[416]   Publicada em *Fontes e Trabalhos Preparatórios da Constituição*, II, Lisboa, 1978, págs. 1212 e segs. Nos estudos para a sua preparação intervieram Miguel Galvão Teles e Luís Nunes de Almeida.

CAPÍTULO II – SISTEMAS DE FISCALIZAÇÃO DA CONSTITUCIONALIDADE

na fiscalização preventiva e na da inconstitucionalidade por omissão, dirigiria os processos perante o Conselho da Revolução e submeter-lhe-ia os projetos de acórdão (3.9).

Todavia, os moldes (não tanto as modalidades) de fiscalização preconizados pelo Conselho da Revolução não foram bem acolhidos pelos partidos, mormente pelo Partido Popular Democrático, que lhes formulou objeções e apresentou alternativas [417].

Advogou então esse partido o seguinte: – «1. Nos feitos submetidos a julgamento não podem os tribunais aplicar normas que infrinjam o disposto nesta Constituição ou ofendam os princípios nela consignados. – 2. No caso de a norma aplicável constar de lei, decreto-lei ou diploma legislativo equiparável, haverá recurso obrigatório da decisão de não aplicação para julgamento definitivo do caso concreto. – 3. O recurso referido no número anterior será interposto para um tribunal constituído pelo Provedor de Justiça, por cinco juízes do Supremo Tribunal de Justiça, cinco juízes do Supremo Tribunal Administrativo e um membro do Conselho da Revolução, que será o Presidente e terá voto de qualidade. – 4. Se uma mesma norma legislativa deixar de ser aplicada, com fundamento na sua inconstitucionalidade, em três casos concretos, o tribunal referido no número anterior submetê-la-á ao Conselho da Revolução para que este aprecie a sua conformidade com a Constituição e, sendo caso disso, declare a sua invalidade com força obrigatória geral. – 5. A verificação de inconstitucionalidade orgânica das normas referidas no número dois será comunicada ao Conselho da Revolução, o qual poderá proceder imediatamente à declaração da sua invalidade».

O regime acordado finalmente (Plataforma, 3.7 a 3.12) seguiria no essencial esta proposta. Só lhe introduziria três modificações: em vez do recurso obrigatório logo, a necessidade de esgotamento dos recursos ordinários; em contrapartida, a prescrição de recurso obrigatório das decisões que aplicassem uma norma anteriormente julgada inconstitucional pelo tribunal de constitucionalidade; e a natureza mista deste tribunal que seria a Comissão Constitucional proposta pelo Conselho da Revolução.

A Assembleia Constituinte votaria praticamente sem discussão e quase por unanimidade o regime de fiscalização vindo da Plataforma de 26 de

---

[417]   De que foi autor o Deputado António Barbosa de Melo.

FISCALIZAÇÃO DA CONSTITUCIONALIDADE

fevereiro de 1976 [418] convertendo-o no que viria a ser o título I da parte IV da Constituição.

41. O sistema de fiscalização no texto inicial da Constituição

I – O sistema de fiscalização da constitucionalidade adotado em 1976 era, pois, um sistema bastante ambicioso, por pretender cobrir todas ou quase todas as modalidades possíveis de controlo; e um sistema misto, por compreender os tribunais, o Conselho da Revolução e, entre aqueles e este, a Comissão Constitucional. E a subsistência da fiscalização judicial era uma homenagem ao princípio arreigado desde 1911 e uma afirmação do carácter jurídico da garantia, a presença do Conselho da Revolução uma manifestação ou reminiscência do elemento revolucionário e a criação da Comissão Constitucional um elemento específico de compromisso [419].

Também se sabe que a fiscalização de constitucionalidade por ação ou por omissão de normas jurídicas foi declarada limite material de revisão [art. 290.º, alínea *m*), hoje 288.º, alínea *l*)].

II – A fiscalização preventiva tinha por objeto, por um lado, as leis da Assembleia da República, os decretos-leis do Governo, os tratados e os acordos internacionais e, por outro lado, os decretos regionais (arts. 277.º e 235.º, n.º 4). Aqueles eram sempre enviados ao Conselho da Revolução, simultaneamente com o seu envio ao Presidente da República para promulgação ou assinatura, mas o processo específico de fiscalização dependia de deliberação do Conselho ou de decisão do Presidente (sob a forma de requerimento). Ao invés, os decretos regionais apenas eram submetidos ao Conselho da Revolução quando

---

[418] V. *Diário*, n.º 116, de 10 de março de 1976, págs. 3827 e segs.

[419] Cfr. ANTÓNIO DE OLIVEIRA BRAGA, *Os Direitos do Homem e a Constituição*, in *Revista da Ordem dos Advogados*, 1977, págs. 447 e 448; ANDRÉ THOMASHAUSEN, *Constituição e realidade constitucional, ibidem*, págs. 486 e 487; GOMES CANOTILHO e VITAL MOREIRA, *Constituição...*, cit., 1.ª ed., págs. 477 e segs. e 494 e segs.; JORGE MIRANDA, *A Constituição de 1976*, Lisboa, 1978, págs. 139 e segs.; MARCELO REBELO DE SOUSA, *Direito Constitucional*, cit., págs. 385 e segs.; GOMES CANOTILHO, *Direito Constitucional*, 2.ª ed., Coimbra, 1980, págs. 459 e segs.; FRANCISCO LUCAS PIRES, *Teoria da Constituição de 1976*, cit., págs. 258 e segs.; ARMINDO RIBEIRO MENDES, *O Conselho da Revolução e a Comissão Constitucional na fiscalização da constitucionalidade das leis*, in *Portugal – O sistema político e constitucional*, obra coletiva, págs. 925 e segs.

CAPÍTULO II – SISTEMAS DE FISCALIZAÇÃO DA CONSTITUCIONALIDADE

o Ministro da República para a respetiva região autónoma suscitasse a questão de inconstitucionalidade, abrindo-se então necessariamente o processo.

A fiscalização consistia em parecer da Comissão Constitucional e em resolução do Conselho, a pronunciar-se ou não pela inconstitucionalidade. O prazo para o Conselho resolver era de 20 dias e podia ser encurtado, por urgência, pelo Presidente da República (art. 277.º, n.º 4).

Se o Conselho da Revolução se pronunciasse pela inconstitucionalidade, registar-se-ia veto vinculado do Presidente ou do Ministro da República. Mas havia que distinguir, consoante se tratasse de ato da Assembleia da República ou (por analogia) de uma das assembleias regionais ou de decreto do Governo. No primeiro caso, o ato poderia ainda vir a ser promulgado ou assinado, se fosse confirmado por maioria de dois terços dos Deputados presentes. No segundo caso, o decreto não poderia ser promulgado e o veto era absoluto (art. 278.º).

Se o Conselho da Revolução não se pronunciasse pela inconstitucionalidade, o decreto seria submetido a promulgação ou a assinatura nos termos gerais, podendo ainda o Presidente da República (mas não, parece, o Ministro da República) exercer veto político (arts. 139.º e 235.º, n.ºˢ 2 e 3).

III – A fiscalização *a posteriori*, diversamente da fiscalização *a priori*, versava já sobre normas e não sobre diplomas e podia ser concreta e abstrata, difusa e concentrada.

A fiscalização concreta assentava na competência difusa dos tribunais (art. 207.º), a fiscalização abstrata na competência concentrada do Conselho da Revolução (art. 281.º). Mas havia comunicação quer entre a fiscalização difusa e a fiscalização concentrada, quer entre a fiscalização concreta e a fiscalização abstrata – e esse era o aspeto assaz inédito do sistema.

Comunicação entre a fiscalização difusa e a concentrada, na medida em que a Comissão Constitucional funcionava como tribunal de recurso obrigatoriamente quando o último tribunal para que coubesse recurso ordinário julgasse inconstitucional norma constante de qualquer ato legislativo, decreto regulamentar ou diploma equiparável ou quando qualquer tribunal aplicasse norma julgada anteriormente inconstitucional pela Comissão (art. 282.º, n.ºˢ 1 e 2). Comunicação entre a fiscalização concreta e a fiscalização abstrata, na medida em que, se a Comissão Constitucional julgasse três vezes

FISCALIZAÇÃO DA CONSTITUCIONALIDADE

inconstitucional materialmente uma norma, ou uma vez orgânica ou formalmente, o Conselho da Revolução podia (não devia) declarar a inconstitucionalidade com força obrigatória geral [420].

Mantinha-se, por conseguinte, o princípio da apreciação dispersa por todos os tribunais, judiciais e não judiciais, sem aceção (ao contrário da Constituição de 1933) de espécies de inconstitucionalidade. Todavia, ele só valia plenamente para normas não inseridas em leis, decretos regulamentares e diplomas equiparáveis (art. 282.º, n.º 3). Pata as outras normas, as mais importantes do ordenamento jurídico, a fiscalização difusa sofria a compressão decorrente da existência da Comissão Constitucional – a fiscalização difusa, não a fiscalização jurisdicional, pois que a Comissão, como órgão de julgamento, era um verdadeiro tribunal (arts. 282.º e 283.º, n.º 3) [421].

Quanto à fiscalização abstrata pelo Conselho da Revolução, o seu regime diferenciava-se bem do regime do citado art. 91.º, n.º 2, da Constituição de 1933 (no texto de 1971) em dois pontos do maior vulto. Enquanto que, na Assembleia Nacional de 1971 (ou no Conselho de Estado de 1974 ou no Conselho da Revolução de 1975), qualquer dos membros a promovia, agora o Conselho não tinha iniciativa, tinha de decidir a instância de certos órgãos (dotados de um direito de ação *latissimo sensu*) – o Presidente da República, o Presidente da Assembleia da República, o Primeiro-Ministro, o Provedor de Justiça, o Procurador-Geral da República e, no tocante aos direitos constitucionais das regiões autónomas, as assembleias regionais. Enquanto que na Constituição de 1933 (quer no art. 91.º, n.º 2, quer no art. 123.º, § único, depois § 2.º), a Assembleia fixava ela própria os efeitos da inconstitucionalidade (salvo o respeito dos casos julgados), agora ao Conselho da Revolução era vedado fixar

---

[420] Não tendo para o efeito de ser emitido, por desnecessário, parecer pela Comissão Constitucional (art. 284.º, *a contrario*, pelo menos).

[421] V. a fundamentação em *A Constituição de 1976*, pág. 144, e na 1.ª ed. do tomo II deste *Manual*, págs. 645 e segs. Mas parte da doutrina era de opinião diferente: CASTANHEIRA NEVES, *A Revolução e o Direito*, cit., pág. 234, nota; AFONSO QUEIRÓ, *Lições...*, cit., I, pág. 378; JOSÉ MANUEL CARDOSO DA COSTA, nota prévia a *Normas constitucionais inconstitucionais?*, de OTTO BACHOF, pág. X; e, de certa maneira, JOSÉ CARLOS VIEIRA DE ANDRADE, *Direito Constitucional*, policopiado, Coimbra, 1977, págs. 349 e 358; e declarações de voto dos vogais EDUARDO CORREIA e AMÂNCIO FERREIRA no acórdão n.º 40, de 28 de julho de 1977, da Comissão Constitucional, in *Apêndice* ao *Diário da República*, de 30 de dezembro de 1977, págs. 76 e segs. e 78 e segs.

CAPÍTULO II – SISTEMAS DE FISCALIZAÇÃO DA CONSTITUCIONALIDADE

tais efeitos – isso competia às autoridades com poder de decisão no caso concreto e, em última palavra, aos tribunais [422]; o Conselho limitava-se a declarar a inconstitucionalidade com força obrigatória geral; e algo de semelhante se passava com a Comissão Constitucional (art. 44.º, n.º 1, do estatuto aprovado pelo Decreto-Lei n.º 503-F/76, de 30 de junho).

Enfim, fiscalização *a posteriori* vinha a ser também a nova figura de fiscalização (não de inconstitucionalidade, naturalmente) criada pela Constituição: a fiscalização da inconstitucionalidade por omissão (art. 279.º), cujo processo era de iniciativa do Conselho da Revolução, compreendia um parecer da Comissão Constitucional e terminava, quando fosse caso disso, com uma recomendação do Conselho ao órgão legislativo competente.

IV – A Comissão Constitucional foi o primeiro órgão especifico de garantia da Constituição, o primeiro órgão instituído apenas para isso, em todo o constitucionalismo português [423] e a sua composição avizinhava-se da composição corrente em tribunais constitucionais, pois, dos seus nove membros, quatro eram juízes, designados pelo Supremo Tribunal de Justiça (um) e pelo Conselho Superior da Magistratura (três); e cinco, não juízes, designados pelo Presidente da República (um), pelo Conselho da Revolução (três) e pela Assembleia da República (um).

Não se tratava, porém, de um tribunal constitucional. Em primeiro lugar, porque desempenhava funções auxiliares de outro órgão, ainda que de grande importância. Em segundo lugar, porque, mesmo enquanto tribunal com concentração de competência em matéria de inconstitucionalidade, não estava investido de um poder exclusivo (ou prevalecente), nem de um poder genérico de decidir sobre a inconstitucionalidade de normas jurídicas: coexistia a par dos tribunais e só conhecia da inconstitucionalidade de certas normas.

Por causa da sua circunscrita intervenção houve quem tivesse afirmado que a Comissão não teria por razão de ser tanto defender a Constituição quanto defender o poder legislativo contra o «governo dos juízes». A explicação bem

---

[422]   V. a demonstração no parecer n.º 3/78, de 19 de janeiro, da Comissão Constitucional, in *Pareceres*, IV, págs. 229 e segs.

[423]   Para uma visão geral, v. o nosso artigo *Comissão Constitucional*, in *Verbo*, XIX, págs. 847 e segs.

FISCALIZAÇÃO DA CONSTITUCIONALIDADE

podia, contudo, ser diversa. O que se visaria seria essencialmente submeter a uma instância especializada as questões mais relevantes de inconstitucionalidade; e, para lá disso, abrir caminho, através da conjugação com o art. 281.º, n.º 2, à declaração de inconstitucionalidade com força obrigatória geral das correspondentes normas de Direito ordinário.

V – Nem por isso deixaria a Comissão Constitucional de vir a desempenhar um papel centralíssimo no sistema:

- porque o Conselho da Revolução seguiu, na imensa maioria dos casos [424], os seus pareceres (em 213 só não seguiu em 13);
- e porque, despertada finalmente a fiscalização difusa, subiram à Comissão centenas de recursos (e ela viria a emitir 481 acórdãos entre 1976 e 1983).

Adotando uma linha interpretativa moderada da Constituição económica (de integração sistemática com a Constituição política), deslindando, pela primeira vez, as normas de competência legislativa e formulando uma jurisprudência aberta no domínio dos direitos fundamentais, a Comissão contribuiu, significativamente, para o desenvolvimento constitucional e para a salvaguarda das instituições democráticas em período ainda marcado por contrastes pós-revolucionários [425].

---

[424]   E não apenas *com frequência* (como escreve CARLOS BLANCO DE MORAIS, *Justiça...*, cit., pág. 1441).

[425]   Sobre a prática da Comissão Constitucional, v. MIGUEL LOBO ANTUNES, *A fiscalização da constitucionalidade das leis no primeiro período constitucional: a Comissão Constitucional*, in *Análise Social*, n.º 81-82, 1984, págs. 309 e segs.; e LUÍS NUNES DE ALMEIDA, *Da politização da justiça à justicialização da política – Do Conselho da Revolução ao Tribunal Constitucional*, in *20 anos da Constituição de 1976*, obra coletiva, Coimbra, 2000, págs. 277 e segs.; ANDRÉ VENTURA, *A Comissão Constitucional: história, memória e actividade jurídica* in *Anuário português de Direito Constitucional*, 2004-2005, págs 187 e segs. Segundo LUÍS NUNES DE ALMEIDA, em 1982 houve 18 alterações da Constituição que vieram no seguimento de jurisprudência da Comissão Constitucional.

42. A fiscalização da constitucionalidade na revisão constitucional de 1982

I – O tema da fiscalização da constitucionalidade foi dos temas fundamentais da revisão constitucional de 1981-1982, em virtude de a prevista extinção do Conselho da Revolução [426] obrigar a reponderar o sistema e haver uma mais ou menos clara consciência de que o equilíbrio dos órgãos do poder e o sentido das normas constitucionais iriam depender do modo como a garantia viesse a ser estruturada e posta em ação.

Em teoria, o legislador da revisão gozava de uma grande margem de liberdade para escolher o sistema que considerasse mais adequado, salvo o imperativo de conservação da fiscalização tanto da inconstitucionalidade por ação quanto da inconstitucionalidade por omissão [citado art. 290.º, alínea *m*)]. Na prática, encontrava-se condicionado (como não podia deixar de ser) pelo sistema vindo de 1976 e pelos seus resultados.

Não se regressou, pois, pura e simplesmente, ao modelo da fiscalização difusa, nem se substituiu o Conselho da Revolução por um novo órgão político [427]. Entendeu-se que era altura de formar um Tribunal Constitucional [428] como órgão de contencioso de normas jurídicas que receberia as competências do Conselho, da Comissão Constitucional e, relativamente a atos respeitantes às regiões autónomas (segundo a Lei n.º 15/79, de 19 de maio), do Supremo Tribunal Administrativo [429]. Mas não se recortou o acesso ao Tribunal Constitucional na fiscalização concreta em termos idênticos aos que são adotados na generalidade dos países em que existe concentração do controlo – exatamente por causa da tradição da fiscalização judicial difusa.

---

[426] Mesmo naquele projeto de revisão em que não se contemplava a extinção do Conselho – o do Partido Comunista Português – não deixava de se falar, em vez dele ou da Comissão Constitucional, em «órgão de controlo da constitucionalidade» ou em «órgão superior de controlo da constitucionalidade» (arts. 279.º, n.º 1, e 282.º, n.º 4, da Constituição, segundo esse projeto).

[427] Como seria o Conselho Constitucional advogado no projeto de revisão do Movimento Democrático Português (arts. 226.º-A e segs. da Constituição, segundo esse projeto).

[428] Conforme sustentámos então: v. *Sobre a previsível criação de um Tribunal Constitucional*, Lisboa, 1980.

[429] No texto inicial da Constituição, instituía-se, além disso, uma comissão consultiva para os assuntos das regiões autónomas (art. 236.º), também extinta em 1982.

FISCALIZAÇÃO DA CONSTITUCIONALIDADE

II – Se a criação do Tribunal Constitucional foi aceite quase pacificamente – até por constar de dois projetos de revisão subscritos por Deputados de partidos que atingiam a maioria de dois terços [430] – algumas questões graves dividiam, à partida, os projetos de revisão submetidos a discussão da Assembleia da República.

Eram elas:

a) A manutenção ou não da fiscalização preventiva – porque o projeto da Aliança Democrática (não qualquer dos outros) preconizava a sua supressão;

b) A manutenção ou não da fiscalização da inconstitucionalidade por omissão, porque também o projeto da Aliança Democrática (não qualquer dos outros) incluía a sua eliminação;

c) A manter-se a fiscalização da inconstitucionalidade por omissão saber se deveria competir a um Conselho da República, ouvido o Tribunal Constitucional, por analogia com o sistema de 1976 (como constava do projeto da Frente Republicana e Socialista), ou se devia competir ao Tribunal Constitucional, por analogia com a fiscalização abstrata sucessiva (como era sustentado, embora sem referência ao Tribunal Constitucional, no projeto do Partido Comunista Português);

d) O regime de intervenção do Tribunal Constitucional na fiscalização concreta, por, num dos projetos (no da Frente Republicana e Socialista), se propor a subida ao Tribunal de qualquer questão de inconstitucionalidade não manifestamente infundada e não irrelevante para a causa e, nos demais (nos da Aliança Democrática, do Partido Comunista Português e do Movimento Democrático Português), se preferir manter, ou manter com alterações, o regime de recursos de 1976.

No tocante à composição do Tribunal Constitucional, havia diferenças entre os projetos da Aliança Democrática e da Frente Republicana Socialista, mas um ponto comum: a diversidade de origem ou de designação dos juízes.

---

[430] Projetos da Aliança Democrática e da Frente Republicana e Socialista, além do projeto (depois retirado) da Ação Social-Democrata Independente.

CAPÍTULO II – SISTEMAS DE FISCALIZAÇÃO DA CONSTITUCIONALIDADE

Mais tarde, porém, quase nos termos da revisão, a situação modificar-se-ia por via de acordo extraparlametar; e, à volta deste ponto, abrir-se-ia também largo debate.

III – Estas cinco questões básicas viriam a ser decididas dos seguintes modos:

a) Manteve-se a fiscalização preventiva, com algumas modificações – por, na experiência do primeiro período constitucional, as suas vantagens se terem revelado superiores aos inconvenientes;

b) Manteve-se a fiscalização da inconstitucionalidade por omissão – de resto, limite material da revisão constitucional, art. 290.º, alínea *m*);

c) Organizou-se a fiscalização da inconstitucionalidade por omissão por via de decisão declarativa do Tribunal Constitucional – por aproveitamento do esquema paralelo da fiscalização sucessiva de normas e por o Conselho de Estado então criado ou restaurado não ter senão funções consultivas do Presidente da República (novo art. 148.º do texto constitucional);

d) Para efeito de fiscalização concreta, configurou-se o Tribunal Constitucional como tribunal de recursos, mas em moldes bastante mais abertos do que, antes, a Comissão Constitucional – por compromisso entre os diversos projetos de revisão;

e) Estabeleceu-se, como já se disse, uma composição deste Tribunal com dez membros eleitos pela Assembleia da República, por maioria de dois terços de Deputados presentes, desde que superior à maioria absoluta dos deputados em efetividade de funções, e três outros cooptados por aqueles – e devendo seis dos juízes ser escolhidos de entre juízes dos restantes tribunais e os demais de entre juristas.

No essencial, é este o sistema que perdura até hoje.

IV – Atribuiu-se, por outro lado, ao Tribunal a verificação prévia da constitucionalidade e da legalidade dos referendos locais então criados [art. 213.º, n.º 2, alínea *d*)].

V – Imediatamente a seguir à revisão, foi aprovada a lei relativa à organização, ao funcionamento e ao processo do Tribunal: a Lei n.º 28/82, de 15 de novembro [431], já alterada até hoje várias vezes.

43. A fiscalização da constitucionalidade nas revisões de 1989, 1997 e 2004

I – A revisão constitucional de 1989 também atingiu alguns aspetos da justiça constitucional, quer no tocante ao Tribunal Constitucional, quer no tocante ao próprio regime substantivo e processual de fiscalização.

Uma primeira modificação foi de ordem sistemática: entendeu-se que se justificava autonomizar o seu estatuto [432] e transferir para aí as normas organizatórias até então localizadas na parte IV (de «Garantia e revisão da Constituição») [433].

Nesse novo título (o VI da parte III da Constituição), as principais inovações trazidas pela revisão constitucional frente ao texto anterior a 1989 foram as seguintes:

- A definição do Tribunal Constitucional (art. 223.º, hoje 221.º);
- A possibilidade de a Assembleia da República eleger como juízes do Tribunal Constitucional mais de três juízes dos restantes tribunais, e não apenas três como acontecia desde 1982 (art. 224.º, n.º 2, hoje 222.º, n.º 2);
- A constitucionalização das competências de jurisdição eleitoral e de partidos e a extensão aos referendos nacionais da competência já prevista para os referendos locais [art. 225.º, n.º 2, alíneas c), e) e f)];

---

[431] Os textos relativos à elaboração desta lei foram publicados pela própria Assembleia da República, *Organização, funcionamento e processo do Tribunal Constitucional*, Lisboa, 1984. Cfr. de BARBOSA DE MELO e CARDOSO DA COSTA, *Projeto de lei sobre a Organização, funcionamento e processo do Tribunal Constitucional*, Coimbra, 1985.

[432] Cfr. as intervenções dos Deputados Almeida Santos e Rui Machete na comissão eventual de revisão constitucional: v. *Diário da Assembleia da República*, V legislatura, 2.ª sessão legislativa, 2.ª série, n.º 90-RC, ata n.º 88, reunião de 10 de fevereiro de 1989, pág. 653; e n.º 107-RC, ata n.º 105, reunião de 17 de março de 1989, pág. 2993.

[433] Anteriores arts. 284.º e 285.º

CAPÍTULO II – SISTEMAS DE FISCALIZAÇÃO DA CONSTITUCIONALIDADE

- A explicitação da possibilidade de funcionamento por secções não especializadas não só para efeito de fiscalização concreta da constitucionalidade e da legalidade mas também para o exercício de outras competências, salvo a fiscalização abstrata (art. 226.º, n.º 2, hoje 224.º, n.º 2);
- A previsão de recurso para o plenário do Tribunal Constitucional de decisões contraditórias no domínio da mesma norma (art. 226.º, n.º 3, hoje 224.º, n.º 3) – inovação, como é evidente, destinada a propiciar a harmonia de julgados, superando uma anterior omissão ou deficiência do regime do Tribunal [434].

II – No título I [435] da parte IV, para lá de um regime específico de fiscalização preventiva das leis orgânicas e de outras modificações de menor vulto (a considerar nos lugares próprios do próximo capítulo), a revisão veio instituir – ultrapassando a anterior controvérsia [436] – o controlo sucessivo, concreto e abstrato, da legalidade de normas jurídicas frente às «leis de valor reforçado» ou leis ordinárias reforçadas [novos preceitos dos arts. 280.º, n.º 2, alínea *a*), e 281.º, n.º 1, alínea *b*)], e tornou obrigatório para o Ministério Público, nos termos do art. 280.º, n.º 3, o recurso das decisões dos tribunais de recusa de aplicação de normas com fundamento em violação dessas leis [437].

Em contrapartida, não resolveu a revisão o problema da contradição entre lei e tratado [438]. Mas, pouco depois, a alteração feita à Lei n.º 28/82 pela Lei n.º 65/89, de 7 de setembro, admitiu recurso para o Tribunal Constitucional das decisões de tribunais «que recusem a aplicação de norma constante de ato legislativo com fundamento na sua contrariedade com uma convenção

---

[434] V. a intervenção do Deputado José Magalhães, in *Diário da Assembleia da República*, V legislatura, 2.ª sessão legislativa, 2.ª série, n.º 107-RC, ata n.º 105, reunião de 17 de março de 1989, pág. 2999.

[435] Doravante, não dividido em capítulos.

[436] Na primeira revisão constitucional, o assunto fora apenas visto de relance: v. *Diário da Assembleia da República*, II legislatura, 2.ª sessão legislativa, 2.ª série, suplemento ao n.º 72, pág. 1330(23).

[437] Em que se incluem, evidentemente, os estatutos das regiões autónomas: cfr. *Manual...*, V, cit., pág. 388.

[438] Apesar de um dos projetos de revisão (o dos Deputados do Partido Comunista Português) o contemplar: art. 277.º, n.º 3, 2.ª parte, proposto.

FISCALIZAÇÃO DA CONSTITUCIONALIDADE

internacional ou a apliquem em desconformidade com o anteriormente decidido sobre a questão pelo Tribunal Constitucional» [art. 70.º, n.º 1, alínea *i*)] [439].

Poderia impugnar-se a constitucionalidade da nova alínea *i*) do art. 70.º da Lei n.º 28/82: o legislador ordinário não poderia conferir ao Tribunal uma competência de controlo que a Constituição, manifestamente, lhe não teria atribuído [440].

Todavia, a partir da cláusula aberta do art. 225.º, n.º 3, hoje 223.º, n.º 3 (por força da qual ao Tribunal Constitucional se cometem «as demais funções que lhe sejam atribuídas pela Constituição e pela lei»), será possível encontrar uma fundamentação para aquela alínea, se se considerar que a fiscalização da conformidade das leis com os tratados se não confunde com a fiscalização da legalidade *stricto sensu* dos arts. 280.º e 281.º De resto, era também com base nessa cláusula que se compreendia a competência do tribunal relativamente a Macau, nunca contestada [441].

O que não se previu foi a passagem da fiscalização concreta à abstrata, a declaração de desconformidade de norma legal com convenção internacional (a *inconvencionalidade*, para usar um neologismo). Só por via de revisão constitucional o art. 282.º a poderia vir a abranger, mas, mesmo assim, tal declaração só poderia ter o sentido de declaração de ineficácia, e não de invalidade [442].

III – Num dos projetos de revisão propôs-se, sem êxito, a criação de uma ação direta de inconstitucionalidade para defesa dos direitos, liberdades e garantias, a criação de uma ação constitucional de defesa [443].

---

[439]   Sobre a alteração, v. apenas a referência do Deputado José Magalhães aquando do debate parlamentar (*Diário da Assembleia da República*, v legislatura, 2.ª sessão legislativa, 1.ª série, n.º 105, reunião de 12 de julho de 1989, pág. 5163).

[440]   Assim, RUI MEDEIROS, *Relações entre normas constantes de convenções internacionais e normas legislativas na Constituição de 1976*, in O Direito, 1990, págs. 375-376.

[441]   Cfr. *Manual...*, II, 3.ª ed., cit., págs. 527 e segs.

[442]   Cfr. *Curso...*, cit., págs. 195 e segs. e Autores citados.

[443]   Art. 20.º-A da Constituição, segundo o projeto 2/v, dos Deputados Carlos Brito e outros: «1. Haverá ação constitucional de defesa junto do Tribunal Constitucional contra quaisquer actos ou omissões dos poderes públicos que lesem directamente direitos, liberdades e garantias, quando eles não sejam suscetíveis de impugnação junto dos demais tribunais. – 2. Haverá também recurso constitucional de defesa para o Tribunal Constitucional de actos ou omissões dos tribunais, de natureza processual, que, de forma autónoma, violem direitos,

CAPÍTULO II – SISTEMAS DE FISCALIZAÇÃO DA CONSTITUCIONALIDADE

E tão pouco obtiveram acolhimento a ideia de sujeição dos atos políticos a fiscalização [444], algumas alterações ao regime de inconstitucionalidade das convenções internacionais [445] ou a atribuição ao Tribunal Constitucional do julgamento das ações de responsabilidade civil do Estado e das regiões autónomas pelo exercício da função legislativa [446].

IV – A revisão constitucional de 1992, provocada pelo Tratado da União Europeia, não tocou em matérias pertinentes à justiça constitucional. Pelo contrário, viria a afetá-las largamente a revisão de 1997, embora tivesse deixado imodificados os preceitos reguladores de fiscalização de constitucionalidade.

Assim, alongou-se para nove anos o mandato dos juízes e prescreveu-se que não seria renovável (novo art. 222.º, n.º 3, da Constituição), pondo fim a uma singularidade do nosso Tribunal nociva à sua imagem de independência [447].

---

liberdades e garantias, desde que tenham sido esgotados os recursos ordinários competentes». E num novo n.º 3 do art. 20.º preconizava-se: «As ações e recursos que tenham por objecto a defesa dos direitos, liberdades e garantias seguem processo especial, caracterizado pela prioridade e celeridade».
V. o debate in *Diário da Assembleia da República*, v legislatura, 1.ª sessão legislativa, 2.ª série, n.º 7-RC, ata n.º 5, reunião de 6 de abril de 1988, págs. 146 e segs.; n.º 67-RC, ata n.º 65, reunião de 7 de dezembro de 1988, págs. 2037 e segs.; e 1.ª série, n.º 66, reunião de 19 de abril de 1989, págs. 2292 e segs.

[444] Art. 283.º-A, segundo o mesmo projeto n.º 2/v, e art. 213.º, alínea *e)*, segundo o projeto n.º 1/v, dos Deputados Adriano Moreira e outros.
V. o debate in *Diário da Assembleia da República*, v legislatura, 1.ª sessão legislativa, 2.ª série, n.º 55-RC, ata n.º 53, reunião de 28 de julho de 1988, págs. 1789 e segs.
O projeto de Constituição do Centro Democrático Social (art. 133.º, n.º 2) e o projeto de FRANCISCO SÁ CARNEIRO, *Uma Constituição para os Anos 80*, Lisboa, 1979, também já o haviam previsto.

[445] Arts. 278.º, n.º 4, e 279.º, n.ºs 4, 5 e 6, segundo o projeto n.º 1/v.

[446] Art. 213.º, n.º 2, alínea *e)*, segundo o projeto n.º 9/v, dos Deputados Hermínio Martinho e outros.
Também nós próprios preconizaríamos essa alteração (*Nos dez anos de funcionamento do Tribunal Constitucional*, in *Legitimidade e legitimação...*, cit., págs. 102-103), embora hoje tendamos a proferir a competência dos tribunais judiciais (ou a dos tribunais administrativos), por mais adequada à realização dos direitos e interesses das pessoas.

[447] A Lei n.º 28/82, na sua versão inicial, estabelecia que cada juiz seria eleito individualmente, embora a eleição de cada candidato só se considerasse definitiva depois de preenchidos todas as vagas. Agora, com a Lei n.º 13-A/98, a eleição passa a fazer-se por lista completa, correspondente ao número total de juízes a eleger (arts. 14.º e segs.). Pretende-se evitar a repetição de situações, já verificadas noutros casos, de não obtenção da maioria necessária

FISCALIZAÇÃO DA CONSTITUCIONALIDADE

Suprimiu-se a proibição de secções especializadas, salvo para o efeito da fiscalização abstrata (art. 224.º, n.º 2).

Atribuíram-se ao Tribunal novas competências:

- Competências concernentes a referendos a nível de regiões autónomas, agora criados [arts. 223.º, n.º 2, alínea *e*), 1.ª parte, e 232.º, n.º 2];
- Apreciação dos requisitos relativos ao universo de cidadãos eleitores chamados a participar em referendos [arts. 223.º, n.º 2, alínea *e*), 2.ª parte, e 115.º, n.º 2];
- Competências relativas à perda de mandato e a eleições realizadas na Assembleia da República e nas assembleias legislativas regionais [art. 223.º, n.º 2, alínea *g*)];
- Competências relativas a eleições e a deliberações de órgãos de partidos políticos [art. 223.º, n.º 2, alínea *h*)] [448].

---

por este ou aquele candidato. Na altura, criticámos a reforma por diminuir a posição dos Deputados, chamados afinal a um mero ato de ratificação de escolhas já feitas. Mas hoje propendemos em aceitá-la como um mal menor, por a eleição em lista conjunta dever contribuir para diminuir a origem partidária das candidaturas.

Por outro lado, a revisão constitucional tinha admitido um regime transitório relativo à primeira eleição e à primeira cooptação a ela subsequentes, destinado a garantir que o termo dos mandatos dos juízes assim designados não ocorresse simultaneamente quanto a todos, não se aplicando àqueles cujos mandatos viessem a ser reduzidos a limitação respeitante à não renovação (art. 196.º da Lei Constitucional n.º 1/97). E a Lei n.º 13-A/98 aproveitaria plenamente essa possibilidade e disporia que no fim da primeira metade dos mandatos desses juízes se procederia a sorteio para determinar a cessação dos mandatos de quatro dos Juízes eleitos e de um dos juízes cooptados.

Compreende-se a intenção assumida pelo legislador: reforçar a continuidade institucional e propiciar uma renovação parcial do Tribunal de tantos em tantos anos. Simplesmente, a possibilidade de recondução dos juízes com mandato reduzido, se podia representar para eles uma espécie de compensação, não deixava de pôr em causa o objetivo de salvaguarda da independência subjacente à regra geral de não renovação dos mandatos. Era um caso de escola de derrogação constitucional.

Cfr. o parecer da comissão parlamentar in *Diário da Assembleia da República*, vii legislatura, 3.ª sessão legislativa, 2.ª série-A, n.º 32, de 19 de fevereiro de 1998; e o debate, *ibidem*, 1.ª série-A, n.º 41, sessão de 18 de fevereiro de 1998, págs. 1375 e segs.

[448] Cfr., quanto à discussão e à votação no Plenário da Assembleia da República, *Diário*, vii legislatura, 2.ª sessão legislativa, 1.ª série, n.os 102 e 104, reuniões de 25 e de 30 de julho de 1997, págs. 3866 e 3867 e 4005, respetivamente. Quanto ao debate na Comissão Eventual de Revisão, quatro anos passados, ainda não está publicado.

CAPÍTULO II – SISTEMAS DE FISCALIZAÇÃO DA CONSTITUCIONALIDADE

Como os decretos legislativos regionais agora apenas deveriam não contradizer os *princípios fundamentais* das leis gerais da República [arts. 112.º, n.º 4, e 227.º, n.º 1, alínea *a)*, novos], reduziu-se, por essa via [apesar de não se terem alterado os arts. 280.º, n.º 2, alínea *b)*, e 281.º, n.º 1, alínea *a)*, e n.º 2, alínea *g)*], o âmbito possível da ilegalidade e, portanto, da intervenção do Tribunal Constitucional.

V – Nesta revisão, voltaria a aparecer a proposta de criação de uma ação constitucional de defesa [449] ou, noutros projetos, de um recurso constitucional [450] ou de um *recurso de amparo* [451]. E também a proposta de apreciação e declaração de inconstitucionalidade, em geral, de atos políticos [452].

Por outro lado, houve quem tivesse alvitrado, na fiscalização preventiva, a apreciação da constitucionalidade do regimento da Assembleia da República [453] e a supressão da possibilidade de confirmação de decretos da Assembleia objeto de pronúncia pela inconstitucionalidade pelo Tribunal Constitucional [454].

Propôs-se que se consagrasse a fiscalização preventiva da constitucionalidade das leis de revisão constitucional, mas, em contrapartida, que ficasse vedada a fiscalização sucessiva [455].

Finalmente, defendeu-se algo de equivalente à ação popular de inconstitucionalidade, através do poder de iniciativa, tanto na fiscalização sucessiva

---

[449]   Projeto n.º 4/VII, dos Deputados Carlos Carvalhas e outros.

[450]   Projeto n.º 2/VII, dos Deputados Passos Coelho e outros; projeto n.º 8/VII, dos Deputados Cláudio Monteiro e outros; e projeto n.º 9/VII, dos Deputados Arménio Santos e outros.

[451]   Projeto n.º 3/VII, dos Deputados Jorge Lacão e outros, e projeto n.º 6/VII, dos Deputados Guilherme Silva e outros.
Lia-se no Projeto n.º 3/VII, com um novo art. 20.º-A: "Há recurso de amparo, com carácter de prioridade e celeridade, junto do Tribunal Constitucional: *a)* Contra atos ou omissões de entidades públicas de que decorra lesão direta de direitos, liberdades e garantias, insusceptíveis de impugnação junto dos demais tribunais; *b)* Contra atos ou omissões dos tribunais de carácter processual que, de forma autónoma, violem direitos, liberdades e garantias, após esgotamento dos recursos ordinários".
O texto do projeto n.º 6/VII era muito parecido.

[452]   Projeto n.º 4/VII.

[453]   Projeto n.º 3/VII e projeto n.º 7/VII, dos Deputados António Trindade e Isabel Lino.

[454]   Projeto n.º 3/VII e projeto n.º 8/VII, dos Deputados Cláudio Monteiro e outros.

[455]   Projeto n.º 3/VII.

abstrata como na fiscalização da inconstitucionalidade por omissão, conferido a certo número de cidadãos [456].

Nenhuma destas propostas fez vencimento.

Contudo, em sede de direitos fundamentais, ficaria consignado – numa perspetiva de certa abertura – que «para defesa dos direitos, liberdades e garantias pessoais, a lei assegura aos cidadãos procedimentos judiciais caracterizados pela celeridade e pela prioridade, de modo a obter tutela efetiva e em tempo útil contra ameaça ou violação desses direitos» (novo art. 20.º, n.º 5). É uma norma da mesma *ratio* da apreciação judicial da prisão preventiva (art. 28.º da Constituição) e do *habeas corpus* (art. 31.º) [457], se bem que insuficiente sem revisão constitucional (por implicação com o sistema dos arts. 204.º e 280.º), para introduzir um recurso de amparo ou figura próxima.

VI – A revisão constitucional de 2001 (provocada pelo Tribunal Penal Internacional) não tocou na matéria da fiscalização da constitucionalidade e também não a de 2005, só respeitante aos tratados da União Europeia. Já não a de 2004, em que as alterações feitas no sistema das regiões autónomas implicaram:

a) Por se ter deixado de consagrar (pelo menos explicitamente) a figura de leis gerais da República (anterior art. 112.º, n.º 5), o desaparecimento do controlo pelo Tribunal Constitucional da conformidade dos decretos legislativos regionais com os seus princípios fundamentais [anteriormente, art. 280.º, n.º 2, alínea *b)*, e art. 281.º, n.º 1, alínea *c)*] [458];

b) Também, por arrastamento, o desaparecimento da fiscalização preventiva dos decretos regulamentares de regulamentação das leis gerais da República (art. 278.º, n.º 2).

---

[456] Projetos n.ᵒˢ 3 e 4 e projeto n.º 10/VII, dos Deputados Isabel Castro e Heloisa Apolinário. No primeiro desses projetos, o número mínimo de cidadãos eleitores era de 5.000; já no segundo era de 10.000 eleitores.

[457] E com a concretização, feita pelos arts. 109.º a 111.º (já referidos) e 131.º do Código do Procedimento nos Tribunais Administrativos (aprovado pela Lei n.º 15/2002, de 22 de fevereiro).

[458] V. dois casos de controlo antes desta revisão: acórdão n.º 69/2004, de 28 de janeiro, in *Diário da República*, 1.ª série-A, de 29 de setembro de 2004; e acórdão n.º 295/2004, de 27 de abril, *ibidem*, de 27 de maio de 2004.

CAPÍTULO II – SISTEMAS DE FISCALIZAÇÃO DA CONSTITUCIONALIDADE

44. Quadro atual de competências do Tribunal Constitucional

I – A Constituição define o Tribunal Constitucional como o *tribunal ao qual compete administrar a justiça em matérias de natureza jurídico-constitucional* (art. 221.º) [459].

A amplitude da fórmula destina-se a frisar que o Tribunal não se confina a órgão de fiscalização da constitucionalidade e da legalidade – possui outras competências, sejam atribuídas diretamente por normas constitucionais (art. 223.º, n.º 2), sejam provenientes da lei (art. 223.º, n.º 3, já referido) [460].

Em contrapartida, não é ele o único órgão de fiscalização – são-no, igualmente, os restantes tribunais (art. 204.º). E nem sequer é em termos mais amplos, o único órgão de defesa da Constituição – são-no, igualmente, o Presidente da República [arts. 120.º, 134.º, alínea *d*), 138.º e 195.º, n.º 2] e a Assembleia da República [art. 162.º, alínea *a*)].

II – Desde logo, ainda no domínio da fiscalização, compete ao Tribunal Constitucional fiscalizar preventivamente a constitucionalidade e a legalidade dos referendos nacionais, regionais e locais [arts. 115.º, n.º 8, e 223.º, n.º 2, alínea *t*), 1.ª parte], os quais, não são atos normativos [arts. 115.º, n.º 3, e 232.º, n.º 2, da Constituição, arts. 240.º e segs. da Lei n.º 15-A/98, de 3 de abril, e arts. 219.º e segs. da Lei Orgânica n.º 4/2000, de 24 de agosto].

A fiscalização abrange quer o procedimento; quer a questão em si mesma, o fundo; quer a formulação das perguntas ou pergunta.

III – Fora da fiscalização, cabe distinguir – tendo em conta tanto a Constituição como a legislação ordinária – por um lado, entre competências contenciosas e competências não contenciosas e, por outro lado, competências relativas a eleições, referendos, partidos políticos e outras organizações e competências respeitantes a titulares de cargos políticos.

---

[459] Para uma visão geral, v. MIGUEL LOBO ANTUNES, *Tribunal Constitucional*, in *Dicionário Jurídico da Administração Pública*, VII, págs. 422 e segs. Para uma visão comparativa, JOSÉ ADÉRCIO LEITE SAMPAIO, *op. cit.*, págs. 110 e segs.

[460] A lei orgânica continua sendo a Lei n.º 28/82, de 15 de novembro, com numerosas alterações – as constantes das Leis n.ºs 143/85, 85/89, 88/95 e 13-A/98, de 26 de novembro, 7 de setembro, 1 de setembro e 26 de fevereiro, respetivamente.

FISCALIZAÇÃO DA CONSTITUCIONALIDADE

O que o legislador não pode, naturalmente, apesar da cláusula aberta do art. 223.º, n.º 3, é atribuir ao Tribunal poderes subtraídos a outros órgãos e, desde logo, a outros tribunais. Ao Tribunal Constitucional está vedado assumir qualquer espécie de jurisdição criminal, mesmo em caso de crime de responsabilidade (porque a isso se opõe ao art. 130.º, n.º 1); mas já poderá exercer funções de contencioso administrativo (porque o art. 212.º, n.º 3, não contém uma reserva absoluta dos tribunais administrativos e fiscais).

IV – São competências contenciosas relativas a eleições, referendos e partidos políticos:

a) Julgar recursos de decisões respeitantes à criação de postos de recenseamento e à inscrição dos cidadãos eleitores (arts. 26.º e 61.º da Lei n.º 13/99, de 22 de março);

b) Julgar recursos respeitantes a eleições para os órgãos do poder político e para o Parlamento Europeu [art. 223.º, n.º 2, alínea c), da Constituição], sejam de decisões sobre a apresentação de candidaturas (arts. 94.º e 101.º da lei orgânica), sejam de decisões sobre a votação e o apuramento (arts. 102.º e 98.º da lei orgânica), sejam de decisões da Comissão Nacional de Eleições e de outros órgãos da administração eleitoral [arts. 8.º, alíneas c), d), e) e f), 94.º, 98.º, 101.º, 101.º-B e 102.º da lei orgânica] [461];

c) Decidir a suspensão do direito de antena, em caso de abuso ou de utilização para publicidade comercial (por todos, arts. 133.º e 134.º da Lei n.º 14/79, de 16 de maio, com as alterações da Lei n.º 10/95, de 7 de abril, e arts. 63.º e 64.º da Lei n.º 15-A/98, de 3 de abril);

d) Julgar recursos relativos a eleições no interior da Assembleia da República e das Assembleias Legislativas Regionais [art. 223.º, n.º 2, alínea g), 2.ª parte, da Constituição e art. 102.º-D da lei orgânica];

e) Julgar recursos de decisões relativas aos procedimentos de referendos (arts. 11.º e 105.º da lei orgânica, arts. 63.º, 64.º e 172.º e segs. da Lei n.º 15-A/98 e arts. 151.º e segs. da Lei Orgânica n.º 4/2000);

---

[461] A Constituição fala em julgar em *última instância* recursos eleitorais, mas a lei (ainda ao abrigo do art. 223.º, n.º 3) pode também aqui alargar a competência do Tribunal.

182

CAPÍTULO II – SISTEMAS DE FISCALIZAÇÃO DA CONSTITUCIONALIDADE

f) Decidir questões relativas a partidos políticos e a coligações de partidos (arts. 9.º, 103.º, 103.º-A e 103.º-B da lei orgânica);

g) Julgar ações de impugnação de eleições de titulares de órgãos de partidos políticos [art. 223.º, n.º 2, alínea *h)*, 1.ª parte, da Constituição e art. 103.º-C da lei orgânica];

h) Julgar ações de impugnação de deliberações tomadas por órgãos de partidos políticos [art. 223.º, n.º 2, alínea *h)*, 2.ª parte, da Constituição e art. 103.º-D da lei orgânica] [462].

i) Apreciar a legalidade e a regularidade das contas dos partidos políticos e das campanhas eleitorais [463] com poderes para aplicar coimas [arts. 9.º, alínea *e)*, 103.º-A e 103.º-B da lei orgânica e arts. 23.º e segs. da Lei n.º 19/2003, de 23 de junho].

E é competência contenciosa concernente a titulares de órgãos de poder político:

j) Julgar recursos de decisões respeitantes à perda do mandato de Deputados à Assembleia da República e às Assembleias Legislativas Regionais [art. 223.º, n.º 2, alínea *g)*, 1.ª parte, da Constituição e arts. 91.º-A e 91.º-B da lei orgânica].

V – São competências não contenciosas relativas a eleições, referendos e partidos e outras organizações:

a) Admitir as candidaturas à Presidência da República e ao Parlamento Europeu [arts. 8.º, alíneas *a)* e *e)*, 92.º e 96.º da lei orgânica];

---

[462] Cfr. CARLA AMADO GOMES, *Quem tem medo do Tribunal Constitucional? A propósito dos arts. 103.º-C, 103.º-D e 103.º-E da LOTC*, in *Estudos de homenagem ao Conselheiro José Manuel Cardoso da Costa*, obra coletiva, Coimbra, 2003, págs. 585 e segs.

[463] Com a coadjuvação da Entidade de Contas e Financiamentos Políticos, órgão independente de carácter técnico (arts. 24.º e segs. da Lei Orgânica n.º 2/2005, de 10 de janeiro). Mas nada justifica esta competência, quando existe um Tribunal de Contas, que julga as contas que a lei mandar submeter-lhe (art. 214.º, n.º 1, da Constituição). E é também uma sobrecarga para os contribuintes.

FISCALIZAÇÃO DA CONSTITUCIONALIDADE

b) Verificar a morte e declarar a incapacidade para o exercício da função presidencial de qualquer candidato à Presidência da República [art. 223.º, alínea *d)*, da Constituição e art. 97.º da lei orgânica];

c) Apreciar os requisitos relativos ao universo referendário [arts. 223.º, n.º 2, alínea *f)*, 2.ª parte, e 115.º, n.º 12, da Constituição];

d) Verificar a legalidade da constituição dos partidos e coligações de partidos, bem como apreciar a legalidade das suas denominações, siglas e símbolos [art. 223.º, n.º 2, alínea *e)*, 1.ª parte, da Constituição e art. 103.º da lei orgânica];

e) Apreciar e declarar a ilegalidade e, por maioria de razão, a inconstitucionalidade de qualquer norma de estatutos dos partidos políticos (art. 16.º, n.º 3 da Lei Orgânica n.º 2/2003, de 22 de agosto);

f) Ordenar a extinção de partidos políticos [art. 223.º, n.º 2, alínea *e)*, 2.ª parte, da Constituição e art. 103.º-F da lei orgânica];

g) Declarar a extinção de organizações de ideologia fascista (art. 104.º da lei orgânica e Lei n.º 64/78, de 6 de outubro);

h) Apreciar as contas dos partidos e das campanhas eleitorais (art. 23.º da Lei n.º 19/2003, de 20 de julho).

E são competências não contenciosas referentes a titulares de cargos públicos:

h) Verificar a morte e declarar a impossibilidade física permanente do Presidente da República, bem como verificar os impedimentos temporários de exercício das suas funções [art. 223.º, n.º 2, alínea *a)*, da Constituição e arts. 87.º, 88.º, e 89.º da lei orgânica];

i) Verificar a perda do cargo de Presidente da República [art. 223.º, n.º 2, alínea *b)*, da Constituição e arts. 90.º e 91.º da lei orgânica];

j) Registar e arquivar as declarações de rendimentos e património dos titulares de cargos políticos (arts. 11.º-A e 106.º e segs. da lei orgânica e Leis n.ºˢ 4/83, 38/83 e 29/95, de 21 de abril, 25 de outubro e 18 de agosto, respetivamente);

l) Registar e arquivar as declarações de incompatibilidades e impedimentos dos titulares de cargos públicos (arts. 11.º-A e 111.º e segs. da lei orgânica e Lei n.º 64/93, de 26 de agosto).

45. O estatuto específico do Tribunal

I – O Tribunal Constitucional é um tribunal, o primeiro dos tribunais (art. 209.º); e, por isso, aplicam-se-lhe as regras gerais respeitantes aos tribunais e a garantias e incompatibilidades dos juízes (art. 216.º) [464].

Mas não é um tribunal como os outros – não só pela função de garantia da constitucionalidade e da legalidade e pelas funções não contenciosas acabadas de mencionar como pela sua composição. Daí um estatuto peculiar que o aproxima, até certo ponto, à semelhança do que sucede noutros países, do estatuto dos órgãos políticos de soberania.

II – Com efeito:

- O Tribunal Constitucional consta de um título autónomo da Constituição (arts. 221.º e segs.) [465] [466];
- A Constituição, além de definir o essencial das suas competências, estabelece logo a sua composição (art. 222.º, n.ᵒˢ 1 e 2), o regime do mandato dos juízes (art. 222.º, n.º 3) e o regime das secções por que pode funcionar (art. 224.º, n.º 2);
- O seu presidente é membro do Conselho de Estado [art. 142.º, alínea c)];
- Ao passo que a organização e a competência dos tribunais em geral e o estatuto dos respetivos magistrados consta da reserva relativa de competência legislativa da Assembleia da República [art. 165.º, n.º 1, alínea p), 1.ª parte], a organização, o funcionamento e o processo do Tribunal Constitucional entram na reserva absoluta [art. 164.º, alínea c)] e são objeto de lei de procedimento agravado, de lei orgânica (arts. 166.º, n.º 2, 168.º, n.º 5, 136.º, n.º 3, e 278.º, n.º 4).

---

[464] Sendo, por isso, redundante o art. 222.º, n.º 5.

[465] Talvez bastasse um capítulo próprio dentro do título dos tribunais e, a ser um título autónomo, talvez ficasse melhor a preceder o dos tribunais.

[466] O Direito comparado mostra algumas variantes na localização sistemática do Tribunal Constitucional. Colocam-no no âmbito dos tribunais as Constituições alemã, turca, colombiana, checa, eslovaca, sul-africana e polaca; no âmbito da garantia da Constituição as Constituições austríaca e italiana; em título ou capítulo próprio as Constituições espanhola, húngara, romena, lituana, eslovena e croata.

FISCALIZAÇÃO DA CONSTITUCIONALIDADE

Tudo reforçado pela sua lei orgânica, ao estabelecer:

- A publicação na 1.ª série-A do Diário da República das principais das suas decisões (art. 3.º);
- A atribuição de autonomia administrativa e de orçamento próprio (arts. 5.º e 47.º-A);
- A posse e o juramento dos juízes perante o Presidente da República (art. 20.º);
- À semelhança do que sucede com os Deputados (art. 157.º, n.ᵒˢ 2 e 4 da Constituição), a dependência de deliberação da Assembleia da República para seguimento de procedimento criminal contra qualquer dos juízes por crimes no exercício das suas funções (art. 26.º, n.º 2), bem como a dependência de deliberação do Tribunal para suspensão de juiz, em caso de acusação por crimes estranhos ao exercício das suas funções, sendo obrigatória a suspensão quando se trate de crime doloso a que corresponda pena de prisão cujo limite máximo seja superior a três anos (art. 26.º, n.º 4);
- A aplicação aos juízes do regime de declaração de riqueza e de rendimentos de titulares de cargos políticos (Leis n.º 4/83, de 2 de abril, n.º 38/83, de 25 de outubro, e 25/95, de 18 de agosto).

III – O Tribunal elege o seu Presidente e o seu Vice-Presidente (art. 222.º, n.º 4, da Constituição e art. 37.º, n.º 2, da lei orgânica).

O Tribunal funciona em sessões plenárias e por secções (art. 40.º). Há três secções não especializadas, cada uma constituída pelo Presidente ou pelo Vice-Presidente e por mais quatro juízes (art. 41.º, n.º 1) [467].

Para cada processo, é designado um relator que preparar um projeto de acórdão a submeter ao Tribunal [468].

---

[467] A distribuição dos juízes pelas secções e a determinação das secções normalmente presidida pelo Vice-Presidente faz-se no início de cada ano judicial (art. 41.º, n.º 2).

[468] Para efeito de distribuição e substituição de relatores, a ordem dos juízes é sorteada anualmente na 1.ª sessão do ano judicial (art. 50.º, n.º 1). Ao Presidente não são distribuídos processos para relatar. O Vice-Presidente só é relator de processos de fiscalização preventiva e de um quarto dos processos de recursos que caiba a cada um dos restantes juízes (art. 50.º, n.ᵒˢ 2 e 3).

CAPÍTULO II – SISTEMAS DE FISCALIZAÇÃO DA CONSTITUCIONALIDADE

Cada juiz dispõe de um voto e o Presidente, e o Vice-Presidente quando o substitua, de voto de qualidade (art. 42.º, n.º 3) [469].

Os juízes têm o direito de lavrar votos de vencido (art. 42.º, n.º 4), o que corresponde a uma longa tradição portuguesa e a uma prática também adotada noutros Tribunais Constitucionais e em Supremos Tribunais, com relevo para o *Dissent* no Supremo Tribunal dos Estados Unidos [470].

Os votos de vencido, longe de enfraquecerem a autoridade das decisões do Tribunal, reforçam-na por (conforme atrás acenámos), enriquecerem o debate à volta de questões constitucionais e por trazerem diferentes ou novas vias de interpretação [471].

IV – O Tribunal Constitucional português não funciona em sessões públicas, ao contrário do que sucede no Brasil [472], no Supremo Tribunal Federal, o que propicia votos deliberativos e não agregativos (para empregar as expressões de Luís Roberto Barroso [473]).

Tão pouco conhece a figura do *amicus curiae*, vinda dos Estados Unidos e consagrada no Brasil pelo art. 7, § 2, da Lei n.º 9868/99, com vista a ampliar as bases de informação e de repercussão sobre as quais o Supremo Tribunal Federal decide e a possibilitar que entidades públicas ou privadas que,

---

[469]   Sobre o sistema de votação em Tribunais Constitucionais ou órgãos homólogos, cfr. MARÍA ÁNGELES AHUMADA RUÍZ, *La regla de la mayoria y la formulación de la doctrina constitucional*, in *Sub Júdice*, n.º 42, janeiro-março de 2008, págs. 9 e segs.

[470]   Cfr. *L'opinione dissenziente*, obra coletiva (org. Adele Anzon), Milão, 1995.

[471]   Como diz PETER HÄBERLE (*O Direito Processual Constitucional*, cit., *loc. cit.*, pág. 157), os votos particulares são expressão de "publicidade" e do carácter aberto da Constituição, da abertura dos seus intérpretes e do "pluralismo da Constituição", consequência, em última instância, do próprio "tempo e cultura constitucional"; possibilitam alternativas de interpretação no sentido de "pensar em possibilidades"; são também uma parte da democracia.

[472]   Cfr. ANA CÂNDIDA DA CUNHA FERRAZ, *A projeção da democracia participativa na jurisprudência constitucional do Brasil: as audiências públicas e a sua adoção no modelo concentrado de constitucionalidade*, in *Direito Constitucional, Estado de Direito e Democracia – Homenagem ao Prof. Doutor Manoel Gonçalves Ferreira Filho*, obra coletiva (coord. por Carlos Bastide Horbache *et alii*), São Paulo, 2011, págs. 752 e segs.

[473]   *Constituição, Democracia, Supremacia Judicial*, cit., *loc. cit.*, pág. 333: padrão agregativo é aquele em que a decisão é produto dos votos individuais e padrão deliberativo aquele em que ela é resultado da construção argumentativa e de funcionamentos consensuais e intermediários.

FISCALIZAÇÃO DA CONSTITUCIONALIDADE

eventualmente, atuem com o tema tratado, ofereçam as suas próprias visões e interpretações [474].

Se as audiências públicas são de rejeitar, já *de iure condendo* valeria a pena adotar, com prudência, o *amicus curiae*.

---

[474] RODRIGO DE OLIVEIRA KAUFMANN, *Direitos humanos, Direito constitucional e neopragmatismo*, São Paulo, 2011, págs. 351-352.

CAPÍTULO III
REGIME ATUAL DE FISCALIZAÇÃO
NO DIREITO PORTUGUÊS

§ 1.º
Aspetos gerais

46. Inconstitucionalidade, garantia e fiscalização no texto constitucional

I – O art. 277.º da Constituição de 1976 reporta-se a normas jurídicas. Não significa isto, no entanto (como já se notou) que a inconstitucionalidade se confine ao domínio dos atos normativos; significa tão-só que o regime de fiscalização *ex professo* adotado na Constituição versa sobre esses atos [475].

---

[475] Para uma visão geral do regime português de fiscalização, v. José Mário Ferreira de Almeida, *A justiça constitucional em Portugal*, cit.; n.º 3/4, de dezembro de 1985, da revista *Progresso do Direito* (jornadas sobre a justiça constitucional em Portugal); Gomes Canotilho, *Direito, direitos – Tribunal, tribunais*, in *Portugal – O sistema político e constitucional*, obra coletiva, págs. 901 e segs., e *Direito Constitucional...*, cit., págs. 916 e segs.; Marcelo Rebelo de Sousa, *O valor jurídico...*, cit., págs. 86 e segs.; Jorge Miranda, *Die Verfassungsgerichtliche Kontrolle in Portugal*, in *Richterliche Verfassungskontrolle in Lateinamerika, Spanien und Portugal*, obra coletiva, Baden-Baden, 1989, págs. 81 e segs.; *La Justice Constitutionnelle au Portugal*, obra coletiva, Paris, 1989 (mormente a 1.ª parte, de Pierre Bon, págs. 21 e segs.); e anotação em Jorge Miranda e Rui Medeiros, *Constituição...*, iii, págs. 702 e segs.; Gomes Canotilho e Vital Moreira, *Fundamentos da Constituição*, cit., págs. 235 e segs., e *Constituição...*, cit., ii, págs. 895 e segs.; José Manuel Cardoso da Costa, *A jurisdição constitucional em Portugal*, cit.; Romano Orrú, *Il Tribunal Costituzionale portoghese e la sua giurisprudenza nel biennio 1991-1992*, in *Giurisprudenza Costituzionale*, 1993, págs. 4208 e segs.; Vitalino Canas, *Introdução...*, cit.;

FISCALIZAÇÃO DA CONSTITUCIONALIDADE

Este regime tem por órgãos os tribunais em geral (art. 204.º) e o Tribunal Constitucional em especial (arts. 221.º e segs. e 278.º e segs., e Lei n.º 28/82, com as modificações introduzidas em 1985, 1989, 1995 e 1998).

ARMINDO RIBEIRO MENDES, relatório de Portugal in *I Conferência de Justiça Constitucional da Ibero-América, Portugal e Espanha*, obra coletiva, págs. 689 e segs.; ARISTIDE CANEPA, *Modalità strutturali ed organizzative dell'organo di giurisdizione costituzionale come elementi di tutela della sua indipendenza: osservazioni sul caso portoghese*, in *L'organizzazione e il funzionamento della Corte Costituzionale*, obra coletiva, Turim, 1996, págs. 540 e segs.; MIGUEL LOBO ANTUNES, *Tribunal Constitucional*, in *Dicionário Jurídico da Administração Pública*, VII, 1996, págs. 422 e segs.; RUI MEDEIROS, *A decisão...*, cit., págs. 17 e segs. e 90 e segs. e anotação cit., *loc. cit.*, págs. 739 e segs.; ANTÓNIO DE ARAÚJO e JOAQUIM CARDOSO DA COSTA, Relatório português à III Conferência de Justiça Constitucional da Ibero-América, Portugal e Espanha, Lisboa, 2000; FERNANDO ALVES CORREIA, *Direito Constitucional (A Justiça Constitucional)*, cit.; e anotação, *op. cit., loc. cit.*, págs. 739 e segs.; ANTÓNIO DE ARAÚJO e J. A. TELES PEREIRA, *A justiça constitucional nos 30 anos da Constituição portuguesa: nota para uma aproximação ibérica*, in *Jurisprudência Constitucional*, n.º 6, abril-junho de 2005, págs. 15 e segs.; ROMANO ORRÚ, *La giustizia costituzionale in azione e il paradigma comparato: l'esperienza portoghese*, in *Corte Costituzionale e comparazione giuridica*, obra coletiva, Nápoles, 2006, págs. 1 e segs.; ALESSANDRO PIZZORUSSO, *«Concretezza» e «Astrattezza» nel sistema italiano e nel sistema portoghese di controllo di costituzionalità delle leggi*, in *Themis*, 2006 – 30 anos da Constituição, págs. 171 e segs.; CARLOS BLANCO DE MORAIS, *A justiça constitucional*, 2 vols., 2.ª ed., 2006 e 2011, cit.; CATARINA SARMENTO E CASTRO, *O modelo português de justiça constitucional*, in *Estudos em memória do Conselheiro Luís Nunes de Almeida*, obra coletiva, Coimbra, 2007, págs. 381 e segs.

Sobre a prática de fiscalização, v. *Estudos sobre a jurisprudência do Tribunal Constitucional*, obra coletiva, Lisboa, 1993; GUILHERME DA FONSECA, *O papel da Jurisprudência Constitucional*, in *Perspectivas Constitucionais*, obra coletiva, II, Coimbra, 1997, págs. 1035 e segs.; ANTÓNIO DE ARAÚJO, *O Tribunal Constitucional (1989-1996) – Um estudo do comportamento judicial*, Coimbra, 1997; e deste Autor e de PEDRO COUTINHO MAGALHÃES, *A justiça constitucional entre o direito e a política...*, cit., e *A justiça constitucional...*, in *Análise,,,, cit., loc. cit.*, págs. 7 e segs. e 207 e segs., respetivamente; ANTÓNIO DE ARAÚJO e JOAQUIM PEDRO CARDOSO DA COSTA, *III Conferência da Justiça Constitucional da Ibero-América, Portugal e Espanha – relatório português*, Lisboa, 2000; PAULO MOTA PINTO, *Reflexões sobre jurisdição constitucional e direitos fundamentais*, in *Themis*, 2006 – 30 anos da Constituição, págs. 217 e segs.; JOSÉ MANUEL CARDOSO DA COSTA, *O Tribunal Constitucional face a uma Constituição em mudança*, in *Estudos em memória do Conselheiro Luís Nunes de Almeida*, págs. 479 e segs.; *XXV anos de jurisprudência constitucional portuguesa*, obra coletiva, Coimbra, 2010; NUNO GAROUPA, *O governo da justiça*, Lisboa, 2011, págs. 57 e segs.; CARLOS BLANCO DE MORAIS, *Justiça...*, II, cit., págs. 121 e segs., 487 e segs., 548 e segs. e 969 e segs.; ANA CATARINA SANTOS, *Papel político...*, cit., págs. 71 e segs.; ANTÓNIO DUARTE SILVA e MARGARIDA MENÉRES PIMENTEL, *A Constituição como guia – um percurso de jurisprudência constitucional (1983-2008)* e *Identificação dos 25 acórdãos marcantes da fiscalização da constitucionalidade*, in *Tribunal Constitucional – 35.º aniversário da Constituição de 1976*, obra coletiva, Coimbra, 2012, págs. 421 e segs. e 453 e segs., respetivamente. Assim como as nossas crónicas in *O Direito* e as anotações de GOMES CANOTILHO in *Revista de Legislação e de Jurisprudência*.

CAPÍTULO III – REGIME ATUAL DE FISCALIZAÇÃO NO DIREITO PORTUGUÊS

II – Não são os tribunais, sublinhe-se, os únicos órgãos de garantia da constitucionalidade existentes entre nós. À Assembleia da República – na linha dos Parlamentos das Constituições anteriores – é conferido, recorde-se, o poder de «vigiar pelo cumprimento da Constituição e das leis» [art. 162.º, alínea *a*)].

Simplesmente, se a Assembleia pode – e deve – discutir e apreciar a constitucionalidade de quaisquer atos – normativos e não normativos – de quaisquer órgãos do Estado [476], não pode praticar nenhum ato jurídico relevante que os atinja ou os seus efeitos. Não pode declarar a inconstitucionalidade com força obrigatória geral [477] – o único órgão que o pode fazer é o Tribunal Constitucional (art. 281.º) – ou declarar juridicamente inexistente, nulo ou ineficaz qualquer ato, anulá-lo ou sequer suspendê-lo por inconstitucional. Mesmo o instituto de apreciação de atos legislativos (art. 169.º) serve apenas de controlo de mérito, e não de validade [478].

III – Por outro lado, no processo de fiscalização inserem-se outros órgãos: aqueles, a começar pelo Presidente da República, com legitimidade para desencadear fiscalização abstrata – preventiva, sucessiva e de inconstitucionalidade por omissão (arts. 278.º, 281.º e 283.º). Ora, trata-se aí, evidentemente, de órgãos de iniciativa, e não de decisão – ainda que de grande importância, tanto no estrito plano jurídico-constitucional como no do sistema de governo.

IV – Se o regime constitucional de fiscalização toma por objeto exclusivamente atos normativos, em contrapartida toma-os quer no plano da inconstitucionalidade quer no plano da ilegalidade nos moldes apontados.

---

[476] Cfr. o parecer da Comissão de Assuntos Constitucionais da Assembleia da República publicado no *Diário*, n.º 74, pág. 2470.

[477] Ao contrário do que acontecia (como vimos) com a Assembleia Nacional da Constituição de 1933, pelo menos entre 1971 e 1974 (art. 91.º, n.º 2), e com o Conselho de Estado de 1974, depois Conselho da Revolução (art. 13.º, n.º 1, 3.º, da Lei n.º 3/74, de 14 de maio).

[478] V. a demonstração em *A ratificação no Direito Constitucional Porluguês*, in *Estudos sobre a Constituição*, obra coletiva, III, Lisboa, 1979, págs. 612 e segs.

FISCALIZAÇÃO DA CONSTITUCIONALIDADE

47. Princípios, regras e disposições

I – A Constituição é clara em considerar os princípios parâmetros de constitucionalidade, ao prescrever que, nos feitos submetidos a julgamento, não podem os tribunais aplicar normas que infrinjam o disposto na Constituição ou os *princípios nela consignados* (art. 204.º, remontando ao art. 63.º da Constituição de 1911 e passando pelo art. 122.º, depois 123.º, da Constituição de 1933); ao definir como inconstitucionais as normas que infrinjam a Constituição ou os *princípios nela consignados* (art. 277.º, n.º 1); e ao manter o Direito anterior à entrada em vigor da Constituição desde que não contrário à Constituição ou aos *princípios nela consignados* (art. 296.º, n.º 2).

Não custa reconhecer que pode ser mais difícil ou menos consensual julgar ou declarar a inconstitucionalidade em face de princípios do que em face de regras. E há quem vá ao ponto de só o admitir em caso de evidência e sempre com intensidade mínima[479]. Nem por isso, no entanto, o Tribunal Constitucional português e os de outros Estados têm deixado de decidir segundo princípios como o da igualdade ou da proporcionalidade.

Os princípios não se caracterizam, simplesmente, por indeterminação do conteúdo. Caracterizam-se, sim, por maior generalidade e versatilidade, assim como maior proximidade dos valores identificadores do ordenamento jurídico. E, além disso, os contributos de concordância prática entre princípios ou de ponderação acabam por precisar o seu sentido[480].

II – Salvo tratando-se de norma consuetudinária (hoje fenómeno raro), a regra sujeita a fiscalização aparece sob a veste de um texto, de um preceito ou disposição (artigo, base, número, parágrafo, alínea) e é a partir dessa forma verbal que ela há-de ser encontrada, através dos métodos hermenêuticos [481].

---

[479] Assim, declaração de voto da Juíza Maria Lúcia Amaral ao acórdão n.º 413/2014, de 30 de maio, in *Diário da República*, 1.ª série, de 26 de junho de 2014, pág. 3508.

[480] Cfr., por exemplo, FRANCO MODUGNO, *L'invalidità delle leggi*, Milão, 1970, págs. 217 e segs.; LUÍS PRIETO SANCHÍS, *Ley, principios, derechos*, cit., págs. 61 e segs.; JÖRG LUTHER, *L'uso dei principi fondamentali nella giurisprudenza costituzionale*, in *Giurisprudenza costituzionale e principi fondamentali*, obra coletiva, Turim, 2005, págs. 969 e segs.; FERNANDO ALVES CORREIA, *Justiça Constitucional*, cit., págs. 202, nota, e segs.

[481] Cfr., por todos, GUSTAVO ZAGREBELSKY, *op. cit.*, págs. 147 e segs.; ou ELISEO AJA e MARKUS GONZÁLEZ BEILFUSS, *Conclusiones generales*, in *Las tensiones entre el Tribunal Constitucional y el*

CAPÍTULO III – REGIME ATUAL DE FISCALIZAÇÃO NO DIREITO PORTUGUÊS

Mas, se em boa técnica legislativa a cada preceito deve corresponder uma regra e a cada regra um preceito, nem sempre isso se verifica (muito pelo contrário) [482], com consequências diferentes em fiscalização preventiva e em fiscalização sucessiva. Na primeira, em face do regime adotado entre nós (no art. 279.º), a pronúncia pela inconstitucionalidade de uma só norma ou de um só segmento de norma implica a paralisia de todo o diploma até à decisão final. Já, na segunda, pode perfeitamente subsistir a disposição desde que nela seja autonomizável uma norma ou um segmento não inconstitucional: é o caso da inconstitucionalidade parcial [483].

Inversamente, a norma que se visa impugnar pode só vir a encontrar-se através da conjugação de vários preceitos ou de segmentos deles; pode ser uma espécie de norma complexa [484].

III – Um preceito pode permitir mais de uma interpretação e pode então uma ser conforme com a Lei Fundamental e outra não o ser – tudo se passando como se, em potência (aos olhos do órgão de decisão), ele contivesse tanto uma norma não inconstitucional como uma norma inconstitucional [485]. E o Tribunal Constitucional, em jurisprudência constante, entende que a questão de inconstitucionalidade tanto pode respeitar à norma como à interpretação ou ao sentido com que ela foi aplicada no caso concreto [486].

Legislador, obra coletiva, cit., págs. 264 e 265; RUI DE MEDEIROS, *A força expansiva do conceito de norma no sistema português de fiscalização concentrada da constitucionalidade*, in *Estudos em homenagem ao Prof. Doutor Armando M. Marques Guedes*, págs. 186 e segs.; LÉNIO LUIZ STRECK, *Diferença (ontológica) entre texto e norma: afastando o fantasma do relativismo*, in *Revista da Faculdade de Direito da Universidade de Lisboa*, 2005, I, págs. 55 e segs.; CARLOS BLANCO DE MORAIS, *Justiça...*, II, cit., págs. 173 e segs.

[482] Chegando a ter de se descobrir normas a partir da conjugação de dois ou mais diplomas, quando há reenvios normativos.

[483] Cfr. *supra*.

[484] Cfr. acórdão n.º 224/98, de 24 de março, in *Diário da República*, 2.ª série, de 21 de novembro de 1998; ou acórdão n.º 559/98, de 12 de setembro, *ibidem*, 2.ª série, de 12 de novembro de 1998.

[485] Cfr. VITALINO CANAS, *Introdução...*, cit., pág. 182.

[486] Cfr., entre outros, acórdão n.º 55/85, de 25 de março, in *Diário da República*, 2.ª série, de 25 de maio de 1985, acórdão n.º 213/94, de 2 de março, *ibidem*, 2.ª série, de 23 de agosto de 1994; acórdão n.º 633/95, de 8 de novembro, *ibidem*, 2.ª série, de 20 de abril de 1996; acórdão n.º 370/2000, de 12 de julho, *ibidem*, 2.ª série, de 18 de outubro de 2000; acórdão n.º 117/2001, de 14 de março, *ibidem*, de 24 de abril de 2001.

FISCALIZAÇÃO DA CONSTITUCIONALIDADE

A distinção entre os casos em que a inconstitucionalidade, na fiscalização concreta, é imputada a interpretação normativa daqueles em que é imputada diretamente a decisão judicial radica em que, na primeira hipótese, é discernível na decisão recorrida a adoção de um critério normativo (ao qual depois se subsume o caso concreto em apreço), com carácter de generalidade e, por isso, suscetível de aplicação a outras situações, enquanto, na segunda hipótese, está em causa a aplicação dos critérios normativos tidos por relevantes às particularidades do caso concreto [487].

IV – A regra só não se apresenta através de um preceito ou disposição, quando, não sendo possível recorrer à analogia para integrar uma lacuna, o juiz resolve segundo a norma que formularia «se houvesse de legislar dentro do espírito do sistema» (art. 10.º, n.º 3, do Código Civil).

Um *quid* vem a ser, em tal hipótese, a sentença do caso concreto (insindicável perante o Tribunal Constitucional) e outra coisa a norma que ela aplica ou deixa de aplicar – essa, sim, suscetível de juízo de inconstitucionalidade [488].

V – A norma impugnada não tem de ser uma norma explícita. Pode ser uma norma implícita, como sucede nos casos de decisões aditivas e em certas hipóteses de aparente inconstitucionalidade por omissão.

V. a análise desta jurisprudência em CARLOS LOPES DO REGO, *Os recursos de fiscalização concreta na lei e na jurisprudência do Tribunal Constitucional*, Coimbra, 2010, págs. 32 e segs.; e as observações críticas de JORGE REIS NOVAIS, *Em defesa do recurso de amparo constitucional (ou uma avaliação crítica do sistema português de fiscalização concreta da constitucionalidade*, in *Themis*, n.º 10, 2005, págs. 104 e segs., e de PAULO MOTA PINTO, *Reflexões...*, cit., *loc. cit.*, págs. 210 e segs.

[487] Acórdão n.º 407/2007, de 11 de julho, in *Diário da República*, 2.ª série, de 29 de agosto de 2007; ou acórdão n.º 51/2011, de 31 de outubro, *ibidem*, de 3 de dezembro de 2011.

[488] Neste sentido, RUI MEDEIROS, *A decisão...*, cit., págs. 342 e segs., e acórdão n.º 181/99 do Tribunal Constitucional, de 10 de março (in *Diário da República*, 2.ª série, de 28 de julho de 1999). Cfr. JAVIER JIMENEZ CAMPO, *Analogia «secundum Constitutionem»*, in *Revista del Centro de Estudios Constitucionales*, n.º 13, setembro-dezembro de 1992, págs. 9 e segs.

Sobre o art. 10.º, n.º 3, do Código Civil, v. JOÃO BAPTISTA MACHADO, *Introdução ao Direito e ao Discurso Legitimador*, Coimbra, 1983, págs. 202 e segs.; INOCÊNCIO GALVÃO TELLES, *Introdução ao Estudo do Direito*, 11.ª ed., Coimbra, 1999, págs. 263-264; JOSÉ DE OLIVEIRA ASCENSÃO, *O Direito*, cit., págs. 444 e segs.; MIGUEL TEIXEIRA DE SOUSA, *Introdução ao Direito*, Coimbra, 2012, págs. 409 e segs.

As decisões aditivas, como vimos, só são possíveis, porque o Tribunal Constitucional divisa na disposição que lhe é submetida uma norma contrária ao princípio da igualdade e, por razões de economia jurídica, fá-la ceder diante do alargamento da norma explícita. E também, em alguns casos, a aparente inconstitucionalidade por omissão pode convolar-se em inconstitucionalidade por ação [489].

48. Normas e factos

O juízo de inconstitucionalidade previsto nos arts. 277.º e segs. é um juízo sobre normas. A questão de inconstitucionalidade é uma questão de direito, e não de facto.

Todavia, os tribunais e, em particular, o Tribunal Constitucional não podem deixar de atender aos factos que são, muitas vezes, pressupostos de aplicação das normas às situações de vida por eles regulada e às consequências que podem advir da decisão de inconstitucionalidade [490].

É o que se passa:

- No que tange à inconstitucionalidade orgânica, quanto a saber se a norma em causa proveio do órgão constitucionalmente competente [arts. 161.º, 164.º, 165.º, 198.º, 223.º, n.º 1, alíneas *a)*, *b)* e *c)*, 232.º];
- No que se refere à inconstitucionalidade formal ou procedimental, quanto a saber se se verificou *quorum* (art. 116.º, n.º 2), ou se foi obtida a maioria de aprovação exigida (arts. 116.º, n.º 3, 136.º, n.os 2 e 3, 168.º, n.os 5 e 6, 233.º, n.º 2, 279.º, n.os 2 e 4, 284.º, n.º 2, 286.º, n.º 1), ou se foram ouvidas as organizações de trabalhadores [arts. 54.º, n.º 5, alínea *d)*,

---

[489]   Cfr. *infra*.

[490]   Cfr. VITALINO CANAS, *Os processos...*, cit., págs. 149 e segs.; JEAN-JACQUES PARDINI, *Le juge constitutionnel et le «fait» en Italie et en France*, Paris-Aix, 2001, e *L'opération de qualification des faits dans le controle de constitutionnalité*, in *Renouveau...*, obra coletiva, págs. 335 e segs.; CARLOS BLANCO DE MORAIS, *Justiça...*, II, cit., págs. 623 e segs.; GILMAR FERREIRA MENDES, *Anotações acerca da apreciação e revisão de fatos e prognoses legislativas perante a Corte Constitucional alemã e o Supremo Tribunal Federal brasileiro*, in *Perspectivas de reforma da justiça constitucional em Portugal e no Brasil*, obra coletiva, 2012, págs. 155 e segs.; MARGARIDA SEPÚLVEDA TEIXEIRA, *Apreciação da matéria de facto em sede de fiscalização concreta da constitucionalidade*, in *O Direito*, 2015, págs. 1047 e segs.

e 56.º, n.º 2) ou os órgãos das regiões autónomas [arts. 227.º, n.º 1, alínea *v*), e 229.º, n.º 2];

- No atinente à inconstitucionalidade material, na verificação das condições económicas, financeiras e logísticas de que depende a efetivação dos direitos económicos, sociais e culturais [art. 9.º, alínea *d*)] e, portanto, eventual inconstitucionalidade por omissão (art. 283.º), na determinação de que é ou não objetivamente igual para efeito de observância do princípio da igualdade (art. 13.º), na aplicação do princípio da proporcionalidade (arts. 18.º, n.º 2, 19.º, n.º 4, 270.º, 272.º, n.º 3), na verificação dos pressupostos de que depende a declaração de estado de sítio ou de emergência (art. 19.º, n.º 2).

É o que se passa, para além disso:

- Na apreciação das situações que possam justificar restrição dos efeitos da declaração de inconstitucionalidade ou de ilegalidade (art. 282.º, n.º 4);
- Na verificação da utilidade do recurso.

49. Normas e atos não normativos

I – Norma implica, na aceção comum da Ciência e da experiência jurídicas, generalidade e abstração ou, pelo menos (por causa das chamadas leis-medida), generalidade, embora sejam admissíveis diferentes gradações de exigência constitucional. Se um ato sob forma de lei tiver conteúdo não normativo, *maxime* se for um ato administrativo, escapa, logicamente, ao regime de fiscalização. Tal o entendimento que desde há muito temos sustentado [491].

Não o que tem sido, reiteradamente, seguida pela Comissão Constitucional, primeiro, e, hoje, pelo Tribunal Constitucional. Uma e outro adotaram uma noção «funcional» de lei, de acordo com o qual todo o preceito inserido em ato legislativo, mesmo se individual e concreto, é passível de controlo pelos órgãos específicos de fiscalização [492]. Ou, na fórmula de GOMES CANOTILHO, o

---

[491] Por último, *Manual...*, v, cit., págs. 143 e segs.
[492] Cfr. os acórdãos ali citados.

CAPÍTULO III – REGIME ATUAL DE FISCALIZAÇÃO NO DIREITO PORTUGUÊS

conceito de norma previsto nos arts. 277.º, 280.º, 281.º e 204.º da Constituição – especificamente respeitante à fiscalização da constitucionalidade – é fundamentalmente um *conceito de controlo*, ao qual está subjacente uma componente de proteção típica do Estado de Direito democrático-constitucional [493].

II – Excluídos do controlo do Tribunal Constitucional encontram-se quase todos os atos políticos ou de governo [494] e os demais atos não normativos típicos que são os atos administrativos e as decisões judiciais.

O programa do Governo [495] – do qual constam as principais orientações políticas e medidas a adotar nos diversos domínios da atividade governamental (art. 188.º da Constituição) – não é um ato normativo, nem os homólogos programas de Governo regional (nem tão pouco os planos de atividades de autarquias locais). Só medidas legislativas atuais – constantes de leis – e não projetadas no futuro, podem ser objeto de fiscalização da constitucionalidade.

a) Decerto, os atos políticos ou de governo devem ser conformes com a Constituição para serem válidos (art. 3.º, n.º 3) e podem ser apreciados pelo Parlamento no âmbito da competência geral acabada de lembrar [art. 162.º, alínea *a)*] ou, por forma similar, pelas Assembleias Legislativas regionais quando praticados pelos respetivos Governos regionais. Porém, sindicados em tribunais só podem ser quando portadores de vícios de tal maneira graves que a própria Constituição os fulmine com inexistência jurídica [496], devendo admitir-se então a sua arguição

---

[493]   *Direito Constitucional...*, cit., pág. 933. Cfr. Licínio Lopes Martins, *O conceito de norma na jurisprudência do Tribunal Constitucional*, in *Boletim da Faculdade de Direito da Universidade de Coimbra*, 1999, págs. 599 e segs.; Rui Medeiros, *A força expansiva...*, cit., *loc. cit.*; António Pinto Monteiro, *Do recurso de decisões arbitrais para o Tribunal Constitucional*, in *Themis*, n.º 16, 2009, págs. 203 e segs.; Carlos Blanco de Morais, *Justiça...*, I, cit., págs. 436 e segs.

[494]   Cfr. acórdão n.º 195/94, de 1 de março, in *Diário da República*, 2.ª série, de 12 de maio de 1994, pág. 4584. Na doutrina, cfr., Jairo Gilberto Schäfer, *O problema de fiscalização dos actos políticos em geral*, in *Interesse Público*, n.º 35, 2006, págs. 79 e segs. ou Marco Caldeira, *Actos Políticos, Direitos Fundamentais e Constituição*, Lisboa, 2014.

[495]   Cfr. o nosso artigo *Programa de Governo*, in *Dicionário Jurídico da Administração Pública*, VI, págs. 552 e segs.

[496]   Cfr. *supra*.

incidentalmente [497], inclusive perante o Tribunal Constitucional [498]. Exceções que confirmam a regra são aqueles atos que este pode conhecer a título principal: os referendos, as deliberações parlamentares sobre a perda de mandato dos Deputados e as eleições realizadas na Assembleia da República e nas Assembleias Legislativas regionais [499].

b) No que concerne aos atos e contratos administrativos, eles podem ser inconstitucionais por violação de normas da Constituição. O art. 266.º, n.º 2, diz que os órgãos e agentes administrativos estão subordinados à Constituição e à lei, o que significa uma aplicação (ou aplicabilidade) direta de normas constitucionais [500]. Conforme se prefira, a inconstitucionalidade redunda em violação de lei *lato sensu* ou a violação de lei desdobra-se em violação de lei constitucional e em violação de lei infraconstitucional [501] (sem esquecer a violação de normas de Direito internacional).

Isto não leva, porém, à integração do contencioso administrativo e do contencioso constitucional. Atos administrativos inconstitucionais são sindicados perante os tribunais administrativos e não em sede de fiscalização de constitucionalidade, circunscrita, insista-se, a normas jurídicas (art. 277.º, n.º 1) [502].

c) Também os atos administrativos gerais ficam excluídos de fiscalização da constitucionalidade.

Nos atos normativos, os destinatários são indefinidos, indeterminados ou indetermináveis, e recortam-se em abstrato, sem aceção de pessoas. Já nos atos administrativos gerais (*v. g.*, a abertura de um concurso,

---

[497]   Neste sentido, Afonso Queiró, *«Actos de governo» e contencioso de anulação*, Coimbra, 1970, págs. 28 e 29.

[498]   Cfr. Cristina Queiroz, *Os Actos Políticos...*, cit., pág. 188, nota.

[499]   Cfr. ainda Jairo Schäfer, *O problema da fiscalização dos atos políticos em geral*, in *Interesse Público* (Porto Alegre), n.º 35, 2006, págs. 79 e segs.; Marco Caldeira, *Actos políticos, direitos fundamentais e Constituição*, Lisboa, 2014.

[500]   A ponto de Dinamene de Freitas (*O Acto Administrativo inconstitucional*, Coimbra, 2010, págs. 158 e segs.) entender que, longe de um fenómeno de interposição da lei, ocorre um fenómeno de coexistência de parâmetros de controlo de atividade administrativa ou de concurso de normas.

[501]   Cfr. Afonso Queiró, *Lições...*, cit., págs. 323 e segs.

[502]   Cfr. o que se passa com os atos normativos privados, sujeitos aos tribunais comuns, com as competentes regras de processo.

CAPÍTULO III – REGIME ATUAL DE FISCALIZAÇÃO NO DIREITO PORTUGUÊS

o anúncio de uma hasta pública, talvez um plano de urbanização), por mais alargados que sejam os destinatários, eles circunscrevem-se e são sempre determináveis *a posteriori*, pois no momento da execução dos atos procede-se à sua individualização, tendo em conta os respetivos interesses mais ou menos diferenciados[503].

A generalidade inerente à norma liga-se a não instantaneidade, a repetitividade, a uma dimensão temporal, a «uma pretensão imanente de duração» (FORSTHOFF), a uma «vigência sucessiva» (GOMES CANOTILHO). A norma aplica-se um número indefinido de vezes a uma pluralidade de pessoas, o ato administrativo geral uma só vez (MICHEL FROMONT). A execução da norma não a esgota, nem a consome; afirma-a (GARCIA DE ENTERRÍA). Pelo contrário, o ato administrativo geral esgota-se numa única aplicação (ou com uma única aplicação a cada um dos destinatários). E *mutatis mutandis* é isso ainda que acontece com atos políticos de eficácia geral (como a marcação de eleições) ou de execução diferida como o programa do Governo (arts. 188.º, 189.º e 192.º), que se vai cumprindo e, portanto esgotando, enquanto se vão realizando as medidas que contém[504].

d) Quanto às decisões judiciais, o meio próprio de impugnação consiste no recurso para tribunal superior.

O próprio recurso para o Tribunal Constitucional na fiscalização concreta (art. 280.º) não se fundamenta em inconstitucionalidade ou ilegalidade de uma decisão, mas sim em inconstitucionalidade ou ilegalidade da norma aplicada ou não aplicada. É somente através desta questão, a apreciar de novo, agora pelo Tribunal Constitucional, que adquire relevância a anterior decisão judicial[505] [506].

---

[503]   Cfr., em zona de fronteira, considerando que se estava diante de um regulamento, o acórdão n.º 421/98, de 3 de junho, in *Diário da República*, 2.ª série, de 20 de julho de 1998.

[504]   Reproduzimos aqui o que escrevemos em *Manual...*, v, cit., págs. 26-27:

[505]   Cfr., entre tantos, acórdão n.º 130/86, de 16 de abril, in *Diário da República*, 2.ª série, de 30 de dezembro de 1986; acórdão n.º 391/89, de 17 de maio, *ibidem*, 2.ª série, de 14 de setembro de 1989; acórdão n.º 125/90, de 19 de abril, *ibidem*, 2.ª série, de 4 de setembro de 1990; acórdão n.º 604/93, de 3 de novembro, *ibidem*, 2.ª série, de 29 de abril de 1994; acórdão n.º 634/94, de 29 de novembro, *ibidem*, 2.ª série, de 31 de janeiro de 1995; acórdão n.º 20/96, de 16 de janeiro, *ibidem*, 2.ª série, de 16 de maio de 1996; acórdão n.º 660/2004, de 17 de novembro, *ibidem*, de 7 de janeiro de 2005; acórdão n.º 407/2007, de 11 de julho, *ibidem*, de 29 de agosto de 2007.

FISCALIZAÇÃO DA CONSTITUCIONALIDADE

III – Resta perguntar se, *de jure condendo*, não poderiam ser introduzidos aperfeiçoamentos.

a) Quanto a atos políticos, poderia – continuando, na senda da revisão constitucional de 1997 – consagrar-se, em termos gerais (ou a propósito dos arts. 130.º, 157.º, 160.º e 196.º da Constituição) o direito de recurso de qualquer titular de órgão do Estado ou das regiões autónomas contra atos (do órgão a que pertença ou de outro órgão) que afetem inconstitucionalmente a sua permanência no órgão ou o exercício dos seus poderes funcionais [507].

b) Quanto a atos dos tribunais em geral [508], o problema encontra-se algo atenuado pela jurisprudência do Tribunal Constitucional relativa á fiscalização concreta e, em muito menor medida, pelo direito de acesso ao Tribunal Europeu dos Direitos do Homem por qualquer cidadão contra violações dos seus direitos pelo respetivo Estado, depois de exauridos todos os meios internos (art. 34.º da Convenção Europeia de Direitos do Homem após as alterações feitas pelo Protocolo Adicional n.º 11).

Mas o problema subsiste em muitos casos e melhor será apreciado ao considerar-se uma eventual reforma do sistema de fiscalização concreta.

c) Quanto a atos inconstitucionais do próprio Tribunal Constitucional iremos, adiante, fazer a necessária ponderação.

50. Normas e atos normativos públicos

I – A fiscalização da constitucionalidade e da legalidade versa sobre normas jurídicas e atos normativos públicos e, portanto, abrange:

---

[506] Questão complexa vem a ser a da possibilidade de o Tribunal apreciar a inconstitucionalidade do processo de obtenção ou determinação da norma aplicável ao caso concreto. Cfr. RUI MEDEIROS, *A força expansiva...*, cit., *loc. cit.*, págs. 190 e segs.

[507] Cfr. o que propusemos em *Ideias para uma revisão constitucional em 1996*, Lisboa, 1996, pág. 46.

[508] Cfr., por todos, PAULO OTERO, *Ensaio...*, cit.; ou *Coisa julgada inconstitucional*, obra coletiva, 4.ª ed., Rio de Janeiro, 2004.

CAPÍTULO III – REGIME ATUAL DE FISCALIZAÇÃO NO DIREITO PORTUGUÊS

a) Normas constitucionais introduzidas por revisão constitucional ou normas transitórias ou outras constantes de leis de revisão[509].

b) Atos legislativos – leis [510], decretos-leis e decretos legislativos regionais (art. 112.º).

c) Atos normativos da Assembleia da República e das Assembleias Legislativas Regionais sem forma de lei ou conexos com atos de fiscalização política.

Englobam-se aqui a resolução da Comissão Permanente de autorização da declaração de estado de sítio ou de emergência, quando a Assembleia não esteja reunida, nem seja possível a sua reunião imediata [arts. 179.º, n.º 3, alínea *f*), 166.º, n.º 5, e 138.º]; a resolução da Assembleia ou, não estando reunida nem sendo possível a sua reunião imediata, a da Comissão Permanente, de autorização da declaração de guerra [arts. 135.º, alínea *c*), 161.º, alínea *m*), 166.º, n.ᵒˢ 3 e 5, e 179.º, n.º 3, alínea *f*)]; e as resoluções da Assembleia da República de suspensão ou de cessação da vigência de decretos-leis, bem como de decretos legislativos regionais publicados no uso de autorização legislativa [arts. 162.º, alínea *c*), 166.º, n.º 5, 169.º e 227.º, n.º 4, 2.ª parte].

Estas últimas resoluções não podem deixar de ser alvo de fiscalização, porquanto têm eficácia formal positiva de lei: embora não criem novas normas, impedem a continuação da vigência, provisória ou definitivamente, de normas legislativas precedentes [511].

d) Decretos normativos do Presidente da República.

São eles: o decreto de declaração do estado de sítio ou do estado de emergência [arts. 134.º, alínea *d*), 138.º e 19.º]; o decreto de declaração da guerra e o de feitura da paz [arts. 135.º, alínea *c*), e 19.º, n.º 5]; e o decreto de nomeação dos Ministros e Secretários de Estado, quando

---

[509] V. *Manual* ..., II, cit., págs. 206 e segs. e Autores citados.

[510] Em especial, sobre as leis orçamentais, ANTÓNIO LOBO XAVIER, *O Orçamento como lei*, in *Boletim de Ciências Económicas* (Coimbra), 1993, págs. 174 e segs., ou TIAGO DUARTE, *A lei por detrás do orçamento*, Coimbra, 2007, págs. 199 e segs. e 603 e segs.; e, sobre as leis de amnistia, FRANCISCO AGUILAR, *Amnistia e Constituição*, Coimbra, 2004, págs. 225 e segs.

[511] No sentido da fiscalização, acórdão n.º 405/87 do Tribunal Constitucional, de 6 de outubro, in *Diário da República*, 2.ª série, de 22 de dezembro de 1987 (mas com base na consideração de que pode haver fiscalização de preceito individual e concreto, se este tem como parâmetro a Constituição). Contra, CARLOS BLANCO DE MORAIS, *Justiça*..., I, 2.ª ed., 2006, págs. 509 e segs.

FISCALIZAÇÃO DA CONSTITUCIONALIDADE

determine o número, a designação e as atribuições dos Ministérios e Secretarias de Estado e as respetivas formas de coordenação [arts. 133.º, alínea *h*), e 183.º, n.º 3].

e) Regimentos das assembleias e dos demais órgãos colegiais do Estado, das regiões autónomas e do poder local [512] [513].

f) Regimento do Conselho de Ministros[514]

g) Atos normativos da Administração pública, quando violem diretamente a Constituição – e compreendendo-se aqui:

    – Todos os ramos da Administração – direta, indireta e autónoma [art. 199.º, alínea *d*)], eleitoral (art. 113.º, n.º 4)[515], acessória dos órgãos de soberania (art. 181.º), das regiões autónomas [art. 227.º, n.º 1, alínea *g*)] e exercida por autoridades independentes (art. 267.º, n.º 3);

    – Todos os regulamentos de qualquer tipo ou forma, tenham eficácia externa ou interna [516], entre os quais os do próprio Tribunal Constitucional [art. 36.º, alínea *b*), da lei orgânica];

    – Na medida em que se justifique autonomizá-los relativamente aos regulamentos, os estatutos de quaisquer pessoas coletivas de Direito público (institutos públicos, associações públicas, Universidades públicas);

---

[512] Incluindo as normas regimentais da Assembleia da República para o processo de revisão constitucional.

[513] Sobre a fiscalização de constitucionalidade de normas do regimento da Assembleia da República, v. parecer n.º 1/80 da Comissão Constitucional, de 8 de janeiro, in *Pareceres*, XI, págs. 29-30; e acórdão n.º 63/91 do Tribunal Constitucional, de 19 de março, in *Diário da República*, 2.ª série, de 3 de julho de 1991. Sobre a fiscalização da constitucionalidade do regimento do Conselho de Ministros, acórdão n.º 130/2006, de 14 de fevereiro, *ibidem*, 2.ª série, de 13 de abril de 2006. E sobre a fiscalização da constitucionalidade dos regimentos das Assembleias Legislativas Regionais, acórdão n.º 645/2013, de 7 de outubro, *ibidem*, 1.ª série, de 6 de novembro de 2013.

[514] V. acórdão n.º 130/2006, de 14 de fevereiro,. *ibidem*, 2.ª série, de 13 de abril de 2006.

[515] Por exemplo, quanto às deliberações de ordens profissionais, v. acórdão n.º 241/2015, de 29 de abril, in *Diário da República*, 2.ª série, de 5 de junho de 2015.

[516] Em sentido contrário ao conhecimento da inconstitucionalidade de normas de eficácia interna, em nome de um conceito funcional de norma, acórdão n.º 1058/96 do Tribunal Constitucional, de 16 de outubro, in *Diário da República*, 2.ª série, de 20 de dezembro de 1996. V., porém, a nossa crítica in *O Direito*, 1997, págs. 108 e 109.

CAPÍTULO III – REGIME ATUAL DE FISCALIZAÇÃO NO DIREITO PORTUGUÊS

– Atos para-regulamentares emitidos no âmbito da estrutura interna da Administração (regimentos, resoluções, instruções, circulares, diretivas).

g) Normas de Direito estrangeiro aplicáveis em particular, por virtude de regras de conflito [517].

II – Estão também sujeitos a fiscalização:

a) As normas emitidas por entidades privadas, quando no exercício de poderes públicos ou por delegação de poderes públicos, designadamente empresas concessionárias.

b) Os estatutos e as normas reguladoras dos partidos políticos, mormente as normas internas dos grupos parlamentares.
Os partidos políticos concorrem para a formação da vontade popular e para a organização do poder político (arts. 10.º, n.º 2, 51.º, n.º 1, e 114.º, n.º 1) e o Tribunal Constitucional é competente para julgar ações de impugnação de eleições e deliberações dos seus órgãos [citado art. 223.º, n.º 2, alínea *h*)] [518]. Por conseguinte, apesar de não serem órgãos de Estado, nem associações públicas (e, sim, associações *sui generis* de Direito constitucional) [519], não se vê como possam ficar imunes ao controlo jurisdicional da constitucionalidade.

c) Os compromissos arbitrais, enquanto condicionantes das decisões dos tribunais arbitrais – tribunais previstos na Constituição (art. 209.º, n.º 2).

d) Os acórdãos proferidos pelo Supremo Tribunal de Justiça em recursos de revista ampliada (arts. 732.º-A e 732.º-B do Código de Processo Civil) e em recursos extraordinários para fixação de jurisprudência (arts. 437.º e segs. do Código de Processo Penal) – pois, embora hoje não obriguem os demais tribunais, estes devem fundamentar

---

[517] V. *Manual...*, II, cit., págs. 374 e segs.
[518] V. ainda a Lei Orgânica n.º 2/2003, de 22 de agosto.
[519] Sobre a natureza dos partidos, cfr. *Manual...*, VII, cit., págs. 192 e segs., e autores citados.

FISCALIZAÇÃO DA CONSTITUCIONALIDADE

as divergências relativas à jurisprudência assim fixada (art. 445.º, n.º 3) [520] [521].

e) As convenções coletivas de trabalho.

E porventura, ainda:

f) Os estatutos e regulamentos das federações desportivas [522].

III – Questão bastante discutida na doutrina [523] e na jurisprudência [524] tem sido a da competência do Tribunal Constitucional para apreciar as convenções coletivas de trabalho.

Num dos seus acórdãos [525], o Tribunal fez apelo a um critério de *heteronomia* para justificar o conhecimento da constitucionalidade de convenções coletivas de trabalho – pois só as normas heterónomas suscitariam o problema típico da administração da justiça constitucional, que seria o conflito entre liberdade e autoridade e entre vontade individual e vontade coletiva.

---

[520] Indiscutível, pelo contrário, era a sujeição a controlo de constitucionalidade dos assentos anteriormente à revogação do art. 2.º do Código Civil. Cfr. os acórdãos citados na 3.ª ed. do tomo II do *Manual*, pág. 419.

[521] Assim, acórdão n.º 445/97, de 25 de junho, in *Diário da República*, 1.ª série-A, de 5 de outubro de 1998.

[522] Em sentido negativo, acórdão n.º 472/89, de 12 de julho, in *Diário da República*, 2.ª série, de 22 de setembro de 1989. Em sentido positivo, acórdão n.º 730/95, de 14 de dezembro, *ibidem*, 2.ª série, de 6 de fevereiro de 1996; acórdão n.º 433/98, de 16 de junho, *ibidem*, de 23 de novembro de 1998. Cfr. JOSÉ MANUEL MEIRIM, *A fiscalização da constitucionalidade dos regulamentos das federações desportivas*, in *Revista do Ministério Público*, n.º 66, 1996, págs. 117 e segs.

[523] Em sentido favorável à fiscalização, GOMES CANOTILHO e VITAL MOREIRA, *Fundamentos...*, cit., pág. 251. Contra, CARLOS BLANCO DE MORAIS, *Justiça...*, I, cit., págs. 430 e segs.

[524] No sentido do não conhecimento da inconstitucionalidade, por exemplo, acórdãos n.os 172/93, de 10 de fevereiro, in *Diário da República*, 2.ª série, de 18 de junho de 1993; n.º 209/93, de 16 de março, *ibidem*, 2.ª série, de 1 de junho de 1993; n.º 98/95, de 22 de fevereiro, *ibidem*, 2.ª série, de 16 de junho de 1995.
No sentido do conhecimento, entre outros, acórdãos n.os 249/90, de 12 de julho, in *Diário da República*, 2.ª série, de 4 de abril de 1992; n.º 431/91, de 14 de novembro, *ibidem*, 2.ª série, de 24 de abril de 1992; n.º 214/94, de 2 de março, *ibidem*, 2.ª série, de 19 de julho de 1994; n.º 368/97, de 14 de maio, *ibidem*, 2.ª série, de 12 de julho de 1997; n.º 239/98, de 5 de março, *ibidem*, 2.ª série, de 4 de novembro de 1998.

[525] O citado acórdão n.º 214/94.

CAPÍTULO III – REGIME ATUAL DE FISCALIZAÇÃO NO DIREITO PORTUGUÊS

Ora, as normas das convenções coletivas de trabalho seriam potencialmente heterónomas, vinculariam as pessoas por elas abrangidas nos termos da lei independentemente e, eventualmente, contra a vontade dos seus destinatários. Impor-se-iam aos contratos individuais de trabalho, que lhes estariam subordinados como se fossem leis imperativas. A filiação numa associação sindical ou patronal não teria o sentido de um mandato de representação em futuras convenções coletivas, nem seria um ato de submissão a prévias ou futuras convenções; a submissão dos associados não derivaria da vontade, mas sim da lei.

No caso português, o art. 56.º, n.º 4, da Constituição seria disso bem significativo, na medida em que comete à lei, e não à vontade das partes, a determinação da legitimidade das partes e do âmbito de eficácia das convenções coletiva. Se se tratasse de autonomia privada, essa legitimidade e esse âmbito estariam predefinidos pela natureza das coisas: as convenções só poderiam obrigar as partes contratantes. E o regime legal desenvolve e reafirma as disposições constitucionais. Muito especialmente as normas convencionais que preveem limites mínimos não são dispositivas, mas imperativas; contêm uma proibição de limites contratuais abaixo dos mínimos e uma permissão de limites contratuais superiores.

Não sufragamos os argumentos assim aduzidos.

Para lá do carácter muito relativo do acenado critério de heteronomia (pois, em rigor, heteronomia tanto existe na vida de associações e sociedades no confronto dos seus associados como na lei do Estado democrático no confronto dos seus cidadãos), uma razão mais forte faz-nos pender nessa direção: a própria natureza da contratação coletiva como garantia institucional, incindível do sistema de direitos, liberdades e garantias (art. 56.º, n.ºs 3 e 4, da Constituição, desconhecida tanto num regime liberal clássico como num regime de direção central total da economia.

Todavia, outro caminho talvez possa ser seguido: o proposto por LICÍNIO LOPES MARTINS [526], distinguindo nas convenções coletivas de trabalho dois momentos; o da "juridicidade autónoma", consubstanciado no ato de criação de normas jurídicas, o qual reside indiscutivelmente na autonomia privada; e o momento da "juridicidade heterónoma", a significar aqui a atribuição,

---

[526] *Op. cit.*, págs. 624 e 625.

pela Constituição e pela lei, de uma particular eficácia àquelas normas jurídicas.

> "A autonomia privada é soberana no princípio do processo, isto é, no ato criador, mas é à lei que, indubitavelmente, cabe exercer a soberania no fim do mesmo e único processo, pois o modo como as convenções coletivas obtêm vinculação normativa ou como adquirem vigência e eficácia jurídica, assim como a determinação do âmbito/eficácia daquela vinculação, constitui um poder que extravasa aquela autonomia – esse poder soberano pertence ao Estado em execução direta de uma imposição jurídico-constitucional específica (artigo 56.º, n.º 4).
>
> "Sendo assim, o momento da atribuição de eficácia/força vinculativa às convenções coletivas já não está na disponibilidade das partes, isto é, já não faz parte daquele poder jurisgénico da autonomia privada. Existe para além dele, e até independentemente dele, pois para que este momento se produza é apenas necessário e suficiente que a autonomia negocial crie um conjunto de normas. O resto – isto é, o momento da fixação da sua eficácia e da sua heteronomia vinculante – é determinado pela própria lei, impondo-se o seu conteúdo a todos os contratos individuais de trabalho independentemente da vontade dos contraentes e até contra a vontade destes.
>
> "Por último, deve ainda dizer-se que a eficácia das convenções coletivas de trabalho (...) não se limita ao estrito âmbito das partes envolvidas. Pelo contrário, as convenções possuem urna eficácia que se projeta no próprio ordenamento jurídico geral, e, consequentemente, no quadro constitucional das fontes de direito, pois pode ir ao ponto de envolver o afastamento de fontes normativas de natureza legislativa. (...)".

IV – Insuscetíveis de fiscalização são, como já se disse, as normas e os atos normativos de Direito privado [527]:

a) Contratos normativos;
b) Estatutos de associações e fundações;
c) Pactos sociais;

---

[527] Assim, CARLOS BLANCO DE MORAIS, *Justiça...*, I, págs. 414 e segs. Pronunciando-se a favor da fiscalização quanto a atos praticados em áreas económicas e sociais, em concorrência ou complementariedade com a atividade administrativa e a privada, VIEIRA DE ANDRADE, *A fiscalização da constitucionalidade das «normas privadas» pelo Tribunal Constitucional*, in *Revista de Legislação e de Jurisprudência*, n.º 3921, abril de 2001, págs. 357 e segs.

CAPÍTULO III – REGIME ATUAL DE FISCALIZAÇÃO NO DIREITO PORTUGUÊS

d) Regulamentos internos de pessoas coletivas privadas [528];

e) Normas deontológicas e normas técnicas.

51. Os atos e as normas de Direito internacional e de Direito da União Europeia

I – As normas de Direito internacional geral ou comum (art. 8.º, n.º 1) situam-se num plano tal que não podem infringir a Constituição. Mais ainda: algumas – as de *jus cogens* – são, como se sabe, superiores a ela [529]. É a própria estrutura da comunidade internacional que o impõe.

Pelo contrário, porque dependentes da sua aceitação, por via direta ou indireta, o Estado não pode, em princípio, adstringir-se a normas de Direito internacional convencional (art. 8.º, n.º 2) e a normas emanadas de organizações internacionais de que faça parte (art. 8.º, n.º 3) opostas à sua Constituição. Mas cabe precisar o que isto significa.

II – A Constituição rege os comportamentos dos órgãos do poder que se movam no âmbito do Direito interno e, consequentemente, todos os seus atos, quanto a todos os seus pressupostos, elementos, requisitos, têm de lhe ser conformes. Aí se incluem atos de Direito interno que correspondem a fases do processo de vinculação internacional do Estado (como a aprovação de tratados), os quais podem, pois, ser inconstitucionais ou não.

Já os atos que decorrem na órbita do Direito internacional, esses não são, enquanto tais, suscetíveis de inconstitucionalidade. Suscetíveis de inconstitucionalidade são, sim, os conteúdos desses comportamentos enquanto deles se desprendam, quer tomados em si mesmos (inconstitucionalidade material), quer tomados em conexão com os atos de Direito interno atinentes à vinculação do Estado e, assim, de certa maneira ainda à sua produção (inconstitucionalidade orgânica e inconstitucionalidade formal).

---

[528] Assim, acórdão n.º 156/88, de 29 de junho, in *Diário da República*, 2.ª série, de 17 de setembro de 1988 (embora aí se controvertesse o regulamento de uma empresa pública); ou acórdão n.º 1172/96, de 20 de novembro, *ibidem*, de 7 de fevereiro de 1997.

[529] V. *Curso...*, cit., págs. 124 e segs. e 159 e segs.

Daí, por outro lado, que um eventual juízo de inconstitucionalidade de normas jurídico-internacionais se limite à ordem interna do Estado cujos órgãos de fiscalização o emitem, e não para além dele – o que, sendo inteiramente lógico, levanta delicados problemas [530].

III – Se nenhum preceito específico da nossa Constituição se ocupa da inconstitucionalidade material de normas internacionais, da inconstitucionalidade orgânica e da formal cuida o art. 277.º, n.º 2, estabelecendo que «a inconstitucionalidade orgânica e formal de tratados internacionais regularmente ratificados não impede a aplicação das suas normas na ordem jurídica da outra parte, salvo se tal inconstitucionalidade resultar de violação de uma disposição fundamental» [531] [532].

Reconhece-se, à vista desarmada, alguma proximidade do art. 46.º da Convenção de Viena de 1969: tal como ele, pretende assegurar a vigência interna de tratados. Mas por isso mesmo não se enxerga por que não deva o preceito abranger também os acordos em forma simplificada – por causa do

---

[530] Sobre a questão em Direito Comparado, v., por exemplo, GEORGES SCELLE, *De la prétendue inconstitutionnalité interne des traités*, in *Revue du droit public*, 1952, págs. 1012 e segs.; ANTONIO LA PERGOLA, *Constitución del Estado y Normas Internacionales*, trad., México, 1985, págs. 375 e segs.; HELMUT STEINBERGER, *Reception of International Rules and Constitutionality Control*, in *Costituzione dello Stato e norme internazionali*, obra coletiva, Milão, 1988, págs. 187 e segs.; GIUSEPPE BARILE, *La rilevanza del parametro di leggittimità costituzionale delle norme di attuazione di un trattato emanato con legge ordinaria*, in *Rivista di Diritto Internazionale*, 1988, págs. 94 e segs.; JOËL RIDEAU, *Constitution et droit international dans les États membres des Communautés Européennes*, in *Revue française de droit constitutionnel*, 1990, págs. 268 e segs.; ENZO CANNIZARO, *Trattati internazionale e giudizio di costituzionalità*, Milão, 1991; HÉLÈNE TOURARD, *L'internationalisation des Constitutions nationales*, Paris, 2000, págs. 298 e segs.

[531] No texto anterior a 1982 o problema era objeto do art. 280.º, n.º 3, de formulação bastante diferente e deficiente; cfr. a crítica de ANDRÉ GONÇALVES PEREIRA, *O Direito Internacional e a Constituição*, in *Estudos sobre a Constituição*, obra coletiva, I, Lisboa, 1977, pág. 43.

[532] Sobre o art. 277.º, n.º 2, cfr. MARCELO REBELO DE SOUSA, *O valor jurídico...*, cit., págs. 273 e segs.; RUI MEDEIROS, *Relações...*, cit., *loc. cit.*, págs. 368, 370 e 371; JORGE BACELAR GOUVEIA, *O valor positivo...*, cit., págs. 49 e segs.; ANTÓNIO DE ARAÚJO, *Relações entre o Direito Internacional e o Direito Interno – Limitação dos Efeitos do Juízo de Inconstitucionalidade (a norma do art. 277.º, n.º 2, da Constituição)*, in *Estudos sobre a jurisprudência do Tribunal Constitucional*, obra coletiva, págs. 18 e segs.; EDUARDO CORREIA BAPTISTA, *Direito Internacional Público*, I, Lisboa, 1998, págs. 459 e segs.; FRANCISCO FERREIRA DE ALMEIDA, *Direito Internacional Público*, 2.ª ed., Coimbra, 2003, págs. 111 e segs.; CARLOS BLANCO DE MORAIS, *Justiça...*, I, cit., págs. 256 e segs.; GOMES CANOTILHO e VITAL MOREIRA, *Constituição...*, II, cit., págs. 918 e segs.

CAPÍTULO III – REGIME ATUAL DE FISCALIZAÇÃO NO DIREITO PORTUGUÊS

muito menor relevo que a inconstitucionalidade orgânica e formal reveste em confronto com a que possa atingir os tratados solenes [533].

Justifica-se, pois, em nome da preferência do elemento teleológico sobre o elemento literal e o histórico (o confronto com o art. 280.º, n.º 3, anterior a 1982), proceder a uma interpretação extensiva do art. 277.º, n.º 2 [534].

IV – Saber o que seja «violação de disposição fundamental» – de norma de competência e de forma, não de norma de fundo (insista-se) – eis algo a procurar no contexto da Constituição ou dos grandes princípios político-cons-titucionais, sem nunca desconsiderar o objetivo de aproveitamento de tratados regularmente ratificados.

Nesta ótica, parece caber na previsão do art. 277.º, n.º 2 quatro hipóteses:

a) Incompetência absoluta, por aprovação de convenção por órgão sem competência de aprovação (*v. g.*, por um Ministro ou por uma Assembleia Legislativa regional) ou por ratificação de tratado sem ser pelo Presidente da República.

b) Incompetência relativa, por aprovação pelo Governo de qualquer tratado político das categorias indicadas na 1.ª parte do art. 161.º, alínea *i*), da Constituição;

c) Aprovação de tratado sobre questão relativamente à qual tenha havido resultado negativo em referendo, antes do decurso dos prazos constitucionais (art. 115.º, n.º 10);

d) Inexistência jurídica da deliberação da Assembleia da República, por falta de *quorum* ou de maioria de aprovação (art. 116.º, n.os 2 e 3);

Outras hipóteses (como a falta de participação de órgãos das regiões autónomas em tratados que lhes digam respeito ou a aprovação de tratado solene

---

[533] RUI MEDEIROS refere um estatuto menos protegido dos acordos em forma simplificada (*Relações...*, cit., *loc. cit.*, pág. 370), mas o problema é, antes, de consequências da inconstitucionalidade.

[534] Na linha da crítica que lhe fazíamos em *Direito Internacional Público*, Lisboa, 1995, págs. 200-201, e aderindo à leitura de EDUARDO CORREIA BAPTISTA, *op. cit.*, págs. 461-462).

FISCALIZAÇÃO DA CONSTITUCIONALIDADE

pelo Governo sobre matéria não incluída na reserva legislativa do Parlamento) não correspondem, manifestamente, a violação de disposição fundamental [535].

V – O art. 277.º, n.º 2, não afeta a fiscalização preventiva da constitucionalidade de tratados, apenas afeta – limitando-a no seu alcance – a fiscalização sucessiva.

E justificar-se-á mesmo *de jure condendo* a existência em geral de fiscalização sucessiva da constitucionalidade de normas de tratados? Não compromete a confiança nas relações internacionais a possibilidade de um Estado se dizer não vinculado ou desvinculado a pretexto de contradição com uma norma constitucional sua (eventualmente, criada por revisão posterior ao tratado)? Não será por virtude disso que o sistema de controlo quase não tem funcionado? Não seria melhor reduzir tudo a fiscalização preventiva, eventualmente obrigatória [536]?

Hesitámos muito tempo sobre o problema. Hoje inclinamo-nos a responder ao sentido da eliminação do controlo sucessivo abstrato (arts. 281.º e 282.º), embora não do concreto (arts. 204.º e 280.º) [537]. De resto, só seis vezes até hoje esse controlo abstrato funcionou [538].

---

[535]   A admitir-se inconstitucionalidade por falta de participação de órgãos regionais, uma eventual declaração de inconstitucionalidade nunca poderia circunscrever-se à região autónoma afetada. Teria de atingir todo o território português, por causa do princípio da unidade do Estado [art. 288.º, alínea *a*)] e porque só o Estado é sujeito de Direito Internacional.

[536]   Assim, João Mota de Campos, em crítica ao regime atual quer de fiscalização sucessiva, quer de fiscalização preventiva das normas internacionais (*As Relações da ordem jurídica portuguesa com o Direito internacional e o Direito comunitário à luz da revisão constitucional de 1982*, Lisboa, 1985, págs. 81 e segs., 116 e 209 e segs., e *Direito Comunitário*, II, 4.ª ed., Lisboa, 1994, págs. 390 e 391.

Diversamente, Gomes Canotilho e Vital Moreira (*Constituição...*, I, 4.ª ed., Coimbra, 2007, pág. 259), para quem de duas uma: ou o Estado se desvincula, podendo, da convenção em causa; ou altera a Constituição em sentido conforme às obrigações internacionais.

[537]   Em *Ideias...*, cit., págs. 28-29, propúnhamos, por um lado, a fiscalização preventiva obrigatória dos tratados de participação em Portugal em organizações internacionais, de amizade, de paz, de defesa, de retificação de fronteiras e respeitantes a assuntos militares e, em *Na hipótese...*, cit., *loc. cit.*, págs. 432 e 433, falávamos apenas em tratados relativos a organizações internacionais e à União Europeia. Em qualquer caso, prevíamos depois a impossibilidade de fiscalização sucessiva desses tratados no caso de pronúncia pela não-inconstitucionalidade.

[538]   V. os casos em *Curso...*, cit., págs. 187 e segs.

CAPÍTULO III – REGIME ATUAL DE FISCALIZAÇÃO NO DIREITO PORTUGUÊS

VI – Questão diferente é a da fiscalização da conformidade de normas de Direito interno com normas constantes de tratados internacionais, aquela a que se vem chamando controlo de convencionalidade.

Desde 1989, cabe recurso para o Tribunal Constitucional, em secção, das decisões de tribunais que recusem a aplicação de norma constante de ato legislativo com fundamento na sua contrariedade com uma convenção internacional ou a apliquem em desconformidade com o anteriormente decidido sobre a questão pelo Tribunal Constitucional [art. 70.º, n.º 1, alínea *i*), da Lei n.º 28/82, de 15 de novembro, na versão dada pela Lei n.º 85/89, de 7 de setembro][539].

O que não existe – porque não está previsto – é fiscalização sucessiva abstrata, seja por iniciativa de certos órgãos ou de certas frações de titulares de órgãos, seja a partir de três decisões concretas do Tribunal Constitucional (art. 281.º). Mas *de jure condendo* deveria existir, embora, para isso, fosse necessário uma revisão constitucional: não se compreende que o Tribunal Constitucional aprecie e declare ilegal com força obrigatória geral uma norma contrária a uma lei de valor reforçado (arts. 281.º e 282.º da Constituição) e que não o possa fazer em relação a uma norma de lei reforçada ou de qualquer outra lei que tem de se subordinar ao Direito internacional.

Tão pouco está contemplada a contradição entre lei interna e resolução de organização internacional (por exemplo, das Nações Unidas).

VII – Finalmente, quanto a normas dimanadas de órgãos próprios de organizações internacionais de que Portugal seja parte, não se põe nenhum problema de constitucionalidade dos atos de produção – pois que nenhum órgão da República Portuguesa interfere aí; e, por isso mesmo, tão pouco há lugar a fiscalização preventiva. Qualquer problema, a suscitar-se, será somente de conformidade material dessas normas com a Constituição.

O mesmo se diga quanto aos tratados celebrados por essas organizações. Eles estão, enquanto vigentes na ordem interna portuguesa, sujeitos a controlo.

---

[539] Cfr. Acórdão n.º 354/97, de 30 de abril, in *Diário da República*, 2.ª série, n.º 138, de 18 de junho de 1997.

FISCALIZAÇÃO DA CONSTITUCIONALIDADE

VIII – Mais difíceis se desenham as relações entre normas de Direito constitucional e normas de Direito da União Europeia.

Mas normas de Direito da União Europeia podem também infringir normas constitucionais portuguesas e a Constituição não exclui, nessa hipótese, os mecanismos de fiscalização sucessiva [540]. Entretanto, o modo como tem vindo a ser entendido esse Direito, sobretudo pelo Tribunal de Justiça, parece não se conciliar com a aplicação pura e simples desses mecanismos.

Por outro lado, a revisão constitucional de 2004 veio aditar ao art. 8.º da Constituição um n.º 4, prescrevendo que as disposições dos tratados que regem a União Europeia e as normas emanadas das suas instituições são aplicáveis na ordem interna nos termos definidos no Direito da União, com respeito pelos princípios fundamentais do Estado de Direito democrático.

IX – Excederia o âmbito deste livro, a análise de toda a complexíssima problemática suscitada pelas relações entre Direito português e Direito da União Europeia pelo novo preceito constitucional. Não queremos, no entanto, deixar de apresentar a nossa maneira de ver [541]:

a) Não negamos a conveniência ou a «exigência estrutural» de uma interpretação e de uma aplicação tão uniformes quanto possível do Direito comunitário nos países pertencentes à União – isso até em nome dos princípios da igualdade e da boa fé (aliás, o mesmo se verifica *mutatis*

---

[540] O Tribunal Constitucional ocupou-se até hoje apenas de uma questão vizinha no acórdão n.º 184/89, de 1 de fevereiro (in *Diário da República*, 1.ª série, de 9 de março de 1989). Todavia, nele o que estava em causa não era um regulamento comunitário, mas sim um regulamento português: o regulamento de aplicação ao território nacional do Fundo Europeu de Desenvolvimento Regional anexo à resolução do Conselho de Ministros n.ºs 44/86, de 5 de junho.

[541] Para maior desenvolvimentpo, v. o nosso estudo *A «Constituição europeia» e a ordem jurídica portuguesa*, in *O Direito*, 2002-2003, págs. 9 e segs., *Curso...*, cit., págs. 155 e segs. Em linha semelhante, CARLOS BLANCO DE MORAIS, *Justiça...*, I, cit., págs. 602 e segs., e II, págs. 635 e segs.; ou MIGUEL GALVÃO TELES, *Constituições dos Estados e eficácia interna do Direito da União e das Comunidades Europeias – em particular sobre o art. 8.º, n.º 4, da Constituição portuguesa*, in *Estudos em homenagem ao Professor Doutor Marcello Caetano no centenário do seu nascimento*, obra coletiva, II, Coimbra, 2006, págs. 295 e segs.

Em linha contrária, por todos, GOMES CANOTILHO e VITAL MOREIRA, *Constituição...*, I, cit., págs. 269 e segs.

CAPÍTULO III – REGIME ATUAL DE FISCALIZAÇÃO NO DIREITO PORTUGUÊS

mutandis com as normas constantes de tratados no interior dos Estados partes).

b) Mas sem fugir a esse postulado, importa procurar soluções de equilíbrio com as Constituições nacionais, soluções de harmonização e concordância prática – impostas pela subsistência, mesmo se atenuada, da soberania dos Estados membros (que não são meros Estados federados), pela prioridade das suas Constituições aos tratados comunitários e, por conseguinte, às normas criadas pelos órgãos nestes previstos e pela lógica do princípio democrático ligado à aprovação das Constituições nacionais.

c) Tudo reforçado pelo princípio de atribuição, no domínio de competências da União, e pelo princípio da subsidiariedade consagrado desde o tratado de Maastricht.

d) Quanto ao art. 8.º, n.º 4, ele pode ainda ser encarado como traduzindo a «competência das competências» do Estado português, por ser uma norma da Constituição portuguesa a reger a aplicação do Direito da União na ordem interna.

e) Mas, ainda que assim não se entenda, ao ressalvar os princípios fundamentais do Estado de Direito democrático, outra coisa não fez que reiterar o controlo essencial da Constituição a que se reportam os limites materiais do art. 288.º

f) Nesta perspetiva, poderá continuar a sustentar-se [542] que, afora a garantia destes princípios fundamentais, em caso de contradição entre normas europeias e normas constitucionais portuguesas o tratamento a adotar será análogo ao que se acha contemplado no art. 277.º, n.º 2.

g) Pode aceitar-se, ainda, o prévio *reenvio prejudicial* nos termos do art. 267.º do Tratado sobre o Funcionamento da União Europeia, conquanto ressalvando sempre a competência de decisão do Tribunal Constitucional quando estejam em causa os princípios fundamentais

---

[542] Assim, 1.ª ed. do *Curso...*, 2002, pág. 169; e, em sentido próximo, MARIA LUÍSA DUARTE, *O Tratado da União Europeia e a garantia da Constituição*, in *Estudos em memória do Professor Doutor João de Castro Mendes*, obra coletiva, Lisboa, 1992, págs. 704-705; ou JOSÉ MANUEL CARDOSO DA COSTA, *O Tribunal Constitucional português e o Tribunal de Justiça das Comunidades Europeias*, in *Ab Uno Ad Omes – 75 anos da Coimbra Editora*, obra coletiva, Coimbra, 1998, pág. 1376, e *A jurisdição...*, cit., págs. 33-34, nota.

do Estado de Direito democrático ou, para empregar a linguagem do art. 4.º, n.º 1, do próprio Tratado da União Europeia, as *estruturas políticas e constitucionais fundamentais* do Estado Português [543] [544].

Por outro lado:

h) Segundo art. 161.º, alínea *n)*, da Constituição, compete à Assembleia da República pronunciar-se, nos termos da lei, sobre as matérias pendentes de decisão em órgãos da União Europeia que incidam na esfera da sua competência legislativa reservada. Logo, na falta de pronúncia, verifica-se inconstitucionalidade formal, mas tão-só, evidentemente, uma inconstitucionalidade do procedimento da participação de Portugal na tomada de decisão da União. O Tribunal Constitucional poderá dela conhecer, mas também só com a consequência da irregularidade.

i) Problemática bem diferente vem a ser a da fiscalização da constitucionalidade de leis *internas* de transposição de diretivas comunitárias. Evidentemente, nada pode impedir essa fiscalização nos termos gerais, pelo menos na parte em que traduzam desenvolvimento e adaptação pelo Direito português [545].

---

[543]   Neste sentido, José Manuel Cardoso da Costa, *O Tribunal...*, cit., *loc. cit.*, págs. 136-137; Carlos Blanco de Morais, *Justiça Constitucional*, cit., II, pág. 691.

[544]   O próprio Tribunal Constitucional, no acórdão n.º 606/91, de 22 de novembro (in *Acórdãos*, n.º 29, 1994, págs. 161 e segs.) precisou o sentido do reenvio:
– que cabe ao juiz nacional decidir se uma questão de interpretação de norma europeia é pertinente ou não para efeito de reenvio prejudicial, sendo pertinente aquela em que se mostre necessária a decisão do Tribunal de Justiça – o que pressupõe que o caso tenha de ser decidido de acordo com tal norma (acórdão n.º 163/9, n.º 9);
– que as partes podem suscitar perante o tribunal nacional a questão prejudicial do reenvio, mas que só o juiz pode provocar a intervenção do Tribunal de Justiça (n.º 10) – que é uma *jurisdição por atribuição*, e não *por natureza* (n.º 11);
– que a decisão que o Tribunal de Justiça venha a proferir num processo, ainda que respeitante a um caso material similar ou mesmo idêntico a um caso julgado pelo Tribunal Constitucional, pode não ser considerada prejudicial da decisão a proferir pelo Tribunal Constitucional (acórdão n.º 606/94, n.º 4).

[545]   Contra, Gomes Canotilho e Vital Moreira, *Constituição...*, I, cit., págs. 270-271.

CAPÍTULO III – REGIME ATUAL DE FISCALIZAÇÃO NO DIREITO PORTUGUÊS

52. A fiscalização do Direito estrangeiro

I – Mais delicada revela-se a articulação das normas constitucionais com as normas de conflitos (ou sejam, as que, frente a relações jurídicas com elementos de conexão ou contacto com mais de um ordenamento, determinam o ordenamento a que elas hão-de submeter-se). O problema não está, evidentemente, na necessidade de as normas de Direito internacional privado se conformarem com a Constituição (já que são normas de Direito interno ou normas de Direito internacional convencional como quaisquer outras) [546]. O problema diz respeito às normas materiais estrangeiras chamadas a reger aquelas relações [547].

Por um lado, o Direito internacional privado dos nossos dias aparece como projeção dos princípios fundamentais do *corpus* do Direito civil [548]; está invadido por valorações materiais e aparece em muitos sectores mesmo como um puro Direito material e voltado também para as tarefas de modelação da sociedade civil, em que o Estado contemporâneo compromete o seu ordenamento

---

[546]   Cfr. um caso no acórdão n.º 90/2003, do Tribunal Constitucional, de 14 de fevereiro (in *Diário da República*, 2.ª série, de 27 de março de 2003), que, todavia, não chegou a conhecer da inconstitucionalidade.

[547]   Cfr. Tito Ballarino, *Costituzione e Diritto Internazionale Privato*, Pádua, 1974; João Baptista Machado, *Lições de Direito Internacional Privado*, Coimbra, 1974, pág. 244; Rui Moura Ramos, *Direito Internacional Privado e Constituição*, Coimbra, 1979; *O Tribunal Constitucional português e as normas de outros ordenamentos jurídicos*, in *Estudos em memória do Conselheiro Luís Nunes de Almeida*, obra coletiva, Coimbra, 2007, págs. 781 e segs.; A. Ferrer Correia, Discurso proferido em 18 de janeiro de 1979, in *Boletim do Ministério da Justiça*, n.º 283, págs. 17 e segs., e *A Revisão do Código Civil e o Direito Internacional Privado*, in *Estudos Vários de Direito*, Coimbra, 1982, págs. 279 e segs.; Jose Espinar Vicente, *Constitución, desarollo legislativo y Derecho Internacional Privado*, in *Revista Española de Derecho Internacional*, 1986, págs. 109 e segs.; Giuseppe Barile, *Costituzione e Rinvio Mobile a Diritto Straniero, Diritto Canonico, Diritto Comunitario, Diritto Internazionale*, Pádua, 1987; Maria Ersila Corrao, *Il giudizio sulla legittimità costituzionale delle norme di conflitto*, in *Rivista di Diritto Internazionale*, 1988, págs. 303 e segs.; *Norme di conflitto italiane e controllo di costituzionalità*, obra coletiva editada por Bruno Barel e Benedetto Costantino, Pádua, 1990; Luis Roberto Barroso, *Interpretação...*, cit., págs. 32 e segs.; Marques dos Santos, *Constituição e Direito Internacional Privado*, in *Perspectivas Constitucionais*, obra coletiva, III, págs. 367 e segs.; Helena Mota, *A aplicação no tempo da regra de conflitos sobre o regime de bens e o controlo da sua (in)constitucionalidade*, in *Estudos em memória do Professor Doutor António Marques dos Santos*, obra coletiva, I, Coimbra, 2005, págs. 239 e segs.

[548]   Tito Ballarino, *op. cit.*, pág. 9.

FISCALIZAÇÃO DA CONSTITUCIONALIDADE

jurídico[549]. Por outro lado (ou ainda que assim não fosse), há uma recíproca implicação sistemática que se impõe: as regras materiais têm de ser sempre mediatizadas pelas regras de conflitos, mas estas têm de ser integradas com as regras materiais para que remetem.

II – A questão deve ser vista sob dois aspetos: saber se poderá (ou deverá) deixar de se aplicar regras materiais estrangeiras quando tais regras colidirem com as regras e os princípios constitucionais no domínio dos quais vive o juiz; e saber se o tribunal poderá não aplicar uma regra material estrangeira contrária à Constituição do respetivo Estado estrangeiro.

O primeiro aspeto afigura-se, da perspetiva do ordenamento jurídico a que pertence o juiz, de mais grave importância. Porém, o segundo é logicamente precedente.

Quando se trata de aplicar uma norma estrangeira em consequência de regra de conflitos nacional, há, antes de mais, que indagar da sua efetividade, bem como da sua validade dentro do sistema donde provém e de harmonia com os critérios próprios deste (portanto, também de harmonia com a sua Constituição, se aí houver garantia – política ou jurisdicional – da constitucionalidade). E só depois, determinada a norma estrangeira aplicável, cabe inseri-la no sistema jurídico do foro e averiguar da sua conformidade com a Constituição (ou com a «ordem pública» nacional, que, em parte, coincide com a Constituição)[550].

De todo o modo, nenhum tribunal português[551]; poderá aplicar normas estrangeiras contrárias à Constituição nem os arts. 204.º e 277.º e segs. da nossa Lei Fundamental restringem a fiscalização da constitucionalidade a normas de Direito interno português. O problema deve ser encarado, porém (tal como a respeito do Direito internacional), no âmbito da eficácia, e não da validade das normas jurídicas. O que nunca poderá ocorrer é fiscalização sucessiva.

---

[549]   Rui Moura Ramos, *Direito Internacional Privado e Constituição*, cit., págs. 99 e segs., *maxime* 172.

[550]   A. Ferrer Correia (*A Revisão...*, cit., *loc. cit.*, págs. 297 e segs.) parece optar por uma reserva de ordem pública internacional, e não por um limite constitucional autónomo.

[551]   Cfr., na Itália, neste sentido, Tito Ballarino, *op. cit.*, págs. 144 e segs.

CAPÍTULO III – REGIME ATUAL DE FISCALIZAÇÃO NO DIREITO PORTUGUÊS

Já hesitamos bastante quanto à possibilidade de um tribunal português vir a conhecer – e em que termos e com que limites – da constitucionalidade de normas estrangeiras frente à respetiva Constituição estrangeira. Pode apenas supor-se plausível a fiscalização quando à sombra desta exista um sistema de fiscalização jurisdicional, não na hipótese contrária – mas sempre com a máxima prudência e exigindo, porventura, que se trate de uma inconstitucionalidade evidente[552].

53. Fiscalização também do Direito anterior

I – A desconformidade de normas de Direito ordinário com normas de Direito constitucional posterior envolve inconstitucionalidade – inconstitucionalidade superveniente – com a consequência de caducidade. Vimo-lo em obra anterior[553]. Mas tal qualificação, se pode ser necessária, não é suficiente para se extraírem conclusões jurídicas quanto à competência dos órgãos de controlo[554]. Só existe tal competência, quando seja expressa ou quando resulte do sistema de fiscalização – como se verifica entre nós na vigência da Constituição de 1976.

II – O problema da apreciação do Direito anterior não oferecia grande interesse nem na Constituição de 1911, nem na de 1933, nem à face das leis constitucionais publicadas entre 1974 e 1976, por, ao longo delas, tudo se reduzir ao conhecimento difuso da constitucionalidade por todos os tribunais. Teve, pelo contrário, uma enorme importância na primeira fase da atual Constituição, com o aparecimento de formas de concentração de fiscalização[555].

---

[552] Assim, João Baptista Machado (*Lições...*, cit., pág. 244) para quem a inconstitucionalidade não deverá em regra ser declarada senão quando os tribunais ou um setor bem representativo da doutrina do respetivo país estrangeiro se tenham pronunciado nesse sentido. Cfr., igualmente, em resposta afirmativa, Gaetano Morelli, *Controllo di costituzionalità di norme straniere*, in *Rivista italiana per le scienze giuridiche*, 1954, págs. 27 e segs.; Rodolfo de Nova, *Legge straniera e controllo di costituzionalità*, in *Scritti di Diritto Internazionale Privato*, 1977, págs. 427 e segs.; Lenio Luiz Streck, *op. cit.*, pág. 560.

[553] *Manual...*, ii, cit., págs. 353 e segs.

[554] Cfr. Rui Medeiros, *A decisão...*, cit., págs. 112 e segs.

[555] Sobre o problema, as correntes que se formaram no interior da Comissão Constitucional e a nossa posição, v. *A Constituição de 1976*, cit., págs. 139 e segs., e *Manual...*, ii, 1.ª ed., 1981, págs. 644 e segs.

A Comissão Constitucional decidi-lo-ia no sentido do conhecimento de Direito anterior e esse entendimento ficaria corroborado e consolidado com a primeira revisão constitucional. E assim, o art. 282.º enuncia os efeitos da declaração de inconstitucionalidade (e de ilegalidade) tanto por infração de norma constitucional ou legal anterior (n.º 1) como por infração de norma constitucional ou legal posterior (n.º 2) – pressupondo, pois, a competência do Tribunal tanto em relação à inconstitucionalidade originária como em relação à inconstitucionalidade superveniente.

III – As razões por que, em nosso entender, o Conselho da Revolução e a Comissão Constitucional podiam e deviam indagar da inconstitucionalidade superveniente são, no fundo, as mesmas que justificam idêntica atribuição de competência ao Tribunal Constitucional.

Antes de mais, logicamente o art. 3.º, n.º 3, da Constituição (que reproduz o art. 115.º inicial), só pode dirigir-se a atos posteriores às normas constitucionais. Mas também normas anteriores à Constituição (criadas por atos normativos anteriores) só podem manter-se em vigor – como diz o art. 290.º, n.º 2 – desde que conformes com a Constituição, da qual recebem igualmente validade; e, portanto, a não serem conformes, serão inconstitucionais.

As leis ordinárias anteriores à Constituição (ou a qualquer das suas revisões) contrárias às novas normas constitucionais deixaram de vigorar com a entrada em vigor dessas normas. Nem por isso, contudo, a declaração de inconstitucionalidade é inútil: mesmo se não altera o destino das normas de Direito anterior, pelo menos, desempenha um importantíssimo papel de clarificação jurídica, de *accertamento*, dentro do sistema e na vida política e social[556].

O que determina a escolha por este ou aquele sistema de fiscalização não é as normas serem ou não criadas na vigência da Constituição, mas a natureza do juízo de conformidade de qualquer norma com uma norma constitucional. E o que importa é «garantir» a uniformidade na interpretação do «estalão» constitucional vigente; «estalão» constitucional esse, que tanto se apura perante o Direito posterior como perante o Direito anterior.

---

[556] Cfr. KELSEN, *La Garantie...*, cit., *loc. cit.*, págs. 235-236. Embora parecendo preconizar o regime de revogação, salienta que, perante várias Constituições, pode ser mau deixar a decisão às múltiplas autoridades encarregadas da aplicação das leis, cujas opiniões serão talvez muito vacilantes, e será preferível levar as questões ao Tribunal Constitucional.

CAPÍTULO III – REGIME ATUAL DE FISCALIZAÇÃO NO DIREITO PORTUGUÊS

«Por outras palavras: se admitirmos que o conteúdo da norma constitucional como o de qualquer outro preceito legal, longe de poder dizer-se, de uma vez por todas, por via geral e abstrata, só vem a revelar-se através das suas renovadas aplicações, não se descobre razão para negar relevância à intervenção do órgão especializado em matéria de constitucionalidade, quando se trata de decidir sobre a conformidade do direito anterior com a Constituição» [557].

Se convém proceder, com a maior eficácia possível, à expurgação do sistema jurídico de normas contrárias à Constituição, ela toma-se ainda mais necessária para normas anteriores do que para normas posteriores, visto que estas são decretadas por órgãos por ela criados e que devem agir segundo os seus critérios e valores, ao passo que as normas de Direito anterior são resquícios de um sistema ou de uma ideia de Direito que a Constituição erradicou definitivamente. Mas, sendo assim, tudo indica que os órgãos especialmente instituídos ou qualificados para garantir a Constituição – a Comissão e o Conselho da Revolução, antes, e o Tribunal Constitucional, hoje – hão-de revelar-se mais adequados para levar a cabo tal tarefa do que os órgãos comuns de aplicação do direito [558].

54. Fiscalização das normas em razão das suas vicissitudes

A fiscalização é: *a)* de normas aprovadas, embora ainda não publicadas – na fiscalização preventiva; *b)* de normas publicadas, já juridicamente eficazes (art. 119.º, n.º 2), embora *ainda não em vigor* – na fiscalização sucessiva abstrata; e *c)* de normas aplicáveis ou aplicadas na fiscalização concreta.

O art. 282.º, n.º 1, refere-se à *entrada em vigor* das normas declaradas inconstitucionais ou ilegais. Contudo, não se vê por que motivo uma norma constante de lei já publicada (e, por conseguinte, agora insuscetível de fiscalização preventiva), se bem que ainda não entrada em vigor, não há-de poder ser submetida a apreciação pelo Tribunal Constitucional – obviamente só em fiscalização abstrata – até para se evitar a consumação da inconstitucionalidade.

---

[557] Acórdão n.º 40 da Comissão Constitucional, de 28 de julho de 1977 (relatado por Isabel de Magalhães Collaço), in *Apêndice* ao *Diário da República* de 30 de dezembro de 1977, pág. 75.

[558] Cfr. ainda o acórdão n.º 68 da Comissão Constitucional, de 5 de janeiro de 1978, in *Apêndice* ao *Diário da República*, de 3 de maio de 1978, págs. 15-16.

FISCALIZAÇÃO DA CONSTITUCIONALIDADE

E pode haver fiscalização da constitucionalidade de normas revogadas, caducas ou suspensas, visto que, operando a declaração de inconstitucionalidade em princípio *ex tunc* (art. 282.º, n.º 1), ela poderá ter utilidade em relação ao período de tempo em que tais normas foram vigentes (ou tidas por vigentes) ou até a período ulterior (por continuarem a produzir efeitos jurídicos) [559] [560].

De igual sorte, na fiscalização concreta, em recurso para o Tribunal Constitucional, é irrelevante indagar da vigência da norma, quando essa norma tenha sido efetivamente aplicada pela decisão recorrida [561].

55. Âmbito da fiscalização

I – De quanto se explanou, resulta que o regime de fiscalização de normas jurídicas no Direito português abrange:

a) A inconstitucionalidade (arts. 204.º e 277.º e segs. da Constituição);
b) A ilegalidade, por violação de leis de valor reforçado por outras leis (arts. 204.º, 280.º e 281.º) [562];
c) A ilegalidade *sui generis* ou inconvencionalidade, por infração por norma de Direito interno de norma de Direito internacional convencional [art. 70.º, n.º 1, alínea *i*), da Lei n.º 28/82, na versão dada pela Lei n.º 85/89] [563] [564];

---

[559]   Neste sentido, Hans Kelsen, *op. cit.*, *loc. cit.*, págs. 234-235.

[560]   Tal a jurisprudência constitucional constante: v., entre tantos, parecer n.º 3/78, da Comissão Constitucional, cit., *loc. cit.*, pág. 232; parecer n.º 1/80, cit., *loc. cit.*, págs. 28-29; acórdão n.º 91/85 do Tribunal Constitucional, de 18 de junho, in *Diário da República*, 1.ª série, de 18 de julho de 1985; acórdão n.º 306/88, de 20 de dezembro, *ibidem*, 1.ª série, de 20 de janeiro de 1989; acórdão n.º 1147/96, de 12 de novembro, *ibidem*, 2.ª série, de 21 de dezembro de 1996.

[561]   Acórdão n.º 206/2003, de 28 de abril, in *Diário da República*, 2.ª série, de 21 de junho de 2003.

[562]   Diversamente, Carlos Blanco de Morais (em coerência com a sua posição crítica à autonomização de um controlo de legalidade), sustenta que as normas violadoras de leis reforçadas podem ser sindicadas preventivamente por ofensa, direta ou indireta, às normas constitucionais que impõem relações de respeito (*Justiça...*, i, cit., pág. 58).

[563]   Cfr. acórdão n.º 378/98, de 19 de maio, in *Diário da República*, 2.ª série, de 28 de novembro de 1998 (embora o Tribunal Constitucional não tenha conhecido do recurso, por ter entendido que o tribunal *a quo* não havia recusado a aplicação de norma legal com fundamento em contradição com tratado).

[564]   Criticamente, Carlos Blanco de Morais, *Justiça...*, i, cit., págs. 649 e segs.

CAPÍTULO III – REGIME ATUAL DE FISCALIZAÇÃO NO DIREITO PORTUGUÊS

d) A ilegalidade, também *sui generis*, decorrente da contradição entre lei ou tratado e o resultado de referendo vinculativo (art. 115.º) [565].

O art. 204.º, literalmente, só contempla a apreciação de inconstitucionalidade. No entanto, porque *jura novit curia* e por coerência, não pode deixar de abranger a segunda e a terceira hipóteses. Os recursos previstos no art. 280.º, n.os 2 e 5, pressupõem decisões no âmbito do art. 204.º

Mas o art. 70.º, n.º 1, alínea *g)*, da lei orgânica do Tribunal Constitucional, conforme já foi dito, acrescenta recurso de decisões que recusem a aplicação de norma constante de ato legislativo com fundamento em contrariedade com convenção internacional, ou que a apliquem em desconformidade com o anteriormente decidido pelo Tribunal.

A contradição entre lei ou tratado e o resultado de referendo vinculativo pode ainda caber na *ratio* do art. 204.º; porém, não, sem revisão constitucional, a hipótese de recurso da decisão para o Tribunal Constitucional.

II – Uma norma pode ser simultaneamente inconstitucional, por violação direta de uma norma da Constituição, e ilegal, por violação de uma lei de valor reforçado.

O Tribunal Constitucional tem entendido que, nestas hipóteses, a inconstitucionalidade precede e consome a ilegalidade [566], embora, naturalmente, se concluir pela não inconstitucionalidade, deva verificar se ocorre ou não ilegalidade.

III – Mas o âmbito da fiscalização, nas suas diversas modalidades, não é idêntico relativamente às normas jurídicas seu objeto:

a) A fiscalização preventiva dirige-se só a normas constantes de convenções internacionais e de atos legislativos;

b) A fiscalização sucessiva, concreta e abstrata, da inconstitucionalidade por ação abrange quaisquer normas (arts. 204.º, 280.º e 281.º);

---

[565] V. *Manual...*, v, cit., págs. 419 e 420.

[566] Cfr., por exemplo, acórdãos n.os 170/90, de 30 de maio, e n.º 198/2000, de 29 de março, in *Diário da República*, 1.ª série, de 27 de janeiro de 1990, e de 30 de novembro de 2000, respetivamente.

FISCALIZAÇÃO DA CONSTITUCIONALIDADE

c) A fiscalização da inconstitucionalidade por omissão refere-se apenas a normas legislativas (art. 283.º).

IV – Por outro lado:

a) A fiscalização preventiva é (como se sabe) apenas de inconstitucionalidade (art. 278.º, n.ºs 1 e 2);

b) A fiscalização concreta é de inconstitucionalidade e de ilegalidade (arts. 207.º e 280.º);

c) A fiscalização sucessiva abstrata é de inconstitucionalidade e de ilegalidade, mas não abrange (por o art. 281.º não a prever) a desconformidade de normas legislativas com normas de Direito internacional convencional.

V – O regime de fiscalização não abrange:

a) A ilegalidade *sui generis*, por infração por norma de Direito interno de normas de Direito da União Europeia [567];

b) A ilegalidade, também *sui generis*, por infração de normas dimanadas de órgão da União Europeia ou de qualquer organização internacional de normas dos respetivos tratados institutivos;

c) A ilegalidade de normas regulamentares fora da hipótese contemplada na Constituição (infração direta de estatuto político-administrativo regional por regulamento emanado de órgão de soberania ou de órgão regional) [568].

Quanto à violação do Direito da União Europeia por norma de Direito ordinário interno português, os mecanismos de fiscalização são os por aquele previstos.

---

[567] Assim, acórdão n.º 621/98, de 3 de novembro, in *Diário da República*, 2.ª série, de 18 de março de 1999.

[568] Cfr. acórdão n.º 209/94, de 2 de março, in *Diário da República*, 2.ª série, de 13 de julho de 1994.

CAPÍTULO III – REGIME ATUAL DE FISCALIZAÇÃO NO DIREITO PORTUGUÊS

Quanto às hipóteses de violação de tratados por órgãos de organizações internacionais ou afins, nem sequer, obviamente, os tribunais portugueses delas deverão conhecer.

Quanto à ilegalidade de normas regulamentares, e de outras normas emanadas ao abrigo de disposições de Direito administrativo e tributário os mecanismos de fiscalização são os do contencioso administrativo. Até há alguns anos os decretos regulamentares e outros regulamentos eram inimpugnáveis diretamente frente ao Supremo Tribunal Administrativo (art. 16.º, § único, da lei orgânica de 1956). O estatuto dos tribunais administrativos e fiscais de 1984 (Decreto-Lei n.º 129/84, de 27 de abril) introduziu a possibilidade de declaração de ilegalidade com força obrigatória geral de quaisquer normas regulamentares, incluindo normas provenientes do Governo [569]. E a Lei n.º 13/2002, de 19 de fevereiro [art. 4.º, n.º 1, alínea *b*)], confirmá-la-ia.

56. Os prazos de iniciativa e de fiscalização

I – Salvo na fiscalização preventiva – enxertada nos procedimentos de vinculação internacional do Estado ou nos procedimentos legislativos – não há prazos para provocar a abertura de qualquer processo de fiscalização, independentemente da data de emanação da norma. Seja na concreta (arts. 204.º e 280.º), seja na abstrata sucessiva, por ação (arts. 281.º e 282.º) ou por omissão (art. 283.º), a questão de inconstitucionalidade pode ser suscitada a todo o tempo e pode ser suscitada, inclusive, depois de o Tribunal Constitucional, em momento anterior, se ter pronunciado pela não inconstitucionalidade (art. 279.º) ou a não ter declarado (art. 282.º).

Tal como não há declaração de constitucionalidade, o decurso de mais ou menos tempo não envolve qualquer espécie de exceção perentória ou de convalidação: se tal acontecesse, estar-se-ia diante, conforme se entendesse, de

---

[569]   A aplicação da norma tem de ter sido recusada por qualquer tribunal em três casos ou desde que os seus efeitos se produzam imediatamente, sem dependência de ato administrativo ou jurisdicional de aplicação (art. 73.º do Código de Processo nos Tribunais Administrativos). A declaração de ilegalidade pode ser pedida por quem seja prejudicado pela aplicação da norma ou venha a sê-lo presumivelmente em momento próximo, ou pelo Ministério Público e sê-lo-á obrigatoriamente por este, quando tenha conhecimento de três decisões de aplicações de uma norma com fundamento em ilegalidade.

FISCALIZAÇÃO DA CONSTITUCIONALIDADE

uma revisão constitucional apócrifa, de uma derrogação ou de uma mutação tácita da Constituição [570].

No tocante à inconstitucionalidade orgânica ou formal alguns Autores chamam a atenção para os inconvenientes da falta de prazo para a impugnação [571]. No entanto, como se mostrou na altura própria, ela pode revestir diferentes configurações, de maior ou menor gravidade, e só quando se tratasse de norma não fundamental poderia, porventura, atender-se à analogia com o art. 277.º, n.º 2. Além disso, a restrição de efeitos autorizada pelo art. 282.º, n.º 4, permite ultrapassar os problemas [572].

II – Matéria diferente é a dos prazos para recorrer da decisão em que tenha sido suscitada a inconstitucionalidade na fiscalização concreta, bem como a dos demais prazos previstos na lei processual.

57. Fiscalização pelos tribunais e no exercício de funções jurisdicionais

I – A fiscalização da constitucionalidade e da legalidade cabe aos tribunais em geral e ao Tribunal Constitucional em especial, mas apenas no exercício da função jurisdicional; não, quando, porventura, exerçam competências não jurisdicionais [*v. g.*, as do Tribunal Constitucional enunciadas no art. 223.º, n.º 2, alíneas *a)*, *b)* e *d)*, da Constituição].

---

[570] Cfr. DINAMENE DE FREITAS, *op. cit.*, pág. 236, falando em derrogação e (por implicitamente aceitar o conceito "funcional" de norma de jurisprudência constitucional) tirando uma importante consequência quanto às leis singulares e às leis-medidas que incorporem atos administrativos; que, se o particular lesado deixar decorrer o prazo de impugnação contenciosa, sempre poderá vir a obter uma decisão de inconstitucionalidade (págs. 248 e 249).

[571] Cfr. BERNARDO XAVIER, *A matriz constitucional do Direito do Trabalho*, in *III Congresso Nacional de Direito do Trabalho*, obra coletiva, Coimbra, 2000, págs. 104-105; JORGE REIS NOVAIS, *Sim ou não ao recurso de amparo*, in *Perspectivas de reforma da justiça constitucional em Portugal e no Brasil*, obra coletiva, Coimbra, 2012, pág. 249; JOÃO CURA MARIANO, *Reforma e simplificação do processo constitucional*, *ibidem*, págs. 270-271.

[572] Assim, RUI MEDEIROS, anotação, cit., *loc. cit.*, pág. 799.

CAPÍTULO III – REGIME ATUAL DE FISCALIZAÇÃO NO DIREITO PORTUGUÊS

II – Entre os tribunais contam-se os tribunais arbitrais (art. 209.º, n.º 2).

Pode perguntar-se se eles, em especial os voluntários (objeto do Decreto-Lei n.º 425/86, de 27 de dezembro) são também órgãos de soberania, por, em vez de serem órgãos do Estado, manifestarem a autonomia privada [573]. Mas, independentemente da resposta que se dê (através de uma interpretação extensiva ou restritiva do art. 202.º, n.º 1) [574], a cooperação com a função jurisdicional pode justificar a assimilação de alguns tópicos caracterizadores da função jurisdicional do Estado [575]. Por isso, devem ter-se por compreendidos no art. 204.º: não podem aplicar normas inconstitucionais e das suas decisões cabe recurso para o Tribunal Constitucional [576] [577].

Pelo contrário, não há fiscalização de constitucionalidade através dos instrumentos e formas de composição não jurisdicional de conflitos que a lei venha a institucionalizar (art. 202.º, n.º 4).

III – Tal como é de admitir que um tribunal português venha a apreciar a constitucionalidade de uma norma jurídica tendo como parâmetro uma norma constitucional estrangeira, também se justifica encarar a situação simétrica: um tribunal não português (seja um tribunal de Estado estrangeiro, um tribunal eclesiástico, ou um tribunal arbitral sediado no estrangeiro) ser chamado

---

[573] Cfr. RUI MEDEIROS, anotação em JORGE MIRANDA e RUI MEDEIROS, *Constituição Portuguesa Anotada*, III, pág. 17.

[574] JORGE MIRANDA, *Direitos Fundamentais*, cit., págs. 398-399

[575] GOMES CANOTILHO e VITAL MOREIRA, *Constituição...*, II, 4.ª ed., pág. 552. Mais longe vai PAULO PINTO DE ALBUQUERQUE, anotação in *Constituição Portuguesa Anotada*, III, pág. 117, falando numa "verdadeira assimilação material" entre os tribunais arbitrais e os tribunais judiciais. No mesmo sentido, acórdãos do Tribunal Constitucional n.º 230/86, de 8 de julho, 52/92, de 5 de fevereiro, e 250/96, de 29 de fevereiro, in *Diário da República*, 1.ª série, de 12 de setembro de 1986, 1.ª série-A, de 14 de março de 1992, e 2.ª série, de 8 de maio de 1996.

[576] Cfr. acórdão n.º 181/2007, de 8 de março, in *Diário da República*, 2.ª série, de 6 de junho de 2007; ou acórdão n.º 202/2014, de 3 de março, *ibidem*, de 7 de abril de 2014. E PAULO PINTO DE ALBUQUERQUE, anotação in JORGE MIRANDA e RUI MEDEIROS, *Constituição...*, III, págs. 117-118; ANTÓNIO PINTO MONTEIRO, *Do recurso de decisões arbitrais para o Tribunal Constitucional*, in *Themis*, n.º 16, 2009, págs. 195 e segs.; MIGUEL GALVÃO TELES, *Recurso para o Tribunal Constitucional de decisões dos tribunais arbitrais*, in *Estudos em homenagem ao Prof. Doutor Sérvulo Correia*, obra coletiva, I, Coimbra, 2010, págs. 642 e segs.; GOMES CANOTILHO e VITAL MOREIRA, *Constituição...*, II, cit., pág. 521.

[577] Sobre a tramitação dos recursos de decisões dos tribunais arbitrais, v. acórdão n.º 202/2014, de 3 de março, in *Diário da República*, 2ª série, de 7 de abril de 2014.

FISCALIZAÇÃO DA CONSTITUCIONALIDADE

a apreciar a constitucionalidade de uma norma à face da Constituição portuguesa, por se tratar de questão em que deve aplicar o Direito português.

Ora, neste caso, da decisão de tal tribunal situado fora das ordens de jurisdição portuguesas, cabe recurso para o Tribunal Constitucional, verificados os pressupostos do art. 280.º da Constituição?

A resposta parece dever ser negativa, visto que os tribunais de cujas decisões se entende que cabe recurso para o Tribunal Constitucional são os tribunais previstos nos arts. 202.º e segs. da nossa Constituição: o art. 280.º pressupõe o art. 204.º; e a fiscalização judicial difusa neste preceito contemplada é a fiscalização a cargo dos tribunais instituídos no âmbito do Direito português.

Todavia, se mais tarde se puser um problema de revisão de sentença estrangeira ou de confirmação de decisão arbitral perante um tribunal português – o tribunal de Relação (art. 1095.º do Código de Processo Civil) – este deverá verificar se a norma aplicada se conforma com a Constituição ou rever a decisão na parte atinente à questão de inconstitucionalidade, em nome dos princípios da constitucionalidade (art. 3.º, n.ºs 2 e 3, da Constituição) e da não contradição com a ordem pública portuguesa [art. 1096.º, alínea *f*), do Código de Processo Civil].

O que aqui se diz vale também para a hipótese de a sentença confirmanda fazer aplicação do próprio Direito estrangeiro. A Relação, até por maioria de razão, não poderá deixar de confrontar a norma aplicada com a Constituição portuguesa.

E das decisões da Relação assim tomadas pode haver recurso para o Tribunal Constitucional de acordo com as regras gerais [570].

58. O problema da fiscalização por órgãos diferentes dos tribunais

I – O Ministério Público tem um papel relevantíssimo na fiscalização concreta (art. 280.º) e o Procurador-Geral da República é um dos órgãos de iniciativa da fiscalização sucessiva abstrata [art. 281.º, n.º 2, alínea *e*)].

---

[578]   O problema suscitado neste número e a solução proposta foram-nos sugeridos por MIGUEL GALVÃO TELES.

CAPÍTULO III – REGIME ATUAL DE FISCALIZAÇÃO NO DIREITO PORTUGUÊS

Não pode, porém, nunca o Ministério Público, a despeito da sua função conexa com os tribunais, recusar, em qualquer dos seus atos (*v. g.*, em processo penal) a aplicação de qualquer norma por inconstitucionalidade.

II – Pode perguntar-se se os órgãos administrativos (não os funcionários e os agentes administrativos) não têm, por seu turno, o poder, e o dever, de não aplicar normas contrárias à Constituição, ao Direito internacional ou a leis reforçadas – até porque atos administrativos inconstitucionais ou ilegais são nulos ou anuláveis e não se justificaria obrigar a Administração a praticá-los (sobretudo, em caso de contraste manifesto) para vê-los, de seguida, impugnados contenciosamente ou até alvo de resistência por parte dos cidadãos.

E deveria ser tanto mais assim à face de uma Constituição como a portuguesa, que proclama o princípio da subordinação dos órgãos e agentes administrativos tanto à lei como à Constituição (art. 266.º, n.º 2), que vincula aos preceitos constitucionais respeitantes aos direitos, liberdades e garantias todas as entidades públicas (art. 18.º, n.º 1) e que estipula que a prevenção dos crimes, incluindo a dos crimes contra a segurança do Estado, só pode fazer-se com respeito por estes direitos (art. 272.º, n.º 3) [579] [(2)].

---

[579] A favor da não aplicação de leis inconstitucionais, mitigadamente, GOMES CANOTILHO, *Direito Constitucional...*, cit., págs. 434 e segs.; MARIANA MELO EGÍDIO, *Responsabilidade Civil Extracontratual do Estado por (des)aplicação de leis inconstitucionais*, in *Estudos de Homenagem Ao Prof. Doutor Jorge Miranda*, II, págs. 725 e segs. Mais amplamente, MIGUEL GALVÃO TELLES, *Direito Constitucional...*, cit., 1970, págs. 97-98; RUI MEDEIROS, *A decisão...*, cit., págs. 167 e segs. (cfr., porém, antes, *Valores jurídicos...*, cit., *loc. cit.*, págs. 505-506, 532 e 533); JORGE PEREIRA DA SILVA, *Deveres do Estado de protecção de direitos fundamentais*, Lisboa, 2015, págs. 666 e segs. Contra: MÁRIO ESTEVES DE OLIVEIRA, *Direito Administrativo*, I, Lisboa, 1980, págs. 83 e segs.; JOÃO CAUPERS, *Os direitos fundamentais dos trabalhadores*, Coimbra, 1985, pág. 157 (embora admita a recusa de aplicação de diplomas não legislativos); MARCELO REBELO DE SOUSA, *O valor...*, cit., págs. 251-252; FERNANDO ALVES CORREIA, *O plano urbanístico e o princípio da igualdade*, Coimbra, 1989, págs. 438 e segs.; VITALINO CANAS, *Introdução...*, cit., pág. 132; CARLOS BLANCO DE MORAIS, *Justiça...*, I, cit., págs. 378 e segs.
Numa posição, de certo modo, intermédia, ANDRÉ SALGADO DE MATOS, *op. cit.*, págs. 323 e segs.; VIEIRA DE ANDRADE, *Os direitos fundamentais na Constituição portuguesa de 1976*, 5.ª ed., Coimbra, 2012, págs. 200 e segs. e 225 e segs. Para o primeiro destes Autores a colisão dar-se-ia entre o princípio da separação de poderes e o da constitucionalidade. O princípio da separação de poderes implicaria *prima facie* o dever de aplicação. Todavia, o princípio da constitucionalidade justificaria a não aplicação de lei pela Administração quer nos casos de inexistência e de inconstitucionalidade evidente quer nos de prévia desaplicação judicial no mesmo contexto procedimental, de atividade de órgãos administrativos independentes de

FISCALIZAÇÃO DA CONSTITUCIONALIDADE

A despeito disto não cremos possível reconhecer aos órgãos administrativos um poder geral de controlo – necessariamente concreto, análogo ao dos tribunais [580] – e apenas em determinadas situações admitimos deixar à Administração uma margem de não aplicação [581].

III – A razão básica deste entendimento repousa na diferença de natureza das duas funções, a jurisdicional e a administrativa, e na diversa estrutura dos respetivos órgãos.

Em primeiro lugar, são coessenciais à função jurisdicional o conhecimento e a aplicação das normas jurídicas, ao passo que, na função administrativa, eles são instrumentais relativamente à prossecução do interesse público.

garantia e de exercício de competências judicativas, quer ainda nos casos de criminalização da aplicação de normas legais inconstitucionais, de violação de normas constitucionais com pretensão absoluta de aplicação, de leis inconstitucionais confirmadas pela Assembleia da república (art. 279.º), de normas antecedente ou consequentemente inconstitucionais não declaradas como tais pelo Tribunal Constitucional, de jurisprudência consolidada no sentido da inconstitucionalidade. Para VIEIRA DE ANDRADE, estar-se-ia diante de um conflito entre os princípios da constitucionalidade e da legalidade, com soluções diferenciadas, segundo critérios de proporcionalidade; e seria de admitir a não aplicação quando a inconstitucionalidade fosse evidente.
Em especial, no sentido da não aplicação pelos órgãos administrativos de leis violadoras de direitos, liberdades e garantias: PEDRO VAZ PATTO, *A vinculação das entidades públicas pelos direitos, liberdades e garantias*, in *Documentação e Direito Comparado*, n.ºs 33/34, 1988, págs. 490 e segs.; MARIA DE ASSUNÇÃO ESTEVES, *A constitucionalização do direito de resistência*, Lisboa, 1989, págs. 242 e segs.; PAULO OTERO, *O poder de substituição em direito administrativo*, Lisboa, 1995, págs. 534 e segs. e 562 e segs.; JOÃO DE CASTRO MENDES, *Princípio da igualdade e postos de trabalho em empresas públicas*, in *Direito e Justiça*, 1997, ?, págs. 19-20; GOMES CANOTILHO, *Direito Constitucional...*, cit., págs. 434 e segs. e 907-908; GOMES CANOTILHO e VITAL MOREIRA, *Constituição...*, I, cit., pág. 384. Ou quando se trate de leis violadoras de normas constitucionais de aplicação imediata: TERESA MELO RIBEIRO, *O princípio da imparcialidade da Administração pública*, Coimbra, 1996, págs. 128 e segs.
[2]   O problema tem sido, analogamente, discutido noutros países. Cfr. extensas referências em RUI MEDEIROS, *A decisão...*, cit., págs. 149 e segs., e ANDRÉ SALGADO DE MATOS, *op. cit.*, págs. 109 e segs. Quanto ao Brasil, v. JUAREZ FREITAS, *Controle administrativo de constitucionalidade*, in *Estudos de Homenagem Ao Prof. Doutor Jorge Miranda*, II, págs. 363 e segs. (é a favor, sem prejuízo da primazia do poder judiciário).
[580]   Neste sentido, acórdão n.º 304/85 do Tribunal Constitucional, de 11 de dezembro, in *Diário da República*, 2.ª série, de 10 de abril de 1986.
[581]   Sobre a evolução do nosso pensamento, v. *Contributo...*, cit., págs. 219-220; *O regime dos direitos, liberdades e garantias*, in *Estudos sobre a Constituição*, obra coletiva, III, Lisboa, 1979, págs. 76-77; *Manual...*, II, 2.ª ed., 1983, págs. 355-356, e IV, cit., págs. 329 e segs.

CAPÍTULO III – REGIME ATUAL DE FISCALIZAÇÃO NO DIREITO PORTUGUÊS

E daí (mesmo sem recorrer a um argumento *a contrario*) a falta de preceito homólogo ao art. 204.º no título respeitante à Administração pública.

Em segundo lugar, a estrutura da Administração *direta* e *indireta*, dependente da direção e superintendência do Governo [art. 199.º, alínea *d*)], não se compara com a estrutura dos tribunais, marcada pela independência, e não seria adequada ao desenvolvimento da garantia. Assim como – ao invés – adviriam não poucos riscos para a certeza e a segurança jurídicas, se uma qualquer faculdade de desaplicação da lei com fundamento em inconstitucionalidade pudesse ser exercida pelos órgãos da Administração *autónoma* [art. 199.º, alínea *d*), 2.ª parte], da *autonómica* [art. 227.º, n.º 1, alínea *g*)], da *eleitoral* (art. 113.º, n.º 4) e da *independente* (art. 267.º, n.º 3) [582].

Se a Constituição exige a conformação da atividade administrativa pelos preceitos e princípios constitucionais – se necessário, através da técnica da interpretação conforme – e se são nulos, e não anuláveis (por conseguinte, não sanáveis) os atos administrativos ofensivos de direitos, liberdades e garantias [583], nem por isso deixam de ser os tribunais a decidir sobre essa conformação; e têm de ser os tribunais administrativos, e não os órgãos da Administração dita ativa, a apreciar e a não aplicar leis inconstitucionais e a declarar a nulidade ou a anular atos administrativos inconstitucionais.

Por outro lado, aos agentes administrativos é sempre possível a representação às entidades hierarquicamente superiores das consequências de aplicação das leis, mas até uma possível decisão de inconstitucionalidade permanecem vinculados às leis e às ordens concretas de aplicação dos órgãos colocados em grau superior da hierarquia [584], não podendo então ser responsabilizados civilmente por violação de direitos, liberdades e garantias decorrentes dessa aplicação (a responsabilidade será apenas do Estado legislador, de acordo com os arts. 22.º e 271.º, n.º 2).

---

[582] No sentido da incompetência da Administração independente para fiscalizar a constitucionalidade, cfr. deliberação da Comissão Nacional de Proteção de Dados de 3 de dezembro de 2002 (publicada in ALEXANDRE SOUSA PINHEIRO, *Direito Constitucional – Elementos para estudo*, II, Lisboa, 2003, págs. 747 e segs.); CARLOS BLANCO DE MORAIS, *Justiça...*, I, cit., págs. 399--400.

[583] Assim, *O regime dos direitos, liberdades e garantias*, cit., *loc. cit.*, pág. 77.

[584] GOMES CANOTILHO, *Direito Constitucional...*, cit., pág. 443.

FISCALIZAÇÃO DA CONSTITUCIONALIDADE

IV – A defesa mais firme de um amplo poder de fiscalização da constitucionalidade pela Administração, entre nós, é a apresentada por RUI MEDEIROS, a partir do duplo postulado da vinculação de todos os poderes públicos, incluindo o administrativo, à Constituição [585] e da osmose Constituição-lei como elementos integrantes da juridicidade [586].

O art. 266.º, n.º 2, e o direito dos administrados de impugnação de atos administrativos estribados em leis inconstitucionais tornariam patente a necessidade de um autocontrolo da Administração [587]. Se só os tribunais pudessem conhecer da inconstitucionalidade, multiplicar-se-iam inutilmente os processos e consumar-se-iam situações de grave prejuízo para os particulares [588].

Todos os funcionários e agentes são chamados, pois, a examinar a constitucionalidade [589]. Mas isso não significa que os subalternos possam desobedecer, com fundamento em inconstitucionalidade, às ordens dos seus superiores: a decisão sobre a não aplicação da lei cabe, em regra, ao cume da Administração [590]. E se o órgão administrativo não se achar subordinado hierarquicamente, os poderes de tutela a cargo do Governo servirão de instrumento de garantia da legalidade democrática – estando, por seu turno, os atos tutelares sujeitos a impugnação pelas entidades tuteladas [591].

Tão pouco, na hipótese de ter havido uma decisão de rejeição da inconstitucionalidade pelo Tribunal Constitucional, ficam os órgãos administrativos inibidos do seu poder de apreciação, visto que aquela decisão não é vinculativa para a Administração [592]. Mas nem por isso deixa de haver remédios capazes de assegurar o reforço da garantia do controlo jurisdicional, porque a *ratio* do art. 280.º, n.º 5, obriga a que ele se aplique às hipóteses de os tribunais julgarem inconstitucionais leis antes não julgadas inconstitucionais pelo Tribunal Constitucional [593] e, assim, o Ministério Público está obrigado a recorrer para

---

[585]   *A decisão...*, cit., págs. 168 e segs.
[586]   *Ibidem*, pág. 188.
[587]   *Ibidem*, págs. 191 e segs., *maxime* 205.
[588]   *Ibidem*, pág. 208.
[589]   *Ibidem*, págs. 236 e segs.
[590]   *Ibidem*, pág. 240.
[591]   *Ibidem*, págs. 249 e 250.
[592]   *Ibidem*, págs. 251 e segs.
[593]   *Ibidem*, págs. 254 e segs.

CAPÍTULO III – REGIME ATUAL DE FISCALIZAÇÃO NO DIREITO PORTUGUÊS

os tribunais administrativos de decisões que contrariem os juízos em matéria de validade das leis do Tribunal Constitucional [594].

Por último, não deveria invocar-se o argumento *ad terrorem* da anarquia administrativa [595], pois: 1.º) recai sobre as autoridades administrativas demonstrar a inconstitucionalidade em face da «presunção de justeza» do direito criado pelas instâncias democraticamente legitimadas; 2.º) os funcionários e agentes das entidades públicas são responsáveis pelas ações e omissões praticadas no exercício das suas funções; 3.º) as decisões administrativas são sempre suscetíveis de controlo jurisdicional sucessivo.

Não nos convencem, porém, estas considerações, pelos seguintes motivos:

a) O próprio RUI MEDEIROS não deixa de ter em conta os diferentes estatutos dos tribunais e dos órgãos administrativos, ao salientar – contra os riscos de incerteza e de insegurança jurídica – serem, em última análise, os tribunais e o Tribunal Constitucional que declaram a existência de inconstitucionalidade e estabelecem a responsabilidade por eventual incumprimento de leis não inconstitucionais.

b) O competir a decisão sobre a aplicação ou não de leis aos órgãos superiores de cada estrutura hierárquica e o não estarem excluídas medidas tutelares relativamente à Administração indireta e à autónoma (embora estas medidas passíveis de controvérsias e atritos) também atenua esses riscos de divergência de entendimento e até de preterição do princípio da igualdade. Em contrapartida, agrava ainda mais o perigo de concentração de poder no Governo, órgão concomitantemente legislativo e administrativo, erigido ainda em órgão com concentração do controlo de constitucionalidade, paralelo ao Tribunal Constitucional.

c) Nem se invoque o controlo democrático do Parlamento [596] – porque pode haver Governos maioritários e, mesmo com Governos minoritários, a experiência portuguesa mostra as fragilidades do controlo parlamentar da atividade administrativa.

---

[594] *Ibidem*, págs. 264-265.
[595] *Ibidem*, págs. 265 e segs.
[596] *Ibidem*, pág. 223.

FISCALIZAÇÃO DA CONSTITUCIONALIDADE

d) E que dizer dos poderes em que, analogamente, ficariam investidos os Governos das regiões autónomas, titulares de poder executivo próprio? O Governo da República também aí iria intervir e como? E poderia haver leis da República consideradas inconstitucionais, por uma ou pelas duas Administrações regionais e, portanto, por elas desaplicadas, ao arrepio do que se passasse no resto do país?

e) Ora, a Constituição aponta para solução bem diversa, ao conferir ao Primeiro-Ministro, assim como aos presidentes dos Governos regionais, a faculdade de requerer ao Tribunal Constitucional a apreciação e a declaração de inconstitucionalidade de normas jurídicas (art. 281.º, n.º 2) – inclusive, quanto ao Primeiro-Ministro, a apreciação preventiva de leis orgânicas (art. 278.º, n.º 4) – e esse vem a ser o meio idóneo de os órgãos superiores da Administração reagirem a leis inconstitucionais.

f) Da ideia de uma sociedade aberta de intérpretes da Constituição [597] não deriva um direito geral de desobediência às leis inconstitucionais, pelo que nenhuma ilação pode tirar-se, por maioria de razão, quanto aos órgãos administrativos. Para lá da resistência a ordens ofensivas de direitos, liberdades e garantias (art. 21.º), do não pagamento de impostos não criados de harmonia com a Constituição ou retroativos (art. 103.º, n.º 3) e do direito de petição (art. 52.º), cidadãos *responsáveis*, e não *submissos* dispõem, sim – como é inerente a um Estado de Direito – de meios jurisdicionais de garantia [art. 280.º, n.º 1, alínea *b)*, e arts. 20.º, n.º 5, e 268.º, n.ᵒˢ 4 e 5]. Ninguém tem reivindicado mais do que isso.

g) Compreende-se perfeitamente, na lógica do pensamento de RUI MEDEIROS, o recurso contencioso obrigatório do Ministério Público de atos administrativos que envolvam a desaplicação, por inconstitucionalidade, de normas legislativas. Não obstante, ressalta muito artificial o raciocínio construído a partir do art. 280.º, n.º 5, por se situarem em planos diferentes o recurso de uma decisão judicial e o recurso de uma decisão administrativa.

h) Acresce que, se o tribunal administrativo julgar qualquer norma legislativa inconstitucional, caberá recurso – também obrigatório

---

[597] *Ibidem*, págs. 177 e segs.

CAPÍTULO III – REGIME ATUAL DE FISCALIZAÇÃO NO DIREITO PORTUGUÊS

(art. 280.º, n.º 3) – para o Tribunal Constitucional; e, tudo visto, poderá perguntar-se se o tempo gasto entre a desaplicação da norma logo pela autoridade administrativa e a decisão do Tribunal Constitucional (aliás, só para o caso concreto) não será mais longo – com os inconvenientes referidos por RUI MEDEIROS – do que o tempo que se despenderia se se desencadeasse um processo de fiscalização sucessiva ao abrigo do art. 281.º

V – Não adotamos, no entanto, uma visão fechada, porque reconhecemos depararem-se hipóteses – extremas ou muito especiais – em que os órgãos administrativos hão-de gozar de um poder de recusa de aplicação.

Além de leis juridicamente inexistentes[598], será assim, sem dúvida quando estiverem em causa direitos insuscetíveis de suspensão mesmo em estado de sítio (art. 19.º, n.º 6) e cuja especial valorização constitucional (e não um poder autónomo de garantia da constitucionalidade) se vem projetar sobre a atuação dos órgãos e agentes administrativos; ou quando, sem revisão constitucional, seja reproduzida norma declarada inconstitucional com força obrigatória geral (art. 282.º).

Poderá ser assim, quando estejam em causa leis vetustas, muito anteriores à Constituição e, de todo em todo, desconformes com a sua ideia de Direito. E, porventura quando se trate de leis sobre as quais o Tribunal Constitucional se haja pronunciado no sentido de inconstitucionalidade em fiscalização preventiva, mas que, apesar disso, tenham sido confirmadas e promulgadas (art. 279.º, n.º 2), *in fine*, a não se entender este já não em vigor)[599].

V – Muito menos poderiam os órgãos políticos, no exercício das suas competências, negar-se a cumprir qualquer norma jurídica por inconstitucional ou ilegal[600].

---

[598]   Como sempre defendemos: v. *Contributo...*, cit., pág. 120.

[599]   GOMES CANOTILHO fala aqui, e a propósito de leis já consideradas inconstitucionais em fiscalização preventiva, em presunção de inconstitucionalidade (*Direito Constitucional...*, cit., pág. 1032).

[600]   Diferentemente, RUI MEDEIROS, *A decisão...*, cit., pág. 285: se o Presidente da República, que jura defender a Constituição, viesse a encontrar-se adstrito a comandos inconstitucionais dimanados do legislador, seria atingido o princípio da separação de poderes.

FISCALIZAÇÃO DA CONSTITUCIONALIDADE

As únicas faculdades de intervenção dos órgãos políticos de soberania ou das regiões autónomas (bem como de outros órgãos constitucionais, seja qual for a sua natureza) no domínio da garantia da Constituição são as que já descrevemos do Presidente da República, do Parlamento e dos órgãos de iniciativa da fiscalização abstrata. Mais do que isso seria a subversão do Estado de Direito.

59. Os processos e as decisões positivas do Tribunal Constitucional

I – Às quatro modalidades de fiscalização da constitucionalidade pelo Tribunal Constitucional correspondem formas de processo adequadas:

a) Processos de fiscalização concreta (arts. 207.º e 280.º da Constituição e arts. 69.º e segs. da lei orgânica);
b) Processos de fiscalização abstrata da inconstitucionalidade por ação, com duas espécies:

  – fiscalização preventiva (arts. 278.º e 279.º da Constituição e arts. 57.º e segs. da lei orgânica;
  – fiscalização sucessiva (art. 281.º da Constituição e arts. 62.º e segs. da lei orgânica) [601];

c) Processo de fiscalização da inconstitucionalidade por omissão (art. 283.º da Constituição e arts. 67.º e 68.º da lei orgânica).

Em capítulo anterior foram indicados os princípios a que obedecem essas formas de processo.

II – Os processos de fiscalização concreta decorrem em secção, salvo, quando o Presidente, com a concordância do Tribunal, determine que o julgamento se faça com intervenção do plenário (art. 79.º-A) ou em caso de recurso para o plenário, quando o Tribunal Constitucional tenha julgado a questão de inconstitucionalidade ou ilegalidade em sentido divergente do

---

[601] Sendo os arts. 51.º a 56.º disposições comuns.

CAPÍTULO III – REGIME ATUAL DE FISCALIZAÇÃO NO DIREITO PORTUGUÊS

anteriormente adotado, quanto à mesma norma, por qualquer das suas secções (art. 79.º-D).

Os processos de fiscalização abstrata decorrem em plenário.

III – Às quatro modalidades de fiscalização e aos respetivos processos correspondem também tipos fundamentais diferenciados de decisões positivas:

a) *Julgamento* de uma norma como inconstitucional, na fiscalização concreta (art. 280.º, n.º 5);

b) *Pronúncia* pela inconstitucionalidade, na fiscalização preventiva (art. 279.º, n.º 1);

c) *Declaração de inconstitucionalidade* com força obrigatória geral (arts. 281.º e 282.º);

d) *Verificação* da existência de inconstitucionalidade por omissão (art. 283.º, n.º 2) [602].

As decisões positivas proferidas em fiscalização abstrata são publicadas na 1.ª série do *Diário da República*; as demais decisões, salvo as de natureza meramente interlocutória, são publicadas na 2.ª série (art. 3.º da Lei n.º 28/82) [603].

60. A fiscalização das decisões do Tribunal Constitucional

I – O Tribunal Constitucional é o órgão específico, o último órgão, o órgão supremo de fiscalização da constitucionalidade. Das suas decisões não cabe recurso para mais nenhum órgão (da mesma maneira que não é possível impugnar, em recurso ordinário, as decisões do Supremo Tribunal de Justiça ou as do Supremo Tribunal Administrativo sobre questões objeto das respetivas jurisdições). Nem tão pouco seria admissível que qualquer tribunal deixasse de as cumprir e executar.

Quis custodiet custodes? A resposta há-de procurar-se no rigor deontológico dos seus juízes, na capacidade para encontrarem a síntese das suas diferentes

---

[602] As próprias expressões constantes do texto constitucional são elucidativas.

[603] Além disso, são publicados no *Boletim do Ministério da Justiça* todos os acórdãos, salvo os de natureza processual que não tenham interesse doutrinal, e o Tribunal promove uma coletânea anual dos seus acórdãos com interesse doutrinário (art. 115.º).

FISCALIZAÇÃO DA CONSTITUCIONALIDADE

formações e precompreensões, na fundamentação das decisões [604] e dos votos de vencido [605], e na já referida força da institucionalização em que se esteia o Tribunal. Há-de procurar-se também na consciência jusconstitucionalística da comunidade, em interação e diálogo com eles. E ainda na apreciação crítica da doutrina especializada.

II – O sentido de qualquer decisão do Tribunal Constitucional é, pois, insindicável – perante o próprio Tribunal e perante qualquer outro. A figura do erro de direito, do erro sobre a determinação, a interpretação e a aplicação da norma jurídica [606] está aqui completamente posta de parte.

Todavia, a decisão, *considerada em si mesma*, pode conter erros materiais ou nulidades processuais ou até infringir as normas constitucionais e legais que balizam a sua formação ou o seu âmbito (a decisão, enquanto tal, e não a decisão enquanto reportada a esta ou àquela norma constitucional) [607].

Pois uma coisa consiste em saber se o acórdão deve ter-se ou não por acertado ao decidir no sentido da inconstitucionalidade ou da não inconstitucionalidade – coisa que não mais pode ser discutida em juízo – e outra coisa consiste em saber se o seu *iter* formativo ou os pontos que contemple para além da questão substantiva de ocorrência ou não de inconstitucionalidade respeitam a Lei Fundamental – questão que pode ainda ser suscitada e resolvida.

---

[604]   Cfr., por exemplo, JÖRG LUTHER, *Raggionevolezza*, cit., *loc. cit.*, pág. 361; *La motivazione delle decisioni della Corte Costituzionale*, obra coletiva a cargo de ANTONIO RUGGERI, Turim, 1994; WANDA MASTOR, *Essai sur la motivation des – décisions de justice*, in *Annuaire International de Justice Constitutionnelle*, 1999, págs. 35 e segs.

[605]   V., entre tantos, a obra coletiva a cargo de ADELE ARIZON, *L'opinione dissenziente*, Turim, 1995. Ou PETER HÄBERLE, entrevista ao *Anuario de Derecho Costitucional y Parlamentar*, n.º 9, 1997, pág. 34: quando a interpretação constitucional se concebe com um processo aberto, então manifesta-se o voto particular como a jurisprudência alternativa», como pluralismo pleno de jurisprudência constitucional.

[606]   Que é o fundamento do recurso de revista (art. 721.º do Código de Processo Civil).

[607]   Cfr. MARCELO REBELO DE SOUSA, *O valor...*, cit., pág. 265; VITALINO CANAS, *Introdução...*, cit., pág. 171, e *O Tribunal...*, cit., *loc. cit.*, págs. 109 e 123 e segs.; PAULO OTERO, *Ensaio...*, cit., págs. 113 e segs.; RUI MEDEIROS, *A decisão...*, cit., págs. 788 e segs.; GOMES CANOTILHO e VITAL MOREIRA, *Constituição...*, II, cit., pág. 980.

CAPÍTULO III – REGIME ATUAL DE FISCALIZAÇÃO NO DIREITO PORTUGUÊS

III – É lícito ao juiz, conforme se lê no Código de Processo Civil (art. 666.º, n.º 2), retificar erros materiais, suprir nulidades, esclarecer dúvidas existentes na sentença e reformá-la. E esta regra vale, decerto, também aqui com as devidas adaptações [608].

O próprio Tribunal já reconheceu a possibilidade de arguição da nulidade de um seu acórdão, por ele participar da natureza de verdadeira decisão judicial [609].

Entre as causas de nulidade indiquem-se a não especificação dos fundamentos da decisão, a contradição entre eles e a decisão ou a decisão *ultra petitum* (cfr. art. 668.º, n.º 1, do Código de Processo Civil ainda), assim como a falta de *quorum* ou de maioria aquando da votação.

IV – Como hipóteses de decisões inconstitucionais no domínio da fiscalização da constitucionalidade [610] podem ser configuradas:

a) Decisões sobre objeto que delas deveria estar excluído (*v. g.*, sobre a legalidade de uma norma ou sobre a constitucionalidade de um decreto regulamentar na fiscalização preventiva ou sobre a execução de uma decisão referendária na fiscalização da inconstitucionalidade por omissão);

b) Decisões a requerimento de órgãos sem poder de iniciativa (em contravenção dos arts. 278.º, 281.º e 283.º);

c) Decisões fora dos prazos constitucionais na fiscalização preventiva (art. 278.º, n.ᵒˢ 3, 6 e 8);

d) Decisões que mandem aplicar normas juridicamente inexistentes;

e) Decisões desrespeitadoras do caso julgado fora do domínio sancionatório (art. 282.º, n.º 3, 1.ª parte);

f) Decisões que mandem aplicar norma penal, disciplinar ou de ilícito de mera ordenação social de conteúdo menos favorável ao arguido ou que deixem de ressalvar norma de conteúdo mais favorável (art. 282.º, n.º 3, 2.ª parte);

---

[608] Assim, RUI MEDEIROS, *A decisão...*, cit., pág. 980.

[609] Acórdão n.º 58/95, de 16 de fevereiro, in *Diário da República*, 2.ª série, de 9 de março de 1995. Estava em causa o acórdão n.º 13/95, de 25 de janeiro, e a decisão foi negativa.

[610] Não consideramos agora decisões no âmbito de outras competências do Tribunal.

FISCALIZAÇÃO DA CONSTITUCIONALIDADE

g) Decisões com restrição de efeitos da inconstitucionalidade ou da ilegalidade com preterição de princípios constitucionais fundamentais (art. 282.º, n.º 4) [611];

h) Decisões com restrição dos efeitos para futuro (ainda art. 282.º, n.º 4).

Não custa notar que as três primeiras hipóteses se apresentam bem menos graves do que as cinco últimas e que o seu desvalor poderá, ao cabo e ao fim, reconduzir-se a irregularidade: uma vez proferidas, poderão subsistir e consolidar-se. Pelo contrário, as quatro últimas carregam-se de um peso negativo tão forte que não poderia conceber-se ficarem sem reação da ordem jurídica.

V – Nem a Constituição, nem a lei orgânica preveem mecanismos de garantia, mas – até porque não se trata de hipóteses meramente académicas – deve considerar-se existir aí uma lacuna a integrar de acordo com os cânones gerais.

Propendemos, nas hipóteses d) a h) (e, eventualmente, noutras semelhantes), sobretudo quando estejam em causa direitos das pessoas [612], a admitir o não acatamento das decisões do Tribunal Constitucional tomadas quer em fiscalização concreta quer em fiscalização sucessiva abstrata, assim como a sua sindicabilidade incidental[613].

Das decisões do tribunal comum que recusassem a aplicação de uma decisão do Tribunal Constitucional haveria, porém, de caber sempre recurso para o próprio Tribunal Constitucional – obrigatório para o Ministério Público – para que decidisse a concreta questão de inconstitucionalidade suscitada no tribunal *a quo* [614].

---

[611]   E decisão ilegal a decisão em fiscalização abstrata sem audição do órgão autor da norma (art. 54.º da Lei Orgânica).

[612]   Neste sentido, quanto às decisões de não provimento em fiscalização concreta, invocando o art. 18.º, n.º 1, PAULO OTERO, *Ensaio...*, cit., pág. 114.

[613]   Cfr. VITALINO CANAS, *O Tribunal Constitucional: órgão de garantia de segurança jurídica, de equidade e de interesse público de excepcional relevo*, in *Estudos em homenagem ao Prof. Doutor Armando M. Marques Guedes*, obra coletiva, 2004, pág. 124, sugerindo que o próprio Tribunal Constitucional já terá averiguado da constitucionalidade de uma decisão sua.

[614]   Portanto, verdadeiro recurso (com regime de recurso extraordinário de revisão).

CAPÍTULO III – REGIME ATUAL DE FISCALIZAÇÃO NO DIREITO PORTUGUÊS

Por outro lado, essa decisão, essa *nova* decisão – se fosse no sentido da inconstitucionalidade – poderia vir a contar tanto para efeito do recurso previsto no art. 280.º, n.º 5, quanto para efeito de passagem da fiscalização concreta à abstrata nos termos do art. 281.º, n.º 3 [615].

Uma alternativa seria uma *reclamação* atípica, diretamente, para o próprio Tribunal [616].

No limite dos limites, conseguir-se corrigir a inconstitucionalidade, nesses casos mais graves.

---

[615]   Cfr., sobre o assunto, em moldes em larga medida diversos, José de Oliveira Ascensão, *Os acórdãos...*, cit., *loc. cit.*, pág. 263; Marcelo Rebelo de Sousa, *O valor...*, cit., págs. 316 e segs.; Paulo Otero, *O caso...*, cit., págs. 93 e segs.; Rui Medeiros, *A decisão...*, cit., págs. 789 e segs.; Carlos Blanco de Morais, *Justiça...*, II, cit., págs. 964 e segs.

[616]   Assim, Paulo Otero, *O caso...*, cit., pág. 77; Carlos Blanco de Morais, *Justiça...*, II, págs. 96 e segs.

§ 2.º
A fiscalização concreta

61. O sistema português de fiscalização concreta

I – Como resulta do conspecto comparativo atrás feito, há quatro estatutos possíveis dos tribunais frente às questões de inconstitucionalidade:

a) Incompetência para conhecer e, portanto, para decidir – é o estatuto típico do modelo de matriz francesa;

b) Competência para conhecer e para decidir (naturalmente com recurso para tribunal superior) – é, inversamente, o essencial do modelo norte-americano;

c) Competência para conhecer, mas não para decidir, salvo (com diferentes gradações) sobre a viabilidade da questão (por isso caber a um tribunal situado fora da ordem judicial, o Tribunal Constitucional) – é o regime resultante da atenuação ou modificação do modelo austríaco feita em 1929 e comum à generalidade de países com tribunal constitucional;

d) Competência para conhecer e para decidir, com recurso possível ou necessário (conforme os casos) para um tribunal situado fora da ordem judicial – é o sistema introduzido em Portugal, em 1976, com a Comissão Constitucional e confirmado e ampliado, em 1982, com o Tribunal Constitucional.

II – Entre o terceiro e o quarto sistemas, não se trata apenas de o tribunal da causa receber ou não o poder de decidir a questão da inconstitucionalidade

FISCALIZAÇÃO DA CONSTITUCIONALIDADE

e de, através dele, o de influir na própria questão principal, com a consequente distinta natureza da figura processual que corre diante do Tribunal Constitucional. Trata-se ainda do sentido da intervenção deste na perspetiva geral da fiscalização.

No terceiro sistema, com efeito, o incidente de inconstitucionalidade, ou reenvio prejudicial, é um pressuposto da fiscalização abstrata: o seu escopo tanto abarca a fiscalização concreta como a abstrata. Já no quarto sistema é da inconstitucionalidade no caso concreto que exclusivamente se cura: quer o tribunal *a quo* quer o Tribunal Constitucional apenas conhecem da inconstitucionalidade da norma na sua aplicação ao caso *sub judice*, e é aí que apreciam a sua existência e a sua procedência; nunca da inconstitucionalidade em abstrato ou em tese [617] [618].

Em contrapartida, o acesso ao Tribunal Constitucional acha-se mais facilitado no quarto sistema do que no terceiro: neste, é ao tribunal da causa que compete deferir ao Tribunal Constitucional a questão de inconstitucionalidade, ao passo que no quarto as partes recebem o direito de interpor recurso – verdadeiro direito fundamental – e, inclusive, por força de lei, o direito de reclamação perante o próprio Tribunal Constitucional [619].

Observe-se, no entanto, desde já, que o cunho muito peculiar do atual sistema português não obsta à relevância da decisão do Tribunal Constitucional (tal como, antes, da Comissão Constitucional) para além do caso concreto. Ela é dupla: 1.º) porque cabe recurso da decisão de qualquer tribunal que aplique norma anteriormente julgada inconstitucional ou ilegal pelo Tribunal Constitucional (art. 280.º, n.º 5); 2.º) porque (como já se sabe), quando o Tribunal julga três vezes inconstitucional ou ilegal a mesma norma, pode, de seguida, ser desencadeado um processo (de fiscalização abstrata) com vista à

---

[617] Cfr., para uma introdução comparativa ao terceiro sistema, RUI MEDEIROS, *A decisão...*, cit., págs. 19 e segs., e, relativamente ao sistema italiano, por exemplo, ENRICO TULLIO LIEBMAN, *Contenuto ed efficacia delle decisioni della Corte Costituzionale*, in *Scritti giuridici in memoria di Calamandrei*, obra coletiva, III, Pádua, 1958, págs. 415 e segs.; ADRIANA GARDINO CALLI, *Giudici e Corte Costituzionale nel sindicato sulle leggi. Gli «elementi diffusi» del nostro sistema di giustizia costituzionale*, Milão, 1988.

[618] Cfr. acórdão n.º 102/84 do Tribunal Constitucional, de 31 de outubro, in *Acórdãos do Tribunal Constitucional*, 4.º vol., págs. 293 e segs., *maxime* 298.

[619] Cfr. MIGUEL GALVÃO TELES, *A competência da competência do Tribunal Constitucional*, in *Legitimidade e legitimação da justiça constitucional*, obra coletiva, págs. 112 e segs.

CAPÍTULO III – REGIME ATUAL DE FISCALIZAÇÃO NO DIREITO PORTUGUÊS

declaração de inconstitucionalidade ou de ilegalidade com força obrigatória geral (art. 281.º, n.º 3) [620].

III – São quatro as diferenças básicas netre o regime de fiscalização concreta do art. 282.º primitivo e o do art. 280.º atual, modificado em 1989 nos termos conhecidos e completado pelo art. 70.º da Lei n.º 28/82 [621]:

a) Naquele, só havia recurso para a Comissão Constitucional de decisões dos tribunais sobre normas constantes de lei, decreto-lei, decreto

---

[620] Em especial sobre o sistema português de fiscalização concreta, v. José Durão Barroso, *O recurso...*, cit., *loc. cit.*, págs. 707 e segs.; Vitalino Canas, *Os processos...*, cit., págs. 37 e segs., 78 e segs. e 119 e segs., e o *Ministério Público e a defesa da Constituição*, separata da *Revista do Ministério Público*, n.º 20, págs. 41 e segs.; Pierre Bon, estudo em *La Justice Constitutionnelle au Portugal*, obra coletiva, págs. 124 e segs.; Guilherme da Fonseca, *Fiscalização concreta da constitucionalidade e da legalidade*, in *Scientia Iuridica*, tomo XXXIII, 1984, págs. 455 e segs.; Armindo Ribeiro Mendes, *A jurisdição constitucional...*, cit., *loc. cit.*, e *Recursos em processo civil*, cit., págs. 317 e segs.; relatório de Portugal in *I Conferência...*, cit., págs. 741 e segs.; Inês Domingos e Margarida Menéres Pimentel, *O recurso...*, cit., *loc. cit.*; Mário Torres, *Legitimidade para o recurso de constitucionalidade*, in *Revista de Direito Público*, ano VII, n.º 13, págs. 91 e segs.; António da Costa Neves Ribeiro, *O Estado nos tribunais – Intervenção cível do Ministério Público em 1.ª instância*, 2.ª ed., Coimbra, 1994, págs. 239 e segs.; Miguel Galvão Teles, *A competência da competência*, cit., *loc. cit.*, págs. 112 e segs.; Antero Monteiro Diniz, *A fiscalização concreta de constitucionalidade como forma privilegiada de dinamização do Direito Constitucional*, in *Legitimidade e legitimação...*, cit., págs. 199 e segs.; António Jorge Alpendre, *O recurso para Tribunal Constitucional e o recurso por oposição de acórdãos do Supremo Tribunal Administrativo*, in *Revista Jurídica*, dezembro de 1995-janeiro de 1996, págs. 241 e segs.; Vital Moreira, *Le Tribunal Constitutionnel portugais: le contrôle concret dans le systéme mixte de justice costitutionnelle*, in *Les Cahiers du Conseil Constitutionnel*, n.º 10, 2001, págs. 21 e segs.; Mário de Brito, *Sobre o recurso de constitucionalidade das decisões provisórias*, in *Ab Vno Ad Omnes – 75 anos da Coimbra Editora*, obra coletiva, Coimbra, 1998, págs. 845 e segs.; Gomes Canotilho, *Direito Constitucional...*, cit., págs. 983 e segs.; Miguel Teixeira de Sousa, *Legitimidade e interesse no recurso de fiscalização concreta de constitucionalidade*, in *Estudos em homenagem ao Prof. Doutor Armando M. Marques Guedes*, obra coletiva, Coimbra, 2004, págs. 947 e segs.; Rui Medeiros, anotações in Jorge Miranda e Rui Medeiros, *Constituição...*, III, cit., págs. 48 e segs. e 738 e segs.; Gomes Canotilho e Vital Moreira, *op. cit.*, II, págs. 517 e segs. e 936 e segs.; Carlos Lopes do Rego, *Os recursos...*, cit.; Carlos Blanco de Morais, *Justiça...*, II, cit., págs. 595 e segs.; Inês Robalo, *Perspectiva crítica da fiscalização concreta*, in *O Direito*, 2011, págs. 887 e segs.

[621] Sobre a fiscalização concreta na Comissão Eventual para o Tribunal Constitucional, v. *Diário da Assembleia da República*, II legislatura, 3.ª sessão legislativa, 2.ª série, págs. 594(95) e segs. e 594(105)-594(106).

FISCALIZAÇÃO DA CONSTITUCIONALIDADE

regulamentar, decreto regional ou diploma equiparável; neste, pode haver recurso de decisões sobre quaisquer normas;

b) No texto de 1976, só havia recurso quando os tribunais se recusassem a aplicar uma norma com fundamento em inconstitucionalidade e, complementarmente, quando aplicassem uma norma antes julgada inconstitucional pela Comissão; no texto posterior a 1982, pode haver recurso de decisões dos tribunais que apliquem uma norma cuja inconstitucionalidade ou ilegalidade tenha sido suscitada durante o processo;

c) No texto de 1976, só havia recurso para a Comissão Constitucional uma vez esgotados os recursos ordinários ou, diretamente, quando estivesse em causa a aplicação da norma antes julgada inconstitucional pela Comissão; no texto posterior a 1982, o recurso pode ser direto para o Tribunal Constitucional e é obrigatoriamente direto quanto ao Ministério Público, quando a norma cuja aplicação tenha sido recusada conste de convenção internacional, de ato legislativo ou de decreto regulamentar ou quando o tribunal aplique uma norma anteriormente julgada inconstitucional ou ilegal pelo Tribunal Constitucional;

d) No texto de 1976 só se contemplava a inconstitucionalidade, sendo regime difuso o de fiscalização concreta da legalidade de diplomas regionais e de diplomas emanados de órgãos de soberania por violação de estatuto político-administrativo regional (como corroborava o art. 5.º da Lei n.º 15/79, de 19 de maio); no texto de 1982, esten-de-se a estes tipos de ilegalidade o regime da inconstitucionalidade e no de 1989 ainda a todos os tipos de ilegalidade por infração de lei reforçada [622].

---

[622] Todavia, em relação à contradição entre norma legislativa e norma de convenção internacional, o art. 70.º, n.º 1, alínea i), da lei orgânica retoma o regime de inconstitucionalidade de 1976, visto que não prevê recurso para o Tribunal Constitucional quando, suscitada a questão, haja decisão negativa e o tribunal da causa aplique a norma legislativa.

CAPÍTULO III – REGIME ATUAL DE FISCALIZAÇÃO NO DIREITO PORTUGUÊS

62. A apreciação da inconstitucionalidade pelos tribunais em geral

I – O art. 204.º da Constituição é, pois, o ponto de partida necessário da fiscalização concreta da constitucionalidade (e da legalidade) [623] e significa, antes de mais, que:

a) Todos os tribunais, seja qual for a sua categoria (art. 209.º), exercem fiscalização – a qual implica «apreciação», e não simplesmente «não aplicação» [624];

b) Por conseguinte, todos os juízes são necessariamente juízes constitucionais, e não apenas os juízes do Tribunal Constitucional;

c) A fiscalização dá-se nos «feitos submetidos a julgamento», nos processos em curso em tribunal, incidentalmente, não a título principal;

d) Ninguém pode dirigir-se a tribunal a pedir a declaração de inconstitucionalidade de uma norma, mas (como se viu atrás) é admissível que alguém se lhe dirija propondo uma ação tendente à declaração, à realização ou à reparação de um seu direito ou interesse, cuja procedência depende de uma decisão positiva de inconstitucionalidade;

e) A questão de inconstitucionalidade *só pode* e *só deve* ser conhecida e decidida na medida em que haja um nexo incindível entre ela e a questão principal objeto do processo, entre ela e o feito submetido a julgamento [625];

f) Trata-se de questão prejudicial *imprópria*, porque questão que se cumula com a questão objeto do processo e cujo julgamento cabe ao mesmo

---

[623] Cfr. o acórdão n.º 238/86, de 16 de julho, do Tribunal Constitucional, in *Diário da República*, 2.ª série, de 13 de novembro de 1986.

[624] No texto inicial do art. 204.º, antes 207.º (tal como no do art. 123.º da Constituição de 1933, após 1971), aludia-se expressamente à «apreciação»; a partir de 1982 fala-se apenas em «não aplicação» (embora na epígrafe ainda se mantenha o termo «apreciação»). Nenhum significado jurídico revestiu, porém, a modificação; os tribunais não ficaram sujeitos a simplesmente não aplicar normas antes objeto de apreciação por outras entidades; a não aplicação pressupõe a apreciação; e, se algumas dúvidas – de resto, infundadas – poderia haver na vigência da Constituição de 1933 antes de 1971 (v. *Contributo...*, cit., págs. 184 e segs.), elas nunca se poderiam aduzir dentro de um sistema que prevê recurso para o Tribunal Constitucional de decisões dos tribunais (art. 280.º).

[625] Cfr., por todos, acórdão n.º 169/92 do Tribunal Constitucional, de 6 de maio, in *Diário da República*, 2.ª série, de 18 de setembro de 1992.

FISCALIZAÇÃO DA CONSTITUCIONALIDADE

tribunal, não se devolve para outro processo ou para outro tribunal[626]. Questão prejudicial própria só se verifica, quando haja recurso para o Tribunal Constitucional[627];

g) O juiz conhece da questão em qualquer fase do processo e, por conseguinte, a sua decisão pode não ser uma decisão final (pode ser o despacho saneador ou a decisão sobre reclamação)[628];

h) A questão tanto pode ser suscitada na primeira instância como em recurso[629] – o que bem se compreende até porque os tribunais de recurso também conhecem oficiosamente de inconstitucionalidade.

II – A fiscalização concreta da constitucionalidade revela-se indissociável da função jurisdicional – pela natureza das coisas e porque o art. 204.º a refere (como acaba de se ver) expressamente a «feitos submetidos a julgamento».

Contudo, o que seja função jurisdicional pode ser tomado em sentido lato – aliás, propiciado pelo art. 202.º, n.º 2 – considerando os elementos formais característicos dos seus atos; e por isso pode compreender os processos de jurisdição voluntária (arts. 1409.º e segs. do Código de Processo Civil) e, seguramente, a fiscalização jurídico-financeira a cargo do Tribunal de Contas (art. 214.º da Lei Fundamental)[630]; já não meros atos administrativos, de gestão de pessoal ou outros, que qualquer tribunal possa ser chamado por lei a praticar[631].

---

[626] *Contributo...*, cit., págs. 258 e 259. Próximo, CARLOS BLANCO DE MORAIS, *Justiça...*, II, págs. 604 e segs. Contra, ANTÓNIO ROCHA MARQUES, *O Tribunal Constitucional e os outros tribunais: a execução das decisões do Tribunal Constitucional*, in *Estudos sobre a Jurisprudência do Tribunal Constitucional*, obra coletiva, pág. 461.

[627] Cfr., apesar de não muito recente, a bibliografia indicada em *Contributo...*, cit., pág. 271.

[628] Cfr. acórdão n.º 159/90, de 22 de maio, in *Diário da República*, 2.ª série, de 11 de setembro de 1990.

[629] Cfr. acórdão n.º 309/94, de 24 de março, *ibidem*, 2.ª série, n.º 199, de 29 de agosto de 1994; acórdão n.º 222/95, de 26 de abril, *ibidem*, 2.ª série, n.º 250, de 28 de outubro de 1995; acórdão n.º 409/2007, de 11 de julho, *ibidem*, 2.ª série, n.º 165, de 28 de agosto de 2007.

[630] Cfr. a decisão recorrida para o Tribunal Constitucional, donde resultou o acórdão n.º 94/2002, de 25 de fevereiro, in *Diário da República*, 2.ª série, de 22 de abril de 2002.

[631] Cfr., quanto ao Tribunal Constitucional – dotado de autonomia administrativa e financeira –, os arts. 5.º, 39.º, n.º 1, alíneas *j*) e *l*), 47.º e 47.º-A e segs. da lei orgânica.

CAPÍTULO III – REGIME ATUAL DE FISCALIZAÇÃO NO DIREITO PORTUGUÊS

III – O Tribunal Constitucional entra também no âmbito do art. 204.º Pode conhecer incidentalmente da inconstitucionalidade quando tiver de exercer qualquer das suas competências jurisdicionais [632] (fora da fiscalização da constitucionalidade e da legalidade de normas jurídicas) previstas na Constituição e na lei [633]; e pode conhecê-la no próprio exercício de competências de fiscalização, quanto às respetivas normas processuais [634] e quando arguida apenas a ilegalidade da norma *sub judice*.

63. Sentido da apreciação oficiosa pelo juiz

A apreciação oficiosa – ligue-se ou não ao princípio *jura novit curia* [635] – implica o seguinte:

a) O juiz, dado que não está sujeito à invocação da inconstitucionalidade por uma das partes, não tem de aplicar normas que repute inconstitucionais;

b) A inconstitucionalidade não fica à mercê das partes, porquanto, embora com pretensões opostas, ambas as partes se podem amparar numa lei inconstitucional, dando-lhe ou não interpretações diferentes;

c) O juiz não fica na situação de, no decorrer de um processo, até certa altura estar a aplicar uma lei, porque nenhuma das partes a arguiu de inconstitucionalidade, e, a partir de certa altura, e porque a uma ocorreu argui-la, deixar de a aplicar;

d) O juiz não fica na situação de, em certo processo, aplicar uma lei e noutro não, reconhecendo-a sempre inconstitucional, e apenas, porque,

---

[632] Não quando exerça competências não jurisdicionais como as do art. 223.º, n.º 2, alíneas *a)*, *b)* e *d)*, da Constituição.

[633] Foi o que aconteceu no recurso eleitoral julgado pelo acórdão n.º 189/88, de 8 de setembro, in *Diário da República*, 2.ª série, de 7 de outubro de 1988; e, a propósito de partidos, nos acórdãos n.ºˢ 367/91 e 368/91, de 28 de agosto, e de 18 de setembro, in *Diário da República*, 2.ª série, de 21 de setembro, e 7 de outubro de 1991, respetivamente.

[634] Assim, GOMES CANOTILHO e VITAL MOREIRA, *Constituição...*, 3.ª ed., Coimbra, 1993, pág. 797.

[635] Cfr. SALVATORE SATTA, «*Jura novit curia*», in *Rivista Trimestrale di Diritto e Procedura Civile*, 1955, págs. 380 e segs.

FISCALIZAÇÃO DA CONSTITUCIONALIDADE

no primeiro, nenhuma das partes a impugnou e, no segundo, houve uma que o fez [636].

e) Na hipótese de uma das partes invocar a inconstitucionalidade, sem especificar qualquer norma, o juiz não tem de rejeitar a pretensão e declarar-se incompetente, pois está habilitado a averiguar qual a norma que possa ter sido violada;

f) O juiz não tem de se confinar à norma constitucional invocada como parâmetro; bem pode julgar à luz de outra norma constitucional que tenha por mais adequada ao caso;

g) Tão pouco tem de se confinar ao vício alegado, pode conhecer de qualquer outro vício ou tipo de inconstitucionalidade;

h) Mesmo que nenhuma das partes tenha invocado a inconstitucionalidade, a não aplicação de uma norma, com esse fundamento, pelo tribunal da causa abre a possibilidade [art. 280.º, n.º 1, alínea *a)*] ou a obrigatoriedade (art. 280.º, n.º 3) de recurso para o Tribunal Constitucional;

i) Como já disse acima, a não aplicação da norma (ou do segmento de norma) julgada inconstitucional implica a aplicação de norma anterior que aquela haja revogado; e, na sua falta, ou por ela se mostrar também inconstitucional ou por se tratar de inconstitucionalidade superveniente, a necessidade de integrar a lacuna de acordo com os critérios gerais (cfr. arts. 8.º, n.º 1, e 10.º do Código Civil).

64. Decisões recorríveis para o Tribunal Constitucional

I – Somente há recurso para o Tribunal Constitucional de decisões dos tribunais – é o que diz o art. 280.º

E não de quaisquer decisões dos tribunais: não apenas de decisões não jurisdicionais mas também de decisões não previstas no art. 280.º e no art. 70.º da Lei n.º 28/82.

São equiparadas a recursos ordinários as reclamações para os presidentes dos tribunais superiores nos casos de não admissão ou de sentenças de recursos, bem como as reclamações de despacho dos juízes relatores para a conferência (art. 70.º da lei orgânica).

---

[636] *Contributo...*, cit., págs. 254-255.

CAPÍTULO III – REGIME ATUAL DE FISCALIZAÇÃO NO DIREITO PORTUGUÊS

O valor da causa submetida ao tribunal *a quo* (art. 204.º) é irrelevante.

II – São três os tipos de decisões de que cabe recurso:

a) Decisões que recusem a aplicação, de certa norma com fundamento em inconstitucionalidade ou em ilegalidade [art. 280.º, n.º 1, alínea *a)*, e n.º 2, alíneas *a)*, *b)* e *c)*, da Constituição] ou em contradição com uma convenção internacional [art. 70.º, n.º 1, alínea *i)*, da Lei n.º 28/82, após 1989];

b) Decisões que apliquem norma cuja inconstitucionalidade ou ilegalidade haja sido suscitada durante o processo [art. 280.º, n.º 1, alínea *b)*, e n.º 2, alínea *d)*] e em que a norma aplicada seja um dos fundamentos normativos da decisão [637];

c) Decisões que apliquem norma anteriormente julgada inconstitucional ou ilegal pelo próprio Tribunal Constitucional (art. 280.º, n.º 5), ou anteriormente julgada inconstitucional pela Comissão Constitucional [art. 70.º, n.º 1, alínea *b)*, da Lei n.º 28/82] ou que apliquem norma legislativa em desconformidade com o anteriormente decidido pelo Tribunal [art. 70.º, n.º 1, alínea *i)*, 2.ª parte, da Lei n.º 28/82, após 1989] [638].

III – Quanto ao primeiro tipo, a recusa de aplicação relevante não tem de ser sempre expressa; pode ser uma recusa implícita, como ocorre quando a decisão do tribunal extrai consequências correspondentes ao julgamento da norma como inconstitucional ou ilegal [639].

Aqui cabem também as decisões dos tribunais administrativos que condenem o Estado em ações de responsabilidade civil por atos legislativos inconstitucionais [640].

---

[637] Acórdão n.º 366/96, de 26 de março, in *Diário da República*, 2.ª série, de 10 de maio de 1996.
[638] Para um caso de recurso ao abrigo do art. 280.º, n.º 5, v. acórdão n.º 532/2001, de 4 de dezembro, in *Diário da República*, 2.ª série, de 28 de janeiro de 2002.
[639] Neste sentido, já acórdãos da Comissão Constitucional de 19 de janeiro e 31 de março de 1982, in *Boletim do Ministério da Justiça*, junho de 1981, págs. 98 e 103, respetivamente; ou acórdão n.º 172/2001, do Tribunal Constitucional, de 18 de abril, in *Diário da República*, 2.ª série, de 7 de junho de 2001.
[640] V. *Direitos Fundamentais*, cit., págs. 444 e segs.

FISCALIZAÇÃO DA CONSTITUCIONALIDADE

Os recursos de decisões do segundo tipo não se reconduzem a recursos de amparo [641]. O direito de os interpor pode ser considerado um direito de natureza análoga à dos direitos, liberdades e garantias [642], mas os recursos não se configuram em si mesmos como meios específicos de defesa de direitos, liberdades e garantias.

Quanto aos recursos do terceiro tipo, o modo mais objetivo de determinar a anterioridade consiste em aferi-la pelo trânsito em julgado da decisão do Tribunal Constitucional [643]. Antes disso, se a mesma norma estiver sindicada perante este Tribunal e perante qualquer caso concreto noutro tribunal, não haverá nenhum fundamento para suspender a instância à espera da decisão do Tribunal [644].

Em segundo lugar, tem de verificar-se uma dupla *relação de identidade*: em primeiro lugar, exige-se que a norma que o recorrente quer ver apreciada tenha sido efetivamente aplicada pela decisão recorrida, como sua *ratio decidendi*; em segundo lugar, tem de haver identidade entre a norma efetivamente aplicada na decisão recorrida e a norma anteriormente julgada inconstitucional pelo Tribunal Constitucional, não bastando que possa ser sustentado que as mesmas razões que levaram a julgar inconstitucional determinada norma justificariam que juízo de igual sentido fosse formulado a propósito da norma aplicada na decisão recorrida [645].

A inclusão no terceiro tipo das decisões da Comissão funda-se na identidade e continuidade da ordem constitucional de 1976 e serve de confirmação *a posteriori* da sua natureza jurisdicional quando intervindo na fiscalização concreta [646] [647].

---

[641] Como se disse erradamente no acórdão n.º 2/83 do Tribunal Constitucional, de 28 de junho, in *Boletim do Ministério da Justiça*, n.º 329, outubro de 1983, págs. 358-359.

[642] Assim, *Manual...*, IV, cit., pág. 179.

[643] RUI MEDEIROS, anotação cit., *loc. cit.*, pág. 772.

[644] Diferentemente, CARLOS BLANCO DE MORAIS, *Justiça...*, II, págs. 797-798.

[645] Acórdão n.º 568/2008, de 26 de novembro, in *Acórdãos do Tribunal Constitucional*, 73.º vol., págs. 457 e segs.

[646] V. o debate, aquando da primeira revisão constitucional, in *Diário da Assembleia da República*, cit., págs. 594(95)-594(96).

[647] Relativamente a anteriores decisões sobre inconstitucionalidade do Conselho da Revolução (art. 281.º inicial da Constituição), não se adotou idêntica solução por ele não ter sido tribunal; quanto a decisões sobre ilegalidade do Supremo Tribunal Administrativo (Lei n.º 15/79), simplesmente por não se ter registado nenhuma.

CAPÍTULO III – REGIME ATUAL DE FISCALIZAÇÃO NO DIREITO PORTUGUÊS

Em todas estas hipóteses afirma-se o postulado da supremacia do Tribunal Constitucional – o postulado de que, em matéria de inconstitucionalidade, se a *primeira* palavra cabe a qualquer tribunal, a *última* lhe deve pertencer. E este postulado, por sua vez, decorre da ideia de garantia da Constituição, por o Tribunal Constitucional ser o órgão especificamente legitimado para esse efeito [648].

A mesma ideia – e não a de uma pretensa defesa contra o governo dos juízes [649] – manifesta-se, outrossim, no art. 280.º, n.º 3, a que nos vamos referir, de seguida.

IV – As decisões recorríveis têm de ser decisões efetivas, e não decisões hipotéticas ou presumíveis [650].

V – Problema algo difícil consiste em saber se é decisão definitiva a decisão de uma questão de inconstitucionalidade suscitada em providência cautelar.

Porque aqui o tribunal não formula um juízo definitivo, e tão só um juízo sobre a *probabilidade* séria de ocorrência da inconstitucionalidade, deste juízo provisório não cabe recurso para o Tribunal Constitucional [651]. Em contrapartida, quando esteja em causa não uma norma que diga respeito ao direito ou

---

[648]   No tomo II do *Manual* (na 3.ª ed., a pág. 443) falávamos também em necessidade de harmonia de julgados a respeito da terceira hipótese. Mas tem razão MIGUEL GALVÃO TELES (*A competência da competência...*, cit., *loc. cit.*, págs. 118-119, nota) observando que, nesse caso, também deveria haver recurso para o Tribunal Constitucional quando ele não se tivesse pronunciado anteriormente pela inconstitucionalidade.

Por seu lado, RUI MEDEIROS defende recurso obrigatório para o Ministério Público de decisões dos tribunais que recusem a aplicação de norma não anteriormente julgada inconstitucional pelo Tribunal (*op. cit.*, págs. 251 e segs., *maxime* 259 e segs.).

[649]   Assim já à face do texto de 1976, v. *A Constituição de 1976*, cit., págs. 148 e segs.; pelo contrário, ligando o art. 280.º, n.º 3, a um *favor legis*, JOSÉ MANUEL CARDOSO DA COSTA, *A Jurisdição...*, 1.ª ed., Coimbra, 1987, pág. 30, nota.

[650]   Cfr. acórdão n.º 152/90, de 3 de maio, in *Diário da República*, 2.ª série, de 7 de setembro de 1990.

[651]   Acórdão n.º 151/85, de 31 de julho, in *Diário da República*, 2.ª série, de 31 de dezembro de 1985; acórdão n.º 267/91, de 18 de junho, *ibidem*, 2.ª série, de 23 de outubro de 1991; acórdão n.º 664/97, de 5 de novembro, *ibidem*, 2.ª série, de 18 de março de 1998; acórdão n.º 235/2001, de 23 de maio, *ibidem*, 2.ª série, de 19 de outubro de 2001.

Porém, obviamente, as normas sobre providências cautelares, essas são sindicáveis em recurso: acórdão n.º 123/2015, de 12 de Fevereiro, *ibidem*, de 7 de julho de 2015.

FISCALIZAÇÃO DA CONSTITUCIONALIDADE

interesse em causa, mas uma norma atinente ao próprio regime da providência cautelar já o recurso deve ter-se por admissível [652].

VI – Porque a questão de inconstitucionalidade é uma questão prejudicial, o recurso, como diz o próprio Tribunal, tem uma função meramente instrumental, aferindo-se a sua utilidade no *concreto* processo de que emerge, de tal forma que o interesse no seu conhecimento há-de depender da repercussão da respetiva decisão na decisão final a proferir na causa [653].

Por outro lado, o Tribunal Constitucional apenas pode considerar a norma ou interpretação normativa que tenha sido utilizada pelo tribunal recorrido como *ratio decidendi*, sendo inteiramente inútil a pronúncia que recaia sobre norma ou dimensão normativa que não tenha sido efetivamente aplicada ou sobre questões que não tenham sido decididas na decisão recorrida. Nem lhe cabe censurar os termos em que foi aplicado o Direito infraconstitucional pelo tribunal recorrido, nem aferir da validade do juízo formulado pela decisão recorrida quanto à subsunção dos factos ao Direito [654].

VII – O Tribunal Constitucional não tem que averiguar se o juiz *a quo* andou bem ou não ao considerar uma questão de inconstitucionalidade como uma questão prévia, autonomizando-a e decidindo-a. E, mesmo que se entenda que em casos como esses não existe verdadeira «recusa de aplicação» de uma norma jurídica, mas tão-só uma recusa da sua aplicabilidade, há-de considerar-se esta como equivalente àquela para efeitos do disposto na alínea *a)* do n.º 1 do art. 280.º da Constituição, pelo menos quando tal juízo haja sido determinante da decisão no caso concreto. Só assim se assegura que, em matéria de inconstitucionalidade, ao Tribunal Constitucional caiba sempre a última palavra [655].

---

[652]   Neste sentido, MÁRIO DE BRITO, *Sobre o recurso de constitucionalidade de decisões provisórias*, cit., *loc. cit.*, págs. 857 e segs. (que, aliás, tende a admitir recurso também nas primeiras hipóteses). Cfr. também RUI MEDEIROS, anotação, cit., *loc. cit.*, págs. 765 e 766.

[653]   Acórdão n.º 366/96, de 6 de março, in *Diário da República*, 2.ª série, de 10 de maio de 1996.

[654]   Cfr. acórdãos n.ºˢ 102/2012, de 16 de março, *Diário da República*, 2.ª série, de 11 de abril de 2012, e n.º 159/2012, de 28 de março, *ibidem*, de 8 de maio de 2012.

[655]   Acórdão n.º 19/83 do Tribunal Constitucional, de 3 de novembro, in *Boletim do Ministério da Justiça*, n.º 334, março de 1984, págs. 238 e segs., e na *Revista Jurídica*, n.º 3, janeiro-fevereiro

CAPÍTULO III – REGIME ATUAL DE FISCALIZAÇÃO NO DIREITO PORTUGUÊS

65. A suscitação da questão de inconstitucionalidade durante o processo

I – O requisito do art. 280.º, n.º 1, alínea *b)*, relativo à invocação da inconstitucionalidade [e a do art. 280.º, n.º 2, alínea *d)*, quanto à ilegalidade) "durante o processo" deve ser entendido, como consta de sucessivos acórdãos, não num sentido puramente formal (tal que a inconstitucionalidade pudesse ser suscitada até à extinção da instância), mas num sentido *funcional*.

Os recursos ali previstos só podem ser interpostos pela parte que haja suscitado a questão de inconstitucionalidade de modo processualmente adequado perante o tribunal que tenha proferido a decisão recorrida, em termos de este ser obrigado a dela conhecer (art. 72.º, n.º 3, da lei orgânica); e só pode ser interposto pela parte que haja suscitado a questão antes de esgotado o poder jurisdicional do juiz sobre a matéria em causa.

Daqui advém que o pedido de aclaração de uma sentença ou de um acórdão ou a arguição da sua nulidade não são meios idóneos para suscitar – em vista de ulterior recurso para o Tribunal Constitucional – uma questão de inconstitucionalidade [656] [657].

II – O Tribunal Constitucional tem, assim, reiterado recair sobre as partes o ónus de analisarem as diversas possibilidades interpretativas suscetíveis de vir a ser seguidas e utilizadas na decisão e de adotarem as necessárias precauções de modo a ponderar salvaguardar a defesa dos seus direitos [658]. As partes devem ter em conta os vários conteúdos plausíveis e aplicáveis ao caso e prever que o tribunal poderá aplicar o menos favorável para a sua posição para virem a suscitar a inconstitucionalidade desse conteúdo antes de

---

de 1984, págs. 83 e segs. (com comentário de Armindo Ribeiro Mendes). Cfr. também acórdão n.º 150/92, de 8 de abril, in *Diário da República*, 2.ª série, de 28 de agosto de 1992.

[656] Cfr., entre outros, acórdão n.º 90/85, de 5 de junho, in *Diário da República*, 2.ª série, de 11 de julho de 1985; acórdão n.º 35/92, de 28 de janeiro, *ibidem*, de 20 de maio de 1992; acórdão n.º 155/2000, de 22 de março, *ibidem*, de 9 de outubro de 2000.

[657] Em contrapartida, a legitimidade do recorrente não deverá ficar prejudicada devido à atipicidade legal dos meios através dos quais tenha suscitado a questão, dada a dimensão subjetiva que a fiscalização concreta também possui (Inês Robalo, *op. cit.*, *loc. cit.*, pág. 896). Cfr. também Rui Medeiros, anotação, cit., *loc. cit.*, págs. 758 e 759.

[658] Guilherme da Fonseca e Inês Domingos, *op. cit.*, págs. 55, e acórdãos citados.

FISCALIZAÇÃO DA CONSTITUCIONALIDADE

o juiz proferir a decisão final [659]. E têm ainda de atender à jurisprudência anteriormente produzida.

Todavia, essa exigência tem de ser atenuada, como diz INÊS ROBALO, quer por respeito pelo princípio do contraditório (art. 32.º, n.º 5, da Constituição), quer, sobretudo, em nome da tutela jurisdicional efetiva. Perante *decisões surpresa*, que a parte não esperava e em que não teve qualquer modo de interferir, o Tribunal Constitucional deve conjugar as exigências do art. 280.º com as garantias do art. 20.º, n.º 5, particularmente quando estejam em causa direitos, liberdades e garantias [660].

III – Pode, com efeito, suceder que o interessado não tenha disposto de oportunidade processual de arguir a inconstitucionalidade, por não poder ou não lhe ser exigível prever a aplicação da norma. E, em tais casos excecionais, o Tribunal Constitucional – esteado na própria razão de ser do sistema [661] – tem admitido, diversas vezes, o recurso, dispensando o recorrente do ónus da suscitação prévia.

São três as hipóteses que a doutrina tem referido [662]:

a) O interessado não teve a possibilidade de suscitar a questão em virtude de lhe não ter sido dada oportunidade para intervir no processo antes da decisão;

b) Tendo intervindo, a questão de inconstitucionalidade só pôde colocar-se perante um circunstancialismo ocorrido já após a sua última intervenção processual e antes da decisão;

---

[659]   INÊS ROBALO, *op. cit.*, *loc. cit.*, pág. 907.

[660]   *Ibidem*, págs. 908, 912, 913, 915 e 916.

[661]   Ou, noutra perspetiva, no princípio da adequação funcional como – princípio de adequação entre as normas processuais e os fins materiais a efetivar (cfr. *supra*).

[662]   INÊS DOMINGOS e MARGARIDA MENÉRES PIMENTEL, *op. cit.*, *loc. cit.*, pág. 446. Cfr. GUILHERME DA FONSECA e INÊS DOMINGOS, *op. cit.*, pág. 52; INÊS ROBALO, *op. cit.*, *loc. cit.*, págs. 895 e segs. E ainda ANTÓNIO DE ARAÚJO e JOAQUIM CARDOSO DA COSTA, *Relatório português à III Conferência de Justiça Constitucional...*, cit., págs. 18 e segs.; RUI MEDEIROS, anotação..., cit., págs. 757 e segs.

CAPÍTULO III – REGIME ATUAL DE FISCALIZAÇÃO NO DIREITO PORTUGUÊS

c) Ao interessado não foi exigido pelo Tribunal Constitucional que antevisse a possibilidade de aplicação da norma ao caso concreto, de modo a impor-lhe a obrigação de suscitar a questão antes da decisão [663] [664].

Deste terceiro caso, aproxima-se o há pouco referido caso de recusa da decisão sobre a norma repristinada após decisão de inconstitucionalidade da norma revogatória pelo Tribunal Constitucional.

IV – O que acaba de ser dito acerca dos recursos previstos no n.º 1, alínea *b)*, e n.º 4 do art. 280.º vale, paralelamente, para os recursos admitidos no n.º 5, quando o recorrente seja a parte vencida.

Em princípio, ele deve ter suscitado a questão de inconstitucionalidade da norma julgada inconstitucional pelo Tribunal Constitucional durante o processo, salvo qualquer das circunstâncias excecionais acabadas de referir [665]. Mas o problema não terá, em geral, importância, porque o Ministério Público é sempre obrigado a recorrer.

V – Problema diferente vem a ser o de, em caso de recurso, haver ou não o ónus de recolocar a questão de inconstitucionalidade. E aqui o Tribunal Constitucional tem tido algumas oscilações.

Ora, tem entendido que, para poder recorrer-se para o Tribunal Constitucional de uma decisão de um tribunal de recurso, que tenha aplicado

---

[663]   Cfr. ANTÓNIO DE ARAÚJO e JOAQUIM CARDOSO DA COSTA, *Relatório...*, cit., págs. 18 e segs.

[664]   Cfr., por exemplo, os acórdãos n.ᵒˢ 232/94, de 10 de março, in *Diário da República*, 2.ª série, de 22 de agosto de 1994; n.º 60/95, de 16 de fevereiro; n.º 164/95, de 29 de março, *ibidem*, de 29 de dezembro de 1995; n.º 386/97, de 23 de maio, *ibidem*, de 14 de outubro de 1997; n.º 499/97, de 10 de julho, *ibidem*, n.º 244, de 21 de outubro de 1997; n.º 559/98, de 27 de setembro, *ibidem*, n.º 262, de 12 de novembro de 1998; n.º 221/2000, de 5 de abril, *ibidem*, de 31 de outubro de 2000; n.º 38/2004, de 14 de janeiro, *ibidem*, de 14 de abril de 2004; acórdão n.º 669/2005, de 6 de dezembro, *ibidem*, de 2 de fevereiro de 2006; acórdão n.º 514/2011, de 30 de outubro, *ibidem*, de 3 de dezembro de 2011.

Interessante foi o caso objeto do acórdão n.º 124/95, em que o Tribunal Constitucional acabou por apreciar a constitucionalidade de norma que havia antes considerado revogada, por o Supremo Tribunal de Justiça a ter aplicado aquando da execução da sua primeira decisão. Ou o caso objeto do acórdão n.º 514/2011, em que se disse que, apesar de o arguido ter disposto de oportunidade para cumprir esse dever de suscitação, não lhe era exigível que o fizesse.

[665]   Diferentemente, RUI MEDEIROS, anotação, cit., *loc. cit.*, pág. 773.

FISCALIZAÇÃO DA CONSTITUCIONALIDADE

uma norma cuja inconstitucionalidade o recorrente haja suscitado perante o juiz de cuja decisão então recorreu, necessário é que essa inconstitucionalidade seja suscitada também perante o tribunal de recurso [666]. Ora, tem considerado que, nos casos em que a parte que suscitara antes a questão de inconstitucionalidade, obteve ganho de causa e passou a ser recorrida numa instância superior, deixando de ter o ónus de alegar e formular conclusões no recurso interposto pelo vencido, não é exigível que suscite de novo a questão de inconstitucionalidade, a título subsidiário, para a hipótese de o tribunal *ad quem* vir a revogar a sentença de 1.ª instância [667].

Tendo em conta, de novo, a ideia de proteção dos direitos dos particulares e ainda razões de lógica interna do sistema, afigura-se preferível, a todos os títulos, o segundo entendimento. [668]

66. Sentido da aplicação de normas anteriormente julgadas inconstitucionais ou ilegais

I – As decisões recorríveis do terceiro tipo relativas a normas anteriormente julgadas inconstitucionais ou ilegais pelo Tribunal Constitucional são apenas decisões em fiscalização concreta, não em fiscalização abstrata [669]; e, porventura, também decisões no exercício de competências diversas das de fiscalização ao abrigo do art. 204.º [670].

Não se justifica recurso de uma decisão judicial contrária à pronúncia no sentido da inconstitucionalidade, em fiscalização preventiva [671]. E isso por três razões:

---

[666] Acórdão n.º 468/91, de 18 de dezembro, in *Diário da República*, 2.ª série, de 21 de abril de 1992.

[667] Acórdão n.º 232/92, de 30 de junho, *ibidem*, de 4 de novembro de 1992.

[668] Em sentido próximo, CARLOS BLANCO DE MORAIS, *Justiça...*, II, cit., págs. 772 e segs.

[669] A anterioridade parece ter de ser reportada à data do conhecimento, e não à data da decisão do Tribunal Constitucional; e, normalmente, esse conhecimento advém da publicação da decisão no *Diário da República* (acórdão n.º 120/86, de 16 de abril, in *Diário da República*, 2.ª série, de 4 de agosto de 1986).

[670] Assim, GOMES CANOTILHO e VITAL MOREIRA, *Constituição...*, II, cit., pág. 954.

[671] Com conclusão idêntica, RUI MEDEIROS, *A decisão...*, cit., pág. 264. Contra, VITALINO CANAS, *O Ministério Público...*, cit., págs. 64 e segs., e CARLOS BLANCO DE MORAIS, *Justiça...*, II, cit., págs. 787 e segs. Com dúvidas, GOMES CANOTILHO e VITAL MOREIRA, *Constituição...*, II, cit., pág. 954.

CAPÍTULO III – REGIME ATUAL DE FISCALIZAÇÃO NO DIREITO PORTUGUÊS

- em primeiro lugar, porque o Tribunal Constitucional, na fiscalização preventiva, não interfere no julgamento de casos concretos e uma decisão de outro tribunal divergente dessa pronúncia não põe em causa o exercício da sua autoridade nesses casos;
- em segundo lugar, porque a fiscalização preventiva é um processo de carácter interlocutório enxertado num procedimento de decisão política;
- em terceiro lugar, porque, em Estado de Direito democrático, deve ficar aberta aos tribunais em geral a plenitude do seu poder de apreciação, seja para concluírem seja para não concluírem pela inconstitucionalidade (art. 204.º).

Por motivos opostos, tão pouco cabe recurso, com base no art. 280.º, n.º 5, da decisão de um tribunal contrária à declaração de inconstitucionalidade ou de ilegalidade de uma norma com força obrigatória geral (art. 281.º) ou à declaração de inconstitucionalidade ou de ilegalidade com força obrigatória geral acompanhada de fixação de efeitos (art. 282.º, n.ºs 3 e 4).

Na fiscalização preventiva, dir-se-ia configurar-se a decisão positiva do Tribunal Constitucional como provisória; na fiscalização sucessiva abstrata sucessiva, ela é não só definitiva como intocável e imodificável pelo próprio Tribunal. Ora, recurso, pela natureza das coisas, pressupõe reapreciação, possibilidade de reponderação de uma questão jurídica, e ao Tribunal está vedado voltar a examinar uma norma que já tenha declarado inconstitucional ou ilegal com força obrigatória geral ou cuja inconstitucionalidade ou ilegalidade tenha conformado de certa maneira.

II – De todo o modo, que acontece se um tribunal qualquer – contra o disposto nos arts. 205.º, n.º 2, e 282.º, n.º 1 – aplica uma norma que o Tribunal Constitucional tenha declarado inconstitucional ou ilegal com força obrigatória geral?

De um prisma puramente lógico-processual, talvez a solução pudesse encontrar-se nos mecanismos próprios de cada ordem de jurisdição [672].

---

[672] Pondo o problema, MIGUEL GALVÃO TELES, *A competência da competência...*, cit., págs. 119 e 120.

FISCALIZAÇÃO DA CONSTITUCIONALIDADE

De um prisma de garantia da Constituição e da reforçada defesa da autoridade do Tribunal, o caminho mais seguro e mais adequado consiste em admitir algo parecido com um recurso – um recurso atípico (ou, se se preferir, uma figura processual distinta, embora sob esse nome ou, eventualmente, sob o nome de reclamação) [673] – para o Tribunal Constitucional, não para que este vá reapreciar a questão, mas para que verifique que a sua declaração com força obrigatória geral não foi respeitada e mande, portanto, que o seja, revogando-se ou reformando-se a decisão do tribunal *a quo* [674].

É esta a linha de orientação que o Tribunal Constitucional tem vindo a adaptar em jurisprudência constante, embora com diversas amplitudes, insistindo em que lhe compete fazer a determinação do sentido da declaração de inconstitucionalidade [675].

Rui Medeiros contra-argumenta, alegando que o recurso assim concebido acaba por ser um recurso por inconstitucionalidade de decisões judiciais, e não de normas jurídicas [676]. Cremos que sem razão: o problema é, antes, de desconformidade com outra decisão, a de declaração de inconstitucionalidade com força obrigatória geral.

Não sendo possível o recurso ordinário, seria de encarar a via do recurso de revisão [art. 771.º, alínea *g*), do Código de Processo Civil], sustenta ainda este Autor. E, quando o tribunal da causa parecesse querer barrar o acesso

---

[673]   Neste sentido, Paulo Otero, *Ensaio...*, cit., pág. 99; José Manuel Cardoso da Costa, *A jurisdição...*, cit., págs. 41-42, nota; Gomes Canotilho e Vital Moreira, *Constituição...*, ii, cit., págs. 951 e 981.

[674]   Poder-se-ia também entender haver uma lacuna no art. 280.º da Constituição e no art. 70.º da lei orgânica, que, assim, se colmataria.

[675]   V., entre tantos, acórdão n.º 72/85, de 24 de abril, in *Diário da República*, 2.ª série, de 4 de junho de 1985; acórdão n.º 78/85, de 7 de maio, *ibidem*, 2.ª série, de 26 de julho de 1985; acórdão n.º 148/86, de 30 de abril, *ibidem*, 2.ª série, de 31 de julho de 1986; acórdão n.º 339/86, de 10 de dezembro, *ibidem*, 2.ª série, de 18 de março de 1987; acórdão n.º 78/87, de 18 de fevereiro, *ibidem*, 2.ª série, de 2 de maio de 1987; acórdão n.º 388/89, de 17 de maio, *ibidem*, 2.ª série, de 13 de setembro de 1989; acórdão n.º 119/90, de 18 de abril, *ibidem*, 2.ª série, de 4 de setembro de 1990; acórdão n.º 528/96, de 28 de março, *ibidem*, 2.ª série, de 18 de julho de 1996; acórdão n.º 518/98, de 15 de julho, *ibidem*, 2.ª série, de 11 de novembro de 1998; acórdão n.º 532/99, de 12 de outubro, *ibidem*, de 27 de março de 2000; acórdão n.º 150/2001, de 28 de março, *ibidem*, de 12 de maio de 2011.

[676]   *A decisão...*, cit., pág. 351.

CAPÍTULO III – REGIME ATUAL DE FISCALIZAÇÃO NO DIREITO PORTUGUÊS

ao Tribunal Constitucional, verificar-se-ia, provavelmente, o aparecimento de uma nova norma, ainda que idêntica àquela que fora declarada inconstitucional, e, assim sendo, nada impediria que se suscitassem, nos termos gerais, os mecanismos de fiscalização [677].

É de perguntar, porém, se vale a pena engendrar uma alternativa tão complicada a uma solução bem mais simples e que, por ter vindo a ser adotada pacificamente ao longo de muitos anos, terá dado já origem a um verdadeiro costume constitucional *praeter legem*. O recurso de revisão não postula o trânsito em julgado da sentença recorrida? E, se o Tribunal Constitucional já declarou inconstitucional certa norma, fará sentido apreciar norma idêntica?

67. Objeto do recurso

I – Objeto do recurso é sempre a constitucionalidade ou a legalidade de uma norma, não a constitucionalidade ou a legalidade de uma decisão judicial. Não abrange, obviamente, a questão principal discutida no tribunal *a quo* e, portanto, também não a questão da prejudicialidade em face desta [678].

O recurso é restrito à questão de inconstitucionalidade ou de ilegalidade, conforme os casos (art. 280.º, n.º 6, da Constituição) ou, tratando-se de contrariedade de ato legislativo com convenção internacional, às questões de natureza jurídico-constitucional e jurídico-internacional implicadas na decisão recorrida (art. 71.º, n.º 2, da lei orgânica). E reporta-se apenas à norma *aplicada* ou *não-aplicada* no processo, não a qualquer outra questão.

Ao definir no requerimento de interposição do recurso, a norma ou a interpretação normativa cuja constitucionalidade pretende sindicar, o recorrente delimita, em termos irremediáveis e definitivos, o objeto do recurso, não lhe

---

[677] *Ibidem*, pág. 352. Cfr., também em sentido próximo, Afonso Queiró, anotação a acórdão da Comissão Constitucional, e já perspetivando o Tribunal Constitucional, em *Revista de Legislação e de Jurisprudência*, n.º 3698, págs. 153 e 154; Vitalino Canas, *O Ministério Público e a defesa da Constituição*, in *Revista do Ministério Público*, 1984, págs. 67 e segs.; António Rocha Marques, *op. cit., loc. cit.*, pág. 466, nota.

[678] Cfr. Vitalino Canas, *Os processos...*, cit., págs. 39 e 40; Gomes Canotilho e Vital Moreira, *Constituição...*, cit., ii, pág. 958; Carlos Blanco de Morais, *Justiça...*, ii, cit., págs. 705 e segs.

FISCALIZAÇÃO DA CONSTITUCIONALIDADE

sendo consentida nenhuma modificação ulterior, exceto uma redução do pedido, nomeadamente no âmbito das alegações que produza [679].

II – O Tribunal só pode julgar inconstitucional ou ilegal a norma que a decisão recorrida, conforme os casos, tenha aplicado ou a que haja recusado aplicação (art. 79.º-C, 1.ª parte, da lei orgânica) – o que é, simultaneamente, expressão ainda de prejudicialidade e do princípio processual do pedido [680].

Pode, todavia, o Tribunal Constitucional decidir com fundamento na violação de normas ou princípios constitucionais ou legais diversos daqueles cuja violação foi invocada (art. 79.º-C, 2.ª parte) – o que é, por sua banda, manifestação do princípio *jura novit curia*. Assim como pode dar à norma infraconstitucional um sentido diferente do que lhe foi dado pelo tribunal recorrido e chegar mesmo a uma interpretação conforme com a Constituição que depois se impõe àquele (art. 80.º, n.º 3) [681].

Por outro lado, nada impede o Tribunal Constitucional de conhecer de incidentes conexos com a questão assim definida que afetem a marcha normal do recurso, de acordo com o princípio geral do art. 96.º, n.º 1, do Código de Processo Civil, segundo o qual o tribunal competente para a ação é também competente para conhecer dos incidentes que nela se levantem [682].

III – Pode também o recorrente, no requerimento de interposição do recurso, invocar como infringida pela norma impugnada norma constitucional diversa da que invocara no processo perante o tribunal *a quo*? Inclinamo-nos para uma resposta positiva, em nome do máximo acesso possível dos cidadãos

---

[679]   Acórdão n.º 235/2011, de 4 de maio, in *Diário da República*, 2.ª série, de 7 de junho de 2011.

[680]   Havendo mais de um segmento normativo, a questão de inconstitucionalidade suscitada a propósito de um segmento normativo do preceito questionado não se identifica com uma eventual questão de inconstitucionalidade suscitada a propósito de outro segmento normativo do mesmo preceito. A exata identificação do segmento questionado é indispensável para a caracterização da questão submetida ao Tribunal e para a verificação da correspondência entre ela e a que foi antes suscitada perante o tribunal *a quo* (acórdão n.º 313/2006, de 17 de maio, in *Diário da República*, 2.ª série, de 29 de agosto de 2006).

[681]   Cfr. *supra*.

[682]   Acórdão n.º 323/86, de 19 de novembro, in *Diário da República*, 2.ª série, de 16 de fevereiro de 1987.

CAPÍTULO III – REGIME ATUAL DE FISCALIZAÇÃO NO DIREITO PORTUGUÊS

ao Tribunal Constitucional, mesmo se, naturalmente, não confundimos essa faculdade com os poderes do Tribunal.

Como escreve ISABEL ALEXANDRE, o ónus de alegação, durante o processo, do fundamento de inconstitucionalidade ou de ilegalidade não deve ser levado tão longe que convole o conhecimento pelo tribunal recorrido de um fundamento de inconstitucionalidade ou de ilegalidade em autêntico pressuposto processual de recurso para o Tribunal Constitucional, até porque casos há em que o não cumprimento desse ónus pelo recorrente nunca tem essa consequência [683].

Ou, como diz CARLOS LOPES DO REGO, podendo o Tribunal Constitucional, na fase de julgamento do recurso, convolar o fundamento da inconstitucionalidade invocada pelo recorrente (quer "durante o processo", quer nas fases de interposição do recurso e de produção de alegações), não se vê facilmente por que não deveria ficar precludido tal poder-dever de o Tribunal proceder a um correto enquadramento jurídico-constitucional da questão só pelo facto de a parte lhe ter "sugerido" que exercesse tal competência [684].

IV – Quando uma norma estiver arguida de inconstitucionalidade por infração de mais de um princípio ou de uma regra constitucional (por exemplo, por infração de uma regra de competência ou de forma e por infração de uma regra de fundo) e bastando uma dessas infrações para ser julgada inconstitucional a norma, poderá o Tribunal Constitucional deixar de conhecer das demais? Ou não estará obrigado a conhecer de todas as que tiverem sido invocadas ou que ele, frente á norma impugnada, *ex officio* vier a discernir?

O Tribunal Constitucional tem seguido o primeiro entendimento por razões de economia processual. Mas o segundo afigura-se mais adequado, repetimos, à sua função de garantia da Constituição [685].

---

[683] *A norma ou princípio constitucional ou legal violado como elemento de objecto dos recursos de fiscalização concreta da constitucionalidade ou da legalidade*, in *Jurisprudência Constitucional*, n.º 6, abril-junho de 2005, págs. 28 e segs., *maxime* 42. No mesmo sentido, RUI MEDEIROS, anotação cit., *loc. cit.*, págs. 785-786.

[684] *Op. cit.*, pág. 211, dando notícia, porém, de alguma jurisprudência contrária.

[685] Cfr., com larga citação de jurisprudência e nota crítica, MÁRIO DE BRITO, *Questões a resolver na decisão do recurso de constitucionalidade. Ordem de conhecimento das inconstitucionalidades*, in *Estudos em homenagem ao Conselheiro José Manuel Cardoso da Costa*, obra coletiva, págs. 319 e segs.

V – Se o tribunal *a quo* fizer interpretação conforme com a Constituição, nem por isso ficará vedado o recurso para o Tribunal Constitucional, porque tal interpretação traduz a escolha de um sentido em detrimento de outro tido como inconstitucional e, portanto, nessa medida, envolve a recusa de aplicação da norma com este último sentido [686].

De resto, como fazendo interpretação conforme com a Constituição, o tribunal *a quo* acaba por aplicar a norma em causa, sempre seria de conceber o recurso desde que verificados os requisitos do segundo tipo de recursos do art. 280.º

VI – E que sucede quando, entre os factos submetidos a juízo e a decisão do recurso, se verifica revisão constitucional? Porque *tempus regit actum* [687], nenhum problema se põe se a norma objeto de revisão é uma norma orgânica ou formal. Já se suscitam dúvidas se a norma é de fundo.

De um lado, pode dizer-se que decidir segundo a nova norma constitucional equivale a aplicá-la a factos passados, formulando-se, mais do que um juízo de inconstitucionalidade superveniente, um juízo de inconstitucionalidade retroativa [688].

De outra banda, pode entender-se que a validade material de uma lei se apura defronte da norma constitucional vigente ao tempo da apreciação e que caso julgado, em fiscalização concreta, só se forma, pela natureza das coisas, com a decisão do tribunal da causa *subsequente* à decisão do Tribunal Constitucional.

Quanto a nós, a dilucidação da dúvida requer a distinção de três momentos: o da ocorrência do caso, o momento da decisão recorrida (ou da última decisão recorrida, tendo havido recurso para outro tribunal antes do

---

[686] Cfr., em termos próximos, RUI MEDEIROS (*A decisão...*, cit., pág. 320 e segs., *maxime* 328 e segs.), salientando, porém, na linha da jurisprudência do Tribunal Constitucional, que o juízo de inaplicabilidade de uma interpretação constitucional só vale como recusa de aplicação da norma quando se funde «única ou primacialmente» num princípio de interpretação conforme com a Constituição. Mais recentemente, v. acórdão n.º 219/2002, de 22 de maio, in *Diário da República*, 2.ª série, de 28 de junho de 2002.

[687] Cfr. *Manual...*, II, cit., págs. 342 e segs.

[688] Declaração de voto de vencido do Juiz José Manuel Cardoso da Costa anexa ao acórdão n.º 172/2000 do Tribunal Constitucional, de 22 de março (in *Diário da República*, 2.ª série, de 25 de outubro de 2000).

CAPÍTULO III – REGIME ATUAL DE FISCALIZAÇÃO NO DIREITO PORTUGUÊS

recurso de inconstitucionalidade) e o momento do julgamento pelo Tribunal Constitucional.

Por força do art. 204.º, parece-nos irrecusável a necessidade de o tribunal da causa (seja a primeira instância, seja um instância de recurso) tomar como referência a norma constitucional em vigor no momento da sua decisão [689]. E, se entre a decisão recorrida (ou a última decisão recorrida) e o julgamento do Tribunal Constitucional, muda a norma constitucional parâmetro, também este Tribunal tem de julgar de harmonia com a *nova* norma. É sempre a norma constitucional aplicável no momento da decisão aquela a que manda obedecer o art. 280.º, n.º 6 da Constituição.

Ora, poderá, nessa hipótese, a parte que não suscitou a inconstitucionalidade durante o processo, vir a suscitá-la à face da nova norma constitucional? Inclinamo-nos a responder afirmativamente [690].

VII – Problema diferente é o da modificação da norma legislativa reguladora da situação durante o processo.

Somente se ela for ainda aplicável ao caso, e na medida em que for aplicável, é que o tribunal da causa terá de dela conhecer, e não da norma vigente ao tempo da propositura da ação.

VIII – Seja como for, o Tribunal Constitucional só pode conhecer da norma julgada inconstitucional ou ilegal pelo tribunal recorrido (art. 79.º-C da lei orgânica), não da norma anterior eventualmente repristinada.

Como consta de um seu aresto, não se pode proceder ao alargamento da questão da constitucionalidade a mais normas do que àquelas que foram questionadas na decisão recorrida; os recursos destinam-se a reapreciar as questões decididas na decisão recorrida; o Tribunal Constitucional não pode censurar ao tribunal recorrido a decisão sobre a norma repristinada que este

---

[689] Diferentemente, conferindo toda a relevância aos pressupostos de facto ocorridos antes da decisão, acórdão n.º 110/2003, de 5 de março, in *Diário da República*, 2.ª série, de 24 de abril de 2003. Mas, contra, declaração de voto do juiz Paulo Mota Pinto.

[690] Diferentemente, acórdão n.º 620/98, de 3 de novembro (in *Diário da República*, 2.ª série, de 18 de março de 1999). Cfr. acórdão n.º 193/2001, de 8 de maio, in *Diário da República*, 2.ª série, de 17 de julho de 2002. Recordamos o nosso entendimento em confronto com o constante no *Manual* ..., VI, pág. 264.

tenha aplicado; apenas lhe compete decidir sobre a constitucionalidade da *norma não aplicada* [691]. Coisa diferente se passa, como se verá, na fiscalização abstrata.

E, se o tribunal *a quo*, reformando a sua decisão, repristinar a norma anterior, poderá esta ser impugnada no mesmo processo? Supor-se-ia que não, por a questão da sua inconstitucionalidade não ter sido suscitada. Mas, por imperativo de defesa da Constituição e dos direitos dos particulares, justifica-se admiti-lo e admitir também a possibilidade de recurso, *de novo recurso*, até ao Tribunal Constitucional.

68. Legitimidade para recorrer

I – Podem recorrer para o Tribunal Constitucional o Ministério Público e as pessoas que, de acordo com a lei reguladora do processo em que a decisão foi proferida, tenham legitimidade para dela interpor recurso (art. 72.º, n.º 1, da lei orgânica), entendendo-se, como tais, as partes que tenham ficado vencidas (art. 680.º, n.º 1, do Código de Processo Civil).

Se ambas as partes tiverem ficado vencidas, cada uma delas poderá recorrer na parte que lhe for desfavorável (art. 682.º, n.º 1, do Código de Processo Civil) e em caso de decisão de inconstitucionalidade parcial ou de decisão de natureza interpretativa [692].

A legitimidade para recorrer, assinala MIGUEL TEIXEIRA DE SOUSA, não assenta numa relação da parte com o objeto da causa, mas antes nas consequências que uma decisão pode produzir na esfera jurídica de um sujeito; e este poderá recorrer se a decisão lhe for prejudicial e pretender, portanto, afastar esse prejuízo através da revogação da decisão pelo tribunal de recurso [693].

II – Para lá do poder oficioso de cada juiz de apreciar a inconstitucionalidade, a atribuição ao Ministério Público de legitimidade confere ao recurso para o Tribunal Constitucional um carácter misto. O recurso não tem somente uma

---

[691] Cfr. acórdão n.º 141/87, de 22 de abril, in *Diário da República*, 2.ª série, de 30 de julho de 1987.

[692] CARLOS LOPES DO REGO, *op. cit.*, pág. 186.

[693] MIGUEL TEIXEIRA DE SOUSA, *Legitimidade...*, cit., *loc. cit.*, págs. 948 e 949.

CAPÍTULO III – REGIME ATUAL DE FISCALIZAÇÃO NO DIREITO PORTUGUÊS

finalidade subjetiva de defesa de direitos e interesses das pessoas (art. 20.º da Constituição), tem também uma finalidade objetiva de defesa da integridade da ordem jurídica; e tal fica ainda reforçado quando se torna obrigatório (art. 280.º, n.º 3).

Pelo contrário, o pendor subjetivista fica realçado quando se trate de recursos de decisões que apliquem normas cuja inconstitucionalidade ou ilegalidade haja sido suscitada durante o processo [694]. Aqui só pode recorrer a parte que a haja suscitado (art. 280.º, n.º 4, da Constituição e art. 72.º, n.º 2, da lei orgânica) [695].

III – Vem ainda na linha do sentido objetivo do instituto a irrenunciabilidade do direito de recorrer para o Tribunal Constitucional (art. 73.º da Lei n.º 28/82) [696]. Em processo civil o princípio é o inverso e até se admite renúncia antecipada, quando proveniente de ambas as partes (art. 681.º do Código de Processo Civil).

Todavia, como o recurso só é obrigatório para o Ministério Público, e em alguns casos, e como para os particulares há, sim, um direito de recorrer, nada obsta a que estes desistam de recurso que tenham interposto (art. 681.º, n.º 5, do Código de Processo Civil).

IV – Após ter julgado inconstitucional ou ilegal uma norma, o Tribunal Constitucional – salvo declaração com força obrigatória geral – pode decidir em sentido diverso; ou pode haver divergência entre as duas secções. Nem por isso fica afastado o pressuposto do art. 280.º, n.º 5.

---

[694] MIGUEL TEIXEIRA DE Sousa, *op. cit.*, *loc. cit.*, págs. 948 e seg.

[695] Mas pode entender-se que o Ministério Público também pode interpor recurso, quando ele próprio igualmente tenha suscitado a questão de inconstitucionalidade: MÁRIO TORRES, *Legitimidade para o recurso de constitucionalidade*, in *Revista do Ministério Público*, ano VII, 1993, janeiro-junho, n.º 13, p. 21 (porque *parte* não pode ser reconduzida a parte principal). Cfr. também, INÊS ROBALO, *op. cit.*, *loc. cit.*, pág. 901.
Alteramos, pois, a opinião defendida noutras edições deste *Manual*, correspondente à sustentada pelo próprio Tribunal Constitucional (por todos, acórdão n.º 636/94, de 29 de novembro, in *Diário da República*, 2.ª série, de 31 de janeiro de 1995).

[696] Cfr., quanto a renúncia ao recurso de decisões de tribunais arbitrais, MIGUEL GALVÃO TELES, *Recursos...*, cit., *loc. cit.*, págs. 651 e segs., pronunciando-se pela irrenunciabilidade quando a decisão arbitral recuse a aplicação de normas com fundamento em inconstitucionalidade.

FISCALIZAÇÃO DA CONSTITUCIONALIDADE

Em contrapartida, como já decidiu o Tribunal, a obrigatoriedade de recurso para o Ministério Público perde a sua razão de ser ou torna-se admissível a desistência de recurso já interposto, quando, julgando inicialmente inconstitucional certa norma, o Tribunal Constitucional vem depois a alterar essa orientação e passa a julgá-la uniformemente como não contrária à Constituição.

V – O recurso interposto pelo Ministério Público aproveita a todos os que tenham legitimidade para recorrer (art. 74.º, n.º 1, da Lei n.º 28/82). O recurso interposto por um interessado aproveita aos restantes interessados (art. 74.º, n.º 2); mas, no caso de recurso de decisão que aplique norma cuja inconstitucionalidade ou ilegalidade tenha sido suscitada, nos termos e nos limites estabelecidos na lei reguladora do processo em que a decisão tenha sido proferida (art. 74.º, n.º 3).

Não pode haver recurso subordinado, nem adesão ao recurso (art. 74.º, n.º 4). Não há o primeiro (art. 682.º do Código de Processo Civil), porque, havendo mais de um recorrente, ele recorre apenas quanto à questão de inconstitucionalidade em que tenha ficado vencido (as questões de inconstitucionalidade de mais de um recorrente são sempre diversas). Não há adesão ao recurso (art. 683.º, n.ºs 2 e 4, do Código de Processo Civil), porque, como o recurso aproveita sempre aos compartes, tudo se passa como se ocorresse litisconsórcio necessário [697].

VI – O Tribunal pode, sendo caso disso, condenar qualquer das partes em multa e indemnização como litigante de má fé, nos termos da lei de processo (art. 84.º, n.º 6, da lei orgânica) [698].

---

[697] Cfr. CARLOS BLANCO DE MORAIS, *Justiça...*, II, cit., págs. 737 e segs.
[698] Cfr. PAULA COSTA E SILVA, *A litigância de má-fé*, Coimbra, 2008, págs. 325 e segs.

69. Os casos de recurso obrigatório para o Ministério Público

I – O recurso é obrigatório para o Ministério Público:

a) Quando a norma cuja aplicação tenha sido recusada – seja por inconstitucionalidade, seja por ilegalidade, seja contrariedade com convenção internacional – conste de convenção internacional, de ato legislativo ou de decreto regulamentar [699] (art. 280.º, n.º 3, da Constituição e art. 72.º, n.º 3, da lei orgânica).
Mas, se a inconstitucionalidade decorrer de um vício de tal sorte grave que implique inexistência jurídica de norma, o Ministério Público não terá de interpor recurso.

b) Quando seja aplicada norma anteriormente julgada inconstitucional ou ilegal pelo Tribunal Constitucional (art. 280.º, n.º 5), norma anteriormente julgada inconstitucional pela Comissão Constitucional (art. 72.º, n.º 3) ou norma anteriormente julgada contrária a convenção internacional pelo Tribunal Constitucional (mesmo art. 72.º, n.º 3, após 1989).
Mas o Ministério Público pode abster-se de recorrer de decisões conformes com a orientação que se encontre já estabelecida, a respeito da questão em causa, na jurisprudência do Tribunal Constitucional (art. 72.º, n.º 4) [700].

c) Por maioria de razão, quando seja aplicada norma declarada inconstitucional com força obrigatória geral pelo Tribunal Constitucional [701] – aqui, recurso atípico, como dissemos.
Segundo a lei orgânica, há ainda obrigatório – para o plenário do Tribunal – quando o Tribunal Constitucional julgue a questão de

---

[699] Do decreto regulamentar, não do decreto regulamentar regional, porque a Constituição os distingue [arts. 112.º, n.º 6, e 119.º, n.º 1, alínea *h*)].

[700] PAULO OTERO (*Ensaio...*, cit., pág. 111) admite que, perante uma decisão do Tribunal Constitucional que considere inconstitucional uma norma que o não é, o Ministério Público não fique obrigado a recorrer das decisões dos restantes tribunais que apliquem tal norma. Todavia, este entendimento supõe que o juízo sobre a constitucionalidade de uma norma do Ministério Público possa sobrepor-se ao juízo do Tribunal Constitucional, o que não pode aceitar-se até porque o Ministério Público não tem poderes de fiscalização.

[701] Neste sentido já o acórdão n.º 388/89, cit., *loc. cit.*

inconstitucionalidade em sentido divergente do anteriormente adotado quanto à mesma norma por qualquer das secções e o Ministério Público intervenha no processo como recorrente ou recorrido (art. 79.º-D, n.º 1).

II – Na hipótese *a)* perdura, como se vê, algo da distinção que o primitivo art. 282.º fazia relativamente a certas categorias de atos. Não estão referidas as leis de revisão constitucional, embora elas devam considerar-se abrangidas pela *ratio* do preceito.

A obrigatoriedade do recurso destina-se a que o julgamento acerca da constitucionalidade dessas normas – as mais importantes vigente na ordem jurídica portuguesa, após as da Constituição – caiba não só a tribunais formados por juízes de carreira (apesar de a administração da justiça ser «em nome do povo», como diz o art. 202.º) mas também, necessariamente, ao Tribunal Constitucional. Visa a que normas provindas de órgãos com legitimidade democrática sejam sindicadas, em definitivo, por um órgão também dotado (por via indireta) dessa mesma legitimidade [702].

III – Rui Medeiros explica o recurso, obrigatório para o Ministério Público, aí previsto a partir da presunção (qualificada) de não inconstitucionalidade que liga à promulgação ou à ratificação pelo Presidente da República [703]. Como o Presidente jura defender e fazer cumprir a Constituição (art. 127.º, n.º 3), fica adstrito a requerer a fiscalização preventiva quando entenda que algum dos diplomas abrangidos pelo art. 280.º, n.º 3, padece de inconstitucionalidade. Logo, se ele a não tiver requerido ou se o Tribunal Constitucional se não tiver pronunciado pela inconstitucionalidade e se, depois, um tribunal julgar inconstitucional o diploma, o Ministério Público deverá interpor recurso para o Tribunal Constitucional.

---

[702] A esta luz compreende-se a supressão dos «diplomas equiparáveis», que aparecia no texto inicial da Constituição para, aparentemente, englobar atos praticados antes da Constituição. Abandonamos aqui a posição que antes adotávamos.

[703] Em anotação..., cit., págs. 751 e 753, o Autor, embora mantenha a sua posição de fundo, não fala, porém, em presunção. Pelo contrário, falam Gomes Canotilho, *Direito...*, cit., pág. 994, e Carlos Blanco de Morais, *Justiça...*, ii, cit., pág. 733.

CAPÍTULO III – REGIME ATUAL DE FISCALIZAÇÃO NO DIREITO PORTUGUÊS

Só não haverá tal presunção – nem, por conseguinte, recurso obrigatório – na hipótese de norma anteriormente julgada inconstitucional pelo Tribunal Constitucional [704], na hipótese de veto político fundado em ilegalidade (por inexistir fiscalização preventiva da legalidade) e de ulterior confirmação do diploma pelo Parlamento [705] e na hipótese de inconstitucionalidade superveniente [706].

Mesmo sem discutir em geral a problemática da presunção de não inconstitucionalidade ou de constitucionalidade [707], não aceitamos as premissas deste raciocínio:

1.º) Porque o juramento, porventura resquício monárquico, vincula o Presidente da República a uma acrescido poder-dever de garantia das instituições (art. 120.º), particularmente contra ruturas e em estado de necessidade (arts. 19.º e 138.º); não visa habilitá-lo a um controlo norma a norma;

2.º) Porque a fiscalização preventiva tem no nosso sistema (diferente do francês) uma função algo limitada;

3.º) Porque o poder de iniciativa da fiscalização insere-se na lógica do sistema de governo e manifesta-se de acordo com os critérios de órgão cujo titular é eleito por sufrágio universal; a moderação de sucessivos Presidentes da República no seu exercício é assaz elucidativa;

4.º) Porque não poderia falar-se em presunção de não inconstitucionalidade quanto a diplomas promulgados ou ratificados ao abrigo do art. 279.º, n.os 2 e 4;

5.º) Porque do art. 280.º, n.º 3, constam diplomas não submetidos ao Presidente da República – os decretos legislativos regionais;

6.º) Porque, no fundo, o apelo à presunção de não inconstitucionalidade redunda noutra maneira de salvaguardar o legislador – agora, apoiado

---

[704]   *Ibidem*, págs. 83-84.
[705]   *Ibidem*, págs. 84-85.
[706]   *Ibidem*, pág. 137.
[707]   Contra a presunção de não inconstitucionalidade, ANDRÉ SALGADO DE MATOS, *op. cit.*, págs. 258 e segs.

no Presidente da República – contra os juízes (ideia essa que, aliás, merece a crítica de RUI MEDEIROS [708]).

E não aceitamos as conclusões. O art. 280.º, n.º 3, é, sim, expressão – tal como o art. 280.º, n.º 5 – da supremacia do Tribunal Constitucional (insistimos). E é nesta supremacia, e não na presunção de não inconstitucionalidade, que poderá embasar-se quer a interpretação restritiva proposta para normas já julgadas inconstitucionais pelo Tribunal quer a generalização alvitrada do regime do art. 72.º, n.º 4, da lei orgânica.

Contudo, também por isso não vemos por que excluir dele diplomas feridos de inconstitucionalidade superveniente ou diplomas, segundo o Presidente da República, ilegais e que ele teve de promulgar por força do art. 136.º, n.ᵒˢ 2 e 3; bem pelo contrário, neste segundo caso, se o juízo do Presidente foi contrariado e vencido pelo Parlamento, mais se justifica o recurso obrigatório para se facilitar o desencadeamento dos mecanismos do art. 281.º, n.º 3.

70. Interposição dos recursos

I – Os recursos de decisões do primeiro e do terceiro tipo podem ser recursos diretos para o Tribunal Constitucional e são-no necessariamente quando o recurso é obrigatório para o Tribunal Constitucional.

Não é, contudo, admitido recurso para o Tribunal Constitucional de decisões sujeitas a recurso ordinário obrigatório nos termos da respetiva lei processual (art. 70.º, n.º 5, da Lei n.º 28/82); e, se a decisão admitir recurso ordinário, a não interposição de recurso para o Tribunal Constitucional não faz precludir o direito de interpô-lo de ulterior decisão que confirme a primeira (art. 70.º, n.º 6).

II – Os recursos de decisões do segundo tipo postulam a exaustão dos recursos ordinários – por necessidade de filtragem e para se evitar a sobrecarga do Tribunal Constitucional [709].

---

[708]   *Ibidem*, pág. 73.
[709]   Cfr. a intervenção do Ministro MARCELO REBELO DE SOUSA na comissão eventual para o Tribunal Constitucional, in *Diário*, cit., págs. 594(97)-594(98), e GOMES CANOTILHO, *Exaustão*

CAPÍTULO III – REGIME ATUAL DE FISCALIZAÇÃO NO DIREITO PORTUGUÊS

Apenas cabem de decisões que não admitam recurso ordinário, por a lei o não prever ou por já haverem sido esgotados os que no caso cabiam, salvo os destinados à uniformização (art. 70.º, n.º 2) [710]. E entende-se (art. 70.º, n.º 4) que se acham esgotados os recursos ordinários: *a)* quando tenha havido renúncia; *b)* quando haja decorrido o respetivo prazo sem a sua interposição; *c)* quando os recursos interpostos não possam ter seguimento por razões de ordem processual.

Podem não ser decisões finais, mas têm de ser decisões definitivas [711]; e são rejeitados quando manifestamente infundados (art. 76.º, n.º 2, *in fine*), o que parece exigir um juízo de viabilidade ou de razoabilidade pelo tribunal *a quo* de grau diferente do que ele faz na admissão dos demais recursos [712].

Por outro lado, estes recursos somente podem ser interpostos pela parte que haja suscitado a inconstitucionalidade, de modo processualmente adequado, perante o tribunal que tenha proferido a decisão recorrida, em termos de este estar obrigado a dela conhecer (art. 72.º, n.º 2 da lei orgânica) [713].

III – São equiparados a recursos ordinários as reclamações para o presidente doas tribunais superiores nos casos de não admissão ou de retenção de recurso, bem como as reclamações dos despachos dos juízes relatores para a conferência (art. 70.º, n.º 3).

IV – O prazo de interposição dos recursos é de dez dias e interrompe os prazos para a interposição de outros que, porventura, caibam da decisão, os quais só podem ser interpostos depois de cessada a interrupção (art. 75.º, n.º 1).

---

dos recursos ordinários (parecer), in *Jurisprudência constitucional*, n.º 2, abril-junho de 2004, págs. 4 e segs.

[710] Cfr. ARMINDO RIBEIRO MENDES, *Recursos...*, cit., pág. 332; CARLOS LOPES DO REGO, *op. cit.*, págs. 113 e segs.; CARLOS BLANCO DE MORAIS, *Justiça...*, II, cit., págs. 775 e segs.

[711] Cfr. acórdão n.º 15/86, de 22 de fevereiro, in *Diário da República*, 2.ª série, de 24 de abril de 1986.
Sobre o conceito (lato) de recurso ordinário, v. acórdão n.º 2/87, de 7 de janeiro, *ibidem*, 2.ª série, n.º 68, de 23 de março de 1987.

[712] Cfr., porém, acórdão n.º 206/86 do Tribunal Constitucional, de 12 de junho, in *Diário da República*, 2.ª série, de 23 de outubro de 1986.

[713] Cfr. CARLOS LOPES DO REGO, *op. cit.*, págs. 90 e segs., e acórdãos citados.

FISCALIZAÇÃO DA CONSTITUCIONALIDADE

Interposto recurso ordinário, mesmo para uniformização de jurisprudência que não seja admitido com fundamento em irrecorribilidade da decisão, o prazo para recorrer para o Tribunal Constitucional conta-se do momento em que se torne definitiva a decisão que não admite o recurso (art. 75.º, n.º 2).

V – O recurso para o Tribunal Constitucional interpõe-se por meio de requerimento em que se indiquem a alínea do n.º 1 do art. 70.º da lei orgânica, ao abrigo da qual é interposto e a norma cuja inconstitucionalidade se pretende que o Tribunal aprecie (art. 75.º-A, n.º 1).

Sendo o recurso interposto ao abrigo da alínea *b)* ou da alínea *f)* do n.º 1[714], do requerimento deve ainda constar a indicação da norma ou princípio constitucional que se considera violado, bem como a peça processual em que o recorrente suscitou a questão de inconstitucionalidade (art. 75.º-A, n.º 1).

Se o requerimento de interposição do recurso não indicar alguns dos elementos exigidos, o juiz convidará o requerente a prestar essa indicação no prazo de dez dias e se ele não o fizer, o recurso será julgado deserto (art. 75.º-A, n.ºs 5 e 7).

VI – Quando o recurso se tenha tornado inútil ou desnecessário, não há que tomar dele conhecimento. Na senda da Comissão Constitucional[715], o Tribunal tem vindo a decidir uniformemente que não deve proferir decisões insuscetíveis de terem relevo ou influência sobre o julgamento da situação concreta de que emerge o recurso.

A decisão em recurso da questão da inconstitucionalidade é, insista-se, sempre «instrumental» relativamente à decisão dessa outra questão[716 717].

---

[714] Fala-se em alíneas de um preceito legal, quando se devia falar em alíneas do art. 280.º da Constituição.

[715] Por todos, v. acórdão n.º 126, de 12 de dezembro de 1978, in *Apêndice* ao *Diário da República*, de 31 de dezembro de 1979.

[716] Acórdão n.º 12/83, de 25 de outubro, in *Diário da República*, 2.ª série, de 28 de janeiro de 1984; acórdão n.º 250/86, de 23 de julho, *ibidem*, 2.ª série, de 21 de novembro de 1986; ou acórdão n.º 482/2000, de 22 de novembro, *ibidem*, 2.ª série, de 4 de janeiro de 2001.

[717] Sobre toda esta matéria, com largo desenvolvimento, v. VICTOR CALVETE, *Interesse e relevância na questão da constitucionalidade, instrumentalidade e utilidade no recurso de constitucionalidade – quatro faces de uma mesma moeda*, in *Estudos em homenagem ao Conselheiro José Manuel Cardoso da Costa*, obra coletiva, págs. 403 e segs.

71. A admissão dos recursos

I – Compete ao tribunal que tenha proferido a decisão recorrida apreciar a admissão do recurso (art. 76.º, n.º 1, da lei orgânica).

O requerimento de interposição do recurso deve ser indeferido (art. 76.º, n.º 2), quando não indicar os elementos que dele devem constar segundo o art. 75.º; quando a decisão não o admita; quando o recurso haja sido interposto fora de prazo; quando o recorrente careça de legitimidade; ou ainda, no caso de recurso de decisão que aplique norma cuja inconstitucionalidade haja sido suscitada durante o processo, quando for manifestamente infundado [718].

Mas a decisão que admita o recurso ou que lhe determine o efeito não vincula o Tribunal Constitucional e as partes só podem impugná-la nas suas alegações (art. 76.º, n.º 3).

II – Do despacho que indefira o requerimento de interposição do recurso cabe reclamação para o Tribunal Constitucional (arts. 76.º, n.º 4, e 77.º, n.º 1).

O julgamento da reclamação compete à conferência, constituída pelo presidente ou vice-presidente do tribunal, pelo relator e por outro juiz da mesma secção, indicado pelo pleno da secção em cada ano (arts. 77.º, n.º 1 e 78.º-A, n.º 3).

A decisão do Tribunal Constitucional não pode ser impugnada e, se revogar o despacho de indeferimento, fará caso julgado quanto à admissibilidade do recurso (art. 77.º, n.º 4).

III – Como se lê num acórdão, é o Tribunal Constitucional quem decide sobre a sua própria competência, dizendo – e dizendo-o definitivamente – se as questões que sobem até ele para serem julgadas são ou não questões de inconstitucionalidade ou de ilegalidade que se inscrevem no seu poder jurisdicional [719].

Ou, como observa MIGUEL GALVÃO TELES, o Tribunal Constitucional, tal como foi configurado pela nossa ordem jurídica, é não só um tribunal

---

[718] É o princípio da viabilidade dos recursos: GOMES CANOTILHO, *Exaustão...*, cit., *loc. cit.*, pág. 5.

[719] Acórdão n.º 316/85, de 18 de dezembro, in *Diário da República*, 2.ª série, de 4 de abril de 1986.

FISCALIZAÇÃO DA CONSTITUCIONALIDADE

supremo – no sentido de que das suas decisões não cabe recurso – mas, de igual modo, e até mais do que o Tribunal de Conflitos, um tribunal supremo dos supremos, ainda que de competência especializada, e situado fora das várias ordens de tribunais [720].

72. Tramitação dos recursos

I – À tramitação dos recursos para o Tribunal Constitucional são subsidiariamente aplicáveis as normas do Código de Processo Civil, em especial as respeitantes ao recurso de apelação (art. 69.º da lei orgânica) [721].

II – O princípio geral é o efeito suspensivo do recurso com subida nos autos (art. 78.º, n.º 4) [722].

Mas o Tribunal pode, a título excecional, oficiosamente, fixar-lhe efeito devolutivo, se, com isso, não afetar a utilidade da decisão a proferir (art. 78.º, n.º 5).

Por outro lado, o recurso interposto de decisão que não admita outro, por razões de valor ou alçada, tem os efeitos e o regime de subida do recurso que no caso caberia se o valor ou a alçada o permitissem (art. 78.º, n.º 1); o recurso interposto de decisão da qual coubesse recurso ordinário, não interposto ou declarado extinto tem os efeitos e o regime de subida deste recurso (art. 78.º, n.º 2); e o recurso interposto de decisão proferida já em fase de recurso mantém os efeitos e o regime de subida do recurso anterior, salvo no caso de ser aplicável o disposto no número anterior (art. 78.º, n.º 3).

III – É obrigatória a constituição de advogado (art. 81.º, n.º 1) [723] e só pode advogar perante o Tribunal Constitucional quem o pode fazer no Supremo Tribunal de Justiça (art. 81.º, n.º 2).

---

[720]   *A competência da competência...*, cit., *loc. cit.*, pág. 120.

[721]   Cfr. ARMINDO RIBEIRO MENDES, *Recursos...*, cit., págs. 334 e segs.; CARLOS LOPES DO REGO, *op. cit.*, págs. 233 e segs.; CARLOS LOPES DO REGO, *Justiça...*, II, págs. 719 e segs.

[722]   Sobre o art. 78.º da Lei n.º 28/82, v. a intervenção do Deputado LUÍS NUNES DE ALMEIDA, in *Diário da Assembleia da República*, cit., pág. 594 (102).

[723]   Nos recursos interpostos de decisões dos tribunais administrativos e fiscais admite-se um regime especial (art. 83.º, n.º 3). Cfr. CARLOS LOPES DO REGO, *op. cit.*, pág. 316.

CAPÍTULO III – REGIME ATUAL DE FISCALIZAÇÃO NO DIREITO PORTUGUÊS

Os prazos para alegações são de trinta dias a contar das respetivas notificações (art. 75.º, n.º 2) [724].

IV – Naturalmente aplica-se ao julgamento dos recursos o princípio do contraditório (art. 3.º, n.º 3 do Código de Processo Civil).

73. A intervenção das secções e do plenário

I – Os recursos para o Tribunal Constitucional são decididos por uma das três secções em que ele se organiza – para este efeito, secções sempre não especializadas, como já se disse (arts. 41.º e 70.º da lei orgânica).

II – O presidente fica adstrito a dar prioridade, na tabela dos recursos e demais processos preparados para julgamento, aos recursos proferidos em matéria penal em que algum dos interessados esteja detido ou preso ainda sem condenação definitiva, aos recursos de constitucionalidade interpostos de decisões proferidas em processos qualificados como urgentes pela respetiva lei processual e aos processos em que estejam em causa direitos, liberdades e garantias pessoais [arts. 39.º, n.º 1, alínea *h*), e 43.º, n.ºs 3 e 5, da lei orgânica].

III – Se entender que a questão a decidir é simples, designadamente por já ter sido objeto de decisão anterior do Tribunal ou por ser manifestamente infundada, o relator proferirá decisão sumária, que poderá consistir em simples remissão para anterior jurisprudência do Tribunal (art. 78.º-A, n.º 1).
A mesma regra vale para as hipóteses de o recorrente não indicar a norma ou o princípio constitucional que considera violado ou a peça processual em que tenha suscitado a questão de inconstitucionalidade (arts. 78.º-A e 75.º-A, n.ºs 2 a 5).

IV – O presidente pode, com a concordância do Tribunal, determinar que o julgamento se faça com intervenção do plenário, quando o considerar necessário para evitar divergências jurisprudenciais ou quando tal se justifique

---

[724] Com algumas exceções, entre as quais (art. 43.º, n.º 3), a que se verifica quando o recurso seja interposto de decisão judicial proferida em matéria penal, em que algum dos interessados esteja detido ou preso ainda sem condenação definitiva (art. 43.º, n.º 3).

em razão da natureza da questão a decidir (art. 79.º-A, n.º 1), incluindo decisão sobre reclamação do despacho que indefira o recurso ou retenha a sua subida (art. 79.º-A, n.º 3).

V – Conforme já se referiu, se o Tribunal vier a julgar a questão da inconstitucionalidade ou ilegalidade em sentido divergente do anteriormente adotado quanto à mesma norma por qualquer das suas secções [725], dessa decisão caberá recurso para o plenário, obrigatório para o Ministério Público quando intervier no processo como recorrente ou recorrido (art. 79.º-D, n.º 1) [726].

A decisão não adquire, no entanto, força obrigatória geral, porquanto continua a situar-se no terreno da fiscalização concreta [727] [728].

74. Alcance da decisão do Tribunal Constitucional

I – A decisão do recurso faz caso julgado no processo quanto à questão de inconstitucionalidade ou de ilegalidade suscitada (art. 80.º, n.º 1, da lei orgânica). Por conseguinte, vincula tanto o tribunal recorrido como o próprio Tribunal Constitucional.

---

[725] Foi o que aconteceu, por exemplo, no acórdão n.º 340/90, de 19 de dezembro, in *Diário da República*, 2.ª série, de 19 de março de 1991.

[726] Cfr. CARLA AMADO GOMES, *Os pressupostos do recurso para uniformização de jurisprudência constitucional: breves notas ao art. 79.º-D/1 da LOTC*, in O Direito, 2007, págs. 351 e segs.

[727] A decisão do Tribunal nos casos dos arts. 79.º-A e 79.º-D vale como precedente persuasivo (ARMINDO RIBEIRO MENDES, *Relatório na I Conferência...*, cit., pág. 747).

[728] Como se lê no acórdão n.º 533/99, de 12 de outubro (*Diário da República*, 2.ª série, de 22 de novembro de 1999), o art. 79.º-D não exclui o recurso para o plenário nos casos em que já outro idêntico recurso tenha anteriormente sido decidido:
"Assim sendo, não se descortina como se possa optar por uma interpretação que – *sem a menor expressão no texto da lei* – apenas julgue admissível o recurso para plenário quando uma das secções contrarie a orientação que havia anteriormente triunfado em plenário (só nesse caso, portanto, se assegurando a revisibilidade da jurisprudência anteriormente uniformizada). Na verdade, desse modo o cidadão veria significativamente encurtado o direito ao recurso, já que ficaria sempre impedido de obter, em plenário, uma decisão virtualmente favorável, no caso de a opinião anteriormente maioritária – mas já virtualmente minoritária, no contexto global do Tribunal – continuar todavia maioritária na secção em que o seu recurso é julgado. "Ora, os recursos são, antes de mais, uma expressão do direito à tutela judicial efetiva, não se podendo aceitar que o *direito a recorrer*, quando previsto na lei, possa ser significativamente restringido com base em argumentos de ordem meramente institucional, sem que tal restrição encontre na letra da lei um apoio minimamente perceptível."

CAPÍTULO III – REGIME ATUAL DE FISCALIZAÇÃO NO DIREITO PORTUGUÊS

II – Se for dado provimento ao recurso, ainda que só parcialmente, os autos baixarão ao tribunal de onde provieram a fim de que este, consoante o caso, reforme a decisão ou a mande reformar em conformidade com o julgamento da questão de inconstitucionalidade ou de ilegalidade (art. 80.º, n.º 2, da lei orgânica) [729] [(4)] [(5)].

O Tribunal Constitucional não substitui, portanto, a decisão recorrida por aquela que deveria ser emitida, e tão-pouco a anula. E por isso, não pode ordenar a repristinação da norma anterior – tal compete ao tribunal *a quo* decidir com eventual nova recusa dessa decisão; nem, muito menos, julgar a constitucionalidade desta norma [730].

É um sistema intermédio de recurso o adotado, um sistema em que o Tribunal Constitucional ordena ao tribunal recorrido que profira nova decisão com o conteúdo por ele prefixado [731]; um sistema de cassação mitigado [732].

---

[729]   Sobre o carácter definitivo (no processo) do julgamento do Tribunal Constitucional, cfr. acórdão n.º 316/85, de 18 de dezembro, in *Diário da República*, 2.ª série, de 14 de abril de 1986.

[(4)]   Mas pode a parte vencida invocar, de novo, a inconstitucionalidade ou a não inconstitucionalidade com fundamentos diversos dos que antes invocara? Para além do disposto na lei, logicamente, a resposta não pode deixar de ser negativa: 1.º) porque o que importa é a decisão, e não a fundamentação; 2.º) porque o recorrente tem o ónus de invocar todos os fundamentos na sua arguição de inconstitucionalidade; 3.º) porque, por seu turno, também o tribunal recorrido e o Tribunal Constitucional devem considerar todas as fundamentações possíveis; 4.º) porque, doutro modo, incorrer-se-ia no risco do prolongamento indefinido das questões. Neste sentido, decisão sumária n.º 23/2012, de 12 de janeiro.
Só *noutro processo* a questão de inconstitucionalidade pode ser retomada – e pode sê-lo, pois, no nosso sistema, a decisão do Tribunal Constitucional se circunscreve ao caso concreto. Cfr., com posição próxima, GOMES CANOTILHO, *Direito...*, cit., págs. 1001-1002. E com posições divergentes, RUI MEDEIROS, anotação, in *Constituição...*, III, págs. 790-791, e CARLOS BLANCO DE MORAIS, *Justiça...*, II, págs. 908-909.

[(5)]   Sobre a execução dos acórdãos do Tribunal Constitucional pelos outros tribunais, cfr. ANTÓNIO ROCHA MARQUES, *op. cit.*, *loc. cit.*, págs. 468 e segs.

[730]   Neste sentido, TIAGO FÉLIX DA COSTA, *A repristinação de normas no recurso de fiscalização concreta da constitucionalidade*, in *O Direito*, 2008, págs. 437 e segs., *maxime* 445 ss.

[731]   Cfr. JOSÉ DURÃO BARROSO, *op. cit.*, *loc. cit.*, págs. 721 e 722.

[732]   ARMINDO RIBEIRO MENDES, *Recursos...*, cit., págs. 318-319; CARLOS BLANCO DE MORAIS, *Justiça...*, II, cit., pág. 573; MIGUEL GALVÃO TELES, *Recursos...*, cit., *loc. cit.*, pág. 651.

FISCALIZAÇÃO DA CONSTITUCIONALIDADE

III – Que sucede, entretanto, se o tribunal *a quo* não respeita o decidido em acórdão de provimento do Tribunal Constitucional [733]?

A verificar-se tal hipótese, ela corresponde a violação de caso julgado e deve admitir-se a possibilidade de uma reação da parte afetada por esse incumprimento para o Tribunal Constitucional [734] – ainda uma forma de recurso atípico, paralela (e, ao fim e ao resto, com fundamento idêntico) ao recurso em caso de aplicação de norma declarada inconstitucional com força obrigatória geral [735].

De qualquer forma, a verificação do desrespeito do caso julgado é de conhecimento oficioso [arts. 495.º e 494.º, alínea *i*), do Código de Processo Civil].

Só assim se garante o princípio da prevalência das decisões do Tribunal Constitucional sobre as dos demais tribunais (art. 2.º da lei orgânica) [736].

75. Os recursos das decisões respeitantes à contrariedade de normas internas e normas de convenções internacionais

Como já se disse, a lei orgânica admite dois tipos de recursos tendo por objeto as relações de desconformidade entre normas internas e normas internacionais [art. 70.º, n.º 1, alínea *g*)]:

– recursos das decisões dos tribunais que recusem a aplicação de norma constante de ato legislativo com fundamento em mera contrariedade

---

[733] Sobre o problema, MIGUEL GALVÃO TELES, *A competência...*, cit., *loc. cit.*, págs. 118 e segs. Apesar de admitir a figura da violação de caso julgado interroga-se sobre a possibilidade de nova decisão do Tribunal Constitucional, por se tratar então de um recurso por inconstitucionalidade de decisão judicial.

[734] Assim, acórdão n.º 532/99, de 12 de outubro, in *Diário da República*, 2.ª série, de 27 de março de 2000; acórdão n.º 340/2000, de 4 de julho, *ibidem*, 2.ª série, de 9 de novembro de 2000; ou acórdão n.º 150/2001, de 28 de março, *ibidem*, 2.ª série, de 22 de maio de 2001. V. outros acórdãos em ISABEL ALEXANDRE, *O caso julgado...*, cit., *loc. cit.*, págs. 62 e segs.

[735] Neste sentido, MARIA DOS PRAZERES BELEZA, *Admissibilidade...*, cit., *loc. cit.*, págs. 479 e segs., *maxime* 485 e segs.

[736] Se o Tribunal Constitucional é competente para determinar a sua competência, não pode ele deixar de receber também a competência para assegurar o respeito das suas decisões (MIGUEL NOGUEIRA DE BRITO, JOAQUIM PEDRO CARDOSO DA COSTA e ANTÓNIO DE ARAÚJO, *A execução...*, cit., *loc. cit.*, pág. 192, nota.

com uma convenção internacional ou, como se vai dizendo, em inconvencionalidade [737];

– recursos das decisões dos tribunais que apliquem uma norma constante de ato legislativo em desconformidade com o anteriormente decidido sobre a questão pelo Tribunal Constitucional.

A primeira hipótese é homóloga da da alínea *a)* do art. 280.º, n.º 1, da Constituição.

A segunda aproxima-se do caso previsto no art. 280.º, n.º 5, mas com uma diferença: no art. 280.º, n.º 5, há a aplicação de uma norma anteriormente julgada inconstitucional pelo Tribunal Constitucional; aqui, a decisão do Tribunal Constitucional tanto pode ter sido no sentido da contrariedade como da não contrariedade entre lei e convenção.

Só não existe recurso de decisão que aplique norma legislativa apesar de ter sido suscitada a questão da sua contrariedade com o Direito internacional [738].

Os arts. 75.º-A, n.º 4, 79.º-D, n.º 7, e 80.º, n.º 5, estendem a estes recursos algumas das regras dos recursos de inconstitucionalidade.

76. O funcionamento do sistema e as suas críticas

I – Mal recebido pelos juízes dos tribunais comuns, especialmente os do Supremo Tribunal de Justiça – desapossado que este ficou do último grau na hierarquia dos tribunais judiciais (por haver recursos de decisões deste para o Tribunal Constitucional, mas não o contrário) [739] – e não sem algumas tensões nos primeiros anos e algumas disfunções na prática [740], o sistema de fiscalização concreta tem vindo a enraizar-se na consciência jurídica.

---

[737] Cfr., por todos, VALÉRIO DE OLIVEIRA MAZZUOLI, *O controle jurisdicional da convencionalidade das leis*, São Paulo, 2011.

[738] Cfr. acórdãos n.ºs 170/92, de 6 de maio, e n.º 354/97, de 30 de abril, in *Diário da República*, 2.ª série, de 18 de novembro de 1992, e *Acórdãos do Tribunal Constitucional*, 36.º vol., págs. 931 e segs.

[739] Por causa disso, MIGUEL GALVÃO TELES chegou a sugerir que se procurasse, quanto possível, que o recurso de inconstitucionalidade fosse interposto antes que o processo chegasse ao supremo tribunal da respetiva ordem (*A competência de competência*, cit., *loc. cit.*, pág. 125).

[740] À semelhança do que tem acontecido noutros países: cfr. LECH GARLICKI, *Constitutional Courts versus Supreme Courts*, in *International Journal of Constitutional Law*, janeiro de 2007,

FISCALIZAÇÃO DA CONSTITUCIONALIDADE

Pelo menos, ninguém negará o enorme progresso que representou no confronto com o que se havia passado quer na vigência da Constituição de 1911 quer na vigência da Constituição de 1933. Sem esquecer o peso de elementos políticos desviantes (turbulência e instabilidade numa, regime autoritário noutra) e o carácter *normativo* finalmente alcançado pela Constituição de 1976, certo é que também só agora os juízes e os advogados conscientizaram o significado dos poderes e direitos ligados à fiscalização; assim como, ao mesmo tempo, a jurisprudência do Tribunal Constitucional (e não só a emitida em fiscalização abstrata) ganhou um crescente impacto na vida jurídica do País.

Afastada *in limine* a hipótese (defendida por alguns poucos) de entrega da decisão sobre recursos a uma secção do Supremo Tribunal de Justiça – contrária à experiência histórica e propiciadora de desarmonias de julgados e de mais conflitos [741] – as únicas opções que, razoavelmente, existem são a substituição do atual sistema pelo sistema de reenvio prejudicial ou a sua conservação, com mais ou menos aperfeiçoamento.

E, justamente, nos últimos anos, tem-se travado um significativo debate acerca do assunto, que vale a pena aqui registar.

II – Uma das criticas mais fortes ao atual sistema encontra-se num texto de Maria Lúcia Amaral, onde se diz que o modelo comum europeu favorece, em maior grau, do que o nosso a «pacificação» das relações entre jurisdição constitucional e jurisdição comum. No modelo português de recurso, a sentença do Tribunal Constitucional, quando contrária à sentença do tribunal *a quo*, obriga à reforma de decisao que *já fora tomada*. No modelo comum de suspensão da instância, a sentença do Tribunal Constitucional, mais nitidamente restrita à questão da constitucionalidade, é sempre emitida antes que tenha sido proferida sobre o mérito da causa, qualquer decisão.

---

págs. 44 e segs., segundo o qual a existência de certo nível de conflito ou de tensão constitui uma componente necessária de qualquer sistema de fiscalização concentrada; ou CATARINA DOS SANTOS BOTELHO, *Quem deve ser o guardião da Constituição?*, in *Estudos em memória do Prof. Doutor Saldanha Sanches*, obra coletiva, I, Coimbra, 2011, págs. 105 e segs., distinguindo diversos graus de tensão e conflito nas experiências de alguns países.

[741] Cfr. o que escrevemos em *A jurisprudência do Tribunal Constitucional em 1995*, in *O Direito*, 1996, págs. 137 e segs.

CAPÍTULO III – REGIME ATUAL DE FISCALIZAÇÃO NO DIREITO PORTUGUÊS

Depois, o modelo de suspensão de instância tende a impedir – com mais nitidez do que o nosso – que haja processos de controlo da constitucionalidade ditados *sobretudo* por uma lógica de interesse de partes. A decisão do juiz, que suspende a instância e coloca a questão de *direito* (relativa à interpretação da Constituição) ao Tribunal Constitucional, permite que sejam filtradas e decantadas questões em que a arguição da inconstitucionalidade mais não é do que uma «gestão processual» dos interesses em litígio. O controlo concreto da constitucionalidade das normas não pode transformar-se em mais um instrumento processual à disposição das partes desavindas na questão material controvertida.

Mas o que distingue absolutamente o caso português de todos os outros não é coisa de pouca monta. Dado que o nosso Tribunal é, em fiscalização concreta, tribunal de recurso, as suas decisões – caso confiram provimento à questão da inconstitucionalidade – ferem de morte a norma legal, mas não a eliminam imediatamente. Abalam, fragilizam o sistema de fontes, mas não o reconstroem logo. Alteram o ordenamento jurídico adiando a sua plena reconstituição. Perturbam a unidade do direito objetivo acrescentando-lhe novos e estranhos seres: normas que agonizam, mas tardam em morrer; que ainda vigoram, mas já não valem plenamente e que, portanto, revelam um direito que não se sabe ao certo o que é [742].

Não menos acutilante é Jorge Reis Novais, apodando o sistema de ser:

– um sistema com um défice significativo de proteção dos direitos fundamentais (pois o Tribunal Constitucional só pode fiscalizar as normas

---

[742] *Justiça constitucional, protecção dos direitos fundamentais e segurança jurídica*, in *Anuário Português de Direito Constitucional*, 2002, págs. 19, 20 e 21. V. também *Problemas de* Judicial Review *em Portugal*, in *Themis*, n.º 10, 2005, págs. 67 e segs.
Em *Justiça Constitucional e Trinta Anos de Constituição* (in *Themis*, número especial, 2006, pág. 152), a Autora escreve, porém: «Na prática, não há grande diferença entre a *quase judicial review que existe em Portugal e o sistema concretizado de duplo monopólio, que existe em todos os outros restantes países europeus...* E isto porque a ideia de duplo monopólio nunca se concretiza. Aí onde há controlo concreto com suspensão de instância, nunca pode deixar de haver *algum grau de interpretação de constituição por parte de juízes comuns*. Aí onde, para além disso, há queixas constitucionais ou recursos de amparo, também não pode deixar de haver *algum grau de participação dos juízes constitucionais na administração da justiça comum*. Estando assim as coisas... o modelo português acaba por ser mais sincero, porque mais conforme com aquilo que verdadeiramente se passa».

restritivas desses direitos, não já intervenções ablativas praticadas pela Administração e pelo poder judicial;

– um sistema de fiscalização concreta, que institucionaliza a sua manipulação como instrumento dilatório;

– um sistema deficitário na proteção jusfundamental, mas com garantias de recurso excessivas ou inadequadas;

– um sistema de fronteiras móveis, difusas e manipuláveis [743].

É certo que, a ser adotado o sistema do reenvio prejudicial, formalmente, os juízes deixariam de decidir questões de constitucionalidade, mas, aquilo que hoje sucede é, se se quiser, um presente envenenado para os juízes comuns, já que todas as suas decisões no domínio da constitucionalidade são recorríveis – ou obrigatoriamente ou por vontade das partes – para o Tribunal Constitucional. Mais, os juízes comuns sujeitam-se, dessa forma, à situação frequente e comum de, vendo as suas decisões revogadas pelo Tribunal Constitucional, serem posteriormente obrigados a reformá-las, sem outro sentido útil que não seja a dilação do processo e a erosão da imagem dos tribunais. Por outro lado, como resulta de outras experiências e depende do concreto regime de reenvio prejudicial instituído, o acesso dos juízes à Constituição, embora não se traduza em decisões próprias de inconstitucionalidade, continua a poder constituir, aí, um poder real e de importantes consequências práticas no processo em causa [744].

III – Em sentido oposto pronuncia-se MARIA FERNANDA PALMA, para quem a substituição do atual sistema (misto) pelo sistema de fiscalização concentrada, mesmo que acompanhada de um eventual sistema de reenvio, seria uma amputação do poder de decidir o direito dado a cada juiz, postulando uma distinção inaceitável entre juridicidade e constitucionalidade.

O princípio de que nenhuma lei inconstitucional deve ser aplicada pelo julgador reduz-se a uma suspensão do juízo, limitando o poder do julgador ao poder de questionar. Tornando-se a questão de constitucionalidade um mero

---

[743] *Em defesa...*, cit., *loc. cit.*, págs. 94 e segs.
[744] *Ibidem*, pág. 116.

CAPÍTULO III – REGIME ATUAL DE FISCALIZAÇÃO NO DIREITO PORTUGUÊS

incidente na aplicação do direito reduz-se uma dimensão da juridicidade na interpretação do direito [745].

Por seu lado, segundo MARIA DOS PRAZERES BELEZA, introduzir o sistema de recurso significaria entender que os tribunais comuns não têm exercido adequadamente o seu poder; ou então que o sistema global é de tal forma inadequado que esse poder lhe deve ser retirado – o que não está demonstrado.

As partes (e até terceiros efetivamente prejudicados, em alguns casos) têm ampla legitimidade, com certas limitações, para interpor recurso, desde que tenham ficado vencidas [746]. Num sistema de reenvio prejudicial, e ainda que as partes possam suscitar a questão, é o tribunal da causa que decide submeter ou não a questão de inconstitucionalidade ao Tribunal Constitucional [747].

Mas a defesa mais perentória do modelo vigente entre nós contra «tentativas emigratórias» para um sistema concentrado pertence a CARLOS BLANCO DE MORAIS [748], que conclui assim a sua análise:

i) O modelo «misto» português não só não padece de qualquer singularidade alienígena ou isolamento fora do espaço europeu (*vide* o caso dos principais Estados do universo de língua portuguesa), ou na própria Europa (onde coexiste com mais três sistemas afins), nem se destaca como contraponto a um hipotético modelo europeu de tipo concentrado, o qual não existe como tal, na medida em que o mesmo não é adotado por quase metade dos 25 Estados da União Europeia;

ii) Quer a doutrina portuguesa que mais reparos fez ao sistema, quer a generalidade da doutrina comparada que se debruça sobre o sistema português, anuem que o seu balanço é positivo, chegando a segunda a anotar com interesse a sua capacidade de fazer coincidir um sistema concentrado com uma componente difusa, pelo que não parece fazer

---

[745] *Constitucionalidade e justiça: um desafio para a justiça constitucional*, in *Themis*, ano I, n.º 1, 2000, pág. 30.

[746] *Subsistência do controlo difuso ou migração para um sistema concentrado de reenvio prejudicial*, in *Perspectivas de reforma da justiça constitucional em Portugal e no Brasil*, obra coletiva, Coimbra, 2012, págs. 94 e 95.

[747] Cfr. ALEXANDRA VALPAÇOS GOMES DE CAMPOS, *Vantagens e desvantagens da alteração do sistema de fiscalização de constitucionalidade vigente em Portugal*, in *O Direito*, 2011, pág. 881.

[748] *Justiça...*, II, cit., págs. 983 e segs.

sentido alterar institutos que, pelos vistos, funcionam por outros diversos que não se sabe como funcionarão;

iii) Se em tese, um sistema de controlo concreto concentrado, desassociado de um recurso de amparo, resulta ser mais «pacificador» das relações entre jurisdições, o facto é que a eventual introdução desse recurso desfaz essa asserção e a almejada pacificação acaba por ser tudo menos líquida (*vide* o uso crescente de sentenças manipulativas pelo Tribunal Constitucional italiano, os efeitos «erga omnes» da interpretação conforme produzida pelo Tribunal Constitucional alemão e o poder corretivo da jurisprudência comum pelo Tribunal Constitucional espanhol);

iv) A supressão da componente difusa do controlo de constitucionalidade reduziria instrumentalmente o alcance da garantia da Lei Fundamental, abalaria a solidariedade institucional entre órgãos de soberania, diminuiria a taxa de confiança pública na garantia da Constituição; alongaria a distância entre a Constituição, os tribunais ordinários e os cidadãos; e eliminaria, sem alternativa, uma dimensão importante da tutela subjetiva dos direitos e interesses dos cidadãos através do recurso ao Tribunal Constitucional;

v) Num momento em que nos sistemas concentrados se discutem e valorizam os seus reais ou hipotéticos elementos difusos que permitiriam uma aproximação da jurisdição comum à tutela dos direitos das pessoas, mediante a aplicação direta da Constituição ao caso singular, não parece fazer sentido que o ordenamento português trilhe o percurso inverso, depreciando o meio processual mais importante que permite atingir esse objetivo em fiscalização concreta [749].

IV – Quanto a nós, desde a dissertação *Contributo para uma teoria da inconstitucionalidade* (publicada em 1968), passando por projetos constitucionais apresentados em 1975 e em 1980 e por várias intervenções parlamentares e académicas, propendemos para o sistema europeu de reenvio prejudicial.

No entanto, concordando com MARIA FERNANDA PALMA, MARIA DOS PRAZERES BELEZA e CARLOS BLANCO DE MORAIS, reconhecemos que o sistema

---

[749] *Ibidem*, págs. 1065 e 1066.

CAPÍTULO III – REGIME ATUAL DE FISCALIZAÇÃO NO DIREITO PORTUGUÊS

misto, já com mais de 41 anos (contando o tempo da Comissão Constitucional), tem funcionado de modo globalmente positivo e que se tornou paradigmático dos principais Estados de língua portuguesa. A introduzirem-se reformas de fundo na fiscalização da constitucionalidade há outras áreas em que elas se mostram mais prementes.

Impressionam-nos, sobretudo, o seguinte: 1.º) o sistema propicia o acesso direto dos cidadãos à garantia da Constituição, através do direito de invocação de inconstitucionalidade e da obtenção de uma decisão em qualquer tribunal (um verdadeiro direito, liberdade e garantia, insista-se); 2.º) torna, por isso, todos os juízes co-responsáveis pela Constituição, juízes constitucionaia [750]; 3.º) é engenhoso e profícuo o mecanismo de passagem da fiscalização concreta à abstrata.

Em contrapartida, não podem ser ignorados os abusos de recursos e reclamações para o Tribunal Constitucional, banalizando-os para além do razoável ou aproveitando-os para dilação de processos. Mas a isso cabe atalhar através do agravamento dos requisitos e das sanções contra litigantes de má-fé e através de uma eventual reconsideração da regra geral do efeito suspensivo. E cabe ainda perguntar se um sistema de reenvio – com decisão da questão pelo Tribunal Constitucional, sem a filtragem decorrente de os recursos previstos no art. 280.º, n.º 1, alínea *b*), apenas serem admitidos depois de esgotados os recursos ordinários (art. 70.º, n.º 2, da Lei n.º 28/82) – não levaria a muitos mais processos naquele Tribunal do que presentemente sucede.

A alegada insegurança jurídica derivada de a decisão do Tribunal em fiscalização concreta se confinar ao caso concreto, deixando a norma, por assim dizer, a pairar em estado de latência, afigura-se exagerada. Sem a evitarem de todo, os mecanismos dos arts. 280.º, n.º 5, e 281.º, n.º 3, atenuam-na fortemente. Além disso, o art. 281.º, n.º 3, bem poderia ser regulamentado com o estabelecimento do dever de iniciativa pelos órgãos com legitimidade [751]; nem sequer seria necessária revisão constitucional, embora fosse preferível, a adotar-se essa solução, consagrá-la em preceito constitucional.

---

[750]   Cfr. *supra*.

[751]   Mas não com o estabelecimento da força obrigatória geral da decisão de inconstitucionalidade, como advoga CARLOS BLANCO DE MORAIS, *Justiça...*, II, cit., pág. 1066; nem com o da apreciação oficiosa pelo Tribunal Constitucional, conforme ALEXANDRA VALPAÇOS GOMES DE CAMPOS, *op. cit., loc. cit.*, págs. 882 e segs.

77. A questão do "recurso de amparo" ou da queixa constitucional

I – Conexo com o debate sobre a subsistência ou não do atual modelo de fiscalização concreta, tem sido proposta, nos últimos tempos. A criação de um "recurso de amparo" à semelhança de institutos existentes na Espanha, na Alemanha, na Áustria, no Brasil e noutros países. Não é uma ideia nova, porque já aparecia, consoante demos notícia na altura própria, em anteriores projetos de revisão constitucional (projetos 2/V e 2, 3 e 4/VII), com o nome ora de ação constitucional de defesa, ora de recurso constitucional, ora de recurso de amparo.

Para JORGE REIS NOVAIS, "uma protecção adequada dos direitos fundamentais exigiria uma reformulação global do sistema de fiscalização concreta e do regime de acesso directo dos particulares ao Tribunal Constitucional. Sem essa reformulação o sistema continuará a funcionar, (...) de forma globalmente positiva. No entanto, as exigências crescentes de protecção contra quaisquer violações significativas dos direitos fundamentais continuarão, em parte, frustradas e, noutra parte, a exigir um *forçar* dos limites do sistema de fiscalização por parte do Tribunal Constitucional que, para além dos riscos de subjectivismo, insegurança, desigualdade e conflito que arrastam, induzem ainda novos factores de perturbação ou bloqueio (...)".

> "(...) Não há razões de peso que justifiquem que, entre nós, os cidadãos continuem sem possibilidade de acesso directo ao Tribunal Constitucional contra violações sérias e constitucionalmente relevantes dos seus direitos fundamentais praticadas por quaisquer ramos do poder público, através de actos ou omissões dos titulares do poder político, da Administração e dos tribunais. Em Estado de Direito o Tribunal Constitucional deveria ter a possibilidade de defesa dos direitos fundamentais contra todas as intervenções restritivas inconstitucionais e não apenas contra as restrições aos direitos fundamentais actuadas pelo legislador e/ou consubstanciadas em normas.
> "O instituto do *amparo* ou da *queixa constitucional,* experimentado com sucesso em vários outros países, seria a resposta adequada a esta deficiência, com a vantagem de podermos colher, agora, as lições das experiências desses outros países, desde logo dos que nos são mais próximos, como a Espanha, ou daqueles em que ele tem sido mais estudado e testado, como na Alemanha. Obviamente, uma regulamentação cuidada do instituto deve fixar as

CAPÍTULO III – REGIME ATUAL DE FISCALIZAÇÃO NO DIREITO PORTUGUÊS

condições precisas da sua utilização num quadro de razoabilidade em que os particulares só possam aceder ao Tribunal Constitucional após esgotarem as vias judiciais comuns existentes, se as houver, e em que ao Tribunal Constitucional seja concedida a possibilidade de verificar do preenchimento dos requisitos de admissibilidade do recurso, designadamente a intensidade da lesão jusfundamental sofrida e a relevância constitucional da questão concreta" [752].

Outra das vozes defensoras do recurso de amparo é a de José de Melo Alexandrino, por, entre outras, estas razões: 1.º) o acesso, ainda que remoto e extraordinário, à instância máxima da justiça constitucional significaria a adoção de uma postura política antropologicamente amiga da dinamização processual dos direitos fundamentais; 2.º) parece evidente a necessidade de uma articulação adequada entre a *componente material* da Constituição (os valores aí recebidos e os direitos que deles são concretização), o princípio geral da *tutela jurisdicional efetiva* e a garantia de um *elevado nível de efetividade jurídica* dos direitos fundamentais (ao menos no plano em que o conteúdo destes é indisponível, quer para o legislador, quer para os tribunais, quer para a administração); 3.º) ainda na *perspectiva do prestigio das instituições do Estado*, não parece conveniente que, por falta de mecanismos desse tipo, a concessão de amparo a direitos e liberdades fundamentais deva ser deferida para a instância internacional, com a dupla consequência (a) da menorização do sistema interno de proteção e (b) do aumento da frequência das condenações do Estado pelos tribunais internacionais de direitos do homem [753] [754].

---

[752] *Direitos fundamentais: trunfos contra a maioria*, Coimbra, 2006, págs. 155 e segs., *maxime* 180-181 e 182-183. V. também *Sim ou não ao recurso de amparo*, in *Perspectivas de reforma...*, cit., págs. 250 e segs.

[753] *Sim ou não ao recurso de amparo*, in *Perspectivas de reforma ...*, págs. 256 e segs., *maxime* 256 e 257. V. também *A estruturação do sistema de direitos, liberdades e garantias na Constituição portuguesa*, Coimbra, 2006, págs. 487 e segs.

[754] Cfr. ainda JOSÉ MÁRIO FERREIRA DE ALMEIDA, *A justiça constitucional em Portugal*, cit., *loc. cit.*, págs. 39 e segs.; GOMES CANOTILHO, *Constituição e défice procedimental*, in *Estado e Direito*, n.º 2, 1988, págs. 73 e segs.; FRANCISCO LUCAS PIRES, *Teoria da Constituição de 1976 – A transição dualista*, Coimbra, 1988, págs. 266 e 267; FRANCISCO AGUILAR, *Direito ao recurso, graus de jurisdição e celeridade processual*, in *O Direito*, 2006, pág. 299, nota; CATARINA SANTOS BOTELHO, *A tutela directa dos direitos fundamentais*, Coimbra, 2010, págs. 129 e segs.; SANDRA LOPES LUÍS, *O Recurso de amparo: Uma solução possível?*, in *Estudos de Homenagem ao Prof. Doutor Jorge Miranda*, III, págs. 703 e segs.

II – Próxima destas posições, se bem que algo distinta, é a posição de MARIA LÚCIA AMARAL ao traçar o confronto entre "queixas constitucionais" e recurso de constitucionalidade.

Considerando a prática do nosso Tribunal Constitucional no sentido da sua competência se estender à *fiscalização da constitucionalidade das normas na interpretação que delas faz o juiz comum*, refere que, "muitos destes casos, o Tribunal decidiu assim porque estavam em causa direitos fundamentais (não respeitados, ou não devidamente ponderados, por parte do juiz *a quo*). A finalidade do seu artifício retórico foi, portanto, a de assegurar o controlo de uma decisão judicial por motivos idênticos àqueles que fundamentam uma «queixa constitucional».

(...)

"É por tudo isto que se pode afirmar que o nosso ordenamento conta, na sua *prática*, com uma «quase-queixa constitucional». «Quase», porque não expressamente prevista: «quase», porque inscrita no recurso de constitucionalidade e dele não autonomizada; «quase», porque apenas dirigida contra decisões judiciais; «quase», porque – dependendo da definição jurisprudencial do conceito de norma – *incerta quanto aos seus contornos e fundamentos*.

(...)

"Assim *agilmente* usado, o «sistema» torna-se incerto, indefinido, imprevisível, incompleto. E um sistema assim – com este grau de obscuridade – garante evidentemente muito pouco.

"Melhor seria, pois, que ele fosse finalmente *clarificado*, antes do mais por meio de uma separação nítida entre «recursos» e «queixas» – e, já agora, por meio de uma decisão clara quanto ao objecto das mesmas: por que motivos restringi-las apenas às decisões judiciais? Parece-me evidente que tal clarificação nunca poderá vir a ser feita se se mantiver a actual natureza dos nossos «recursos». No âmago de todas as nossas dificuldades encontra-se, creio, a mistura que fizemos das práticas da *judicial review* com as práticas da *Verfassungsgerichtsbarkeit*" [755].

---

[755] *Queixas constitucionais e recursos de constitucionalidade*, in *Estudos comemorativos dos 10 anos da Faculdade de Direito da Universidade Nova de Lisboa*, I, Coimbra, 2006, págs. 473 e segs., *maxime* 498 e 499.

No entanto, uma evolução sensível do seu pensamento nota-se em *Acesso dos particulares à jurisdição constitucional*, in *Estudos de Homenagem ao Prof. Doutor Jorge Miranda*, II, págs. 699 e segs.

CAPÍTULO III – REGIME ATUAL DE FISCALIZAÇÃO NO DIREITO PORTUGUÊS

III – Entendimento bem diverso encontra-se expresso por Rui Medeiros, para quem "é legítimo duvidar de que as *pequenas vantagens* porventura resultantes da introdução de uma acção constitucional de defesa junto do Tribunal Constitucional – reforço da protecção jurisdicional dos direitos fundamentais – compense os *graves inconvenientes* que daí resultariam – lentidão da justiça e inundação do Tribunal Constitucional. (...) De resto, é duvidosa a legitimidade de confundir tais problemas com questões jurídicas substanciais. (...) no sistema português, os *custos* advenientes da consagração de uma espécie de queixa constitucional ou de recurso de amparo contra decisões jurisdicionais são largamente superiores às vantagens que poderiam resultar da adopção de uma solução desse tipo. É que, entre nós, ao contrário do que sucede na Alemanha e em Espanha, a criação de urna acção constitucional de defesa não é uma «instituição indispensável para manter vivo entre os cidadãos a vontade e o sentimento da Constituição ou, o mesmo é dizer, para fazer da Constituição um texto vivo», porquanto, mesmo sem a acção constitucional de defesa, o sistema português de recursos de constitucionalidade já faz do nosso Tribunal Constitucional um «tribunal do cidadão». O artigo 280.º da Constituição de 1976 já «outorga um *agere licere* autónomo aos cidadãos» no âmbito da justiça constitucional. Não há, pois, neste aspecto, qualquer semelhança com o sistema alemão ou espanhol. Por isso, se o recurso de amparo pode constituir um elemento básico em sistemas que **só** admitem que a fiscalização concreta seja desencadeada pelo juiz, forçoso é também reconhecer que ele não é um elemento típico da justiça constitucional, mas tão-somente uma *singularidade* de determinados ordenamentos.

> "Por outro lado, além de constituir um novo foco de conflito entre *o* Tribunal Constitucional e os demais tribunais, a introdução de uma acção constitucional de defesa dos direitos fundamentais menospreza a circunstância de o regime misto de fiscalização da constitucionalidade consagrado em Portugal já consagrar o acesso pleno dos cidadãos a órgãos de justiça constitucional para defesa dos seus direitos e interesses legalmente protegidos (n.º 1 do artigo 20.º e n.º 4 e 5 do artigo 268.º da Constituição).
> "Recorde-se que os tribunais em geral são, igualmente, órgãos de justiça constitucional, estando também vocacionados para assegurar urna protecção plena dos direitos fundamentais dos particulares. A protecção jurisdicional dos direitos fundamentais nem sequer se circunscreve às violações

resultantes de normas jurídicas. A tarefa geral de protecção dos direitos fundamentais cabe, entre nós, à semelhança do que sucede em Itália, à jurisdição civil, administrativa e penal. (...) Não há entre nós qualquer «penúria dos meios de garantia». Isto não significa que o lugar central que os direitos fundamentais ocupam na Constituição não possa justificar um reforço da sua tutela jurisdicional. Mas, para o efeito, não é necessário lançar mão do amparo constitucional. O exemplo do *habeas corpus* é disso testemunha.

"A concepção aqui adoptada não ignora que o *dogma da infalibilidade* não se aplica às decisões dos tribunais, não excluindo portanto a possibilidade de as decisões jurisdicionais em geral ofenderem direitos fundamentais. O problema assume especial gravidade quando estejam em causa violações de direitos fundamentais causadas directamente por decisões jurisdicionais proferidas em última instância Mas, bem vistas as coisas, o argumento vale igualmente em relação às decisões do Tribunal Constitucional, pois este órgão também não é infalível e pode incorrer em vícios idênticos (de resto, nos casos em que o Tribunal Constitucional seja chamado a resolver um elevado número de recursos, essa possibilidade é agravada)" [756].

Também neste ponto, muito assertivo, se pronuncia CARLOS BLANCO DE MORAIS contra o recurso de amparo: "Não se afirmando que o actual sistema de controlo vigente em Portugal garanta aquilo que o recurso amparo poderia em tese assegurar, importa todavia aferir os custos que o sistema teria de suportar em face dos muito discutíveis benefícios que supostamente derivariam da introdução do amparo. Ora, se atentarmos no número muitíssimo reduzido de queixas constitucionais levadas a julgamento na Alemanha e em Espanha, aliado a um significativo "quantum" de decisões de não provimento, e a um número expressivo de sentenças de provimento "fictício" ou "platónico" (em que o particular não é ressarcido ou compensado) serão legítimas as dúvidas sobre se a tutela pelo Tribunal Constitucional de algumas centenas de situações restritivas justificaria:

i) *A morte virtual ou o definhamento do instituto quase secular da fiscalização concreta*, cujo balanço em Portugal é *"claramente positivo"*, a qual ficaria reduzida à dimensão insignificante que ainda tem lugar na Espanha e na Alemanha, na medida em que muitos recorrentes preferem optar

---

[756] *A decisão...*, cit., págs. 356 e segs.

pela novidade e pelo carácter aparentemente expedito do recurso directo de constitucionalidade, pese o facto de os resultados finais em termos de admissão e acolhimento serem decepcionantes;

ii) *A consumpção da actividade do Tribunal Constitucional,* não no julgamento, mas *no saneamento de recursos de amparo,* situação que revela um discutível mérito conceptivo e organizativo do sistema de controlo de constitucionalidade instituído, já que o *"mons parturiens"* inerente ao modesto resultado quantitativo de julgamentos efectivos de violações de direitos não parece justificar os recursos públicos investidos nessa actividade;

iii) Uma previsível orientação (trazida pelas reformas recentes que beberam na figura do *certiorari* norte-americano) que confere, ao arrepio do que sucede presentemente em sede do controlo concreto em Portugal, não só um quase poder absoluto ao Tribunal para não tomar conhecimento dos recursos mas também a faculdade de não fundamentar os despachos de não admissão, realidade que é, entre nós, de duvidosa constitucionalidade, empobrece o direito e automatiza a função jurisdicional;

iv) O risco perverso e pleonástico do pontificado espúrio de um certo *"fundamentalismo dos direitos fundamentais"* que poderia decorrer da opção reducionista inerente à conversão do Tribunal Constitucional num "tribunal dos direitos fundamentais" ou num "tribunal de amparo" (como se inexistissern outros processos de controlo e outras questões de Direito Constitucional determinantes para o Estado de direito democrático, nelas incluídas as inconstitucionalidades formais e orgânicas, tão lateralizadas por alguma doutrina e, ainda assim, tão importantes para a preclusão do arbítrio institucional e para a garantia da efectividade do princípio da separação de poderes); (...)

v) O "afogamento" do Tribunal Constitucional com a actividade saneadora dos recursos de amparo que o impede de realizar a Justiça nos demais casos, mormente, em sede de controlo concreto e abstracto, provocando atrasos insustentáveis na prolação das decisões, tal como sucedeu em Espanha com o controlo abstracto sucessivo" [757] [758].

---

[757] *Justiça...,* II, págs. 1058 e segs.

[758] Em sentido próximo, FERNANDO ALVES CORREIA, *Justiça Constitucional,* cit., págs. 81 e segs.

IV – Os argumentos adversos ao "recurso de amparo" ou à "queixa constitucional" parecem-nos mais convincentes do que os argumentos a favor, porque:

1.º) Os tribunais comuns, enquanto julgam a constitucionalidade, são também tribunais de garantia dos direitos fundamentais;
2.º) Dentre esses tribunais os cidadãos podem defender os seus direitos por meio de diversas formas já estudadas e, por via de recurso, podem chegar ao Tribunal Constitucional;
3.º) Através do direito de petição e queixa perante o Provedor de Justiça (art. 23.º da Constituição), órgão de iniciativa da fiscalização da inconstitucionalidade por ação e por omissão [arts. 281.º, n.º 2, alínea *d)*, e 283.º, n.º 1], eles podem levar ao Tribunal Constitucional quaisquer questões de direitos fundamentais [759]; de certo modo, a filtragem operada na Provedoria funciona como equivalente à que é feita nos Tribunais Constitucionais com "recurso de amparo" e "queixa constitucional";
4.º) A experiência mostra que a grande maioria das decisões do Tribunal Constitucional versa sobre direitos fundamentais.

A dificuldade está em que, não obstante o entendimento alargado que tem sido dado a normas jurídicas [760], não se torna possível impugnar no Tribunal Constitucional nem atos da Administração nem decisões jurisdicionais ofensivas de direitos fundamentais.

Quanto aos atos da Administração, porém, os remédios contenciosos oferecidos pelo Código de Processo nos Tribunais Administrativos afiguram-se satisfatórios, sejam as intimações (arts. 97.º e segs.), sejam as providências cautelares (arts. 112.º e segs.). E quanto às decisões dos tribunais em geral as

---

[759]   Ao invés, a queixa perante o Tribunal Europeu dos Direitos do Homem, por importante que seja na perspetiva da proteção internacional, não é sucedâneo daquele recurso ou daquela queixa, visto que o Tribunal Europeu não anula, nem revoga as decisões dos tribunais internos; apenas julga se houve ou não violação de direitos consignados na Convenção Europeia e nos seus Protocolos adicionais e, em caso positivo, concede à vítima uma reparação razoável.

[760]   Cfr., além dos Autores já mencionados, ANTÓNIO DE ARAÚJO e J. A. TELES PEREIRA, *A justiça constitucional...*, cit., *loc. cit.*, pág. 25.

CAPÍTULO III – REGIME ATUAL DE FISCALIZAÇÃO NO DIREITO PORTUGUÊS

vias de recurso igualmente prestam suficientes garantias. Restam as decisões dos Supremos Tribunais e as decisões de outros tribunais que não admitam recurso ordinário; e tem havido casos em que, chocantemente, a sua falta é manifesta [761].

Por isso, temos propugnado desde há alguns anos pela consagração de um recurso – chame-se extraordinário ou não – de tais decisões para o Tribunal Constitucional, quando arguidas de violação de direitos, liberdades e garantias ou de direitos de natureza análoga [762] [763].

---

[761] Cfr., por exemplo, o caso do acórdão n.º 357/2009, de 8 de julho, in *Diário da República*, 2.ª série, de 17 de agosto de 2009.

[762] V. o aditamento de um n.º 6 ao art. 280.º proposto em *Na hipótese de outra revisão constitucional*, in *Estudos em homenagem ao Prof. Doutor Sérvulo Correia*, obra coletiva, Coimbra, 2010, pág. 43, na linha de *Ideias para uma revisão constitucional em 1996*: "Esgotados os recursos ordinários, cabe também recurso para o Tribunal Constitucional de decisões de outros tribunais quando arguidas de violação de direitos, liberdades e garantias ou de direitos de natureza análoga".

[763] Já *de iure condito*, PAULO OTERO, *Ensaio...*, cit., pág. 21; FRANCISCO AGUILAR, *op. cit.*, *loc. cit.*, págs. 299 e 300.

Mais longe vai CATARINA SANTOS BOTELHO (*op. cit.*, pág. 161), falando em atos jurisdicionais em geral

§ 3.º
A fiscalização abstrata inconstitucionalidade por ação

78. Sentido do pedido de fiscalização abstrata

I – A fiscalização abstrata vincula-se a um poder funcional de iniciativa – ao poder de requerer ao Tribunal Constitucional a apreciação da constitucionalidade ou da legalidade de normas jurídicas.

Dizemos *poder funcional*, e não *direito* de iniciativa, porque impende sobre certos órgãos ou fracções de titulares de órgãos do poder político no âmbito do sistema político global da Constituição; porque se reconduz a uma competência; e porque é dominado exclusivamente por uma perspetiva de interesse público e objetivo. Por isso, só se justifica falar aqui em ação de inconstitucionalidade como ação pública e não, de modo algum, como ação *stricto sensu*. Não há partes na fiscalização abstrata [764].

II – Da Constituição decorre, porém, uma complicação – a que deriva da atribuição de poder de iniciativa também a certos órgãos ou frações de titulares de órgãos relativamente a certos diplomas: na fiscalização preventiva, ao Primeiro-Ministro e a um quinto dos Deputados à Assembleia da República quanto aos decretos para serem promulgados como leis orgânicas (art. 278.º, n.º 4); e na fiscalização sucessiva, aos Representantes da República, aos órgãos das regiões autónomas e a um décimo dos Deputados às Assembleias Legislativas Regionais com fundamento em inconstitucionalidade por violação de

---

[764]   Cfr. VITALINO CANAS, *Os processos...*, cit., págs. 75 e segs.

FISCALIZAÇÃO DA CONSTITUCIONALIDADE

direitos das regiões e em ilegalidade por violação dos estatutos ou [art. 281.º, n.º 2, alínea *g*)] [765].

A par de órgãos com *poder geral de iniciativa* existem, assim, órgãos ou titulares de órgãos com *poder especial de iniciativa*, em que dir-se-ia avultar um enlace entre o interesse objetivo de salvaguarda da ordem jurídica e um interesse particularizado. Mas este interesse, aparentemente subjetivado [766], é ainda um interesse público, e nem sequer, em rigor, deveria falar-se em «direitos» das regiões autónomas, porque tudo quanto possa estar em causa se reconduz a uma questão de divisão de poder, à face da Constituição ou da lei.

III – A atribuição de poder de iniciativa também a frações de titulares de órgãos – um quinto ou um décimo dos Deputados à Assembleia da República ou um décimo dos Deputados a qualquer das Assembleias Legislativas Regionais – está ligada não propriamente a um intuito de defesa de *posições políticas*, mas de defesa de *direitos de minorias* [767]. E essa defesa também se insere na prossecução do interesse público no âmbito da democracia pluralista (arts. 2.º e 114.º, n.º 1).

IV – Nos órgãos de iniciativa há, ainda, que distinguir entre órgãos políticos, por um lado, e Provedor de Justiça e Procurador-Geral da República, por outro lado.

Os primeiros não podem deixar de gozar de larga discricionariedade. Mesmo o Presidente da República é no contexto global do seu mandato e ponderando diferentes interesses constitucionais e políticos que tem de decidir, com vista à garantia do regular funcionamento das instituições democráticas (art. 120.º) [768] [768].

---

[765]   Cfr. acórdão n.º 198/2000, de 29 de março, in *Diário da República*, 2.ª série, de 30 de novembro de 2000.

[766]   Cfr. VITALINO CANAS, *Os processos...*, cit., págs. 25 e segs., *maxime* 30 e segs.; GOMES CANOTILHO e VITAL MOREIRA, *Constituição...*, II, cit., pág. 964.

[767]   Cfr. LUCA MEZZETI, *Giustizia Costituzionale e Opposizione Parlamentare – Modelli europei a confronto*, Rimini, 1992.

[768]   Cfr. MIGUEL GALVÃO TELES, *Liberdade de iniciativa do Presidente da República quanto ao processo de fiscalização preventiva da constitucionalidade*, in *O Direito*, 1988, págs. 35 e segs. Contra, RUI MEDEIROS, *A decisão...*, cit., págs. 77 e segs.

CAPÍTULO III – REGIME ATUAL DE FISCALIZAÇÃO NO DIREITO PORTUGUÊS

Já o Provedor de Justiça – frente a queixas dos cidadãos (art. 23.º, n.º 1) [770] – e o Procurador-Geral da República – que defende a legalidade democrática (art. 219.º, n.º 1) – encontram-se adstritos a requerer a fiscalização (sucessiva) quando se lhes ofereça evidente a inconstitucionalidade.

V – Cabe igualmente distinguir entre fiscalização preventiva e fiscalização sucessiva por ação e por omissão.

Na primeira, desde logo por causa das suas funções, o órgão com legitimidade para a requerer não tem, necessariamente de sustentar a inconstitucionalidade da norma. Basta fundamentar o pedido em dúvidas razoáveis [771], que pode ser só dele ou que ele capte na comunidade jurídica.

Já não na fiscalização sucessiva, em que o requerimento endereçado ao Tribunal Constitucional envolve uma verdadeira e própria impugnação.

VI – O poder de iniciativa é conferido aos órgãos e às frações de titulares de órgãos nominalmente indicados no art. 278.º e no art. 281.º

É conferido a esses órgãos, para ser exercido pelos seus titulares ou, quanto ao Presidente da República, ao Primeiro-Ministro e aos Representantes da República pelos seus substitutos constitucionais (arts. 132.º e 139.º, 185.º e 230.º, n.º 3, respetivamente), não por eventuais substitutos legais ou regimentais [772].

Quanto ao Primeiro-Ministro, parece poder exercê-lo quer antes da apreciação do programa do Governo pelo Parlamento, quer estando o Governo demitido (art. 186.º, n.º 5), porque, aparecendo como órgão *a se*, não é atingido pelas vicissitudes do Governo. Quanto aos Deputados, não se consente a constituição de mandatários judiciais [773] [774].

---

[769] No mesmo sentido, quanto ao Primeiro-Ministro, JAIME VALLE, *A participação do Governo no exercício da função legislativa*, Coimbra, 2004, pás. 156 e segs.

[770] V., por todos, MARIA EDUARDA FERRAZ, *O Provedor de Justiça na defesa da Constituição*, Lisboa, 2008.

[771] Neste sentido, CARLOS BLANCO DE MORAIS, *Justiça...*, II, cit., págs. 29-30.

[772] Parecer n.º 10/79 da Comissão Constitucional, de 5 de abril, in *Pareceres*, VIII, págs. 49 e segs. Alteramos a posição sustentada em anteriores edições deste tomo.

[773] Assim, acórdão n.º 186/2001, de 2 de maio, in *Diário da República*, 2.ª série, de 25 de junho de 2001.

[774] Afigura-se uma má solução os *Representantes da República* aparecerem ao lado de órgãos das regiões autónomas para defesa dos "direitos" das regiões e dos estatutos político-administrativos [art. 281.º, n.º 2, alínea *g)*].

VII – Os particulares não têm acesso direto à fiscalização abstrata.

O que eles podem é exercer o seu direito de petição perante qualquer dos órgãos de iniciativa – seja para *defesa dos seus direitos*, seja para *defesa da Constituição* (art. 52.º, n.º 1) [775] – ali, mais naturalmente, perante o Provedor de Justiça. E, por conseguinte, os órgãos de iniciativa tanto podem agir espontânea ou oficiosamente quanto em consequência de petições de cidadãos ou de grupos de cidadãos.

Em qualquer das hipóteses, o órgão que requer a apreciação tem de assumir o pedido como tal, tem de expressar claramente a vontade de requerer a pronúncia ou a declaração de inconstitucionalidade, tem de marcar uma posição, não se reduzindo a mera instância de trânsito e de processamento de petições dos cidadãos [776].

79. O princípio do pedido

I – Em processo civil, as partes *dispõem* do processo como da relação jurídica material [777], o que tem como primeiras consequências, como ensina MANUEL DE ANDRADE:

a) O processo só se inicia sob o impulso da parte (Autor, etc.), mediante o respetivo pedido, e não sob o impulso do próprio juiz: *nemo judex sine actore; ne judex procedat ex-officio;*

Em contrapartida, *de jure condendo* seria de encarar (na esteira, mais moderadamente do que alvitra JOSÉ DE MELO ALEXANDRINO, *O défice de protecção do poder local: defesa da autonomia local perante o Tribunal Constitucional*, in *Cadernos de Direito Regional e Local*, n.º 5, janeiro de 2009, págs. 26 e 27) a atribuição a um determinado número de presidentes de assembleias municipais (por exemplo, um décimo) de legitimidade para defesa da autonomia das autarquias locais.

[775] Na senda, aliás, do art. 17.º da Constituição de 1822.

[776] V. parecer da Comissão de Assuntos Constitucionais da Assembleia da República de 18 de março de 1977, in *Diário da Assembleia da República*, I legislatura, 1.ª sessão legislativa, suplemento ao n.º 107, pág. 3660(11); parecer n.º 2/78 da Comissão Constitucional, de 5 de janeiro, in *Pareceres*, IV, págs. 152-153; acórdão n.º 5/83 do Tribunal Constitucional, de 19 de julho, in *Diário da República*, 2.ª série, de 26 de janeiro de 1984.

[777] MANUEL DE ANDRADE, *op. cit.*, pág. 359. Cfr. TEIXEIRA DE SOUSA, *Introdução ao Processo Civil*, Lisboa, 1993, págs. 47 e segs.

CAPÍTULO III – REGIME ATUAL DE FISCALIZAÇÃO NO DIREITO PORTUGUÊS

b) As partes é que – através do pedido e da defesa – circunscrevem o *thema decidendum: ne eat judex ultra vel extra petita partium* [778].

Nisto consiste, no essencial, o princípio *dispositivo*, de que é componente ou decorrente o princípio do *pedido*.

II – Mas o princípio dispositivo e, portanto, o do pedido sofrem adaptações noutros ramos de Direito processual – no penal, no administrativo e também no constitucional – em função das suas características próprias, designadamente quando não haja partes e domine o sentido objetivista, como sucede maximamente na fiscalização abstrata da constitucionalidade e da legalidade.

Princípio dispositivo aqui significa então a conformação do processo por outros órgãos ou entidades que não o Tribunal Constitucional, conformação que se traduz em:

a) Necessidade de iniciativa, de pedido (de *requerimento*, como se lê no texto constitucional) para que o processo seja aberto;
b) Fixação do objeto do processo – a constitucionalidade ou legalidade das normas a apreciar – pelo pedido [779].

III – O princípio do pedido implica para o requerente (o órgão ou a fração de titulares de órgãos com poderes de iniciativa) o duplo ónus de especificação das normas cuja apreciação se pretende e de especificação das normas constitucionais (ou legais) violadas [780]. Eis o que estabelece o art. 51.º, n.º 1, da Lei n.º 28/82 [781] [782].

---

[778]   *Ibidem*, pág. 360.

[779]   Cfr. MAURO CAPPELLETTI, *Il controllo di costituzionalità delle leggi nel quadro delle funzioni dello Stato*, in *Studi in memoria di Guido Zanobini*, obra coletiva, III, Milão, 1965, págs. 105 e segs.; VITALINO CANAS, *Os processos...*, cit., pág. 101; MIGUEL LOBO ANTUNES, *Fiscalização abstracta da constitucionalidade...*, cit., *loc. cit.*, págs. 406 e segs.; RUI MEDEIROS, *A decisão...*, cit., págs. 446 e segs.

[780]   V. já *Contributo...*, cit., págs. 246 e 247.

[781]   V. o debate na comissão eventual para o Tribunal Constitucional, in *Diário da Assembleia da República*, cit., págs. 594(771) e segs., e, antes, a Resolução n.º 58/82 do Conselho da Revolução, de 6 de abril.

[782]   Cfr., no Brasil, o art. 3.º da Lei n.º 9.868, de 10 de novembro de 1999.

FISCALIZAÇÃO DA CONSTITUCIONALIDADE

Só com a determinação das normas infraconstitucionais (arguidas) e a das normas constitucionais que lhe servem de parâmetro, fica estabelecido o objeto do processo de inconstitucionalidade. Mas este princípio pode sofrer algumas atenuações.

IV – Em contrapartida, porque *jura novit curia*, assim como na fiscalização concreta o tribunal pode conhecer da inconstitucionalidade oficiosamente (porque o objeto do processo, fixado pelas partes ou pelo Ministério Público, é o *feito* submetido a julgamento), também na fiscalização abstrata o Tribunal Constitucional pode fundamentar o seu juízo e a sua decisão em normas constitucionais diversas das invocadas no pedido; nem está circunscrito aos vícios arguidos ou à qualificação da desconformidade como inconstitucionalidade ou como ilegalidade. É o que igualmente dispõe a Lei n.º 28/82, no seu art. 51.º, n.º 5 [783].

Se tem de haver sempre uma fundamentação do pedido, não tem esta que ser acolhida pelo Tribunal para que pronuncie ou declare a inconstitucionalidade ou a ilegalidade. Na liberdade de apreciação inerente à sua função judicante, ele pode pronunciá-la ou declará-la com base em normas constitucionais ou legais diferentes das aduzidas no pedido. O que não pode é pronunciar ou declarar a inconstitucionalidade ou a ilegalidade de normas cuja apreciação lhe não seja requerida.

Conforme sintetizou o próprio Tribunal Constitucional: estando os poderes de cognição do Tribunal limitados e condicionados pelo *pedido* – só pode declarar a inconstitucionalidade de normas cuja apreciação tenha sido requerida – não já pela *causa de pedir* – a declaração de inconstitucionalidade pode ser feita com fundamento na violação de normas ou princípios constitucionais diversos daqueles cuja violação foi invocada – importa que aquele se apresente rigorosamente formulado, com uma individualização concreta e especificada da norma ou normas havidas por violadoras do texto constitucional [784].

---

[783] Seguindo a jurisprudência constante da Comissão Constitucional e do Conselho da Revolução: v., por todos, o parecer n.º 16/82, de 6 de maio, in *Pareceres*, XIX, pág. 246.

[784] Acórdão n.º 31/84, de 27 de março, in *Diário da República*, 1.ª série, de 17 de abril de 1984, pág. 1262. Cfr. também acórdão n.º 258/89, de 23 de fevereiro, in *Diário da República*, 2.ª série, de 6 de junho de 1989.

CAPÍTULO III – REGIME ATUAL DE FISCALIZAÇÃO NO DIREITO PORTUGUÊS

V – Nada impede que seja pedida a apreciação da constitucionalidade de uma *pluralidade* de normas, incluindo *todas* as normas de um diploma (como pode suceder na ocorrência de inconstitucionalidade orgânica ou formal).

Por outro lado, a razão de ser do requisito da especificação não exige que o pedido refira nominalmente a identificação singular (uma a uma) das disposição que se põem em causa, devendo considerar-se bastante uma fórmula que, *de modo suficientemente preciso*, delimite o conjunto das normas questionadas [785].

VI – Requerida a apreciação da constitucionalidade ou da legalidade de uma norma, nada impede que o Tribunal Constitucional aprecie também a de outra nela implícita ou contida.

Na fiscalização sucessiva o Tribunal deve conhecer das inconstitucionalidades consequentes, quando a sua enunciação, embora não explicitada, resulte de todo indissociável de uma apreciação global do pedido [786]. O art. 51.º, n.º 5, da Lei n.º 28/82, sistematicamente entendido [787], permite tal conhecimento.

Tal como parece poder responder-se positivamente ao problema simétrico: chamado a apreciar a inconstitucionalidade ou a ilegalidade de uma norma que se funda noutra norma legal (por exemplo, a norma de um decreto-lei autorizado, o qual pressupõe lei de autorização), ele pode também apreciar esta segunda norma, desde que haja uma relação necessário entre uma e outra.

Mas nada habilita, entre nós, o Tribunal a conhecer da constitucionalidade ou da legalidade de normas conexas ou que se considere que fluem do mesmo princípio ou sistema de ideias em que se alicerça a norma objeto do pedido [788] [789].

---

[785] Acórdão n.º 274/86, de 8 de outubro, in *Diário da República*, 1.ª série, de 29 de outubro de 1986, pág. 3249.

[786] Acórdão n.º 76/85, de 6 de maio, in *Diário da República*, 2.ª série, de 8 de junho de 1985, pág. 5362. Contra: BLANCO DE MORAIS, *Justiça...*, I, cit., págs. 183 e segs.

[787] Ou ainda o princípio de adequação funcional (VITALINO CANAS, *Os processos...*, cit., págs. 144 e segs.).

[788] Cfr. § 78.º, 2.ª parte, da lei orgânica do Tribunal Constitucional alemão, art. 27.º da lei orgânica do italiano, art. 39.º da lei orgânica do espanhol.

[789] Problema diverso é o que consiste em saber se o tribunal pode conhecer a inconstitucionalidade de certa norma em conjugação com outra, não impugnada, por só de tal conjugação poder resultar o juizo da inconstitucionalidade. Com resposta favorável, acordão n.º 635/2006, de 21 de novembro, in *Diário da República*, 1.ª série, n.º 28, de 8 de fevereiro de 2007.

FISCALIZAÇÃO DA CONSTITUCIONALIDADE

E, porque a fiscalização é de normas, e não de diplomas, se a mesma norma constar de dois ou mais diplomas, embora só seja pedida a apreciação da constitucionalidade relativamente a um desses diplomas, a eventual declaração de inconstitucionalidade abrange tal norma em todos os diplomas em que esteja inserida.

VII – Questão diversa consiste em saber se, chamado a apreciar a legalidade de uma norma por contrariar norma de lei de valor reforçado, pode o tribunal não a considerar ilegal e, ao invés, considerar *ex officio* inconstitucional a norma de lei de valor reforçado por não caber no âmbito material desta.

Diversamente do que sustentámos anteriormente [790], estimamos hoje desnecessário levantar tal problema, porquanto só normas sobre o objeto próprio das leis de valor reforçado (*maxime* dos estatutos político-administrativos regionais) podem determinar ilegalidade, e não quaisquer outras [791]. Todavia, se, acaso, ele viesse a surgir, continuaríamos a entender que uma norma, para ser parâmetro de validade de outra, tem de ser conforme com a pertinente norma constitucional – pelo que responderíamos ainda positivamente à pergunta, até com base no art. 204.º [792].

VIII – Finalmente, questão mais delicada consiste em saber se, declarada inconstitucional ou ilegal uma norma, poderá o Tribunal declarar também inconstitucional ou ilegal a norma anterior, em princípio repristinada por virtude da declaração (art. 282.º, n.º 1). A ela se atenderá mais à frente.

80. Regime processual da fiscalização abstrata

I – Na fiscalização preventiva, pela natureza das coisas, a norma impugnada (em rigor, uma pré-norma) não pode ser aplicada, porque ainda não em vigor.

---

[790]   Por exemplo, em anotação in *O Direito*, 1989, pág. 365.

[791]   V. *Manual...*, v, cit., págs. 399 e segs.

[792]   Neste sentido, VITALINO CANAS, *Os processos...*, cit., págs. 147 e 148, e acórdão n.º 624/97, de 21 de outubro, in *Diário da República*, 2.ª série, de 28 de novembro de 1997.

CAPÍTULO III – REGIME ATUAL DE FISCALIZAÇÃO NO DIREITO PORTUGUÊS

Na fiscalização sucessiva, ao invés, a impugnação não determina qualquer suspensão de aplicação. O contrário seria o bloqueio da decisão pública, o que, porém, não significa que o Tribunal Constitucional não deva decidir o mais rapidamente possível.

II – Ao contrário também do que se verifica na fiscalização sucessiva, na fiscalização preventiva permite-se a desistência do pedido (art. 53.º da Lei n.º 28/82) – o que se compreende em face da natureza do instituto e por se estar num momento de grande disponibilidade de opção dos órgãos de iniciativa [793].

III – Admitido o pedido, o presidente do Tribunal notifica o órgão que tiver emanado a norma impugnada para, querendo, se pronunciar sobre ele no prazo de 30 dias ou, tratando-se de fiscalização preventiva, de 3 dias (art. 54.º) [794] [795].

É um elemento de contraditório que se justifica, não em virtude de qualquer subjetivação do processo, mas em nome da procura objetiva da garantia da constitucionalidade e da legalidade e em paralelo com o pluralismo presente no procedimento legislativo [796].

IV – Na fiscalização preventiva, o Tribunal Constitucional tem vinte e cinco dias para se pronunciar, prazo esse que pode ser encurtado pelo Presidente da República por motivo de urgência (art. 278.º, n.º 8).

Na fiscalização sucessiva, não há prazo, embora, havendo solicitação fundamentada do requerente e acordo do órgão autor da norma, o Presidente do Tribunal, ouvido este, decida sobre a atribuição de prioridade à apreciação e decisão (art. 65.º, n.º 4, da lei orgânica).

---

[793] Um caso de desistência: o constante da Resolução n.º 23/99 da Assembleia Legislativa Regional da Madeira, de 17 de dezembro.

[794] No caso da Assembleia da República, *de lege ferenda* seria conveniente que os autores dos projetos e das propostas de lei (art. 167.º da Constituição) fossem também chamados a pronunciar-se, porque, na prática, até agora, o presidente da Assembleia limita-se a enviar ao Tribunal o extrato dos debates.

[795] Cfr., no Brasil, o art. 6.º da Lei n.º 9.868; e, alargando, com bastante interesse, o campo das informações a obter pelo Supremo Tribunal Federal, o art. 9.º

[796] Não havia, porém, na fiscalização preventiva antes de 1982.

FISCALIZAÇÃO DA CONSTITUCIONALIDADE

V – Na fiscalização sucessiva, admitido um pedido, quaisquer outros com objeto idêntico que venham a ser igualmente admitidos são incorporados no processo respeitante ao primeiro (art. 64.º, n.º 1).

VI – No caso de falta, insuficiência ou manifesta obscuridade da especificação da norma cuja apreciação se requer e das normas ou princípios constitucionais violados, o presidente notifica o autor do pedido para suprir as deficiências (art. 51.º, n.º 3, da Lei n.º 28/82).

O pedido não deve ser admitido quando formulado por pessoa ou entidade sem legitimidade, quando as deficiências que apresenta não tiverem sido supridas ou quando tiver sido – o que só vale para a fiscalização preventiva – apresentado fora do prazo (art. 52.º, n.º 1) [797].

Se o presidente entender que o pedido não deve ser admitido, submete os autos à conferência, mandando entregar cópias do requerimento aos restantes juízes (art. 52.º, n.º 2). O Tribunal decide, no prazo de 10 dias ou, tratando-se de fiscalização preventiva, de 2 dias (art. 52.º, n.º 3).

Com vista a acelerar o processo de fiscalização sucessiva abstrata é entregue a cada um dos juízes, conjuntamente com os autos, um memorando no qual são formuladas pelo presidente as questões prévias e de fundo a que o Tribunal há-de responder, bem como de quaisquer elementos documentais reputados de interesse (art. 63.º, n.º 1); e decorridos quinze dias, realiza-se um debate preliminar para se fixar a orientação do Tribunal, sendo então designado um relator (art. 63.º, n.º 2).

Concluso o processo ao relator, é por este elaborado, no prazo de 40 dias, um projeto de acórdão de acordo com a orientação fixada pelo Tribunal Constitucional (art. 65.º, n.º 1).

A secretaria distribui por todos os juízes cópia do projeto e conclui o processo ao Presidente, com a entrega da cópia que lhe é destinada, para inscrição em tabela na sessão do Tribunal que se realize decorridos 15 dias, pelo menos, sobre a distribuição da cópia (art. 65.º, n.º 2).

É nestes diversos aspetos que se revela o princípio do inquisitório.

---

[797] Sobre pedido apresentado fora de prazo, cfr. acórdãos n.os 26/84 e 94/84, de 20 de março, e 12 de setembro, in *Diário da República*, 2.ª série, de 12 de abril de 1984, e n.º 37, de 13 de fevereiro de 1985, respetivamente.

CAPÍTULO III – REGIME ATUAL DE FISCALIZAÇÃO NO DIREITO PORTUGUÊS

81. A fiscalização preventiva e as suas funções

I – São três as funções da fiscalização preventiva:

a) Atalhar a inconstitucionalidades grosseiras de que estejam feridos os atos jurídico-públicos mais importantes, evitando factos consumados que só mais tarde podem ser apagados e cujos efeitos, não raro, por razões de segurança jurídica, equidade ou interesse público de excecional relevo, o Tribunal Constitucional tem de preservar (art. 282.º, n.º 4) [798].

b) Em especial, quanto às convenções internacionais, prevenir problemas graves nas relações internacionais do Estado, visto que o princípio de *jus cogens* da boa fé mal se compadece com a desvinculação de um tratado ou acordo com fundamento em inconstitucionalidade [799].

c) Resolver dúvidas sobre a constitucionalidade de certas normas, de maneira a evitar que o problema se ponha com maior delicadeza no futuro.

Em contrapartida, não deixam de ter alguma pertinência certas críticas: que a fiscalização prolonga o procedimento legislativo e o de conclusão de convenções internacionais; que, feita logo após a aprovação dos diplomas, envolve o risco de arrastar o Tribunal Constitucional para a praça pública; que é aí que podem (ou podem mais) ser observadas as conotações dos juízes com os partidos que os propuseram à eleição parlamentar.

Todavia, não menos se têm verificado casos [800], em que a não realização de fiscalização preventiva [801] tem levado a agravar o contraditório político e a

---

[798] O regimento da Assembleia da República proíbe a admissão de projetos ou propostas de lei inconstitucionais [art. 120.º, n.º 1, alínea *a*)], cabendo recurso para o Plenário da decisão do presidente sobre a admissão (art. 126.º).
Contudo, conquanto tal possa fundar-se na competência de vigilância pelo cumprimento da Constituição [art. 162.º, alínea *a*), da Constituição], qualquer das decisões é puramente política e dependente da maioria parlamentar.

[799] Cfr. *supra.*

[800] Como foram os casos das propinas ou taxas universitárias em 1992 e do estatuto dos Açores em 2008.

[801] A favor, Jorge Bacelar Gouveia, *Manual...*, ii, pág. 1363. Sublinhando a politicidade do instituto, Carlos Blanco de Morais, *Justiça...*, ii, págs. 123 e segs.

FISCALIZAÇÃO DA CONSTITUCIONALIDADE

provocar o *apodrecimento* da situação. Tão importante é o poder do Presidente da República de requerer a fiscalização como o de não a requerer.

II – De qualquer sorte, a fiscalização preventiva não é um sucedâneo da fiscalização sucessiva, nem a preclude.

Uma norma não considerada inconstitucional em fiscalização preventiva poderá vir a sê-lo em fiscalização sucessiva; assim como uma norma considerada inconstitucional, mas, apesar disso, posta em vigor por força do art. 279.º, n.º 2, poderá depois não ser julgada ou não ser declarada inconstitucional.

III – Inserida originariamente na função de garantia da Constituição cometida em 1976 ao Conselho da Revolução, a fiscalização preventiva seria mantida, como se sabe, em 1982 [802], atribuída agora ao Tribunal Constitucional, e a sua prática continuaria a ser satisfatoriamente comedida.

Nem ela é uma originalidade da Constituição de 1976. Encontra-se em várias outras Constituições, como a irlandesa (arts. 15.º e 26.º), a italiana, quanto a leis regionais (art. 127), a costa-riquenha (art. 128.º), a indiana (art. 145.º), a francesa (art. 61), a cipriota (art. 14.º), a espanhola (art. 95.º) e a búlgara, quanto a tratados internacionais (art. 149.º), a romena (art. 145.º), a polaca (art. 122.º) ou a finlandesa (art. 77.º); a angolana (arts. 228.º e 229.º) ou a húngara [art. 24.º, n.º 2, alínea *a*)] [803]. E já existiu no Direito ultramarino português (por último, base XXXVIII, n.º 3, da Lei n.º 5/72, de 23 de junho) [804].

Umas vezes efetua-se obrigatoriamente em relação a certos diplomas, outras vezes (quase sempre) exige uma iniciativa para poder ser desencadeada. Na maior parte das vezes consiste numa espécie de veto translativo por inconstitucionalidade do Presidente da República ou órgão homólogo, noutras na mera qualificação do fundamento do veto presidencial [805].

---

[802] Cfr., sobre a subsistência da fiscalização preventiva na 1.ª revisão constitucional, o debate na comissão eventual, in *Diário da Assembleia da República*, II legislatura, 2.ª sessão legislativa, 2.ª série, suplemento ao n.º 69, págs. 1288(1) e segs.

[803] Na Alemanha, também a jurisprudência constitucional admite controlo preventivo da constitucionalidade de tratados.

[804] E no Brasil (art. 59, § 1.º, da Constituição de 1967-69).

[805] Cfr. *Contributo...*, cit., págs. 139 e segs.; AGUSTIN S. DE VEGA, *Sobre el control preventivo de constitucionalidad de los tratados internacionales*, in *Revista del Centro de Estudios Cosntitucionales*, 2.º quadrimestre de 1993, págs. 21 e segs.; ANA CÂNDIDA DA CUNHA FERRAZ, *Notas sobre o*

CAPÍTULO III – REGIME ATUAL DE FISCALIZAÇÃO NO DIREITO PORTUGUÊS

Particularmente apurado e de grande significado – por ter sido, a fonte do sistema português tanto em 1976 como em 1982 – é o sistema da Constituição francesa (de resto, como já sabemos, a única modalidade da fiscalização aí existente). Neste sistema, as leis orgânicas e os regimentos parlamentares são obrigatoriamente submetidos ao Conselho Constitucional antes da sua promulgação ou publicação, e quaisquer outros diplomas a requerimento do Presidente da República, do Primeiro-Ministro, do Presidente da Assembleia Nacional, do Presidente do Senado ou (a partir de 1974) de sessenta Deputados ou sessenta Senadores.

82. Diplomas sujeitos a fiscalização

I – Segundo o art. 278.º (correspondente aos arts. 277.º e 235.º, n.º 4, do texto de 1976) constituem objeto da fiscalização preventiva normas constantes de:

a) Tratados e acordos internacionais;
b) Leis, decretos-leis e decretos legislativos regionais.

Entre as leis contam-se as de autorização legislativa [806], e entre os acordos internacionais em forma simplificada incluem-se necessariamente os aprovados pela Assembleia da República [arts. 161.º, alínea *i*), 1.ª parte, e 134.º, alínea *b*), 2.ª parte]: a lacuna do art. 278.º, n.º 1, tem de ser assim preenchida.

Também os decretos regulamentares de regulamentação de leis gerais da República estiveram até 2004 submetidos a fiscalização preventiva por emanarem das Assembleias das regiões autónomas, como os decretos legislativos regionais [arts. 227.º, n.º 1, alínea *d*), 232.º e 233.º] e para se evitarem fraudes à Constituição [807].

---

controlo preventivo de constitucionalidade, in *Revista de Informação Legislativa*, n.º 142, abril-junho de 1999, págs. 279 e segs.; PATRÍCIA COBIANCHI FIGUEIREDO e ZÉLIA CARDOSO MONTAL, *Controle preventivo de constitucionalidade em Portugal e no Brasil*, in *Revista de Direito Constitucional e Internacional*, n.º 64, julho-dezembro de 2008, págs. 258 e segs., *maxime* 266 e segs.

[806] V. acórdão n.º 64/91 do Tribunal Constitucional, de 4 de abril, in *Diário da República*, 1.ª série-A, de 11 de abril de 1991.

[807] Nem havia incongruência por os decretos regulamentares (do Governo da República) não estarem também abrangidos. Cfr. LUÍS PEREIRA COUTINHO, *Regulamentos*

FISCALIZAÇÃO DA CONSTITUCIONALIDADE

II – As leis de revisão constitucional serão, porventura, suscetíveis também de fiscalização preventiva? O art. 278.º não as contempla e, pelo contrário, o zrt. 286.º, n.º 3, declara expressamente que o Presidente não pode recusar a promulgação.

A nossa posição até agora tem sido a de admitir, quanto à apreciação dos requisitos de qualificação em caso de dúvida grave do Presidente da República e sem sujeição a confirmação nos termos do art. 279.º, n.º 2, na hipótese de o Tribunal Constitucional se pronunciar positivamente[808]. Já quanto aos limites materiais, temo-la recusado por a sua dilucidação pelo Presidente da República envolver o risco de transferir para ele o fulcro do poder de revisão[809].

Mantemos a primeira maneira de ver, alteramos a segunda. Ou seja: entendemos que nos arts. 278.º e 279.º "lei" abrange quer leis ordinárias quer leis constitucionais, mas, sobretudo, que o art. 286.º, n.º 3, tem de ser interpretado sistematicamente conjugado com o art. 19.º, n.º 6, e com o art. 288.º

Impressiona-nos, especialmente, que os direitos que nem sequer podem ser suprimidos em estado de sítio possam ser afetados no seu conteúdo essencial ou até suprimidos por uma lei de revisão constitucional: os direitos à vida, à integridade pessoal, à identidade pessoal, à capacidade civil e à cidadania, a não retroatividade de lei criminal, o direito de defesa dos arguidos e a liberdade de consciência e de religião[810]. Seria possível que o Presidente da República tivesse de promulgar uma lei de revisão que consagrasse a pena de morte, ou o aborto livre, ou a tortura? Ou, passando ao art. 288.º, uma lei que restaurasse um regime de partido único? Ou, a nível dos limites implícitos, que estabelecesse discriminação racial?

Não se trata de conferir ao Presidente da República agora um poder semelhante ao que tem a respeito dos requisitos de qualificação[811]. Trata-se de ele ter a faculdade de requerer a fiscalização preventiva para garantia da

---

independentes do Governo, in *Perspectivas Constitucionais*, obra coletiva, III, Coimbra, 1998, págs. 1036 e 1037.

[808] *Manual...*, II, 6.ª ed., 2007, págs. 203 e segs. Contra: Autores aí citados.

[809] *Ibidem*, págs. 254-255, e Autores citados. No mesmo sentido, GOMES CANOTILHO e VITAL MOREIRA, *Constituição*, II, cit., págs. 1003-1004.

[810] Sobre estes direitos, *Direitos Fundamentais*, cit., págs. 507-508. V. ainda os arts. 172.º, n.º 1, e 289.º

[811] Cfr., próximos, JOSÉ JÚLIO PEREIRA GOMES, *A fiscalização de constitucionalidade das leis de revisão*, policopiado, Lisboa, 1982; RUI MEDEIROS, anotação in *Constituição...*, III, págs. 914 e segs.

CAPÍTULO III – REGIME ATUAL DE FISCALIZAÇÃO NO DIREITO PORTUGUÊS

Constituição material. Se é para prevenir inconstitucionalidades grosseiras que se justifica a fiscalização preventiva, não seriam as hipóteses acabadas de apresentar as mais graves que se poderia imaginar? E aí, portanto, o Tribunal Constitucional, não o Presidente da República, teria de prevalecer absolutamente sobre o Parlamento (outrossim sem possibilidade de este confirmar a norma impugnada, ainda que pela maioria de dois terços dos Deputados em efetividade das funções do art. 286.º, n.º 3, ou de quatro quintos do art. 284.º, n.º 2). Tudo no pressuposto de subsistência da efetividade da Constituição.

III – A fiscalização preventiva visa, como a sucessiva, certa ou certas e determinadas normas, não o diploma donde constam na totalidade. Mas este fica, por não poder ser dividido, pela natureza das coisas, suspenso até à decisão do Tribunal e à conclusão dos procedimentos subsequentes.

IV – Segundo o art. 242.º da Lei n.º 15-A/98, de 3 de abril, o Presidente da República não pode recusar a ratificação de tratado internacional, a assinatura de ato que aprove acordo internacional ou a promulgação de ato legislativo por discordância com o sentido apurado em referendo com eficácia vinculativa.

Trata-se de uma necessária consequência da própria razão de ser do instituto, até porque, no tocante à fiscalização preventiva, ela exerce-se, obrigatoriamente, em face do objeto de cada proposta de referendo [812]. E algo de semelhante há-de aplicar-se aos Representantes da República para as regiões autónomas quanto a decretos legislativos regionais conexos com referendos regionais (art. 232.º, n.º 2, da Constituição).

No entanto, esta regra só vale para a inconstitucionalidade material e apenas no âmbito da lei correspondente a esse objeto. Não vale, logicamente, para a inconstitucionalidade orgânica e formal e para qualquer norma do ato em causa que esteja para além da pergunta ou das perguntas submetidas a decisão popular.

---

[812] Cfr., em contrário, VITALINO CANAS, *Referendo Nacional – Introdução ao Regime*, Lisboa, 1998, pág. 23; a fiscalização preventiva do referendo não preclude a da norma legislativa, embora o Tribunal Constitucional não possa fazer mais do que averiguar se a norma objeto do pedido corresponde àquela que, numa versão ainda virtual, tinha sido por si declarada não inconstitucional.

V – Em caso de inexistência jurídica (consequente do desrespeito de regras básicas de competência ou de forma), não é necessária a fiscalização preventiva.

Decreto da Assembleia da República juridicamente inexistente é, recorde-se, por exemplo, um decreto não aprovado (nem sequer pela maioria relativa prevista pelo art. 116.º, n.º 3) ou não aprovado por maioria qualificada nos casos em que a Constituição a exige (arts. 136.º, n.ºs 2 e 3, e 168.º, n.ºs 5 e 6). Numa hipótese destas, o Presidente da República não pode promulgar o diploma, ainda que o queira fazer e, por conseguinte, não tem ao seu alcance o veto político, nem, correlativamente, o veto translativo por inconstitucionalidade.

O Presidente não veta, nem deixa de vetar. Realiza, sim, uma tarefa prévia, inerente à sua competência promulgativa: a de verificar se estão presentes ou não os requisitos para o ato vir a ser subsumido no tipo constitucional de lei; e, verificando que tais requisitos (de qualificação) não procedem, não promulga e devolve o texto ao órgão donde tenha provindo [813] para que este, se assim o entender, retome o procedimento. Nenhum conflito entre órgãos de soberania se desenha aqui.

O que se diz da promulgação, pode dizer-se *mutatis mutandis* da assinatura de resoluções e de decretos de aprovação de acordos internacionais ou da ratificação de tratados; e, nas regiões autónomas, da assinatura de decretos legislativos ou regulamentares.

Se, apesar de tudo, o Presidente da República (ou porque tenha dúvidas sobre esta doutrina ou sobre a inexistência jurídica do diploma) requerer a fiscalização preventiva, o Tribunal Constitucional não poderá recusar-se a conhecer do pedido; e como a questão da existência jurídica é questão prévia a suscitar e a resolver, na prática o resultado não será muito diferente do que ocorreria se não fosse chamado a intervir [814].

VI – Como a fiscalização preventiva é só de constitucionalidade, ao Tribunal Constitucional incumbe fazer uma qualificação prévia, tendo de rejeitar *in limine* o pedido, quando concluir que o problema se lhe não reconduz.

---

[813]   Cfr., quanto à revisão constitucional, *Manual...*, II, cit., págs. 215 e segs.
[814]   Diversamente, o acórdão n.º 320/89, de 20 de março, in *Diário da República*, 1.ª série, de 4 de abril de 1989, pág. 1429; e RUI MEDEIROS, *A decisão...*, cit., pág. 144.

CAPÍTULO III – REGIME ATUAL DE FISCALIZAÇÃO NO DIREITO PORTUGUÊS

83. Iniciativa e tempo da fiscalização

I – Não há sujeição automática dos diplomas a apreciação (nem uma pré-apreciação necessária, como no art. 277.º inicial da Constituição). Tem de haver uma iniciativa – livre em si mesma, mas que tem de se manifestar em certo tempo, exíguo (para não se diferir a conclusão do processo de vinculação internacional do Estado ou do processo legislativo).

A iniciativa exerce-se quanto aos tratados, antes da ratificação; quanto aos acordos, antes da assinatura dos respetivos decretos ou resoluções de aprovação; quanto às leis e aos decretos-leis, antes da promulgação; quanto aos decretos legislativos regionais antes da assinatura.

Exerce-se, pois, em fase predeterminada: em vez de ratificar, de assinar, de promulgar, o órgão competente pode não ratificar, não assinar, não promulgar, *justamente* para se dirigir ao Tribunal Constitucional requerendo a fiscalização preventiva de normas contidas no ato. Mas esta coincidência entre órgão de conclusão do processo e órgão da iniciativa foi quebrada, em parte, em 1989, com a atribuição de poder de iniciativa quanto às leis orgânicas também ao Primeiro-Ministro e a um quinto dos Deputados à Assembleia da República [815].

II – Com o alargamento a essas entidades do poder de desencadear o processo de fiscalização preventiva, ter-se-á pretendido reforçar as garantias de intervenção dos protagonistas políticos envolvidos – o Governo, particularmente em caso de Governo minoritário, e a Oposição parlamentar – e dar um suplemento de segurança às leis orgânicas na hipótese de não pronúncia pela inconstitucionalidade. Ter-se-á pretendido atender dialeticamente, mais uma vez, às exigências de eficácia e de pluralismo do sistema democrático [816].

Cabe, porém, perguntar se, em vez da intervenção mais próxima desses sujeitos políticos no processo não seria preferível estabelecer a sujeição automática destas leis a fiscalização preventiva antes da promulgação; tudo estaria em não se alongar demasiado o seu elenco (art. 166.º, n.º 2).

---

[815] Um exemplo: o acórdão n.º 11/2007, de 12 de janeiro, in *Diário da República*, 2.ª série, de 6 de fevereiro de 2007.

[816] Cfr., a título comparativo, *Il ricorso delle minozanze parlamentari al giudice costituzionale*, Pádua, 2001.

FISCALIZAÇÃO DA CONSTITUCIONALIDADE

III – A iniciativa não preclude o veto político: no caso de o Tribunal Constitucional não se pronunciar pela inconstitucionalidade, tanto o Presidente da República como o Representante da República podem exercê-lo, solicitando nova apreciação pela Assembleia respetiva ou comunicando-o ao Governo conforme os casos (arts. 136.º, n.ºs 1 e 4, e 233.º, n.ºs 1 e 4).

Pelo contrário, o exercício do veto político preclude a iniciativa de fiscalização preventiva – como resulta *a contrario* daqueles preceitos, e porque a questão da constitucionalidade é sempre questão prévia, enquanto questão jurídica, frente à questão política da bondade, conveniência ou oportunidade desta ou daquela norma. Mais ainda: a haver depois veto político, não parece que possa estribar-se em razões jurídicas já consideradas e rejeitadas no acórdão que o Tribunal tenha emitido na fiscalização preventiva acabada de realizar.

No entanto, se, em segunda deliberação, a Assembleia da República (ou a Assembleia Legislativa Regional) modificar o texto do decreto, nada impede – por se tratar de novo decreto – que venha a ser aberto um novo processo de fiscalização preventiva [817].

IV – A fiscalização preventiva deve ser requerida no prazo de oito dias [818]:

- a contar da data de receção do diploma pelo Presidente da República ou pelo Representante da República (art. 278.º, n.º 3);
- e, quanto ao Primeiro-Ministro ou a um quinto dos Deputados em efetividade de funções, tratando-se de diploma a promulgar como lei orgânica, a contar da data em que tomam conhecimento, através do Presidente da Assembleia da República, do envio do diploma ao Presidente da República (art. 278.º, n.ºs 5 e 6) [819].

V – O Presidente da República não pode promulgar qualquer decreto correspondente a lei orgânica sem que decorra o prazo conferido ao

---

[817] Foi o que aconteceu com o Decreto n.º 127/v da Assembleia da República (alterações à lei eleitoral para o Parlamento Europeu), objeto de apreciação no citado acórdão n.º 320/89 do Tribunal Constitucional.

[818] No texto inicial, era de cinco dias.

[819] O que, na prática, coincidirá sempre ou quase sempre com oito dias a contar da receção pelo Presidente da República.

CAPÍTULO III – REGIME ATUAL DE FISCALIZAÇÃO NO DIREITO PORTUGUÊS

Primeiro-Ministro ou a um quinto dos Deputados à Assembleia da República para requerer a fiscalização preventiva ou sem que o Tribunal Constitucional se pronuncie, quando a intervenção deste tenha sido requerida (art. 278.º, n.º 7). E que acontece se o Presidente, apesar disso, promulga?

Tal parece ser uma situação-limite, em que não se vê possibilidade de voltar atrás e em que somente através da fiscalização sucessiva pode vir a ser apreciada a lei orgânica promulgada nessas circunstâncias (pois, claro está, o ser a promulgação meramente irregular, como nos inclinamos a crer, deixa imprejudicada qualquer outra questão de constitucionalidade do diploma).

O problema, de resto, não se põe senão relativamente à iniciativa da fiscalização de Deputados, não quanto à do Primeiro-Ministro, pois a promulgação implica sempre referenda ministerial (art. 140.º, n.º 1).

Todavia, se, ao invés, o Presidente exercer veto político antes de passados aqueles oito dias e a Assembleia vier a confirmar o diploma, talvez seja de admitir a fiscalização preventiva, não por iniciativa do Presidente, mas do Primeiro-Ministro ou de Deputados (por entenderem ainda valer a pena submeter a questão da constitucionalidade ao Tribunal Constitucional [820].

VI – Situação-limite ainda seria a que consistisse em o Presidente da República promulgar (ou assinar, ou ratificar) um diploma depois de aberto um processo de fiscalização preventiva e antes da decisão do Tribunal.

Também só *a posteriori* poderiam funcionar os mecanismos de fiscalização (admitindo, de novo, que o Primeiro-Ministro não houvesse recusado a referenda).

VII – E se o Tribunal exceder o prazo de que dispõe – relativamente breve – sem se pronunciar?

Obviamente, será uma omissão inconstitucional (até agora nunca registada) – sem que se comine sanção ou sem que se extraia qualquer ilação acerca da validade das normas *sub judice*; quando muito, poderá o Presidente da República considerar-se autorizado a promulgar ou a exercer veto político.

---

[820] Só aparentemente haverá aqui um desvio à regra da preclusão da fiscalização preventiva por exercício de veto, por serem diferentes os órgãos envolvidos num e noutra. A única dificuldade para esta solução decorrerá de serem as mesmas as maiorias dos arts. 136.º, n.º 3, e 279.º, n.º 2.

Mas se, entretanto, vier ainda o Tribunal a pronunciar-se, a sua decisão não parece que seja senão irregular, conforme atrás sugerimos.

84. Pronúncia no sentido da não inconstitucionalidade

A pronúncia no sentido da não inconstitucionalidade tem efeitos que se distinguem, conforme se trate de normas legislativas ou constantes de acordos internacionais ou se trate de normas constantes de tratados.

No caso de quaisquer normas, exceto normas de tratados, se o Tribunal Constitucional se não pronunciar pela inconstitucionalidade, o Presidente da República ou o Representante da República deverão promulgar ou assinar o diploma, a não ser que exerçam de seguida, no prazo constitucional, veto político.

Já no caso de decisão pela não inconstitucionalidade de norma inserida em tratado, o Presidente da República não fica obrigado a ratificar o tratado, porquanto a ratificação – ao contrário da promulgação ou da assinatura – é livre, continua a ser, no Direito português (como em geral em Direito comparado) uma faculdade do Presidente da República, enquanto titular do *jus raepresentationis omnimodae* do Estado nas relações internacionais.

85. Pronúncia no sentido da inconstitucionalidade

I – A pronúncia de inconstitucionalidade tem, por seu lado, efeitos imediatos comuns e efeitos subsequentes, estes variáveis consoante os diplomas e os órgãos. Deles cura, em termos não pouco complexos, o art. 279.º

II – Efeitos imediatos comuns são a impossibilidade de promulgação, de assinatura ou de ratificação e a devolução do diploma ao órgão donde tenha dimanado.

Em que prazo? A Constituição não o diz, mas deve entender-se que há-de ser um prazo razoável correspondente ao decurso de tempo até à publicação da decisão do Tribunal [821]. De modo algum, há-de ser um prazo idêntico

---

[821]   Até por um princípio de cortesia constitucional.

CAPÍTULO III – REGIME ATUAL DE FISCALIZAÇÃO NO DIREITO PORTUGUÊS

ao do veto político, porque não se vê sequer analogia de situações. O texto constitucional fala aqui em veto (arts. 279.º, n.º 1, 136.º, n.º 5, e 233.º, n.º 5), em veto por inconstitucionalidade, mas impropriamente – porque verdadeiro veto por inconstitucionalidade (embora translativo) é o que se dá com o pedido de apreciação preventiva e porque mal pode configurar-se como veto a impossibilidade ou imposição de não ratificação de tratado internacional. Dum modo ou doutro, será um, veto vinculado, bem diferente do clássico veto.

O sentido útil da expressão constitucional parece, sobretudo, consistir em o Tribunal não comunicar diretamente com os órgãos de aprovação das normas, em apenas comunicar através do Presidente da República e dos Representantes da República. Contudo, não se justificaria que estes tivessem de enviar mensagens fundamentadas a acompanhar a devolução, porque então não passam de meros núncios ou transmissários da decisão do Tribunal Constitucional [822].

III – Os efeitos subsequentes são os que afetam os diplomas depois de devolvidos. E há aqui que proceder a uma dupla contraposição: entre decretos e convenções, por um lado, e entre decretos das Assembleias e decretos do Governo, por outro lado.

IV – Entre os diplomas de cujas normas pode ser pedida a apreciação preventiva incluem-se os estatutos das regiões autónomas, aprovados por lei da Assembleia da República ainda que por um processo especial (art. 226.º).

Se o Tribunal Constitucional se pronunciar pela inconstitucionalidade de qualquer dessas normas, deverá o diploma ser remetido à Assembleia Legislativa regional para apreciação e emissão de parecer, tal como sucede quando de rejeição ou de alteração de projetos pelo Parlamento (art. 228.º, n.º 2)? A Constituição não o impõe até porque são situações diversas: a de estatuto *já aprovado* pela Assembleia da República ou de *projeto* (proposta de lei da assembleia legislativa regional). Porém, tão-pouco o impede e, na lógica do

---

[822] V. um caso de reapreciação pela Assembleia da República de diploma devolvido, in *Diário*, v legislatura, 1.ª sessão legislativa, 1.ª série, n.ºs 115 e 119, reuniões de 12 e 20 de julho de 1988, págs. 4638 e segs. e 4759 e segs., respetivamente. E outro, *ibidem*, v legislatura, 4.ª sessão legislativa, n.º 4, reunião de 14 de fevereiro de 1991, págs. 1365 e segs.

FISCALIZAÇÃO DA CONSTITUCIONALIDADE

sistema constitucional, faz sentido uma nova intervenção do órgão regional antes da eventual confirmação ou expurgação da norma pela Assembleia da República.

V – Os decretos, quer os dimanados das Assembleias, quer os dimanados do Governo, podem ser reformulados (art. 279.º, n.º 2, 1.ª parte).

A reformulação há-de consistir no expurgo da norma objeto do juízo de inconstitucionalidade. Mas pode abranger a introdução de alterações impostas pelo próprio expurgo ou decorrente da livre deliberação do órgão, legislativo, cujo poder não se esgota na aprovação inicial.

Na França, se o Conselho Constitucional declarar que qualquer lei contém uma disposição contrária à Constituição e inseparável do conjunto da lei, esta não poderá ser promulgada (art. 22.º da lei orgânica do Conselho). Se entender que a disposição não é inseparável do conjunto da lei, o Presidente da República poderá ou promulgar a lei, exceto o preceito declarado inconstitucional, ou solicitar às Câmaras uma nova leitura (art. 23.º) [823].

Este sistema não se antolha muito coerente com a pureza dos princípios, na medida em que subtrai ao órgão legislativo a decisão sobre a separabilidade ou não do preceito inconstitucional e, de certa maneira ainda, a decisão sobre a publicação da lei sem esse preceito.

Mais adequada vem a ser a solução adotada entre nós, em que compete ao órgão legislativo, e só a ele, a tarefa de reformular o diploma – com a contrapartida de, nesta hipótese, poderem ainda os órgãos de iniciativa requerer outra vez apreciação preventiva [824], seja de novas normas, seja de normas preexistentes mas, porventura, deslocadas ou alteradas no seu sentido por outras, seja até do expurgo (por não ter sido completo ou por não ter sido efetuado com respeito pelas regras constitucionais) [825].

---

[823] Solução semelhante à francesa encontra-se hoje na Polónia (art. 122.º, citado, da respetiva Constituição).

[824] Cfr. acórdão n.º 130/85, de 23 de julho, in *Diário da República*, 1.ª série, de 13 de agosto de 1985; ou acórdão n.º 334/94, de 20 de abril, *ibidem*, 2.ª série, de 30 de agosto de 1994.

[825] Neste sentido, cfr. VITALINO CANAS, *Introdução...*, cit., pág. 43, nota.

CAPÍTULO III – REGIME ATUAL DE FISCALIZAÇÃO NO DIREITO PORTUGUÊS

VI – O art. 136.º, n.º 1, e o art. 233.º, n.º 2, só contemplam veto político a seguir à pronúncia pela não inconstitucionalidade. Mas não é de excluir veto político também no caso de expurgo da norma inconstitucional ou no caso de reformulação – com abertura do respetivo prazo – em face da *ratio* desses preceitos.

VII – Ao contrário do que acontece com os atos de Direito interno, a Constituição não admite, nem poderia admitir, o expurgo de norma considerada inconstitucional [826] constante de tratado ou acordo internacional.

Resta à Assembleia da República ou ao Governo (consoante os casos) uma possibilidade: formular reservas (quando possíveis) ao tratado ou ao acordo; aprová-lo de novo – mesmo sem ser, quanto a tratado submetido à Assembleia, pela maioria qualificada do art. 279.º, n.º 4 – e, introduzir-lhe reservas [827]. O silêncio do texto constitucional não tolhe essa via. E o Regimento da Assembleia consagra-a hoje expressamente (art. 204.º) [828].

VIII – Finalmente, pode ainda haver a confirmação do diploma, a sua reaprovação – mas não pelo Governo – mantendo-se intocada a norma considerada inconstitucional.

Se a Assembleia da República ou a Assembleia Legislativa regional confirmar o diploma por maioria de dois terços dos Deputados presentes desde que superior à maioria absoluta dos Deputados em efetividade de funções, o Presidente da República ou o Representante da República *poderá* promulgá-lo ou assiná-lo (art. 279.º, n.º 2, 2.ª parte). E se a Assembleia da República aprovar o tratado por maioria de dois terços dos Deputados presentes, desde que superior à maioria absoluta de Deputados em efetividade a funções, o Presidente da República *poderá* ratificá-lo (art. 279.º, n.º 4).

A origem desta solução foi circunstancial: impedir que o Conselho da Revolução gozasse de um poder de veto absoluto por inconstitucionalidade frente a diplomas dimanados do Parlamento eleito por sufrágio universal.

---

[826]   O art. 279.º, n.º 2, diz «norma *julgada*» inconstitucional.

[827]   Na linha sugerida no projeto de revisão constitucional n.º 1/v, num novo art. 279.º, n.º 4.

[828]   Foi o que se deu com as reservas (aliás, algumas desnecessárias) expressas na Lei n.º 65/78, de 13 de outubro, de aprovação, da Convenção Europeia dos Direitos do Homem, embora não tivesse havido então veto por inconstitucionalidade.

FISCALIZAÇÃO DA CONSTITUCIONALIDADE

Mas, depois de extinto esse órgão, ela ainda oferecia coerência no plano sistemático da Lei Fundamental, embora fosse criticada por grande parte da doutrina[829].

Simplesmente, volvidos mais de quarenta e um anos sobre a entrada em vigor da Constituição e mais de trinta e cinco sobre a revisão constitucional de 1982, bem pode entender-se que o art. 279.º, n.º 2, *in fine* sofreu, pelo seu desuso, uma verdadeira abrogação tácita.

A coerência consistia, conforme pensávamos, em que se estava perante uma via de equilíbrio.

Enquanto que no veto político, em caso de confirmação há um dever de promulgação ou de assinatura – porque o órgão legislativo deve prevalecer sobre o órgão de veto – na fiscalização preventiva havia apenas uma faculdade – porque nem o órgão legislativo deve prevalecer sobre o juízo de inconstitucionalidade [830], nem o Tribunal Constitucional sobre a assembleia política representativa; e, assim, o inicial poder de veto suspensivo desembocava ou convolava-se em verdadeiro poder de *sanção*.

IX – Os decretos do Governo *não podem ser* promulgados.

A proibição de promulgação de decretos do Governo portadores de normas inconstitucionais reflete o estatuto menos protegido ou secundário da sua competência legislativa.

O que ele pode é – tendo em conta a acenada natureza interlocutória da fiscalização preventiva – transformá-los em propostas de lei.

---

[829] Cfr. *Manual* ..., VI, 4.ª ed., 2013, págs. 320 e segs. e Autores citados.

[830] Todavia, a disposição transitória do art. 246.º, n.º 2, da Lei Constitucional n.º 1/82, de 30 de setembro (aplicável ao período entre a cessação de funções do Conselho da Revolução e a entrada em funcionamento do Tribunal Constitucional), impunha ao Presidente da República a promulgação dos decretos da Assembleia da República que tivessem sido objeto de veto por inconstitucionalidade (precedendo parecer da Comissão Constitucional), quando o Parlamento os confirmasse por maioria dos dois terços de Deputados presentes, desde que superior à maioria absoluta de Deputados em efetividade de funções.

E solução análoga acha-se na Roménia (citado art. 145.º da sua Constituição).

CAPÍTULO III – REGIME ATUAL DE FISCALIZAÇÃO NO DIREITO PORTUGUÊS

86. A fiscalização preventiva dos referendos

I – Há diferenças importantes entre a fiscalização preventiva de atos norma-tivos e de convenções internacionais e a fiscalização preventiva de referendos nacionais, regionais e locais, visto que esta [arts. 223.º, n.º 2, alínea *f*), e 115.º, n.º 8, da Constituição, bem como Lei n.º 15-A/98, de 3 de abril, e Lei Orgânica n.º 4/2000, de 24 de agosto] se caracteriza por:

a) Abranger tanto a constitucionalidade como a legalidade [831];
b) Ser obrigatória, sem depender de opção do órgão de iniciativa (que é o Presidente da República quanto aos referendos nacionais e regionais e o presidente do órgão deliberativo local quanto aos referendos locais);
c) Dispensar, por isso, fundamentação do pedido (embora não excluir que sejam suscitadas quaisquer questões pertinentes);
d) Não incluir contraditório, por não se estabelecer a audição do órgão autor da proposta de referendo [832] [833].

Naturalmente, porém, se, perante a proposta, logo o Presidente decidir não convocar, não fará sentido a intervenção do Tribunal.

II – Pela natureza das coisas, para evitar factos consumados, possivelmen-te ainda mais graves que os factos consumados legislativos, o controlo de constitucionalidade e de legalidade do referendo político nacional deve ser o mais amplo possível. Deve abarcar todos os eventuais vícios de fundo, de competência ou de forma que o possam inquinar (saber se a proposta veio da Assembleia da República ou do Governo, ou se aquela ou este é competente para tomar a iniciativa da proposta apresentada, ou se foram respeitados os limites temporais ou circunstanciais, ou se a aprovação parlamentar o foi nos

---

[831] Sendo duvidoso que *legalidade* abranja, além da conformidade com lei reforçada, a con-formidade com convenção internacional.

[832] Cfr. Luís BARBOSA RODRIGUES, *O referendo português a nível nacional*, Coimbra, 1994, págs. 209 e segs.; FERNANDO SUORDEM, *Legislação do Referendo Anotada*, Coimbra, 1997, págs. 64 e segs.; MARIA BENEDITA URBANO, *O referendo*, Coimbra, 1998, págs. 230 e segs.; VITALINO CANAS, *Referendo...*, cit., págs. 20 e segs.; *Manual...*, VII, cit., págs. 314 e segs.

[833] Como informação de Direito comparado, v. MARTHE FATIN-ROUGE STEFANINI, *Le con-trôle du référendum par la justice constitutionnelle*, Aix-en-Provence e Paris, 2004, págs. 237 e segs.

FISCALIZAÇÃO DA CONSTITUCIONALIDADE

devidos termos, ou se o referendo contende com uma ou mais de uma matéria, ou se as perguntas se encontram bem formuladas).

E, antes de mais, lógica e cronologicamente, cabe ao Tribunal verificar se o objeto do referendo é possível (se a matéria não se inclui no elenco do art. 115.º, n.ᵒˢ 4 e 5) e verificar se a resposta à pergunta ou às perguntas submetidas ao eleitorado não se traduz numa decisão e, como consequência, numa norma inconstitucional ou ilegal.

Com o referendo político vinculativo nacional não se decreta lei, nem se aprova tratado ou acordo internacional; mas se o resultado for afirmativo, o Parlamento ou o Governo fica constituído no dever de decretar ou de aprovar. Logo, apreciar a constitucionalidade e a legalidade do referendo significa, forçosamente, apreciar, do mesmo passo, a validade substantiva do ato que virá, eventualmente, a ser emitido como sua decorrência obrigatória (por exemplo, no limite, um referendo sobre a pena de morte nunca poderia ser realizado, porque iria pôr em causa a proibição absoluta constante dos arts. 24.º, n.º 2, 33.º, n.º 4, e 19.º, n.º 6) [834].

O Tribunal Constitucional recebe, inclusive, uma faculdade de apreciação que se situa para além do mero juízo de constitucionalidade em sentido estrito: a faculdade de apreciação de requisitos relativos «ao respetivo universo eleitoral» [art. 223.º, n.º 2, alínea *f*), 2.ª parte], em virtude de, a partir de 1997, os cidadãos portugueses residentes no estrangeiro com «laços de efetiva ligação à comunidade nacional» serem chamados a participar em referendos nacionais que recaiam sobre «matéria que lhes diga também especificamente respeito» (arts. 115.º, n.º 2, e 121.º, n.º 2). Ao invés, o Tribunal Constitucional não pode ocupar-se da qualificação de uma questão como sendo ou não de «relevante interesse nacional» (art. 115.º, n.º 3), pois, sendo tal qualificação eminentemente política, o único critério atendível deve ser a do órgão autor da proposta.

---

[834] Apesar da letra do art. 223.º, n.º 2, alínea *f*), e do art. 34.º da Lei n.º 15-A/98, também aqui o Tribunal Constitucional não se pronuncia pela *constitucionalidade* (o que poderia inculcar a impossibilidade de controlo sucessivo da lei feita ou do tratado celebrado a seguir ao referendo). Pronuncia-se, de acordo com o princípio geral do nosso Direito, pela *não inconstitucionalidade*.

CAPÍTULO III – REGIME ATUAL DE FISCALIZAÇÃO NO DIREITO PORTUGUÊS

III – Nos oito dias subsequentes à publicação da resolução da Assembleia da República ou do Conselho de Ministros, o Presidente da República submete a proposta de referendo ao Tribunal Constitucional (art. 16.º da Lei n.º 15-A/98) e este tem o prazo de vinte e cinco dias, suscetível de ser encurtado pelo Presidente da República por motivo de urgência, para decidir (art. 27.º).

Se o Tribunal verificar a inconstitucionalidade ou a ilegalidade da proposta de referendo, designadamente por desrespeito das normas respeitantes ao universo eleitoral, o Presidente da República não pode promover a convocação do referendo e devolve a proposta ao órgão que a tiver formulado (art. 28.º, n.º 1) [835].

A Assembleia da República ou o Governo podem reapreciar e reformular a sua proposta, expurgando-a da inconstitucionalidade ou da ilegalidade (art. 28.º, n.º 2); e, no prazo de oito dias após a publicação da proposta de referendo que tenha sido reformulada, o Presidente da República submete-a ao Tribunal Constitucional para nova apreciação preventiva da constitucionalidade, incluindo a apreciação dos requisitos relativos ao respetivo universo eleitoral (art. 28.º, n.º 3).

Não se prevê a hipótese de confirmação, decerto por se temer que em caso de resposta popular positiva frente a pergunta inconstitucional ou ilegal fosse extraordinariamente difícil em fiscalização sucessiva vir a arguir-se a inconstitucionalidade ou a ilegalidade [836].

---

[835] Ao invés, se o Tribunal Constitucional se não pronunciar pela inconstitucionalidade ou pela ilegalidade, o Presidente deverá decidir se convoca ou não no prazo de 20 dias (art. 136.º, n.º 1, por analogia, e art. 34.º da Lei n.º 15-A/98, de 3 de abril).

[836] Até agora houve seis acórdãos do Tribunal de fiscalização preventiva de constitucionalidade de referendos nacionais:

– Sobre a interrupção voluntária da gravidez, acórdãos n.ºs 25/84, de 19 de março, in *Diário da República*, 2.ª série, de 4 de abril de 1984; n.º 85/85, de 29 de maio, *ibidem*, 2.ª série, de 25 de junho de 1985; n.º 288/98, de 17 de abril, *ibidem*, 1.ª série-A, de 18 de abril de 1998; n.º 617/2006, de 15 de novembro, *ibidem*, 1.ª série-A, de 20 de novembro de 2006;

– Sobre a instituição em concreto das regiões administrativas, acórdão n.º 709/97, de 10 de dezembro, in *Diário da República*, 1.ª série-A, de 20 de janeiro de 1998;

– Sobre a integração europeia, acórdão n.º 704/2004, de 17 de dezembro, *ibidem*, 1.ª série-A, de 30 de dezembro de 2004.

FISCALIZAÇÃO DA CONSTITUCIONALIDADE

As regras sobre fiscalização preventiva dos referendos locais são semelhantes (arts. 25.º e segs. da Lei Orgânica n.º 4/2000) [837].

87. A fiscalização sucessiva abstrata por ação

I – A fiscalização sucessiva abstrata, concentrada e por via principal é o elemento característico por excelência do modelo austríaco de garantia, mas encontra-se ou tem-se encontrado em países de sistemas diferentes, com maior ou menor variação de sujeitos ou entidades titulares do poder de iniciativa.

Na Áustria, a iniciativa cabe ao Governo federal, aos Governos dos *Länder* e a um terço dos membros do Conselho Nacional (art. 140.º da Constituição); na Itália, ao Presidente do Conselho relativamente a leis regionais e aos presidentes das juntas regionais relativamente a leis do Estado (arts. 31.º e 32.º da lei do Tribunal Constitucional); na Alemanha, ao Governo federal, aos Governos dos *Länder* e a um terço dos membros do Parlamento federal (art. 93.º da Constituição); na Espanha, ao Presidente do Governo, ao Defensor do Povo, a cinquenta Deputados ou Senadores e aos órgãos das comunidades autónomas (art. 162.º da Constituição); no Brasil, ao Presidente da República, à Mesa do Senado Federal, à Mesa da Câmara dos Deputados, à Mesa de Assembleia Legislativa estadual, ao Governador de Estado, ao Procurador-Geral da República, ao Conselho Federal da Ordem dos Advogados, a partido político com representação no Congresso Nacional e a confederação sindical ou a entidade de classe de âmbito nacional (art. 103 da Constituição).

II – No caso português, na Constituição de 1933, a Assembleia Nacional tinha o poder de declarar a inconstitucionalidade de quaisquer normas com força obrigatória geral, por iniciativa do Governo ou de qualquer Deputado (no texto final, arts. 91.º, n.º 2, e 123.º, § 2.º); e essa faculdade – de resto, como sabemos, nunca regulamentada pelo regimento ou por lei – passaria, como também se sabe, para o Conselho de Estado da Lei n.º 3/74, de 14 de maio

---

[837] Têm sido numerosos os acórdãos de fiscalização de referendos locais: por exemplo, acórdão n.º 30/99, de 13 de janeiro, in *Diário da República*, 1.ª série-A, de 3 de fevereiro de 1999; ou acórdão n.º 93/2000, de 15 de fevereiro, *ibidem*, 2.ª série, de 30 de março de 2000.

CAPÍTULO III – REGIME ATUAL DE FISCALIZAÇÃO NO DIREITO PORTUGUÊS

(art. 13.º, n.º 1, 3.º), e para o Conselho da Revolução da Lei n.º 5/75, de 14 de março (art. 6.º).

Quando, contudo, em 1976, se estabeleceu o regime de garantia da Constituição e se atribuiu ao Conselho da Revolução o poder de apreciar e declarar a inconstitucionalidade com força obrigatória geral a instância de certas entidades, esse antecedente não teve significativa influência; o sistema foi construído de novo e o Conselho da Revolução foi sobretudo tomado como o sucedâneo de um tribunal constitucional que ainda não podia existir.

O art. 281.º do texto atual da Constituição corresponde, pois, ao art. 281.º do texto inicial, com a substituição do Conselho da Revolução pelo Tribunal Constitucional e ainda outras diferenças: inserção, desde 1982, da faculdade de impugnação das Assembleias Legislativas regionais (constava antes do art. 229.º, n.º 2); inclusão, também desde 1982, da competência paralela de apreciação e declaração de ilegalidade até então atribuída ao Supremo Tribunal Administrativo (art. 236.º, n.º 3, e Lei n.º 15/79, de 19 de maio); inclusão ainda, desde 1989, da competência de apreciação e declaração de ilegalidade com fundamento em violação de lei com valor reforçado; alargamento do elenco de sujeitos titulares do poder de iniciativa, quer em 1982, quer em 1989.

III – O art. 281.º, n.º 1, contempla a apreciação:

a) Da inconstitucionalidade de quaisquer normas;
b) Da ilegalidade de normas constantes de ato legislativo com fundamento em violação de lei com valor reforçado;
c) Da ilegalidade de normas constantes de diploma regional com fundamento em violação do estatuto da região autónoma;
d) Da ilegalidade de normas constantes de diploma dimanado de órgãos de soberania com fundamento em violação dos direitos de uma região consagrados no seu estatuto [838].

---

[838] Três casos de fiscalização da ilegalidade por violação de estatuto regional: acórdão n.º 639/98, de 10 de novembro, in *Diário da República*, 2.ª série, de 29 de dezembro de 1998; acórdão n.º 315/2014, de 1 de abril, *ibidem*, 1.ª série, de 15 de maio de 2014; e acórdão n.º 534/2014, de 1 de julho, *ibidem*, 1.ª série, de 28 de junho de 2014.

FISCALIZAÇÃO DA CONSTITUCIONALIDADE

IV – O poder de iniciativa distribui-se diferentemente nestas quatro hipóteses.

Há entidades que podem pedir a apreciação e a declaração da inconstitucionalidade ou da ilegalidade de quaisquer normas, com qualquer fundamento. Há outras que só podem requerer a apreciação e a declaração da inconstitucionalidade ou da ilegalidade de certas normas e com certo fundamento.

As primeiras são o Presidente da República, o Presidente da Assembleia da República, o Primeiro-Ministro, o Provedor de Justiça, o Procurador-Geral da República e um décimo dos Deputados à Assembleia da República [art. 281.º, n.º 2, alíneas *a*) a *f*)].

As segundas são os Representante da República, as Assembleias Legislativas regionais, os presidentes das Assembleias Legislativas regionais, os presidentes dos Governos regionais e um décimo dos deputados à respetiva Assembleia Legislativa regional [839]. Estes órgãos ou frações de titulares de órgãos só podem pedir a declaração de inconstitucionalidade com fundamento em violação dos «direitos» das regiões autónomas [840] ou pedir a declaração de ilegalidade com fundamento em violação do estatuto da respetiva região [art. 281.º, n.º 2, alínea *g*), já *supra* referido] [841].

V – Os pedidos de apreciação da inconstitucionalidade ou da ilegalidade podem ser apresentados a todo o tempo (art. 52.º da Lei n.º 28/82). É a solução mais consentânea com a Constituição como fundamento de validade e a

---

[839] Tanto aqui como no respeitante aos Deputados à Assembleia da República, o que conta é o número constitucional ou legal de Deputados.

[840] Por se tratar de inconstitucionalidade, têm de ser "direitos" constantes da Constituição. Quanto aos consignados nos estatutos, o pedido há de fundamentar-se em ilegalidade.

[841] Como já se disse, faz pouco sentido os Representantes da República intervirem na defesa dos direitos das regiões autónomas. Não seria mais ajustado que tivessem legitimidade para defesa da constitucionalidade em geral, como têm na fiscalização preventiva (arts. 233.º e 278.º, n.º 2)? É o que alguns Autores defendem (assim, RUI MEDEIROS, anotação, cit., *loc. cit.*, págs. 809 e 810).

Todavia, deve notar-se a diferença aqui entre a fiscalização preventiva e a sucessiva: na primeira, até pela proximidade e pela necessária participação nos procedimentos legislativos das regiões, compreende-se que sejam os Representantes da República a dispor do poder de iniciativa; na fiscalização sucessiva, há muitos órgãos do Estado [alíneas *a*) a *f*) do n.º 2 do art. 281.º) que podem pedir a apreciação de constitucionalidade.

CAPÍTULO III – REGIME ATUAL DE FISCALIZAÇÃO NO DIREITO PORTUGUÊS

geralmente acolhida noutros países [842]. No tocante à inconstitucionalidade orgânica e formal, remetemos para o que escrevemos atrás.

VI – O requerimento de apreciação da constitucionalidade ou da legalidade não suspende, conforme também já se sublinhou, a aplicação, a vigência ou a eficácia (como se queira) das normas impugnadas [843], nem o Tribunal Constitucional pode adotar providências cautelares [844].

Se essas normas vierem a ser declaradas inconstitucionais ou ilegais, competirá, sim, ao Tribunal Constitucional – e só a ele – enfrentar os efeitos que elas tenham, entretanto, produzido.

VII – Quando o ato normativo é juridicamente inexistente, não é necessário o pedido de apreciação da inconstitucionalidade. Nada impede, no entanto, que a declaração seja requerida por tal se achar conveniente por motivos de certeza ou de segurança do Direito objetivo.

VIII – A irrelevância da decisão negativa, da decisão de não inconstitucionalidade, a que aludimos em capítulo anterior, abrange não somente o Tribunal Constitucional e os tribunais em geral mas também os órgãos e entidades de propositura da questão.

---

[842] Cfr. José Julio Fernandez Rodriguez, *Les délais d'introduction de l'action abstraite en inconstitutionnalité en Europe*, in *Annuaire International de Justice Constitutionnelle*, 1998, págs. 49 e segs.

[843] Assim, parecer da Comissão de Assuntos Constitucionais da Assembleia da República, in *Diário*, I legislatura, 3.ª sessão legislativa, 2.ª série, 2.º suplemento, n.º 10, de 17 de novembro de 1978; acórdão n.º 200/98 do Tribunal Constitucional, de 3 de março, in *Diário da República*, 2.ª série, de 27 de novembro de 1998.

Cfr., a título comparativo, Maria Angeles Ahumada Ruiz, *Efectos procesales de la modificación legislativa de las leyes sometidas a control de constitucionalidad. La suspensión de leyes «presuntamente» inconstitucionales*, in *Revista Española de Derecho Constitucional*, maio-agosto de 1991, págs. 159 e segs.

[844] Diversamente, no Brasil, a Lei n.º 9.868 consagra medidas cautelares tanto em ação de inconstitucionalidade como em ação de constitucionalidade (arts. 10 e segs. e 21). A medida cautelar é ali concedida com eficácia *ex nunc*, salvo se o Supremo Tribunal Federal entender que deve ter eficácia retroativa, e torna aplicável a legislação anterior acaso existente, salvo expressa manifestação em sentido contrário (art. 11, §§ 1.º e 2.º).

FISCALIZAÇÃO DA CONSTITUCIONALIDADE

Não há nunca preclusão do poder de requerer a apreciação e a declaração de inconstitucionalidade de certa norma, nem sequer relativamente aos mesmos fundamentos invocados [845].

88. A passagem da fiscalização concreta à fiscalização abstrata

I – A Constituição comina, e bem, uma separação entre o juízo de inconstitucionalidade no caso concreto e a declaração com força obrigatória geral – até para impedir uma excessiva influência dessa relação ou situação da vida, mais ou menos individualizada e irrepetível nos seus circunstancialismos e interesses, sobre a apreciação da inconstitucionalidade na perspetiva global do sistema jurídico [846].

Nem poderia deixar de assim ser, dado o modelo de fiscalização concreta adotado e dado o regime de competência interna e de funcionamento do Tribunal Constitucional, em que a decisão dos recursos é cometida às secções e a declaração com força obrigatória geral ao plenário (art. 224.º, n.º 2, da Constituição e art. 70.º da Lei n.º 28/91).

Contudo, mal se compreenderia um afastamento absoluto – não apenas por imposição de um princípio de economia (porque não se justificaria multiplicar ao infinito as decisões do Tribunal Constitucional e as dos restantes tribunais sobre as mesmas questões de direito) mas também por virtude de um princípio de segurança jurídica e de igualdade de tratamento das pessoas colocadas em idênticas condições (para que todas sejam, na prática, conformadas de modo idêntico).

Daí que a Constituição, tanto no texto de 1976 como no de 1982, tenha lançado uma ponte, mediante a possibilidade (em determinados termos) de declaração de inconstitucionalidade (e agora ainda de ilegalidade) com força obrigatória geral, quando tenha havido certo número de decisões concretas nesse sentido.

II – Segundo o art. 281.º, n.º 3, o Tribunal Constitucional aprecia e declara, com força obrigatória geral, a inconstitucionalidade ou a ilegalidade de

---

[845] O assunto foi discutido em 1982 na comissão eventual para o Tribunal Constitucional: v. *Diário da Assembleia da República*, págs. 594(91) e segs.

[846] Problema análogo discutia-se a propósito dos assentos do Supremo Tribunal de Justiça.

qualquer norma, desde que tenha sido por ele julgada inconstitucional ou ilegal em três casos concretos.

Não é esta, uma fórmula muito clara e, com alguma verosimilhança, ela compadecer-se-ia com mais de um entendimento: ou que, automaticamente com o terceiro caso, o Tribunal declararia a inconstitucionalidade; ou que estaria vinculado a proceder à apreciação, uma vez decidido o terceiro caso; ou que, decidido o terceiro caso, poderia ser desencadeado um processo de fiscalização abstrata.

Uma automática declaração de inconstitucionalidade, concomitante com a terceira decisão em concreto, brigaria com a letra da Constituição, com o seu espírito e com a distinção de competência das secções e do plenário.

Uma obrigatoriedade *ex officio* de apreciação (mesmo com faculdade de não declaração) seria algo de demasiado rígido e não jogaria plenamente com a necessidade de um pedido ou de uma iniciativa (como parece exigir a natureza de um tribunal).

Mais ajustado à índole do sistema afigura-se, pois, o terceiro caminho: ficar a apreciação dependente de uma iniciativa – e, depois, ficar sujeita ao regime geral da fiscalização abstrata sucessiva, com possibilidade, designadamente, de ser ouvido o órgão autor da norma e de serem obtidos mais elementos e informações [847]. O pedido leva consigo um juízo sobre a suficiência da última decisão concreta para que se passe à declaração com força obrigatória geral, mas é um novo processo de fiscalização que vem então a abrir-se e uma nova decisão do Tribunal que tem de se formar.

Porém, aqui ainda pode pôr-se uma alternativa: ou ser imposto ao órgão ou órgãos com legitimidade o dever de requerer a apreciação; ou terem apenas uma faculdade, que podem ou não exercer. É este segundo termo o adotado até hoje pela lei do Tribunal Constitucional.

III – Os três casos concretos tanto podem ter sido decididos em instância de recurso como em incidente suscitado no próprio Tribunal, ao abrigo do art. 204.º da Constituição.

---

[847] Na revisão constitucional de 1982, no entanto, chegámos a defender (assim como o Deputado Nunes de Almeida) a obrigatoriedade da apreciação: v. *Diário*, II legislatura, 2.ª sessão legislativa, 1.ª série, n.º 128, págs. 5375 e 5376.

FISCALIZAÇÃO DA CONSTITUCIONALIDADE

IV – Os três casos concretos decididos no sentido da inconstitucionalidade podem-no ter sido com fundamento em normas constitucionais diversas: a identidade tem de ser da norma julgada inconstitucional, não da norma parâmetro.

E assim como o Tribunal Constitucional pode, no âmbito do art. 281.º, n.º 3, não declarar a inconstitucionalidade, também pode declará-la – porque *jura novit curia* sempre – a partir de norma constitucional que não tenha sido tomada em consideração em qualquer das anteriores decisões [848].

V – Do mesmo modo, nada impede que o Tribunal Constitucional declare a inconstitucionalidade com amplitude menor do que a do julgamento dos casos concretos; *maxime*, nada impede que apenas declare a inconstitucionalidade de um segmento de norma, e não de toda a norma [849].

VI – A iniciativa da passagem, da abertura do processo de fiscalização abstrata subsequente à terceira decisão concreta coincidente, pertence a qualquer dos juízes ou ao Ministério Público (art. 82.º da Lei n.º 28/82). Não se faz oficiosamente, por deliberação do Tribunal, (como sucedia, no texto inicial da Constituição, com o Conselho da Revolução).

Já houve quem considerasse anómala a atribuição ao juiz de iniciativa processual, por pôr em causa a feição da função jurisdicional e comprometer a independência do juiz quando chamado a decidir o processo que ele próprio promovera [850].

Mas tem-se respondido que não é o Tribunal que delibera iniciar o processo; é o juiz que decide exercer um seu poder que desencadeia esse processo, independentemente de qualquer assentimento ou deliberação daquele. Não pode em rigor falar-se em iniciativa processual, embora seja indiscutível que na prática se trata de algo de significado idêntico [851]. E também se tem

---

[848] Cfr. acórdão n.º 400/91, de 30 de outubro, in *Diário da República*, 1.ª série-A, de 15 de novembro de 1991.

[849] Cfr. acórdão n.º 347/92, de 4 de novembro, in *Diário da República*, 1.ª série-A, de 3 de dezembro de 1992.

[850] José de Oliveira Ascensão, *Os acórdãos...*, cit., *loc. cit.*, pág. 260.

[851] Vitalino Canas, *Os processos...*, cit., págs. 103-104.

dito que a iniciativa parece estar ligada muito mais à ponderação sobre a conveniência de estabilizar definitivamente uma orientação jurisprudencial, e de dela extrair todas as consequências, do que sobre a vantagem de fazer operar a norma como limite intrínseco do ato [852]; ou que o juiz não promove um contributo *inovatório*, mas uma função consequencial ou derivada de um prévio e repetido julgamento da mesma norma pelo Tribunal, como garantia de segurança jurídica [853].

Parece mais curial a segunda postura sobre o problema em qualquer das suas fundamentações. O juiz funciona como órgão autónomo, na base da latitude deixada pelo art. 281.º, n.º 3, embora, por isso mesmo, não deva depois participar na decisão do Tribunal [854].

VII – As decisões sumárias também contam para efeito do art. 281.º, n.º 3 [855]

89. Efeitos da declaração de inconstitucionalidade

I – O problema da eficácia das decisões de inconstitucionalidade não é um problema de Direito processual, mas sim um problema de Direito substantivo, porque consiste em saber quais as alterações efetivas que a decisão provoca ou deixa de provocar quer no respeitante às normas a que se refere quer no conjunto do ordenamento jurídico estatal.

Tal como outras Constituições (ou leis orgânicas de tribunais constitucionais e órgãos homólogos) [856], a nossa Constituição trata, desde 1982, *ex professo* do assunto no art. 281.º [857], prescrevendo um complexo de regras, umas comuns a todas as declarações de inconstitucionalidade e ilegalidade

---

[852] Miguel Galvão Teles, *Inconstitucionalidade pretérita...*, cit., *loc. cit.*, pág. 335.

[853] Carlos Blanco de Morais, *Justiça...*, ii cit., pág. 160.

[854] Acolhendo o nosso entendimento em anteriores edições do vol. VI do *Manual*, Ricardo Branco, *op. cit.*, pág. 384.

[855] Acórdão n.º 388/2013, de 9 de julho, in *Diário da República*, 1.ª série, de 24 de setembro de 2013.

[856] Além dos referidos *supra*, cfr., por exemplo, a Constituição espanhola (art. 164.º).

[857] Fontes: *Um projecto de revisão constitucional*, art. 256.º, e a proposta apresentada na comissão eventual para a revisão constitucional, in *Diário*, ii legislatura, 2.ª sessão legislativa, 2.ª série, suplemento ao n.º 69, pág. 1288(30).

FISCALIZAÇÃO DA CONSTITUCIONALIDADE

e outras diferentes consoante a inconstitucionalidade ou a ilegalidade seja originária ou superveniente.

São regras comuns:

1.º) A retroatividade da decisão e, portanto, o seu carácter declarativo de nulidade da norma inconstitucional ou ilegal;

2.º) Como limite à retroatividade, a ressalva, em princípio, dos casos julgados;

3.º) Como limite, por seu turno, à ressalva dos casos julgados, a decisão em contrário do Tribunal Constitucional quando a norma respeitar a matéria penal, disciplinar ou de ilícito de mera ordenação social e for de conteúdo menos favorável ao arguido;

4.º) A possibilidade, em certas circunstâncias, de fixação dos efeitos da inconstitucionalidade ou da ilegalidade pelo Tribunal Constitucional com alcance mais restritivo do que o alcance previsto em geral pela Constituição.

São regras específicas da declaração de inconstitucionalidade ou ilegalidade originária:

1.º) A produção de efeitos da declaração desde a entrada em vigor da norma declarada inconstitucional ou ilegal;

2.º) A repristinação da norma que a norma declarada inconstitucional ou ilegal haja eventualmente revogado.

São regras específicas da declaração de inconstitucionalidade ou ilegalidade superveniente:

1.º) A produção de efeitos da declaração desde a entrada em vigor da nova norma constitucional ou legal;

2.º) A ausência de repristinação [858].

---

[858] Para uma visão comparativa, cfr. XAVIER MAGNON, *La modullation des effets dans le temps des décisions du juge constitutionnel*, in *Annuaire International de Justice Constitutionnel*, 2011, págs. 557 e segs.

CAPÍTULO III – REGIME ATUAL DE FISCALIZAÇÃO NO DIREITO PORTUGUÊS

II – As regras acabadas de enunciar dificilmente poderão ser estendidas, pelo menos sem adaptações, à inconstitucionalidade de normas de Direito internacional convencional.

Além de a eventual declaração de inconstitucionalidade se confinar à ordem jurídica interna portuguesa, é incontestável que nunca poderá dar-se a repristinação de norma consignada em tratado anterior (porque nenhuma norma de Direito internacional pode ser posta ou reposta em vigor por vontade unilateral de um Estado).

Mas o art. 282.º, n.º 4, poderá aqui prestar um contributo útil.

90. Retroatividade da declaração e repristinação

I – A declaração de inconstitucionalidade ou de ilegalidade produz efeitos retroativamente, *ex tunc*, e não apenas efeitos a contar da data da própria declaração ou *ex nunc* [859] [860].

Assim sucede por dois motivos essenciais: por a Constituição (ou a lei) como fundamento de validade, como base da força intrínseca da norma em causa, dever prevalecer incondicionalmente desde o momento em que esta é emitida ou em que ocorre a contradição ou desconformidade, e não apenas desde o instante em que a contradição é reconhecida; por a mera eficácia futura da declaração poder acarretar diferenças de tratamento das pessoas, e dos casos sob o império do mesmo princípio ou preceito constitucional, uns sujeitos ao seu comando e outros (os considerados antes da declaração de inconstitucionalidade ou de ilegalidade) subordinados ao sentido da norma inconstitucional ou ilegal, ao sentido de uma norma juridicamente inválida [861].

---

[859]   Cfr. já, nesse sentido, os pareceres da Comissão Constitucional n.º 1/80, de 8 de janeiro (in *Pareceres*, XI, pág. 29), n.º 4/81, de 19 de março (*ibidem*, XIV, pág. 231), e n.º 35/81, de 24 de novembro (*ibidem*, XVII, págs. 167-168).

[860]   E o mesmo sucede, à face do Código de Processo nos Tribunais Administrativos Fiscais, com a declaração de ilegalidade de normas administrativas (art. 76.º, n.º 1).

[861]   Cfr., embora doutras perspetivas, RUI MEDEIROS, *A decisão...*, cit., págs. 535 e segs.; e RICARDO BRANCO, *op. cit.*, págs. 77 e segs.

FISCALIZAÇÃO DA CONSTITUCIONALIDADE

Uma consequência significativa deste princípio é a relevância da averiguação da inconstitucionalidade de normas já revogadas ou caducas, a que atrás aludimos [862].

II – A declaração de inconstitucionalidade (ou de ilegalidade) produz efeitos em momentos diversos consoante se trate de inconstitucionalidade originária ou de inconstitucionalidade superveniente e apenas implica repristinação no primeiro e não no segundo caso.

Se existe, antes, a norma constitucional e, a seguir, surge uma norma que lhe é desconforme, esta não pode ter a virtualidade de realizar a função a que se pretende destinada; inválida desde a origem, vem a ser declarada inválida (inconstitucional) também desde a origem; e, porque nenhuma capacidade de modificação da ordem jurídica possui, tão-pouco poderia ter validamente revogado uma norma precedente sobre a mesma matéria, pelo que a declaração da sua inconstitucionalidade importa ainda o renascimento ou restauração dessa norma [863].

No entanto, por isso mesmo, a repristinação não pode ser aqui entendida em moldes idênticos aos da repristinação de lei revogada (art. 7.º, n.º 4, do Código Civil). Ela opera automaticamente por força da Constituição, e não através de qualquer nova intervenção legislativa [864].

Se, ao invés, existe, primeiro, a norma de direito ordinário e, de seguida, emerge uma nova norma constitucional que dispõe em sentido discrepante, há que distinguir duas fases: até à entrada em vigor desta nova norma – fase em que a norma de direito ordinário era, por hipótese, válida e eficaz; e uma segunda fase, em que a norma de direito ordinário fica desprovida de fundamento de validade, se torna inválida. Por conseguinte, a declaração de inconstitucionalidade vem reportar-se a este momento e, porque não atinge o momento de criação da norma, não pode afetar o efeito revogatório que tenha determinado; donde, não haver repristinação.

---

[862] Só não se verificará retroatividade da declaração, evidentemente, quando ela se reportar a norma ainda não entrada em vigor (norma publicada, mas sujeita a uma *vacatio* mais ou menos longa), por ser aqui possível (como se disse *supra*) fiscalização sucessiva.

[863] Não sendo necessário indicar expressamente essa norma, ao contrário do que sucede na Áustria (art. 140.º, n.º 4, da Constituição).

[864] Assim, ALEXANDRE SOUSA PINHEIRO, *op. cit.*, *loc. cit.*, págs. 235 e 236.

CAPÍTULO III – REGIME ATUAL DE FISCALIZAÇÃO NO DIREITO PORTUGUÊS

Tudo reside em saber se uma norma que revoga outra é ou não inválida (conforme o Tribunal Constitucional venha a decidir). Se é inválida, não pode ter efeito revogatório válido e, portanto, é lógico que readquira vigência a norma anterior. Se a norma revogatória, pelo contrário, não é inválida, validamente revogou a norma anterior e esta não pode renascer [865].

III – A inconstitucionalidade pretérita (no segundo sentido atrás referido) também envolve, em princípio, repristinação.

O Tribunal Constitucional declara inconstitucional (originariamente) certa norma; e, por conseguinte, de acordo com o art. 282.º, n.º 1, deve ter-se como não produzindo efeitos no período anterior à sua revogação ou caducidade. Logo, aos factos ocorridos antes de tal revogação ou caducidade deve, em princípio, aplicar-se a norma que, por seu turno, ela havia revogado [866].

Nem se invoque em contrário o art. 7.º, n.º 4, do Código Civil, porque a regra segundo a qual a revogação de lei revogatória não importa o renascimento da lei que esta revogara é para o futuro, e não para o passado, não abrange as situações anteriores à revogação.

IV – Nem sempre, contudo, se produzirá repristinação.

Além da hipótese (evidentemente) de ausência de norma ou lei anterior, outras há que convém registar:

- Leis de vigência predefinida como as leis das grandes opções dos planos nacionais, as leis orçamentais e as que estabelecem limites máximos dos avales a conceder em cada ano pelo Governo [art. 161.º, alíneas *g)* e *h)*, 2.ª parte];

---

[865] *Manual...*, II, cit., págs. 358 e 359. Contra, MARCELO REBELO DE SOUSA, *O valor...*, cit., pág. 190, nota; CARLOS BLANCO DE MORAIS, *Justiça...*, II, págs. 176 e segs. (relativamente a factos constituídos à sombra de normas declaradas inconstitucionais no período posterior à superveniência do parâmetro que fundamentou a sua invalidade). V. ainda RUI MEDEIROS, anotação, cit., *loc. cit.*, págs. 829 e segs.

[866] No sentido de o Tribunal determinar quais as normas repristinadas, VITALINO CANAS, *O Tribunal...*, cit., *loc. cit.*, págs. 119 e 120.

FISCALIZAÇÃO DA CONSTITUCIONALIDADE

- Leis de circunstância como as de amnistia e de perdões genéricos [art. 161.º, alínea *f)*], as relativas a empréstimos e a outras operações de crédito [art. 161.º, alínea *h)*, 1.ª parte] e, em geral, as leis-medidas;
- Leis de autorização legislativa [art. 161.º, alíneas *d)* e *e)*];
- Porventura, certas hipóteses de autonomização de normas revogatórias no âmbito de uma nova regulamentação global de certa matéria [867].

Além disso, poderá haver repristinação apenas parcial, com fundamento em qualquer das causas enunciadas no art. 282.º, n.º 4.

V – A declaração de inconstitucionalidade originária de uma norma determina a reposição em vigor da norma que ela, eventualmente, haja revogado (art. 282.º, n.º 1). Ora, esta reposição deve (ou pode) também ocorrer, quando a norma anterior é, por seu turno, igualmente, inconstitucional?

Numa ótica rígida do princípio do pedido, esse seria um problema que nem deveria pôr-se: o Tribunal não poderia, sequer cuidar de saber se haveria norma anterior, tal competiria aos tribunais nos casos concretos que tivessem de decidir. Mas este entendimento afigura-se incongruente com a função de garantia justificativa do instituto: para quê organizar um processo de fiscalização para, afinal, ele rematar na aplicação (ou na aplicabilidade) de uma norma que, além de mais antiga (e, portanto, quiçá, menos adequada às situações da vida atual), poderá ainda ser mais inconstitucional que a norma objeto de apreciação pelo tribunal?

A justiça constitucional não pode ser cega; tem de atender aos resultados das suas decisões, como o demonstra a possibilidade de restrição de efeitos prevista no art. 282.º, n.º 4. Ora, se este preceito admite que não se verifique repristinação, isso significa que o Tribunal Constitucional há-de indagar das normas repristinandas para as afastar ou não; e não se vê como possa afastá-las em nome dos interesses aí contemplados e não também em nome do princípio da constitucionalidade [868].

---

[867] Sobre este problema, cfr. RUI MEDEIROS, *A decisão...*, cit., págs. 662 e segs.

[868] Contra, ALEXANDRE SOUSA PINHEIRO, *op. cit.*, *loc. cit.*, pág. 237; RUI MEDEIROS, *A decisão...*, cit., págs. 670 e segs.; FERNANDO ALVES CORREIA, *Direito...*, cit., pág. 127, nota; CARLOS BLANCO DE MORAIS, *Justiça...*, II, págs. 370 e segs. E admitindo o conhecimento das normas

CAPÍTULO III – REGIME ATUAL DE FISCALIZAÇÃO NO DIREITO PORTUGUÊS

O princípio do pedido (à semelhança do que acontece em hipóteses de apreciação incidental atrás referidas) deve ser encarado como abrangendo não só a norma explicitamente especificada (a título principal ou a título subsidiário) no requerimento de apreciação que desencadeia o processo mas também, implicitamente, a norma que esta revogara – tudo no limite da razoabilidade da situação consequente à declaração. Nem impressiona demasiado que por aqui, por vezes, possa chegar-se a uma lacuna, por não se encontrar norma legal não desconforme à Constituição: os tribunais integrá-la-ão, se ela existir, de acordo com os cânones gerais do art. 10.º do Código Civil.

Poder-se-ia observar que o art. 282.º, n.º 4, permite resolver o problema, sem desvio ao princípio do pedido. Não seria, porém, exato. O art. 282.º, n.º 4, postula o prévio conhecimento da inconstitucionalidade de uma norma; e, por outro lado, o que ele autoriza é a restrição dos efeitos da inconstitucionalidade, e aqui trata-se do *alargamento* desses efeitos (um alargamento na cadeia temporal das normas jurídicas).

91. A ressalva dos casos julgados

I – A declaração de inconstitucionalidade com força obrigatória geral de qualquer norma não afeta os casos julgados [869]. Quer dizer: não modifica, nem revoga a decisão de qualquer tribunal transitada em julgado que a tenha aplicado, nem constitui fundamento da sua nulidade ou de recurso extraordinário de revisão [870].

---

repristinandas, para se recusar o efeito repristinatário, mas não a declaração de inconstitucionalidade, GOMES CANOTILHO, *Direito Constitucional*..., cit., pág. 1017.
Por duas vezes o Tribunal Constitucional esteve próximo do problema: acórdão n.º 103/87, de 24 de março, in *Diário da República*, 1.ª série, de 6 de maio de 1987; e acórdão n.º 452/95, de 6 de julho, *ibidem*, 2.ª série, de 21 de novembro de 1995.

[869] Cfr. art. 2502.º do Código Civil de 1867 e arts. 671.º e segs. do Código de Processo Civil.
[870] Cfr. *Ciência Política*..., cit., II, pág. 511, nota; acórdão n.º 87 da Comissão Constitucional, de 16 de fevereiro de 1978, in *Apêndice ao Diário da República* de 3 de maio de 1978, pág. 27; MIGUEL GALVÃO TELES, *Inconstitucionalidade pretérita*, cit., *loc. cit.*, pág. 329; PAULO OTERO, *Ensaio*..., cit., págs. 82 e segs.; RUI MEDEIROS, *A decisão*..., cit., págs. 546 e segs.; GOMES CANOTILHO, *Direito Constitucional*..., cit., pág. 1014; acórdão n.º 564/2004 do Tribunal Constitucional, de 21 de setembro, in *Diário da República*, 1.ª série-A, de 20 de outubro de 2004.
Na doutrina de outros países, cfr. ELENA LIBANE, *Corte Costituzionale e tutela della res judicata tra illusione e realità*, in *Giurisprudenza Costituzionale*, 2000, págs. 4387 e segs.; CARMEN LÚCIA

FISCALIZAÇÃO DA CONSTITUCIONALIDADE

Garante-se, assim, a autoridade própria dos tribunais como órgãos de soberania aos quais compete «administrar a justiça em nome do povo» (art. 202.º, n.º 1); garante-se o seu poder de apreciação da constitucionalidade e da legalidade (art. 204.º); e garante-se, reflexamente, o direito dos cidadãos a uma decisão jurisdicional em prazo razoável (art. 20.º, n.º 4, da Constituição e art. 6.º da Convenção Europeia).

O fundamento último da regra não se encontra, porém, ou não se encontra só num princípio de separação de poderes. Decorre de um princípio material – a exigência de segurança jurídica. A estabilidade do direito tornado certo pela sentença insuscetível de recurso ordinário é, igualmente, a dos direitos e interesses que declara.

II – A ressalva já constava, em moldes mais ou menos similares, da Constituição de 1933 (por último, arts. 91.º, n.º 2, e 123.º, § 2.º), da Lei n.º 3/74, de 14 de maio (art. 13.º, n.º 1, 3.º), e do texto de 1976 da Constituição (art. 281.º, n.º 2) e dela tem extraído a opinião dominante um argumento de maioria de razão em favor da existência de um princípio constitucional de intangibilidade do caso julgado em geral [871] [872].

Considerando os valores do Estado de Direito parece irrecusável o princípio [873]. Mas não é – como qualquer princípio constitucional – um absoluto, tem de ser conjugado com outros; sofre restrições – uma das quais, precisamente, a do mesmo art. 282.º, n.º 3, 2.ª parte, outra a que decorre do respeito dos direitos garantidos pelo art. 19.º, n.º 6 [874], e, outra ainda, a que se refere à

ANTUNES ROCHA, *O princípio da coisa julgada e o vício da inconstitucionalidade*, in *Constituição e Segurança Jurídica*, obra coletiva, Belo Horizonte, 2004, págs. 165 e segs.; TEORI ALBINO ZAVASCKI, *Coisa julgada em matéria constitucional: eficácia das sentenças nas relações jurídicas de trato contínuo*, in *Doutrina – Superior Tribunal de Justiça – Edição Comemorativa – 15 anos*, obra coletiva, Brasília, 2005, págs. 109 e segs.

[871] V. os autores citados no acórdão n.º 87 da Comissão Constitucional; acórdão n.º 352/86 do Tribunal Constitucional, de 16 de dezembro, in *Diário da República*, 2.ª série, de 4 de julho de 1987; PAULO OTERO, *Ensaio...*, cit., págs. 49 e segs.; GOMES CANOTILHO, *Direito Constitucional...*, cit., pág. 265; JOSÉ DE OLIVEIRA ASCENSÃO, *O Direito...*, cit., pág. 554.

[872] V., no Brasil, o art. 5.º, XXXVI.

[873] Infletimos, pois, o que escrevemos no citado acórdão n.º 87 da Comissão Constitucional (de que fomos relator) e na 2.ª ed. do tomo II deste *Manual*, pág. 388.

[874] Sobre o regime reforçado destes direitos, v. *Manual...*, IV, cit., págs. 461 e 462.

CAPÍTULO III – REGIME ATUAL DE FISCALIZAÇÃO NO DIREITO PORTUGUÊS

aplicação de normas juridicamente inexistentes [875]; já não necessariamente perante decisões jurisdicionais inconstitucionais [876]. O que, em definitivo, está vedado (até pelo art. 202.º, n.º 2), é uma lei individual atingir caso julgado [877] ou qualquer lei afetá-lo sem mediação de nova decisão judicial.

Por isso, também se compreende, desde logo, que o Tribunal Constitucional possa tomar uma decisão em contrário em matéria penal, disciplinar ou de ilícito de mera ordenação social (art. 282.º, n.º 3, 2.ª parte).

Em suma: assim como o princípio da constitucionalidade fica limitado pelo respeito do caso julgado [878], também este tem de ser apercebido no contexto global da Constituição.

III – A ressalva dos casos julgados não obsta à proteção a dar ao particular atingido pela norma declarada inconstitucional, que poderá propor uma ação de responsabilidade com base no art. 22.º da Constituição ou, se for caso disso, interpor recurso extraordinário de revisão da sentença transitada.

IV – É de perguntar se não devem também ser ressalvadas situações ou relações consolidadas por cumprimento de obrigações, por transação, ainda que não homologada, ou por ato de natureza análogo (art. 13.º do Código Civil), assim como decisões administrativas de carácter definitivo [879 880].

Temo-nos pronunciado e continuamos a pronunciar-nos negativamente. Que possa existir necessidades de segurança jurídica a ter em conta, por certo. Mas em vez da aplicação analógica do art. 282.º, n.º 3, poderá trabalhar-se com

---

[875]   Assim, MARCELO REBELO DE SOUSA, *O valor jurídico...*, cit., págs. 179 e 183; VITALINO CANAS, *Introdução...*, cit., pág. 151.

[876]   Assim, RUI MEDEIROS, anotação cit., *loc. cit.*, págs. 841-842.

[877]   Entenda-se ou não que é verdadeira lei e que a Constituição a proíbe ou não.

[878]   Diversamente, apontando para uma auto-rutura da Constituição, PAULO OTERO, *Ensaio...*, cit., pág. 89.

[879]   Respondendo afirmativamente, RUI MEDEIROS, *Ensaio...*, cit., págs. 200 e segs., e *A decisão...*, cit., págs. 620 e segs.; e anotação cit., *loc. cit.*, págs. 842 e segs.; VITALINO CANAS, *Introdução...*, cit., pág. 151; GOMES CANOTILHO, *Direito Constitucional...*, cit., pág. 1015.

[880]   É essa a solução adotada pelo Código de Processo nos Tribunais Administrativos e Fiscais quanto a atos administrativos após a declaração de ilegalidades de normas administrativas (art. 76.º, n.º 3). Cfr. PEDRO DELGADO ALVES, *O novo regime de impugnação de normas*, in *Novas e velhas andanças do contencioso administrativo*, obra coletiva, Lisboa, 2005, págs. 94 e segs., *maxime* 102 e segs.

FISCALIZAÇÃO DA CONSTITUCIONALIDADE

o art. 282.º, n.º 4, diretamente. A modelação de efeitos a cargo do Tribunal Constitucional permitirá, na generalidade das situações, dar suficiente e idónea satisfação aos interesses atendíveis [881].

Em especial quanto ao caso administrativo decidido, ele está fora do âmbito do art. 282.º, n.º 3 não só pelo carácter taxativo da fórmula como pelo diferente grau de garantia que ele oferece em confronto com o caso julgado [882].

Quando muito, a aceitar-se a relevância de situações jurídicas consolidadas, teria de seguir-se o que sugere VITALINO CANAS: o Tribunal Constitucional deveria fixar logo na sua decisão quais as que deveriam considerar-se salvaguardadas [883]. Ou o que adverte CARLOS BLANCO DE MORAIS: a alargar, por razões presas a um duvidoso pragmatismo de alguma jurisprudência, o espetro das situações intangíveis aos efeitos consequenciais da declaração de nulidade de norma, a solução seria remeter para a lei (e apenas a Lei do Tribunal Constitucional), a previsão que se pretendesse consolidar [884].

92. A ressalva dos casos julgados e o tratamento mais favorável em Direito Penal

I – A par do princípio da legalidade, o Direito penal acolhe o princípio do tratamento legislativo temporalmente mais favorável: são ambos manifestações da mesma ideia de segurança (ou de segurança e justiça) e de salvaguarda dos direitos, liberdades e garantias individuais frente ao poder punitivo do Estado.

Como escreve CAVALEIRO DE FERREIRA, justifica-se a retroatividade da lei penal mais favorável ao arguido como expressando uma garantia dos cidadãos

---

[881]   O Tribunal Constitucional encaminhou-se nesta direção, por exemplo, nos acórdãos n.ᵒˢ 246/90, de 11 de julho, e n.º 231/94, de 9 de março, in *Diário da República*, 1.ª série, de 3 de agosto de 1990, e 1.ª série-A, de 28 de abril de 1994. Não já no acórdão n.º 32/2002, de 21 de janeiro, *ibidem*, 2.ª série, de 18 de fevereiro de 2002.

[882]   Neste sentido, CARLOS BLANCO DE MORAIS, *Justiça...*, II, cit., págs. 212 e segs.; VASCO PEREIRA DA SILVA, *Sobre o pretenso efeito do "caso decidido" no Direito Constitucional e no Direito Administrativo português*, in *Perspectivas de reforma...*, cit., págs. 139 e segs.

[883]   *O Tribunal...*, cit., *op. cit.*, págs. 118 e 119.

[884]   *Justiça...*, II, cit., págs. 255-256.

CAPÍTULO III – REGIME ATUAL DE FISCALIZAÇÃO NO DIREITO PORTUGUÊS

e uma limitação do poder do Estado; este não terá nunca um direito de punir mais amplo do que o que for considerado pela lei vigente no momento da sua aplicação, se este é mais limitado do que aquele que a lei anterior lhe concedeu. Este aspeto da limitação do Estado quanto ao direito de punir quer do Estado legislador quer da jurisdição irmana o princípio da irretroatividade da lei penal com o da retroatividade da lei penal mais favorável [885].

Ou, como acentua EDUARDO CORREIA, se uma lei nova deixa de incriminar certos factos é porque entende, numa melhor visão das coisas, que o facto não merece punição e, assim, não há necessidade de se aplicar a lei anterior.

Na verdade, de retribuição não se pode falar, visto que deixou de entender-se que a censura fosse devida; de prevenção geral igualmente não é lícito falar-se, pois deixando o facto de ser ilícito não interessa mais que os outros o pratiquem. Igualmente, é inútil a necessidade de prevenção especial. É certo que o agente, praticando um certo facto, mostrou-se perigoso. Simplesmente, não basta que um certo agente seja perigoso: é necessário que essa perigosidade seja *criminal*, para que haja necessidade de reação. Ora, se o facto que indiciava essa perigosidade deixou de ser criminalmente ilícito, automaticamente a perigosidade de quem o pratica deixou de se poder considerar verificada [886].

Ou ainda, conforme sintetizam AMÉRICO TAIPA DE CARVALHO [887], MARIA FERNANDA PALMA [888] e JORGE DE FIGUEIREDO DIAS [889], o princípio é o da aplicação da lei penal favorável, surgindo a retroatividade *in melior* como um princípio e não apenas como uma exceção à proibição da retroatividade.

Por conseguinte, dentre duas ou mais leis penais ou processuais penais de carácter substantivo [890] que se sucedam no tempo, aplicáveis

---

[885] *Direito Penal Português*, I, pág. 115. V. também *Lições de Direito Penal*, I, Coimbra, 1992, págs. 67 e segs.; e, no mesmo sentido, JOSÉ DE SOUSA E BRITO, *A lei penal...*, cit., *loc. cit.*, pág. 254.

[886] *Direito Criminal*, I, Coimbra, 1963, pág. 154.

[887] *Sucessão de leis penais*, 2.ª ed., Coimbra, 1997, pág. 107.

[888] *A aplicação da lei no tempo: a proibição de retroactividade in pejus*, in *Jornadas sobre a revisão do Código Penal*, obra coletiva, Lisboa, 1998, págs. 420-421.

[889] *Direito Penal – Parte Geral-I*, 2.ª ed., Coimbra, 2007, pág. 199.

[890] Abrangendo estas leis processuais, VITALINO CANAS, *Introdução...*, cit., págs. 145 e segs.; AMÉRICO TAIPA DE CARVALHO, *op. cit.*, págs. 259 e segs.; RUI MEDEIROS, *A decisão...*, cit., págs. 593 e segs. E também acórdão n.º 183/2001, de 18 de abril, in *Diário da República*, 2.ª série, de 8 de junho de 2001.

FISCALIZAÇÃO DA CONSTITUCIONALIDADE

(ou potencialmente aplicáveis) à mesma pessoa ou ao mesmo facto, prevalece a de conteúdo mais benévolo; aplica-se a que menos comprima direitos, liberdades e garantias, a menos gravosa ou restritiva destes direitos; por razões de liberdade e de igualdade entre os membros da comunidade jurídica é a lei penal mais favorável, ou a menos desfavorável aos seus direitos, que lhes deve ser, em último termo, aplicada. E dentre as leis penas mais favoráveis contam-se as leis de amnistia [891].

A importância da regra justifica a sua consagração constitucional, como sucede em Portugal com a Constituição de 1976 (art. 29.º, n.º 4, 2.ª parte, e ainda, após 1982, art. 282.º, n.º 3, 2.ª parte), e em alguns outros países [892].

II – A aplicação da lei penal mais favorável ao arguido, mesmo que retroativamente, implica: 1.º) que o facto punível segundo a lei vigente no momento da sua prática deixará de o ser se uma lei nova o eliminar do número das infrações e que, se tiver havido condenação, ainda que transitada em julgado, cessarão a respetiva execução e os seus efeitos penais (art. 2.º, n.º 2, do Código Penal); 2.º) que quando as disposições penais vigentes no momento da prática do facto punível forem diferentes das estabelecidas em leis posteriores, será sempre aplicado o regime que concretamente se mostrar mais favorável ao agente (art. 2.º, n.º 4, do Código Penal).

Até à reforma operada pela Lei n.º 59/2007, de 4 de setembro, no inciso final deste art. 2.º, n.º 4, ressalvava-se o caso julgado, o que era considerado por larga parte da doutrina inconstitucional [893].

---

[891] V. FRANCISCO AGUILAR, *op. cit.*, págs. 215 e segs.

[892] Constituição espanhola (art. 9.º, n.º 3); Constituição equatoriana [art. 19.º, n.º 16, alínea *c)*, 2.ª parte]; Constituição cabo-verdiana (art. 32.º, 2.ª parte); Constituição da Guiné-Bissau (art. 33.º, 2.ª parte); Constituição croata (art. 31.º); Constituição timorense (art. 31.º, n.º 5).

[893] Assim, RUI PEREIRA, *A relevância da lei penal inconstitucional de conteúdo mais favorável ao arguido*, in *Revista Portuguesa de Ciência Criminal*, 1991, pág. 59, nota; JOSÉ LOBO MOUTINHO, *A aplicação da lei penal no tempo, segundo o Direito português*, in *Direito e Justiça*, 1994, 2, págs. 104 e segs.; AMÉRICO TAIPA DE CARVALHO, *op. cit.*, págs. 213 e segs., e anotação ao art. 29.º, in JORGE MIRANDA e RUI MEDEIROS, *Constituição...*, I, 1.ª ed., Coimbra, 2005, pág. 330; RUI MEDEIROS, *A decisão...*, cit., pág. 599 (invocando o princípio da proporcionalidade); GERMANO MARQUES DA SILVA, *Direito Penal Português*, I, 2.ª ed., Lisboa, 2001, pág. 287; GOMES CANOTILHO e VITAL MOREIRA, *Constituição...*, II, pág. 977 (estes Autores falando em constitucionalidade muito

CAPÍTULO III – REGIME ATUAL DE FISCALIZAÇÃO NO DIREITO PORTUGUÊS

Com esta Lei, esse inciso foi substituído pela seguinte fórmula: "se tiver havido condenação, ainda que transitada em julgado, cessam a execução e os efeitos penais, logo que a parte da pena que se encontra cumprida atingir o limite máximo previsto na lei posterior". Mas, por seu turno, a alteração já tem sido criticada: restaria saber se uma tal brecha na ressalva dos casos julgados não constituiria um fator de inibição de futuras reformas legislativas com vista à redução de penas de certas categorias de crimes em que se verificasse um elevado número de condenações [894]; e ter-se-ia aberto a porta à possibilidade de o legislador, por linhas travessas, se imiscuir na definição do conteúdo de um ato jurisdicional [895].

Implica também a aplicação de lei penal mais favorável que, se for declarada a inconstitucionalidade com força obrigatória geral de certa lei penal e se, por causa disso, for repristinada (art. 281.º, n.º 1, da Constituição) ou vier a tornar-se aplicável uma lei de conteúdo mais favorável, será esta a que deverá efetivamente ser aplicada, inclusive se já tiver havido trânsito em julgado da sentença condenatória (e não havendo agora que distinguir entre lei incriminadora e lei definidora da pena ou da medida de segurança).

Por conseguinte, não será ressalvado o caso julgado quando a norma declarada inconstitucional ou ilegal respeitar a matéria penal – ou a matéria disciplinar ou de ilícito de mera ordenação social – e for de conteúdo menos favorável ao arguido (art. 282.º, n.º 3, 2.ª parte) [896] [897], ou seja, quando da sua declaração

---

duvidosa). E também acórdão n.º 240/97 do Tribunal Constitucional, de 12 de março, in *Diário da República*, 2.ª série, de 15 de maio de 1997.

Em contrapartida, no sentido da não inconstitucionalidade, JORGE DE FIGUEIREDO DIAS, *op. cit.*, págs. 201-202 (em nome da razoabilidade e considerando que a restrição da retroatividade às sentenças ainda não transitadas não diminui o conteúdo essencial do art. 29.º, n.º 4, da Constituição).

[894]   JORGE DE FIGUEIREDO DIAS, *op. cit.*, pág. 203.

[895]   JOSÉ DE FARIA COSTA, *Noções Fundamentais de Direito Penal*, 2.ª ed., Coimbra, 2009, págs. 89 e 90.

[896]   Sobre a aprovação do preceito, v. *Diário da Assembleia da República*, II legislatura, 2.ª sessão legislativa, 2.ª série, suplemento ao n.º 69, págs. 1288(17)-1288(18) e 1288(29) e segs.; e 1.ª série, n.º 128, de 28 de julho de 1982, págs. 5379-5380.

[897]   Já na nossa dissertação *Aspectos de uma teoria da inconstitucionalidade*, págs. 251 e segs., defendíamos, à face do art. 123.º, § único, da Constituição de 1933, este princípio.

FISCALIZAÇÃO DA CONSTITUCIONALIDADE

de inconstitucionalidade ou de ilegalidade resultar uma redução da pena ou da sanção ou uma exclusão, isenção ou limitação da responsabilidade [898] [899].

Todavia, a regra não funciona automaticamente. Tem de haver uma decisão do Tribunal Constitucional, embora não se trate de uma faculdade, mas sim de uma obrigação [900]: tem de haver uma revogação expressa dos casos julgados constante da declaração de inconstitucionalidade, à luz de um princípio de proporcionalidade [901] [902].

Se faltar a revogação, os tribunais criminais deverão reapreciar os casos julgados, suprindo assim a inconstitucionalidade por omissão resultante daquela decisão [903] mas com possibilidade de recurso para o Tribunal Constitucional [904].

III – E se a declaração de inconstitucionalidade envolver a repristinação de uma lei menos favorável ao arguido do que a lei declarada inconstitucional [905]?

Por identidade de razão, por força da mesma ideia de adequação do tratamento jurídico-criminal à liberdade e à segurança das pessoas, haverá o Tribunal Constitucional – e também, para isso, o art. 282.º, n.º 3, 2.ª parte, impõe uma sua decisão – de avaliar o complexo normativo e de, em consequência, conformar a situação. E duas hipóteses serão possíveis então perante os comandos ínsitos na lei declarada inconstitucional.

---

[898]   Como se diz no art. 40.º, n.º 1, da lei orgânica do Tribunal Constitucional espanhol e, de certa maneira, no art. 30.º, *in fine*, da lei do Tribunal Constitucional italiano.

[899]   Cfr. José de Sousa Brito, *op. cit.*, *loc. cit.*, pag. 254; Raul Bocanegra Sierra, *El valor de las sentencias del Tribunal Constitucional*, cit., pág. 244; Rui Pereira, *op. cit.*, *loc. cit.*, págs. 70 e segs.; Américo Taipa de Carvalho, *op. cit.*, págs. 114 e segs.

[900]   Como salienta Rui Pereira, *op. cit.*, *loc. cit.*, pág. 72.

[901]   Cfr. Rui Medeiros, *A decisão...*, cit., pág. 605.

[902]   Cfr. art. 40.º, n.º 2, da lei orgânica do Tribunal Constitucional espanhol (algo diversamente).

[903]   Rui Pereira, *op. cit.*, *loc. cit.*, pág. 72.

[904]   Rui Medeiros, *A decisão...*, cit., pág. 607.

[905]   Sobre o assunto, cfr. Francesco Palazzo, *Valori costituzionali e diritto penale (un contributo comparatista allo studio del tema)*, in *L'influenza dei valori costituzionali sui sistema giuridici contemporanei*, obra coletiva, I, págs. 548 e segs.; Rui Pereira, *op. cit.*, *loc. cit.*, págs. 55 e segs. Cfr. ainda a intervenção do Deputado Costa Andrade, in *Diário da Assembleia da República*, II legislatura, 2.ª sessão legislativa, 1.ª série, n.º 128, pág. 5379.

CAPÍTULO III - REGIME ATUAL DE FISCALIZAÇÃO NO DIREITO PORTUGUÊS

Se esta não qualificar ou deixar de qualificar como ilícito certo facto, a lei anterior (que o qualifique) não poderá ser tida por aplicável, visto que a sua repristinação acarretaria retroatividade de lei penal incriminadora.

Nos demais casos, se a lei declarada inconstitucional qualificar como ilícito o facto (embora na veste de ilícito de mera ordenação social ou disciplinar) ou se o punir com pena menos grave, poderá (deverá), a lei anterior entender-se repristinada, mas no limite da estatuição daquela; o Tribunal Constitucional mandará aplicar a lei anterior, mas conformando-a, modificando-a e, tendo como baliza inultrapassável o alcance máximo de sanção da lei posterior [906]; não será, pois, a lei declarada inconstitucional a ser aplicada, será a outra lei, em certos termos [907].

Observe-se que tanto numa como noutra hipótese nunca é aplicada ou aplicada *qua tale* uma norma declarada inconstitucional com força obrigatória geral [908]. Ela é tida em conta só *negativamente*; e é tida em conta mesmo aí, não por si, mas à luz do princípio cogente dos arts. 29.º, n.º 4, e 282.º, n.º 3, 2.ª parte, o qual tem eficácia incondicionada e imediata.

Não se alegue, por isso, contra este entendimento que o princípio de direito criminal de aplicação da norma mais favorável pressupõe a validade da norma em causa, não podendo prevalecer sobre o princípio da constitucionalidade; ou que a submissão da lei penal à Constituição seria consideravelmente prejudicada, pois os tribunais criminais só estariam vinculados à aplicação de normas constitucionais quando elas contivessem um regime mais favorável

---

[906] Neste sentido, acórdão n.º 175/90, de 5 de junho, in *Diário da República*, 2.ª série, de 21 de janeiro de 1991, *maxime* pág. 696: a lei inconstitucionalizada há-de ser tomada como referência limitativa da medida punitiva. V. também acórdão n.º 60/91, de 7 de março, *ibidem*, 2.ª série, n.º 148, de 1 de julho de 1991; acórdão n.º 427/91, de 6 de novembro, *ibidem*, 2.ª série, n.º 78, de 2 de abril de 1992; acórdão n.º 240/97, de 12 de março, *ibidem*, 2.ª série, n.º 112, de 15 de maio de 1997.

[907] Relativamente à segunda hipótese enunciada, retificamos o que escrevemos em *Os princípios constitucionais da legalidade e da aplicação da lei mais favorável em matéria criminal*, in *O Direito*, 1989, pág. 699.

[908] Diversamente, preconizando mesmo a sua aplicação, RUI MEDEIROS, *Valores jurídicos...*, cit., *loc. cit.*, págs. 515-516; ou a sua consideração, GERMANO MARQUES DA SILVA, *op. cit.*, pág. 269.

ao arguido [909]. Tal como formulamos a questão, o princípio da constitucionalidade não é vulnerado.

Nem se sustente que assim se acaba por permitir ao Governo descriminalizar qualquer facto à revelia da Assembleia da República, ignorando a reserva de competência estabelecida na alínea *c)* do n.º 1 do art. 165.º da Constituição [910]. Não se nega que isso possa acontecer. Não obstante, na ocorrência de um fenómeno de sucessão de leis penais no tempo, entremostra-se, decerto, bem menos grave a preterição de um princípio orgânico do que a de um princípio material.

Finalmente, se a atribuição ao Tribunal Constitucional de um poder conformador ou modificativo das normas sancionatórias aplicáveis dir-se-ia entrar na esfera legislativa, não deve esquecer-se que a decisão aí surge como complementar ou acessória do ato jurisdicional em que consiste o juízo de inconstitucionalidade e que está pautada por critérios muito mais estritos do que os que estipula o art. 282.º, n.º 4 [911].

IV – O art. 282.º, n.º 3 contempla, além das normas penais, normas disciplinares e de ilícito de mera ordenação social, todas normas sancionatórias.

E deve entender-se que não apenas normas sancionatórias materiais mas também normas processuais de natureza substantiva [912].

93. A restrição dos efeitos da inconstitucionalidade

I – Já a Constituição de 1933 previa uma faculdade de determinação dos efeitos da inconstitucionalidade, mas em termos bem diferentes dos que constam do art. 282.º, n.º 4, da Constituição atual, visto que:

a) Naquela, essa faculdade cabia à Assembleia Nacional (por último, art. 123.º, § 2.º), no art. 282.º, n.º 4, ao Tribunal Constitucional;

---

[909]   Rui Pereira, *op. cit.*, *loc. cit.*, pág. 58; Francisco Aguilar, *op. cit.*, págs. 217 e segs.

[910]   Rui Pereira, *ibidem*, pág. 59.

[911]   Contra, desde logo por recusar decisões modificativas, Rui Medeiros, *A decisão...*, cit., pág. 761.

[912]   Assim, Rui Medeiros, *A decisão...*, cit., págs. 591 e segs.

CAPÍTULO III – REGIME ATUAL DE FISCALIZAÇÃO NO DIREITO PORTUGUÊS

b) Naquela, a determinação dos efeitos aparentemente reportava-se apenas à inconstitucionalidade orgânica e formal, e no art. 282.º, n.º 4, liga-se a qualquer tipo de inconstitucionalidade (e de ilegalidade);

c) Naquele, a determinação dos efeitos podia aparentemente revestir qualquer alcance, e no art. 282.º, n.º 4, dirige-se exclusivamente a um alcance mais restrito do que o alcance geral;

d) Na Constituição de 1933, a fixação dos efeitos dir-se-ia incondicionada, e no art. 282.º, n.º 4, depende de certos critérios materiais ou fatores justificativos [913] [914].

II – Fixar os efeitos com alcance mais restrito do que o previsto nos n.ºs 1 e 2 do art. 282.º [915] significa:

– Reduzir ou eliminar o âmbito retroativo da declaração (o que vale tanto para a inconstitucionalidade originária como para a inconstitucionalidade superveniente), e podendo entender-se que o Tribunal Constitucional recorra a limitações temporais apenas quanto a certos dos efeitos produzidos pela norma e que deixe que outros se produzam desde o início [916];

– Não proceder ou obstar à repristinação da norma anterior (o que, como se sabe, só vale para a inconstitucionalidade originária) [917].

---

[913] O Conselho da Revolução, enquanto órgão de fiscalização sucessiva abstrata, não tinha poder análogo. Todavia, num episódio que ficou célebre – sobre uma questão tributária – ele fixou, pelas Resoluções n.ºs 307 e 314/79, de 26 de outubro e 6 de novembro, os efeitos da inconstitucionalidade. E do problema assim suscitado, ocupou-se depois a Comissão Constitucional em vários acórdãos (v., por exemplo, o acórdão n.º 411, de 7 de julho de 1981, in *Apêndice* ao *Diário da República*, de 18 de janeiro de 1983, págs. 56 e 57).

[914] Sobre a formação do art. 282.º, n.º 4, v. *Diário da Assembleia da República*, II legislatura, 2.ª sessão legislativa, 2.ª série, suplemento ao n.º 69, págs. 1288(30) e segs., e suplemento ao n.º 93, págs. 1762(14) e segs.; e 1.ª série, n.º 128, págs. 5378 e segs., e n.º 129, págs. 5442 e segs.

[915] Cfr. RUI MEDEIROS, anotação in *Constituição...*, III, cit., págs. 845 e segs.; RICARDO BRANCO, *op. cit.*, págs. 92 e segs.; GOMES CANOTILHO e VITAL MOREIRA, *Constituição...*, II, cit., págs. 978 e segs.; JORGE SILVA MATOS, *A restrição de efeitos da invalidade: uma solução constitucional com implicações sistemáticas*, in *Estudos em homenagem ao Prof. Doutor Sérvulo Correia*, I, págs. 439 e segs.; CARLOS BLANCO DE MORAIS, *Justiça...*, II, págs. 337 e segs.

[916] GOMES CANOTILHO e VITAL MOREIRA, *Constituição...*, II, cit., pág. 979.

[917] No contencioso administrativo também se admite a restrição de efeitos da declaração de ilegalidade (art. 76.º, n.º 2, do Código de Processo nos Tribunais Administrativos e Fiscais).

FISCALIZAÇÃO DA CONSTITUCIONALIDADE

Mas este poder pressupõe uma tarefa prévia de apreciação das normas *sub judice* em face da realidade constitucional, uma avaliação dos efeitos da decisão em face dos concretos factos e situações de vida.

III – A fixação de efeitos da inconstitucionalidade com alcance mais restrito do que os previstos nos n.ºs 1 e 2 do art. 282.º, logicamente, tem de constar da própria decisão de inconstitucionalidade.

Não pode ser feita depois por uma decisão complementar do Tribunal Constitucional [918].

IV – Embora correspondam a conceitos relativamente indeterminados, não levantam dúvidas as referências a *segurança jurídica* e a *equidade*. Tem-se em vista preocupações de estabilidade dos atos jurídicos e de confiança dos cidadãos e ponderações de justiça em face das circunstâncias mutáveis de vida social; são estritos interesses jurídicos que assim se prosseguem.

Já acarreta dúvidas a menção do *interesse público de excepcional relevo, que deverá ser fundamentado*. Estará em causa algo não muito distante da razão de Estado, algo dominado por elementos políticos, ou, pelo contrário, deparar-se-ão aqui outros bens ou interesses constitucionalmente relevantes, porventura complementares das razões de equilidade e segurança jurídica?

Propendemos [919] para o segundo termo da alternativa (apesar da letra e, dalgum modo, da história do preceito), por melhor se coadunar com as imposições do princípio da constitucionalidade. Uma derrogação deste princípio por motivos políticos brigaria com o Estado de Direito democrático. E, tal

---

[918] Diferentemente, RUI MEDEIROS (anotação, cit, pág. 849), para quem, "em face da singularidade do processo de fiscalização abstracta da constitucionalidade, não se vislumbram quaisquer razões jurídico-constitucionais imperiosas que imponham a rejeição da possibilidade de, em momento ulterior à declaração de inconstitucionalidade, se reconhecer a existência de fundamento para uma limitação do alcance da declaração de inconstitucionalidade. Pelo contrário, perante a verificação *a posteriori* de que uma declaração de inconstitucionalidade com eficácia retroactiva e repristinatória envolveria um sacrifício intolerável de outros interesses constitucionalmente protegidos, manda o princípio da proporcionalidade que se admita a superveniente limitação de efeitos (sem prejuízo de caber recurso para o Tribunal Constitucional das decisões dos tribunais que, apesar da declaração de inconstitucionalidade pura e simples, concluam no sentido da limitação dos efeitos da declaração de inconstitucionalidade)".

[919] Diferentemente do que escrevíamos na 3.ª ed. do *Manual...*, II, cit., pág. 503.

CAPÍTULO III – REGIME ATUAL DE FISCALIZAÇÃO NO DIREITO PORTUGUÊS

como RUI MEDEIROS, aceitamos que interesse público de excecional relevo possa considerar-se qualquer interesse constitucionalmente não subsumível nas noções de segurança jurídica e de equidade e que tem de ser especificado sempre que invocado [920] [921].

Ou, como assinala CARLOS BLANCO DE MORAIS, seguindo de perto LUDUVICO MAZZAROLLI [922], não seria nem lógico nem aceitável, à luz dos princípios ancilares do Estado de Direito e da separação de poderes, que o Tribunal Constitucional pudesse livremente dispor sobre os efeitos das suas sentenças, mesmo nas situações em que a Constituição lhe confere um maior diâmetro decisório para o efeito.

A politicidade instrumental que resulta deste tipo de pressuposto de modelação das decisões do Tribunal Constitucional, se bem que permita um alargamento significativo da margem estimativa do Tribunal para dosear e orientar os efeitos repressivos das suas sentenças de acolhimento, não é, contudo, sinónimo de delegação de poderes políticos no máximo órgão de Justiça Constitucional [923].

A ponderação ou balanceamento de princípios ou valores constitucionalmente protegidos não deve implicar o completo sacrifício de um deles, devendo ser preservado, numa lógica de *"razoabilidade, possibilidade e probabilidade"*, o conteúdo essencial de cada um. E, quando nem sempre se torne clara a hierarquia dos princípios em tensão, o juízo do Tribunal Constitucional implicará, não apenas uma estimativa de mérito, mas um raciocínio tópico, já que está em causa a solução de um problema concreto que reclama não uma operação interpretativa, mas uma *adequada justificação retórica ou discursiva.*

---

[920] V. *A decisão...*, cit., págs. 704 e segs. Como escreve RUI MEDEIROS (*ibidem*, pág. 713), o Tribunal Constitucional, pautando-se exclusivamente por critérios constitucionais, deve escolher aquela consequência que, na situação concreta, conduza à mais rápida, efetiva e abrangentemente possível optimização da Constituição e, simultaneamente, seja capaz de evitar fricções constitucionais.

[921] Cfr. o acórdão n.º 24/83, de 23 de novembro, in *Diário da República*, 1.ª série, de 19 de janeiro de 1984 (sobre medicamentos); ou o acórdão n.º 92/85, de 18 de junho, *ibidem*, 1.ª série, n.º 168, de 24 de julho de 1985 (sobre taxas moderadoras hospitalares).

[922] LUDUVICO MAZZAROLLI, *Il Giudice delle Leggi tra Predeterminazione Costituzionale e Creatività*, Pádua, 2000.

[923] *Justiça...*, II, cit., pág. 346.

FISCALIZAÇÃO DA CONSTITUCIONALIDADE

Trata-se de uma decisão jurisdicional de pendor mais político que não se distingue muito significativamente da operação de ponderação axiológica que, à luz do n.º 2 do art. 18.º da Constituição, o Tribunal Constitucional realiza num caso de colisão entre um direito, liberdade ou garantia e um interesse constitucionalmente relevante na base do qual uma lei procure restringir os referidos direitos e garantias, mesmo quando a Constituição não habilite explicitamente essa restrição [924].

De resto interesse público é conceito que consta de outras normas (arts. 266.º, n.º 1, e 269.º, n.º 1), tal como os de interesse coletivo (arts. 61.º, n.º 1 e 86.º, n.º 1); ou que está pressuposto noutras normas [arts. 52.º, n.º 3, alínea b), 84.º ou 103.º]. E fundamentação tem sempre de existir, seja em nome da segurança jurídica, seja em nome da equidade, seja em nome de interesse público de excecional relevo.

V – A restrição recai, por conseguinte, *de pleno*, no domínio da jurisdição, não envolve funções político-legislativas [925].

Como refere MIGUEL GALVÃO TELES, a sentença do Tribunal Constitucional será coconstitutiva e conformadora dos efeitos limitados da lei inconstitucional. Mas casos de sentenças conformadoras não são incomuns: decisões em processos de jurisdição voluntária, interpretação de conceitos indeterminados, integração de lacunas, sentenças de resolução ou alteração de contratos por modificação das circunstâncias ou de redução de cláusula penal em concreto excessiva, previstas nos arts. 437.º e 812.º do Código Civil, sentenças penais que fixam concretas medidas da pena [926].

VI – De todo o modo, a decisão ao abrigo do art. 282.º, n.º 4, está condicionada por um princípio de proporcionalidade [927] na sua tríplice vertente de necessidade, adequação e racionalidade [927].

---

[924]   *Ibidem*, pág. 347.

[925]   Assim também, RUI MEDEIROS, *A decisão...*, cit., págs. 762 e segs.

[926]   *Inconstitucionalidade pretérita*, cit., *loc. cit.*, pág. 330.

[927]   Cfr. KLAUS SCHLAICH, *Corte Costituzionale e controllo sulle norme nella Repubblica Federale di Germania*, in *Quaderni Costituzionali*, 1982, págs. 584 e 587; MARCELO REBELO DE SOUSA, *O*

CAPÍTULO III – REGIME ATUAL DE FISCALIZAÇÃO NO DIREITO PORTUGUÊS

Por um lado (consoante se lê num dos seus acórdãos), se, ao declarar a inconstitucionalidade de uma norma com força obrigatória geral, o Tribunal contribui para o reequilíbrio do sistema jurídico, ao mesmo tempo, e quase paradoxalmente, o exercício dessa competência constitui um fator de incerteza e insegurança. Assim, a limitação de efeitos surge como um meio de atenuar os riscos da incerteza e insegurança, consequentes, em princípio, à declaração de inconstitucionalidade [929].

Mas, por outro lado, não basta para justificar a limitação de efeitos que a declaração de inconstitucionalidade envolva alguma incerteza para o mundo do direito e para a vida social dele dependente. Essencial será que a investida contra a segurança jurídica resultante de inconstitucionalização seja de grau elevado [930]. Dado o seu carácter necessariamente excecional, qualquer limitação de efeitos de uma declaração de inconstitucionalidade deve ser ela mesma reduzida ao estritamente necessário para a salvaguarda dos valores mencionados no art. 282.º [931].

A despeito de acolher este princípio [932], o Tribunal Constitucional tem vindo a fazer uma excessiva ou «generosa» aplicação do art. 282.º, n.º 4 [933]. Tem chegado, não raro, a fazer depender a apreciação da constitucionalidade

---

valor..., cit., págs. 263 e 269; RUI MEDEIROS, *A decisão...*, cit., págs. 696 e segs.; CARLOS BLANCO DE MORAIS, *Justiça...*, II, págs. 349 e segs.

[928] V. *Direitos Fundamentais*, cit., págs. 327 e segs.

[929] Acórdão n.º 206/87, de 17 de junho, in *Diário da República*, 1.ª série, de 10 de julho de 1987, pág. 2738. Cfr., recentemente, acordão n.º 551/2007, de 7 de novembro, *ibidem*, de 3 de dezembro de 2007.

[930] Acórdão n.º 272/86, de 30 de julho, in *Diário da República*, 1.ª série, de 18 de setembro de 1986.

[931] Declaração de voto do juiz Vital Moreira anexa ao acórdão n.º 144/85, de 31 de julho, in *Diário da República*, 1.ª série, de 4 de setembro de 1985, pág. 2880.

[932] Cfr. acórdão n.º 246/90, de 11 de julho, in *Diário da República*, 1.ª série, de 3 de agosto de 1990.

[933] V. *Manual...*, II, 3.ª ed., cit., págs. 504 e 505; VITAL MOREIRA, *Princípio da maioria e princípio da constitucionalidade*, in *Legitimidade e legitimação da justiça constitucional*, obra coletiva, págs. 194-195; RUI MEDEIROS, *A decisão...*, cit., pág. 688; GOMES CANOTILHO, *Direito Constitucional...*, cit., pág. 1017. Cfr. uma perspetiva diversa em MIGUEL LOBO ANTUNES, *Fiscalização abstracta...*, cit., *loc. cit.*, págs. 418 e segs.

FISCALIZAÇÃO DA CONSTITUCIONALIDADE

da verificação prévia da utilidade da sua eventual declaração [934], como se estivesse em fiscalização concreta [935].

VII – Há limites absolutos à limitação de efeitos da declaração de inconstitucionalidade ou de ilegalidade com força obrigatória geral, por virtude de princípios fundamentais:

a) Não pode o Tribunal Constitucional restringir os efeitos de declaração de inconstitucionalidade ou de ilegalidade de norma violadora de direitos insuscetíveis de suspensão em estado de sítio (art. 19.º, n.º 6, da Constituição) – se mesmo *salus populi* não autoriza a suspensão destes direitos, muito menos em normalidade constitucional poderiam normas que os violassem produzir efeitos salvaguardados na declaração de inconstitucionalidade [936];

b) Não pode o Tribunal Constitucional fazer aceção de pessoas ou de situações objetivamente não fundadas – porque tal infringiria o princípio da igualdade (art. 13.º) [937];

c) Não pode o Tribunal Constitucional restringir os efeitos de declaração de inconstitucionalidade ou de ilegalidade de norma constante de lei do Estado ou de convenção internacional em razão do território (designadamente, de uma região autónoma) – porque tal agrediria

---

[934] V., por exemplo, acórdão n.º 415/89, de 14 de junho, in *Diário da República, 2.ª série, de 15 de setembro de 1989, acórdão n.º 73/90*, de 21 de março, *ibidem*, 2.ª série, de 19 de julho de 1990; acórdão n.º 308/93, de 20 de abril, *ibidem*, 2.ª série, de 22 de julho de 1993; acórdão n.º 186/94, de 22 de fevereiro, *ibidem*, 2.ª série, de 14 de maio de 1994; acórdão n.º 468/96, de 14 de março, *ibidem*, 2.ª série, de 13 de maio de 1996; acórdão n.º 270/2000, de 10 de maio, *ibidem*, 2.ª série, de 6 de novembro de 2000.

[935] Obliterando que o problema da restrição dos efeitos da inconstitucionalidade só se põe depois de se ter resolvido – em sentido afirmativo – a questão da inconstitucionalidade, isto é, depois de se ter declarado essa mesma inconstitucionalidade (declaração de voto do juiz Vital Moreira anexa ao citado acórdão n.º 415/89).

[936] Contra, CARLOS BLANCO DE MORAIS, *Justiça...*, II, cit., págs. 374 e 375.

[937] Contra a restrição de efeitos em matéria tributária por ofensiva do princípio da igualdade e do princípio de que ninguém pode ser obrigado a pagar impostos inconstitucionais, MARGARIDA MESQUITA, *Direito de resistência e ordem fiscal*, Coimbra, 1996, págs. 177 e segs.

CAPÍTULO III – REGIME ATUAL DE FISCALIZAÇÃO NO DIREITO PORTUGUÊS

a estrutura unitária do Estado (art. 6.º) e, de novo, o princípio da igualdade [938];

d) Não pode a restrição de efeitos atingir decisões de inconstitucionalidade transitada em julgado [939];

e) Não pode o Tribunal Constitucional diferir para o futuro a produção de efeitos – porque tal brigaria com o próprio princípio da constitucionalidade [940];

f) Não pode haver limitação de efeitos de inconstitucionalidade quanto a atos normativos juridicamente inexistentes.

VIII – Problema delicado consiste em saber se a restrição de efeitos da inconstitucionalidade ou da ilegalidade pode ser decretada também na fiscalização concreta e se, sendo nesta admissível, pode ser decidida por todos os tribunais ou apenas pelo Tribunal Constitucional [941].

---

[938]   Deve, por isso, ter-se por inconstitucional o acórdão n.º 403/89, de 23 de maio (in *Diário da República*, 1.ª série, de 27 de julho de 1989), que declarou a inconstitucionalidade de várias normas da Lei n.º 13/85, de 6 de julho (lei de bases do património cultural), na medida da sua aplicação à região autónoma dos Açores, por falta de audição dos seus órgãos de governo próprios. Assim, já o nosso estudo *O património cultural e a Constituição – tópicos*, in *Direito do Património Cultural*, obra coletiva, Oeiras, 1996, pág. 269. Cfr. ÁLVARO MONJARDINO, *Um caso de inconstitucionalidade formal*, in *Atlântida – Ciências Sociais*, 1991, págs. 7 e segs.

[939]   Assim, GOMES CANOTILHO e VITAL MOREIRA, *Constituição...*, II, cit., págs. 981-982.

[940]   Assim, MARCELO REBELO DE SOUSA, *O valor jurídico...*, cit., págs. 261 e 262.

Mas foi o que fez o Tribunal no acórdão n.º 253/2012, de 5 de julho, in *Diário da República*, 1.ª série, de 20 de julho de 2012. A favor, JOAQUIM DE SOUSA RIBEIRO, *O diferimento no tempo da declaração de inconstitucionalidade*, in *Revista de Legislação e de Jurisprudência*, março.junho de 2016, págs. 266 e segs. Criticando, MIGUEL NOGUEIRA DE BRITO, *Comentário ...*, in *Direito e Política*, 01, outubro-dezembro de 2012, págs. 108 e segs.

[941]   Em *Direito Constitucional*, II – *Aditamentos*, policopiado, Lisboa, 1991, pág. 247, pronunciámo-nos contra. E assim também, MIGUEL GALVÃO TELES, *Inconstitucionalidade pretérita*, cit., *loc. cit.*, págs. 330-331; LUÍS NUNES DE ALMEIDA, *O Tribunal...*, cit., *loc. cit.*, pág. 957; ANTÓNIO DE ARAÚJO, MIGUEL NOGUEIRA DE BRITO e JOAQUIM CARDOSO DA COSTA, *As relações entre os tribunais constitucionais e as outras jurisdições europeias*, in *Estudos em homenagem ao Conselheiro José Manuel Cardoso da Costa*, obra coletiva, págs. 241 e segs.; FRANCISCO AGUILAR, *op. cit.*, pág. 230; CARLOS BLANCO DE MORAIS, *Justiça...*, II, cit., págs. 865 e segs.

Afirmativamente, pronuncia-se RUI MEDEIROS, *Valores...*, cit., *loc. cit.*, pág. 512, e *A decisão...*, cit., págs. 741 e segs. (e considerando, a pág. 761, exemplo paradigmático de decisão limitativa de efeitos em fiscalização concreta a da aplicação pelo tribunal de normas inconstitucionais penais de conteúdo mais favorável).

FISCALIZAÇÃO DA CONSTITUCIONALIDADE

Vale a *ratio* do art. 282.º, n.º 4, analogamente no campo dos arts. 204.º e 280.º? Tendo consciência da volatilidade e até imprevisibilidade das situações da vida – ainda mais patente na fiscalização concreta do que na abstrata – admitimos hoje que sim, pelo menos quando estejam em foco a segurança jurídica e a equidade [942].

Se for um tribunal qualquer a fazer restrição de efeitos de inconstitucionalidade no caso concreto, a sentença será necessariamente recorrível para o Tribunal Constitucional, mas pressupondo sempre o juízo de inconstitucionalidade e, portanto, a aplicação da alínea *b)* do n.º 1 do art. 280.º [943].

IX – A fixação dos efeitos pelo Tribunal Constitucional obriga, nos termos gerais das suas decisões, todos os tribunais ou, se for em fiscalização concreta, o tribunal da causa [944].

Se um tribunal não a acatar e se ela constar de declaração de inconstitucionalidade ou de ilegalidade com força obrigatória geral, poderá haver recurso – atípico (de novo), como na hipótese de não restrição de efeitos – para o próprio Tribunal Constitucional, para que este, fazendo prevalecer a sua autoridade, revogue a decisão recorrida.

Quanto ao Brasil, v. José Levi Mello do Amaral Júnior, *Da admissibilidade de restrição temporal de efeitos das decisões de inconstitucionalidade em controle concreto*, in *Direito Constitucional, Estado de Direito e Democracia – Homenagem ao Prof. Manuel Gonçalves Ferreira Filho*, págs. 433 e segs.

[942] Pense-se na seguinte hipótese. Uma lei cria certa pensão para certa categoria de pessoas, a qual vai sendo paga até que a Administração deixa de a pagar. Um dos pensionistas dirige-se, por isso, a tribunal e este decide no sentido da inconstitucionalidade da lei. Deverá o pensionista repor os montantes já percebidos? Parece óbvio que não.
Contra, João Tiago Silveira (com a colaboração de Ivone Tena Seco), *Da admissibilidade de restrição temporal de efeitos das decisões de inconstitucionalidade em controle concreto*, in *Perspectivas de Reforma...*, cit., págs. 281 e segs.

[943] Cfr. Rui Medeiros, *A decisão...*, cit., págs. 752-753.

[944] Cfr. acórdão n.º 189/90, de 7 de junho, in *Diário da República*, 2.ª série, de 21 de janeiro de 1991; e acórdão n.º 163/2000, de 22 de março, *ibidem*, 2.ª série, de 11 de outubro de 2000. E, ainda, Miguel Galvão Teles, *A competência...*, cit., *loc. cit.*, pág. 116, nota.
Contra: Pedro Fernández Sánchez, *A não vinculação do juiz comum às decisões do Tribunal Constitucional sobre restrição dos efeitos da declaração de inconstitucionalidade com força obrigatória geral*, in *O Direito*, 2015, págs. 363 e segs.

§ 4.º
A fiscalização da inconstitucionalidade por omissão

94. As omissões inconstitucionais em geral

I – A existência de omissões juridicamente relevantes é um fenómeno que se encontra nas mais diversas áreas jurídicas. Ela verifica-se sempre que, perante uma obrigação de *facere*, e mandando, direta ou indiretamente, a norma reguladora de certa relação ou situação praticar certo ato ou certa atividade nas condições que estabelece, o destinatário não o faça, não o faça nos termos exigidos, não o faça em tempo útil, e a esse comportamento se liguem consequências mais ou menos adequadas.

Relativamente a quaisquer funções do Estado objeto de disciplina pela Constituição, não custa surpreender manifestações possíveis – e não apenas teóricas – de comportamentos omissivos, sejam omissões de atos normativos, sejam de atos de conteúdo não normativo ou individual e concreto. Sucede isto com a função legislativa e com a função política ou de governo e, em alguns casos, com a revisão constitucional; sucede isto com a função administrativa e pode suceder até com a função jurisdicional. Tais comportamentos vêm, assim, a ser inconstitucionais ou ilegais, consoante os casos, e podem ainda revelar-se ilícitos [945].

---

[945] Cfr. a tentativa de teoria geral (embora centrada no Direito administrativo e na jurisprudência francesa e sem falar em inconstitucionalidade por omissão) de Pierre Montané de la Roque, *L'Inertie des Pouvoirs Publics*, Paris, 1950; ou, sobre a efetivação dos comandos constitucionais e legislativos no tempo, a perspetiva de Emanuele Tuccari, *L'attuazione legislativa*, in *Rivista Trimestrale di Diritto Pubblico*, 1982, págs. 363 e segs.

FISCALIZAÇÃO DA CONSTITUCIONALIDADE

O que se diz acerca do Direito interno, deve entender-se, sem dificulda-de, *mutatis mutandis* a outras ordens jurídicas (ou a certos sectores de outras ordens jurídicas) [946].

II – Pode haver inconstitucionalidade por omissão de atos legislativos (ou, o que para aqui vale o mesmo, por omissão de normas legislativas) desde logo (mas não apenas), quando o legislador mantenha desigualdade ou não reponha a igualdade (art. 13.º da Constituição); quando não confira a direi-tos fundamentais o necessário suplemento de proteção (art. 26.º, n.º 2, entre outros); quando não torne exequíveis normas constitucionais não exequíveis por si mesmas (art. 283.º).

Pode haver inconstitucionalidade por omissão de atos políticos ou de go-verno: pense-se na não marcação de eleições no prazo constitucional aquando da dissolução de órgão colegial baseado no sufrágio direto (art. 113.º, n.º 6, da Constituição), na não marcação de eleições pelo Presidente da República [art. 133.º, alínea *b)*], na não designação de titulares de cargos constitucionais [arts. 133.º, alíneas *f), h), l), m), n)* e *p)*, e 163.º, alíneas *h)* e *i)*] ou na não pro-mulgação de leis da Assembleia da República, na não assinatura de outros diplomas, na falta de referenda ministerial e na não assinatura de decretos legislativos regionais quando devidas (arts. 136.º, n.ºs 2 e 3, 137.º e 286.º, n.º 3, 140.º e 233.º, n.º 3, respetivamente).

Tão variadas se configuram estas hipóteses que se compreende terem de ser diversos os efeitos que lhes hão-de corresponder – desde a responsabili-dade política e criminal dos titulares dos cargos (art. 117.º, n.º 1) à inexistência jurídica de atos com eles conexos (arts. 113.º, n.º 2, 2.ª parte, 137.º e 140.º, n.º 2); e raramente – o que torna o problema mais agudo – se prevê suprimento por órgãos diferentes.

Pode haver inconstitucionalidade por omissão de atos jurisdicionais quan-do os tribunais não decidam as lides em prazo razoável (art. 20.º, n.º 4) e, na fiscalização preventiva, quando o Tribunal Constitucional se não pronuncie

---

[946] Cfr., no Direito da União Europeia, a ação por incumprimento proposta contra um Estado membro (arts. 258.º e segs. do Tratado sobre o Funcionamento da União Europeia), incumprimento esse que pode consistir na não transposição de diretivas. Cfr. João Mota de Campos e João Luiz Mota de Campos, *Manual de Direito Europeu*, 6.ª ed., Coimbra, 2010, págs. 444 e segs.

CAPÍTULO III – REGIME ATUAL DE FISCALIZAÇÃO NO DIREITO PORTUGUÊS

no prazo de 25 dias ou no prazo encurtado pelo Presidente da República, por motivo de urgência (art. 279.º, n.º 8).

Pode admitir-se inconstitucionalidade por omissão da revisão constitucional, quando a Constituição, explícita ou implicitamente, requeira a modificação de algum dos seus preceitos ou dos seus institutos – o que deve ter-se por excecional. Teria sido, contudo, o que teria acontecido em Portugal se o Conselho da Revolução não tivesse sido extinto na primeira revisão constitucional, de 1982 [947] [948].

E, para além disso, são concebíveis hipóteses de inconstitucionalidade por omissão em certas configurações da Constituição prospetiva, cujos princípios exijam a concretização progressiva de certas providências por via constitucional e quando isso não se verifique; ou em caso de derrogações constitucionais, admissíveis em certas circunstâncias ou para certas pessoas, mas não para todo o tempo, e que deverão ser revogadas ou declaradas caducas em posterior revisão, salvo preterição de princípios fundamentais do ordenamento – quer dizer, de limites materiais [949].

III – Por seu lado, ilegalidade (ou inconstitucionalidade indireta, para alguns) por omissão vem a ser a que se traduz na não publicação das normas regulamentares de que dependa a efetivação de certa lei. A Constituição de 1933, após 1945, dispunha que quando a lei não fosse exequível por si mesma, o Governo expediria os respetivos decretos dentro do prazo de seis meses a contar da sua publicação, se nela não fosse deteterminado outro prazo (§ 7.º do art. 109.º, na versão final). O preceito não passou para a atual Constituição, embora o problema possa vir a pôr-se frente a qualquer lei ordinária

---

[947] Conforme já escrevíamos em *A Constituição de 1976 – Formção, estrutura, princípios fundamentais*, Lisboa, 1978, pág. 409.

[948] Recorde-se também o debate, no Brasil, acerca da revisão constitucional (distinta das emendas à Constituição) prevista no art. 3.º do Ato das Disposições Constitucionais Transitórias, em conexão com o referendo sobre monarquia e república e sobre parlamentarismo e presidencialismo do art. 2.º

[949] JORGE MIRANDA, *Manual...*, II, cit., pág. 258. Será o caso hoje da subsistência da proibição de organizações fascistas (art. 46.º, n.º 4), contrária aos princípios do pluralismo e da liberdade política (arts. 2.º, 46.º e 51.º). Quanto ao art. 292.º, há muito caducou.

FISCALIZAÇÃO DA CONSTITUCIONALIDADE

que estatua de forma semelhante [950]. A solução parece então dever ser, no mínimo, a entrada em vigor das normas legislativas que sejam exequíveis por si mesmas [951]. Quando, porém, se trate de norma legal não exequível por si mesma, existe desde 2002 (art. 77.º do Código de Processo nos Tribunais Administrativos e Fiscais) um mecanismo de fiscalização da ilegalidade por omissão [952].

Recortam-se ainda hipóteses de omissões ilegais de atos administrativos (ou, de outros atos da Administração pública): omissões de atos administrativos de execução de leis ou de regulamentos, inclusive de leis impostas pela Constituição – com a consequente sujeição, em certos casos, a tutela substitutiva [953], e omissões de atos de execução de sentenças dos tribunais, em particular de sentenças dos tribunais administrativos [954] – sendo certo que as decisões dos tribunais são obrigatórias para todas as entidades públicas e os responsáveis pela sua inexecução passíveis de sanções (art. 205.º, n.º 3).

Sabe-se também que ao Provedor de Justiça compete apreciar queixas por omissões dos poderes públicos (art. 23.º) e que omissões legais graves podem ser causa de dissolução dos órgãos das autarquias locais (art. 242.º, n.º 3).

Omissão na função jurisdicional é especificamente a denegação da justiça (art. 369.º do Código Penal). Os juízes não podem abster-se de julgar com

---

[950] Cfr. João Caupers, *Um dever de regulamentar?*, in *Legislação*, n.º 18, janeiro-março de 1997, págs. 7 e segs.; Paulo Otero, *A impugnação de normas no anteprojecto do Código de Processo nos Tribunais Administrativos, ibidem*, n.º 22, julho-agosto de 2000, págs. 46 e segs.; André Salgado de Matos, *Princípio da legalidade e omissão regulamentar*, in *Estudos em homenagem ao Professor Doutor Marcello Caetano no centenário do seu nascimento*, obra coletiva, Coimbra, 2006, I, págs. 193 e segs.

[951] Neste sentido, *Decreto*, Coimbra, 1974, págs. 60 e segs., e *Um projecto de revisão constitucional*, Coimbra, 1980 (art. 127.º, n.º 5).

[952] Cfr. Ana Raquel Gonçalves Moniz, *O controlo judicial do exercício do poder regulamentar*, in *Boletim da Faculdade de Direito da Universidade de Coimbra*, 2006, págs. 465 e segs. e *Aproximação ao conceito de "norma devida" para efeito do artigo 77.º do CPTA*, in *Cadernos de Justiça Administrativa*, 2011, págs. 3 e segs.; Mário Aroso de Almeida e Carlos Alberto Fernandes Cadilha, *Comentário ao Código de Processo nos Tribunais Administrativos*, 3.ª ed., Coimbra, 2010, págs. 502 e segs.

[953] V. Diogo Freitas do Amaral, *Curso de Direito Administrativo*, I, 3.ª ed., Coimbra, 2006, pág. 887. Cfr. o conceito de substituição integrativa de Paulo Otero, *O poder de substituição em Direito Administrativo*, II, Lisboa, 1995, págs. 497 e 498.

[954] V. Diogo Freitas do Amaral, *A execução das sentenças dos tribunais administrativos*, 2.ª ed., Coimbra, 1997.

CAPÍTULO III – REGIME ATUAL DE FISCALIZAÇÃO NO DIREITO PORTUGUÊS

fundamento em falta, obscuridade ou ambiguidade da lei ou em dúvida insanável sobre o caso em litígio, desde que este deva ser juridicamente regulado (art. 3.º do estatuto dos magistrados judiciais, constante da Lei n.º 21/85, de 30 de julho).

Tudo isto sem esquecer ainda a possibilidade de omissões do próprio Tribunal Constitucional, não decidindo ou não decidindo no tempo fixado na Constituição.

95. As omissões legislativas

I – Entre todas as omissões, sobressaem as omissões legislativas, devido à relação imediata do legislador com a Constituição. A aplicabilidade imediata das normas constitucionais, particularmente das consagradoras de direitos fundamentais (art. 18.º, n.º 1) não dispensa a intervenção conformadora do legislador, no respeito do seu conteúdo essencial e no âmbito da alternância democrática [955].

---

[955]   Cfr. PIERRE MONTANÉ DE LA ROQUE, *op. cit.*, págs. 60 e segs.; ERNST FRIESENHAM, *Die Verfassunggerichtsbarkeit des Bundes Republik Deutschland*, 1963, trad. *La giurisdizione costituzionale nella Republica Federale Tedesca*, Milão, 1965, págs. 86 e segs.; JORGE MIRANDA, *Contributo...*, cit., pág. 76 e *Inconstitucionalidade por omissão*, in *Estudos sobre a Constituição*, obra coletiva, I, Lisboa, 1977, págs. 333 e segs.; FRANCO MODUGNO, *L'Invalidità della Legge*, I, Milão, 1970, pág. 147, e *La funzione legislativa complementare...*, cit., *loc. cit.*, 1981, págs. 1646 e segs., *maxime* 1649 e segs.; COSTANTINO MORTATI, *Appunti per uno studio sui rimedi giurisdizionali contro comportamenti ommisivi del legislatore*, in *Scritti*, III, Milão, 1971, págs. 925 e segs., *maxime* 952 e segs.; PIERRE VIALLE, *La Cour Suprême et la représentation politique aux Etats-Unis*, Paris, 1972, págs. 11 e segs.; GOMES CANOTILHO, *O problema da responsabilidade do Estado por actos lícitos*, Coimbra, 1974, págs. 163 e segs., *Constituição dirigente e vinculação do legislador*, Coimbra, 1982, págs. 204 e segs. e 329 e segs., e *Tomemos a sério o silêncio dos poderes públicos – o direito à emanação de normas jurídicas e a protecção jurisdicional contra omissões normativas*, in *As garantias do cidadão na justiça*, obra coletiva, São Paulo, 1993, págs. 351 e segs.; VEZIO CRISAFULLI, relatório à *3.ª Conferência dos Tribunais Constitucionais Europeus e Instituições Similares*, in *Documentazione*, policopiado, Roma, Corte Costituzionale, 1976, I, págs. 37 e segs.; ANA CÂNDIDA DA CUNHA FERRAZ, *Processos informais de mudança da Constituição*, São Paulo, 1986, págs. 217 e segs.; LUÍS AGUIAR DE LUQUE, *El Tribunal Constitucional y la función legislativa; el control de procedimiento legislativo y de la inconstitucionalidad por omisión*, in *Revista de Derecho Político*, n.º 24, Verão de 1987, págs. 25 e segs.; MANUEL AFONSO VAZ, *Lei e Reserva da Lei*, Porto, 1992, págs. 377 e segs.; *Inconstitucionalidad por omisión*, obra coletiva, Santa Fé de Bogotá, 1997; IGNACIO VILLAVERDE MENÉNDEZ, *La inconstitucionalidad por omisión*, Madrid, 1997; JOSÉ JULIO FERNANDEZ RODRÍGUEZ, *La inconstitucionalidad por omisión*, Madrid, 1998; CARLOS RUIZ MIGUEL, *L'incostituzionalità per*

FISCALIZAÇÃO DA CONSTITUCIONALIDADE

Por omissão entende-se a falta de medidas legislativas necessárias, falta esta que pode ser *total* ou *parcial*. A violação da Constituição provém umas vezes da completa inércia do legislador e outras vezes da sua deficiente atividade, competindo ao órgão de fiscalização pronunciar-se sobre a adequação da norma legal à norma constitucional [956] [957].

Pode não ser indiferente, para o efeito, que se trate de omissão *institucional* (relativa a uma instituição ou a um órgão criado pela Constituição ou a um regime procedimental) ou de omissão *não institucional* (relativa a um direito fundamental ou a uma incumbência do Estado) [958].

Como quer que seja, a falta de medidas legislativas há de ser sempre atual, e não eventual. Nada autoriza o órgão de fiscalização a operar qualquer juízo de prognose sobre a situação em que, no futuro, pode vir a deparar-se a realização desta ou daquela norma constitucional.

---

ommissione, in *Quaderni Costituzionali*, 2003, págs. 795 e segs.; *En busca de las normas ausentes*, obra coletiva, México, 2003; RUI MEDEIROS, *A força expansiva...*, cit., *loc. cit.*, págs. 195 e segs.; JORGE PEREIRA DA SILVA, *Dever de legislar...*, cit.; DIRLEY CUNHA JÚNIOR, *Controle judicial das omissões do poder público*, São Paulo, 2004; RAQUEL ALEXANDRA BRÍZIDA CASTRO, *As omissões normativas inconstitucionais no Direito Constitucional português*, Coimbra, 2012; DIRLEY DA CUNHA JÚNIOR, *O discurso jurídico da efetividade constitucional e o controle judicial das omissões do Estado*, in *Direito Tributário – Estudos avançados em homenagem a Edvaldo Brito*, obra coletiva, São Paulo, 2014, págs. 42 e segs.

[956] Tomando-se adequação aqui no sentido de suficiência e não no sentido de satisfação perante qualquer juízo de mérito (que ao órgão de fiscalização é vedado emitir).

[957] Diferente da omissão é a incompletude de lei que deva ter uma regulamentação específica ou certa densificação de acordo com a distribuição constitucional de competências: assim, uma lei de bases [*v. g.*, art. 164.º, alínea *d*), 3.ª parte, e alínea *i*)], uma lei de enquadramento (*v. g.*, art. 106.º, n.º 1) ou, quanto ao sentido, uma lei de autorização legislativa (art. 165.º, n.º 2). O fenómeno aqui, é de inconstitucionalidade por ação, por desvio de poder legislativo. Cfr. *Manual...*, v, 4.ª ed., Coimbra, 2010, págs. 203 e 323. V. FLORENCE GALLETTI, *Existe-t-il une obligation de bien légiférer? Propos sur «l'incompétence négative du législateur» dans la jurisprudence du Conseil Constitutionnel*, in *Revue française de droit constitutionnel*, 2004, págs. 387 e segs.

[958] Para outras distinções, em especial entre omissões absolutas e omissões relativas (estas, derivadas de diferenciações injustificadas), v. COSTANTINO MORTATI, *Appunti...*, cit., *loc. cit.*, págs. 927 e segs.; GOMES CANOTILHO, *Constituição dirigente...*, cit., págs. 335 e segs.; JORGE PEREIRA DA SILVA, *op. cit.*, págs. 88 e segs.; CARLOS BLANCO DE MORAIS, *Justiça...*, II, cit., págs. 498 e segs.

CAPÍTULO III – REGIME ATUAL DE FISCALIZAÇÃO NO DIREITO PORTUGUÊS

II – As Constituições portuguesas anteriores continham normas quer precetivas não exequíveis quer programáticas passíveis de serem impugnadas por omissão do legislador.

Assim, na Constituição de 1822, lia-se no art. 28.º: «A Constituição, uma vez feita pelas presentes Cortes extraordinárias e constituintes, somente poderá ser reformada ou alterada depois de haverem passado quatro anos, contados desde a sua publicação; e quanto aos artigos, cuja execução depende de leis regulamentares, contados desde a publicação dessas leis...». Quer isto dizer que se previa a dependência de certos preceitos constitucionais de normas legislativas que os executassem e que, na falta destas, se estabelecia uma consequência ou sanção – a imutabilidade desses preceitos.

Lembrem-se também as normas dos arts. 237.º e 238.º e do art. 240.º, ao contemplarem, respetivamente, o direito à educação e o direito à assistência, embrionários direitos sociais.

Na Carta Constitucional, além das normas relativas à «instrução primária e gratuita a todos os cidadãos» (§ 30.º do art. 145.º), aos «Colégios e Universidades» (§ 32.º) e aos «Socorros Públicos» (§ 29.º), eram passíveis de violação por omissão as que mandavam organizar «quanto antes, um Código Civil e Criminal, fundado nas sólidas bases da Justiça e Equidade» (§ 17.º) ou assegurar «um Privilégio exclusivo temporário» aos inventores (§ 24.º).

O mesmo poderia dizer-se da Constituição de 1838, quando, por exemplo, o § 1.º do art. 13.º prescrevia que a lei determinaria o modo de fazer efetiva a responsabilidade pelos abusos cometidos no exercício da liberdade de imprensa ou quando o § 1.º do art. 13.º previa a existência de jurados «nos casos e pelo modo que a lei determinar».

E também da Constituição de 1911, a respeito da regulamentação por lei especial do *habeas corpus* (n.º 31 do art. 3.º) ou a respeito da incumbência ao primeiro Congresso da República de elaborar a lei sobre os crimes de responsabilidade, o Código Administrativo, as leis orgânicas das províncias ultramarinas, a lei da organização judiciária, a lei sobre a acumulação de empregos públicos, a lei sobre incompatibilidades políticas e a lei eleitoral (art. 85.º).

Nas normas da Constituição de 1933, por um lado, devolvia-se para o legislador (na prática, mais o Governo do que a Assembleia Nacional) a disciplina das liberdades públicas (§ 2.º do art. 8.º), numa tendência, que a doutrina (embora, raramente, os tribunais) contrariaria, para transformar as normas

FISCALIZAÇÃO DA CONSTITUCIONALIDADE

sobre direitos, liberdades e garantias em normas programáticas [959], e, por outro lado, o Estado tomava uma posição francamente intervencionista na vida social e económica (v., entre outros, os arts. 14.º, 30.º e segs. e 43.º).

III – A experiência histórica mostra que são coisas diferentes a procla-mação do princípio da igualdade e a sua aceitação e aplicação prática; ou a consagração constitucional e a realização legislativa; e o esforço do legislador há-de traduzir-se na eliminação ou redução de sucessivas desigualdades e na extensão de novos benefícios.

As omissões decorrentes da reafirmação do princípio pela Constituição de 1976, no art. 13.º e em múltiplos preceitos esparsos foram sendo vencidas (ou tem-se procurado vencê-las) ao longo dos anos por sucessivas reformas: assim, no tocante à igualdade de estatuto familiar dos cônjuges (art. 36.º, n.ºˢ 3 e 5), à igualdade de direitos dos filhos (art. 36.º, n.º 4), à igualdade de direitos individuais e coletivos de liberdade religiosa (art. 41.º), à proibição de discri-minações em razão de deficiência e de riscos agravados de saúde (art. 71.º), etc.

Mas a superação destas ou daquelas desigualdades nunca pode conside-rar-se definitiva e, por vezes, vem acompanhada do aparecimento de novas desigualdades e até de exclusões. E é aqui, para restabelecer a igualdade, enquanto o legislador não intervém e na medida em que tal seja possível no exercício das funções próprias do Tribunal Constitucional, que são emitidas as sentenças aditivas [960].

IV – Um segundo campo de omissões legislativas contende com os direitos de liberdade e os direitos sociais, estes na vertente negativa de defesa ou de livre acesso aos correspondentes bens jurídicos [961] [962].

Os direitos de liberdade são, essencialmente, direitos de agir que têm a sua contrapartida num dever geral de respeito pelas entidades públicas e

---

[959]   Cfr. JORGE MIRANDA, *Contributo...*, cit., págs. 173-174, nota; e *Inviolabilidade do domicílio*, in *Revista de Direito e de Estudos Sociais*, 1974, págs. 401 e segs. e 416 e segs., e autores citados.
[960]   Sobre estas decisões, v., por todos, recentemente, RICARDO BRANCO, *O efeito aditivo da declaração de inconstitucionalidade com força obrigatória geral*, cit.
[961]   V. *Direitos Fundamentais*, cit., págs. 131 e segs.
[962]   Um exemplo de lei protetora de um direito social na vertente negativa: a Lei n.º 35/2007, de 14 de agosto (sobre tabagismo).

CAPÍTULO III – REGIME ATUAL DE FISCALIZAÇÃO NO DIREITO PORTUGUÊS

privadas; e também num dever de proteção, no contexto da ordem constitucional democrática (art. 19.º, n.º 2) ou da ordem pública numa sociedade democrática (art. 29.º, n.º 2, da Declaração Universal), e que pode implicar prestações positivas por via legislativa.

Em alguns casos, enunciam-se logo deveres específicos: assegurar, para defesa dos direitos, liberdades e garantias pessoais, procedimentos judiciais caracterizados pela prioridade e pela celeridade (art. 20.º, n.º 5), estabelecer garantias efetivas contra a obtenção e a utilização abusivas, ou contrárias à dignidade humana, de informações relativas às pessoas e famílias (art. 26.º, n.º 2), garantir a identidade genética (art. 26.º, n.º 3), estabelecer os prazo da prisão preventiva (art. 28.º, n.º 4), especificar os casos e as fases em que, em processo criminal, a assistência por advogado é obrigatória (art. 32.º, n.º 3), garantir a proteção dos dados pessoais (art. 35.º), assegurar, nos órgãos de comunicação social, o direito de resposta e de retificação (art. 37.º, n.º 4), assegurar a liberdade e a independência desses órgãos perante o poder político e o poder económico (art. 37.º, n.º 4), assegurar a proteção legal dos direitos de autor (art. 42.º, n.º 2, 2.ª parte), dar proteção legal aos membros das comissões de trabalhadores e aos representantes sindicais (arts. 54.º, n.º 4, e 55.º, n.º 6), dar especial proteção ao trabalho das mulheres durante a gravidez e após o parto, ao trabalho dos menores, dos diminuídos e dos que desempenhem atividades particularmente violentos ou em condições insalubres, tóxicas ou perigosas [art. 59.º, n.º 2, alínea *c)*], proteger as condições de trabalho dos trabalhadores emigrantes e dos trabalhadores estudantes [art. 59.º, n.º 2, alíneas *d)* e *e)*], atribuir garantias especiais aos salários (art. 59.º, n.º 3), assegurar especial proteção às crianças órfãs, abandonadas ou, por qualquer forma, privadas de um ambiente familiar normal (art. 69.º, n.º 2), assegurar a igualdade de oportunidade e de tratamento das diversas candidaturas [art. 113.º, n.º 3, alínea *b)*]. E poderiam ainda outros deveres ser acrescentados [963] [964].

---

[963] Cfr. JORGE PEREIRA DA SILVA, *Dever de legislar ...*, cit., págs. 37 e segs. e *Deveres do Estado de protecção ...*, cit., págs. 670 e segs.; JORGE HAGE, *Omissão inconstitucional e direito subjetivo*, Brasília, 1999; DIRLEY DA CUNHA JÚNIOR, *Controle judicial das omissões do poder público*, São Paulo, 2004, págs. 141 e segs.

[964] Cfr., em geral, ROBERT ALEXY, *Theorie der Grundrechte*, 1986, trad. *Teoria de los Derechos Fundamentales*, Madrid, 1993, págs. 194 e segs. e 430 e segs.

FISCALIZAÇÃO DA CONSTITUCIONALIDADE

O grau mais intenso de proteção consiste na criminalização dos comportamentos, sejam dos titulares de cargos do Estado e de entidades públicas, funcionários e agentes, sejam dos particulares, tendo em conta as conceções de Direito penal confrontadas com os princípios do Estado de Direito democrático (art. 2.º) [965].

V – Conhece-se o conceito de normas não exequíveis por si mesmas, nas quais se regista – por motivos diversos de organização social, política e jurídica – um desdobramento: um primeiro comando que substancialmente determina certo objetivo, atribui certo direito prevê certo órgão, e um segundo comando, implícito ou não, que requer a realização desse objetivo, a efetivação desse direito, a constituição desse órgão e que fica dependente de normas adequadas a dispor os necessários instrumentos para tal efeito [966].

Quer as normas programáticas (*v. g.*, quase todas as normas de direitos sociais e muitas das normas de organização económica) quer as normas precetivas não exequíveis (*v. g.*, arts. 15.º, n.ᵒˢ 4 e 5, 20.º, n.ᵒˢ 2 e 3, 33.º, n.º 9, 38.º, n.º 5, 40.º, 50.º, 52.º, n.º 3, 75.º, n.º 2, 113.º, n.ᵒˢ 4 e 5, 117.º, 118.º, n.º 2, 216.º, 238.º, n.º 4, 240.º, n.º 2, 255.º e segs., 268.º, n.ᵒˢ 3 e 4, 270.º e 276.º) por si mesmas caracterizam-se pela relevância específica do tempo, por uma conexa

Na doutrina portuguesa, PAULO MOTA PINTO, *O direito ao livre desenvolvimento da personalidade*, in *Portugal Brasil Ano 2000*, obra coletiva, Coimbra, 1999, págs. 189 e segs.; GOMES CANOTILHO, *Omissões inconstitucionais e deveres de protecção do Estado*, in *Estudos em homenagem a Cunha Rodrigues*, obra coletiva, II, Coimbra, 2001, págs. 111 e segs.; *Direito Constitucional e Teoria da Constituição*, 7.ª ed., Coimbra, 2004, págs. 440 e 1034; DIOGO FREITAS DO AMARAL e RUI MEDEIROIS, *Responsabilidade do Estado por causa de omissões legislativas – o caso Aquaparque*, in *Revista de Direito e Estudos Sociais*, agosto-dezembro de 2001, págs. 352 e segs.; JORGE PEREIRA DA SILVA, *op. cit.*, págs. 37 e segs.; CRISTINA QUEIROZ, *Direitos Fundamentais – Teoria Geral*, 2.ª ed., Coimbra, 2010, págs. 377 e segs.; VIEIRA DE ANDRADE, *Os direitos fundamentais...*, cit., págs. 214 e 215; JORGE MIRANDA, *Direitos Fundamentais*, cit., págs. 359 e segs.

[965] V., na doutrina portuguesa, MARIA DA CONCEIÇÃO TAVARES DA SILVA, *"Constituição e Crime" – Uma perspectiva da criminalização e da descriminalização*, Porto, 1995; GERMANO MARQUES DA SILVA, *op. cit.*, págs. 18 e 38 e segs.; JORGE DE FIGUEIREDO DIAS, *op. cit.*, págs. 43 e segs.; AMÉRICO TAIPA DE CARVALHO, *Direito Penal – Parte Geral*, 2.ª ed., Coimbra, 2008, págs. 47 e segs.; JOSÉ DE FARIA COSTA, *op. cit.*, págs. 19 e segs.

[Cfr.] os quatro acórdãos do Tribunal Constitucional sobre a interrupção voluntária da gravidez atrás citados.

[966] Cfr. *Manual...*, II, cit., págs. 302 e segs.

CAPÍTULO III – REGIME ATUAL DE FISCALIZAÇÃO NO DIREITO PORTUGUÊS

autolimitação e pela necessidade não tanto de regulamentação quanto de concretização legislativa.

Separam-se, no entanto, por as normas precetivas não exequíveis por si mesmas postularem apenas a intervenção do legislador, atualizando-as ou tornando-as efetivas, e as normas programáticas exigirem mais do que isso, exigirem não só a lei como providências administrativas e operações materiais.

Daí um maior grau de liberdade do legislador perante as normas programáticas do que perante as normas precetivas não exequíveis: estas deverão ser completadas pela lei nos prazos relativamente curtos delas decorrentes; já as normas programáticas somente terão de ser concretizadas quando se verificarem os pressupostos de facto que tal permitam, a apreciar por aquele [967].

Nas normas exequíveis por si mesmas, os comandos constitucionais atualizam-se só por si; nas normas não exequíveis precetivas, aos comandos constitucionais acrescem as normas legislativas; e nas normas programáticas tem ainda de se dar uma terceira instância – a instância política, administrativa e material, única com virtualidade de modificar as situações e os circunstancialismos económicos, sociais e culturais subjacentes à Constituição.

A não regulamentação ou a não concretização determinam inconstitucionalidade por omissão, a qual pode ser inconstitucionalidade por omissão superveniente, quando, tendo sido realizada revisão constitucional sem que seja substituída a norma legislativa anterior, doravante inaplicável, por nova norma legislativa.

VI – Para lá destas três categorias principais de omissões legislativas podem vir a deparar-se, paralelamente:

---

[967] Diferentemente, considerando que a inconstitucionalidade por omissão não se dá quanto a normas programáticas, por apenas quando haja determinabilidade constitucional é que há necessidade de exequibilidade legislativa, MANUEL AFONSO VAZ, *O enquadramento jurídico-constitucional dos "direitos económicos, sociais e culturais"*, in *Juris et de Jure*, obra coletiva, Porto, 1998, pág. 448. É esta uma conceção demasiado restrita, que recusamos.

FISCALIZAÇÃO DA CONSTITUCIONALIDADE

a) A omissão de leis internas para dar execução a tratados internacionais ou para proceder à transposição de atos jurídicos da União Europeia (art. 112.º, n.º 8);

b) A omissão das leis das grandes opções do plano a médio prazo ou anual [arts. 91.º e 161.º, alínea *g*), 1.ª parte];

c) A omissão da lei do orçamento [arts. 105.º, 106.º e 161.º, alínea *g*), 2.ª parte];

d) A omissão de aprovação de convenção internacional ou de ato legislativo sobre questões objeto de referendo com resposta afirmativa (art. 115.º) [968];

e) A omissão de decreto-lei de desenvolvimento de lei de bases [art. 198.º, n.º 1, alínea *c*), e n.º 3], quando não se trate de conferir exequibilidade a uma norma constitucional;

f) A omissão de declaração de estado de sítio ou de emergência (art. 138.º), quando se verifiquem os seus pressupostos constitucionais (art. 19.º, n.º 2);

Os casos das alíneas *b*), *c*) e *f*) reconduzem-se ainda a inconstitucionalidade por omissão. Não os casos das alíneas *a*), *d*) e *e*), em que haverá ilegalidade *sui generis* [969].

96. O aparecimento da fiscalização da inconstitucionalidade por omissão

I – Se todas as Constituições têm conferido às assembleias políticas competência para vigiar pelo cumprimento da Constituição, a Carta acrescentava que, no início das suas sessões, as Cortes examinariam se a Constituição teria sido exatamente observada «para prover como for justo» (art. 139.º) [970]. Ora, no objeto desta função de garantia da Constituição cabiam não apenas as infrações positivas mas também a não efetivação de normas como as que acabámos de indicar.

Não deixa de ser elucidativo aproximar desta competência parlamentar a competência atribuída ao Conselho da Revolução, em 1976, como «garante

---

[968] Cfr. JORGE MIRANDA, *Manual...*, v, cit., págs. 416 e segs.
[969] Porque inconstitucionalidade é sempre inconstitucionalidade *direta*. Cfr. *supra*.
[970] Fonte: art. 137 da Constituição brasileira de 1824.

CAPÍTULO III – REGIME ATUAL DE FISCALIZAÇÃO NO DIREITO PORTUGUÊS

do cumprimento da Constituição» (arts. 142.º e 146.º), de «velar pela emissão das medidas legislativas necessárias para tomar exequíveis as normas constitucionais», podendo, para o efeito – e nisto residia o elemento inédito, desconhecido de qualquer Constituição anterior – «recomendar aos órgãos legislativos competentes que as emitam em tempo razoável» [art. 279.º, em seguimento do art. 146.º, alínea *b*)].

II – Uma autónoma fiscalização da inconstitucionalidade por omissão surgiria, entre nós, aquando das negociações com vista à 2.ª Plataforma de Acordo Constitucional. A confirmação nos tribunais do seu poder genérico de apreciação da inconstitucionalidade viria a ser acompanhada da organização deste novo instituto.

Na primeira contraproposta apresentada pelo Conselho da Revolução previa-se (3.6): «No caso de o Conselho da Revolução verificar que a Constituição não está a ser cumprida por omissão das medidas legislativas necessárias para tornar exequíveis as normas constitucionais, poderá recomendar aos órgãos legislativos competentes que as adotem em tempo razoável. – Quando considerar que as suas recomendações não foram cumpridas, poderá o Conselho da Revolução requerer ao Presidente da República que fixe prazos para que as medidas recomendadas sejam emitidas. – Se os órgãos legislativos continuarem a não adotar as medidas recomendadas, e decorridos que sejam os prazos fixados pelo Presidente da República, poderá o Conselho da Revolução substituir-se àqueles e emitir ele próprio as medidas» [971].

A segunda e a terceira partes da cláusula não obtiveram o acordo dos partidos, por representarem uma verdadeira faculdade de avocação legislativa pelo Conselho. Somente assentaram no que viria a ser o art. 279.º, porque, como se disse na Assembleia Constituinte, esta disposição «compromete o Conselho da Revolução na execução da Constituição, mas não concentra nas suas mãos uma soma de poder que poderia ser eventualmente contrária às exigências do sistema democrático» [972].

---

[971] V. *Fontes e Trabalhos Preparatórios da Constituição*, II, pág. 1213.
[972] Deputado Barbosa de Melo, in *Diário*, n.º 116, pág. 3830. Cfr., todavia, em sentido algo diverso, a intervenção do Deputado Vital Moreira *(ibidem)*.

FISCALIZAÇÃO DA CONSTITUCIONALIDADE

Porém, a fiscalização da inconstitucionalidade por omissão viria a ser elevada a limite material da revisão constitucional [art. 290.º, alínea *m)*, hoje 288.º, alínea *l)*, 2.ª parte].

III – Na primeira revisão constitucional, chegou a defender-se, conforme já demos conta, a supressão do instituto. Ele permaneceria, porém (assim como após 1989), apenas com algumas diferenças [973].

São quatro essas diferenças:

1) No texto de 1976, a fiscalização competia ao Conselho da Revolução oficiosamente, como garante do cumprimento da Constituição [citados arts. 146.º, alínea *b)*, e 279.º]; no texto de 1982, carece de uma iniciativa de certos órgãos (art. 283.º, n.º 1).

2) No texto de 1976, o Conselho da Revolução decidia precedendo parecer da Comissão Constitucional [art. 284.º, alínea *b)*]; no texto de 1982, o Tribunal Constitucional aprecia só por si.

3) No texto de 1976, verificada a existência da inconstitucionalidade por omissão, vinha a ser dirigida uma recomendação aos órgãos legislativos competentes (art. 279.º); no texto de 1982, o Tribunal Constitucional limita-se a dar disso conhecimento ao órgão legislativo competente (art. 283.º, n.º 2).

4) No texto de 1976, o Conselho da Revolução não era obrigado a formular a recomendação (*podia* formulá-la); e, como somente através dela era verificada a inconstitucionalidade por omissão, podia esta, assim, apesar do processo, não vir a ser declarada; no texto de 1982, verificada a existência da inconstitucionalidade, o Tribunal Constitucional *tem de* dar conhecimento do omissão ao órgão legislativo – além de que a sua decisão é publicada no *Diário da República* [art. 119.º, n.º 1, alínea *g)*].

Estas diferenças prendem-se, obviamente, não tanto com modificações na natureza da fiscalização quanto com diferenças de natureza dos órgãos

---

[973] V. os debates na Comissão Eventual, in *Diário da Assembleia da República*, II legislatura, 2.ª sessão legislativa, 2.ª série, suplemento ao n.º 35, pág. 740(32); suplemento ao n.º 69, págs. 1288(9) e segs.; suplemento ao n.º 93, págs. 1767(17) e segs.; 3.º suplemento ao n.º 166, págs. 1998(74) e 1998(75); e no Plenário, *ibidem*, 1.ª série, n.º 128, págs. 5373 e 5374.

CAPÍTULO III – REGIME ATUAL DE FISCALIZAÇÃO NO DIREITO PORTUGUÊS

dela encarregados; resultam da passagem de uma fiscalização política a uma fiscalização essencialmente jurisdicional [974].

IV – Como se observa, apesar deste progresso, a fiscalização da inconstitucionalidade por omissão dir-se-ia, à face da letra do art. 283.º, confinada à omissão por o legislador não conferir exequibilidade a normas constitucionais não exequíveis por si mesmas.

Terá de ser assim? JORGE PEREIRA DA SILVA responde negativamente com argumentos que impressionam e a que, tudo visto, agora aderimos.

Diz esse Autor: "Tornar exequíveis as normas constitucionais" é, acima de tudo, garantir a integridade da Constituição através da emanação das normas legais. O que está em causa no artigo 283.º é uma concepção positiva do princípio da constitucionalidade, que impele o legislador para a defesa activa da Constituição no seu conjunto e não apenas de certo tipo de preceitos constitucionais. Além disso, apesar de a inconstitucionalidade por omissão não ser uma categoria unitária, não existe uma separação rígida entre as modalidades em que se subdivide, sendo mais aquilo que as une (...) do que aquilo que as divide – a forma concreta como se apresenta a fonte do dever de legislar. (...) o dever de concretização de normas constitucionais surge, por vezes, combinado com outros deveres específicos de actuação, em particular com o dever de reposição da igualdade violada, mas também com o dever de

---

[974] Sobre o sistema de fiscalização da inconstitucionalidade por omissão em Portugal, v. JORGE MIRANDA, *Inconstitucionalidade por omissão*, cit., *loc. cit.*, *Informática e inconstitucionalidade por omissão*, in *O Direito*, 1989, págs. 575 e segs., e *O Provedor de Justiça e a inconstitucionalidade por omissão*, in *Provedor de Justiça – Sessão comemorativa*, obra coletiva, Lisboa, 1996, págs. 41 e segs.; JOSÉ MATOSO PACHECO, *A inconstitucionalidade por omissão*, trabalho escolar inédito, Lisboa, 1980; ANA PRATA, *A tutela constitucional da autonomia privada*, Coimbra, 1982, págs. 61 e segs.; JORGE BACELAR GOUVEIA, *Inconstitucionalidade por omissão – Consultas directas aos cidadãos a nível local*, in *O Direito*, 1990, págs. 420 e segs. JOSÉ JULIO FERNÁNDEZ RODRÍGUEZ, *La inconstitucionalidad por omisión en Portugal*, in *Revista de Direito e Estudos Sociais*, 1995, págs. 265 e segs.; GIOVANNI VAGLI, *Prime riflessioni sul controllo di costituzionalità per ommissione in Portogallo*, in *Diritto e Società*, 1997, págs. 573 e segs.; JORGE PEREIRA DA SILVA, *op. cit.*, págs. 99 e segs.; GOMES CANOTILHO, *Direito Constitucional...*, cit., págs. 1033 e segs.; RUI MEDEIROS, anotação, cit., *loc. cit.*, págs. 863 e segs.; GOMES CANOTILHO e VITAL MOREIRA, *Constituição...*, II, cit., págs. 984 e segs.; JORGE BACELAR GOUVEIA, *Manual...*, II, cit., págs. 1394 e segs.; CARLOS BLANCO DE MORAIS, *Justiça...*, II, cit., págs. 497 e segs.

FISCALIZAÇÃO DA CONSTITUCIONALIDADE

protecção de direitos fundamentais. Outras vezes mesmo, é praticamente impossível separar o dever de concretização de normas constitucionais de outros deveres específicos de actuação, tal é a forma como surgem imbricados na Constituição.

> "Por conseguinte não choca defender a possibilidade de utilizar o meio processual do artigo 283.º para fiscalizar inconstitucionalidades por omissão não especificamente resultantes do incumprimento do dever de concretização de normas constitucionais. Muito pelo contrário, importa que o instituto da fiscalização da inconstitucionalidade por omissão acompanhe a evolução da realidade e, muito em particular, o alargamento em número e em qualidade, das exigências constitucionalmente dirigidas ao legislador. Uma interpretação sistemático-teleológica do artigo 283.º não conduz, seguramente, a outro resultado" [975].

E, por nós, acrescentamos ou precisamos três pontos:

1.º) O próprio art. 283.º, n.º 1, fala em *não cumprimento da Constituição* e, a essa luz, justifica-se uma interpretação extensiva do preceito;
2.º) No contexto global da ordem constitucional de um Estado de Direito democrático não são menos graves (antes pelo contrário) a infração do princípio da igualdade e a desproteção de direitos constantes de normas aparentemente exequíveis por si mesmas;
3.º) Nem isto redunda em desvalorização dos direitos sociais, até porque, como se referiu, também estes envolvem um vector negativo carente de medidas de proteção.

V – Na maior parte dos outros ordenamentos, a jurisprudência e a doutrina não ignoram o fenómeno omissivo, mormente o incumprimento do dever de legiferação e têm procurado e encontrado respostas para os múltiplos problemas que suscita.

Na Alemanha, na Áustria, na Itália e na Espanha, apesar de não haver norma constitucional expressa que institua a fiscalização, os respetivos Tribunais Constitucionais têm conseguido chegar a resultados muito semelhantes,

---

[975] *Op. cit.*, pág. 145.

CAPÍTULO III – REGIME ATUAL DE FISCALIZAÇÃO NO DIREITO PORTUGUÊS

através de técnicas muito apuradas de interpretação e integração projetadas em importantes sentenças de vários tipos, em especial as aditivas [976] [(2)].

Também nos Estados Unidos, os tribunais têm exercido, e com frequência, o poder de solicitar aos órgãos legislativos que aprovem as leis que consideram necessárias; e declarando direitos constitucionais ou fundamentais dos cidadãos, esperam que o Congresso ou as Assembleias Legislativas dos Estados adotem, de seguida, as medidas legislativas destinadas a assegurar o seu exercício [977]. Ou é o próprio Supremo Tribunal que descobre ou deduz um novo direito, ao abrigo do IX Aditamento (numa interpretação criadora, aliás impugnada por certa corrente) [978].

Mas a primeira Constituição que terá contemplado *ex professo* a fiscalização da inconstitucionalidade por omissão terá sido a jugoslava de 1974 (com o

---

[976]   Cfr. *supra*; e ainda ERNST FRIESENHAN, *op. cit.*, págs. 87-88 e 92 e segs.; COSTANTINO MORTATI, *Appunti...*, cit., *loc. cit.*, págs. 957 e segs.; NICOLA PICARDI, *Le sentenze «integrative» della Corte Costituzionale*, in *Scritti in onore di Costantino Mortati*, obra coletiva, IV, págs. 599 e segs.; LEOPOLDO ELIA, *Le sentenze additive e la più recente giurisprudenza della Corte Costituzionale*, in *Scritti in onore de Vezio Crisafulli*, págs. 299 e segs.; MARCOS CRUZ PUENTE, *La inactividad: una realidad susceptible de control*, Madrid, 1997; WOLFGANG ZEIDLER, relatório do Tribunal Constitucional alemão, in *Justiça Constitucional e Espécies, Conteúdo e Efeitos*, págs. 55-56 e 62 e segs.; MARIA ANGELES AHUMADA RUIZ, *El control de la constitucionalidad de las omisiones legislativas*, in *Revista del Centro de Estudios Constitucionales*, 1991, págs. 169 e segs.; *Inconstitucionalidad por omisión*, obra coletiva (cord. Victor Bazaj), Bogotá, 1997; IGNACIO VILLAVERDE MENÉNDEZ, *La Inconstitucionalidad por omisión*, Madrid, 1997; JOSE JULIO FERNÁNDEZ RODRIGUEZ, *La inconstitucionalidad por omisión*, Madrid, 1998; ALLAN RANDOLPH BREVER-CARIAS, *Constitutional court as positive legislator: a comparative law study*, Nova Iorque, 2011; INGO WOLFGANG SARLET e RODRIGO VIANNA, *A tutela dos direitos fundamentais e o STF como legislador positivo*, in *Revista Mestrado em Direito – Direitos Humanos Fundamentais*, 2013, págs. 95 e segs..

[(2)]   Um exemplo: a sentença do Tribunal Constitucional federal de 29 de setembro de 1990 sobre o sistema eleitoral para as primeiras eleições da Alemanha unificada. V. PEDRO CRUZ VILLALON, *Legislación electoral y circunstancias excepcionales: la igualdad de oportunidades de los partidos politicos y las primeras elecciones generales de la nueva R.F.A.*, in *Revista Española de Derecho Constitucional*, 1990, págs. 129 e segs.

[977]   V. JOHN AGRESTO, *The Supreme Court and Constitutional Democracy*, Itaca e Londres, 1984, págs. 118-119, nota; ROBERT SCHAPIRO, *The Legislator Injunction: A Remedy for Unconstitutional Legislative Inaction*, in *The Yale Law Journal*, n.º 99, 1989, págs. 231 e segs.; MARK P. GORGEN, JOHN M. GOLDEN e HENRY E. SMITH, *The Supreme Court's Accidental Revolution? The test for permanent injuctions*, in *Columbia Law Review*, março de 2012, págs. 203 e segs.

[978]   Cfr., por todos, JEFFREY REIMAN, *The Constitution, Rights and the Conditions of Legitimacy*, in *Constitutionalism – The Philosophical Dimension*, obra coletiva editada por Alan S. Rosenbaum, Nova Iorque, 1988, págs. 127 e segs.

FISCALIZAÇÃO DA CONSTITUCIONALIDADE

seu art. 377.º). E a ela – mas sem sua influência [979] – se seguiriam a Constituição portuguesa de 1976 (art. 279.º, depois 283.º), e, tendo esta por fonte, as Constituições brasileira de 1988 (arts. 103, § 2.º, e 5.º-LXXI), a santomense (art. 148.º), as angolanas de 1992 [arts. 134.º, alínea *c*), e 156.º] e de 2010 (art. 232.º), e a timorense [arts. 126.º, n.º 1, alínea *c*), e 151.º); a fiscalização consta também da Constituição venezuelana (art. 336.º, n.º 7).

VI – No Brasil, a par da ação de inconstitucionalidade por omissão, foi criada uma figura nova, o *mandado de injunção*.

A «ação de inconstitucionalidade» é proposta por certos órgãos e entidades perante o Supremo Tribunal Federal. Declarada a inconstitucionalidade por omissão de medida legislativa para tornar efetiva norma constitucional, será dada ciência ao Poder competente para a adoção das providências necessárias e, em se tratando de órgão administrativo, para fazê-lo em trinta dias (art. 103, n.º 2).

Conceder-se-á mandado de injunção sempre que a falta de norma regulamentadora torne inviável o exercício dos direitos e liberdades constitucionais e das prerrogativas inerentes à nacionalidade, à soberania e à cidadania (art. 5.º-LXXI). Compete ao Supremo Tribunal Federal processar e julgar, originariamente, o mandado de injunção, quando a elaboração de norma regulamentadora for atribuição do Presidente da República, do Congresso Nacional, da Câmara dos Deputados, do Senado Federal, das Mesas de uma dessas Casas Legislativas, do Tribunal de Contas da União, de um dos Tribunais Superiores ou do próprio Supremo Tribunal Federal [art. 102, n.º 1, alínea *q*)].

As duas figuras distinguem-se por um diferente sentido e alcance [980]. A ação de inconstitucionalidade por omissão é uma modalidade de fiscalização abstrata, o mandado de injunção uma modalidade de fiscalização concreta. O órgão competente para conhecer daquele é o Supremo Tribunal Federal,

---

[979]   Como testemunha Miguel Galvão Teles, inspirador da figura, in *Escritos Jurídicos*, II, Coimbra, 2014, pág. 200.

[980]   Cfr., por exemplo, FLÁVIA PIOVESAN, *Proteção judicial contra omissões legislativas*, São Paulo, 1995; ANDRÉ PUCCINELLI JÚNIOR, *A omissão legislativa inconstitucional e a responsabilidade do legislador*, São Paulo, 2007; CARLOS BLANCO DE MORAIS, *O controle da inconstitucionalidade por omissão no ordenamento brasileiro e a tutela dos direitos sociais*, in *Revista de Direito Constitucional e Internacional*, n.º 78, janeiro-março de 2012, págs. 153 e segs.; LUIZ GUILHERME MARINONI, *op. cit.*, *loc. cit.*, págs. 1095 e segs.

CAPÍTULO III – REGIME ATUAL DE FISCALIZAÇÃO NO DIREITO PORTUGUÊS

o órgão competente para conhecer desta pode ser qualquer tribunal. A primeira tutela qualquer norma constitucional, a segunda normas não exequíveis por si mesmas, principalmente normas atinentes a direitos de liberdade. Enfim, na ação de inconstitucionalidade por omissão, o Supremo Tribunal não se substitui ao órgão legislativo, apenas declara a existência de inconstitucionalidade, ao passo que no mandado de injunção o tribunal pode emitir as medidas necessárias, de efeito individual ou *erga omnes* consoante os casos.

Só desde há relativamente pouco tempo o mandado de injunção começou a receber efetividade [981].

VII – Também existe fiscalização de ilegalidade por omissão de normas regulamentares: v. art. 77.º do Código de Processo nos Tribunais Adminstrativos.

97. Sentido da fiscalização da inconstitucionalidade por omissão do art. 283.º

I – A fiscalização prevista no art. 283.º não possui carácter preventivo, nem substitutivo. Não tem carácter preventivo, mas sim natureza de fiscalização

---

[981] Cfr., entre muitos, HERZELEIDE MARIA FERNANDES DE OLIVEIRA, *O Mandado de Injunção*, in *Revista de Informação Legislativa*, n.º 100, outubro-dezembro de 1988, págs. 47 e segs.; ADHEMAR FERREIRA MACIEL, *Mandado de injunção e inconstitucionalidade por omissão*, ibidem, n.º 101, janeiro-março de 1989, págs. 115 e segs., e in *O Direito*, 1994, págs. 83 e segs.; PAULO LOPO SARAIVA, *O Mandado de Injunção, os Direitos Sociais e a Justiça Constitucional*, in *Revista de Informação Legislativa*, n.º 108, setembro-dezembro de 1990, págs. 84 e segs.; JOSÉ AFONSO DA SILVA, *Mandado de Injunção e Habeas Corpus*, São Paulo, 1988; *Mandado de Segurança e de Injunção*, obra coletiva, São Paulo, 1990; LUÍS ROBERTO BARROSO, *Mandado de Injunção: o que foi sem nunca ter sido*, in *Estudos em homenagem ao Prof. Caio Tácito*, obra coletiva, Rio de Janeiro, 1997, págs. 429 e segs.; JORGE HAGE, *Omissão inconstitucional e direito subjectivo*, Brasília, 1999; REGINA QUARESMA, *O mandado de injunção e a acção de inconstitucionalidade por omissão*, 3.ª ed., Rio de Janeiro, 1999; JORGE PEREIRA DA SILVA, *op. cit.*, págs. 103 e seg.; VANICE REGINA LÍRIO DO VALLE, *A construção de uma garantia constitucional: compreensão da Suprema Corte quanto ao mandado de injunção*, Rio de Janeiro, 2005; LUCIANE MOESSA DE SOUZA, *Efeitos da decisão no mandado de injunção: cotejo com a ação civil pública e a ação popular*, in *Revista de Direito Constitucional e Internacional*, n.º 65, outubro-dezembro de 2008, págs. 158 e segs.; CARLOS BLANCO DE MORAIS, *Justiça...*, II, págs. 509 e segs.; LUIZ GUILHERME MARINONI, *op. cit.*, *loc. cit.*, págs. 1059 e segs.; GILMAR FERREIRA MENDES, *O controle de constitucionalidade das omissões legislativas e o mandado de injunção: a necessidade de regulação normativa no direito brasileiro*, in *Estudos de Homenagem ao Prof. Doutor Jorge Miranda*, I, págs. 883 e segs.

a posteriori, porque o Tribunal Constitucional (como, anteriormente, o Conselho da Revolução) não interfere na formação de quaisquer atos e só pode agir em consequência duma omissão juridicamente relevante a cujo reconhecimento tem de proceder. Não tem carácter substitutivo, porque não pode o Tribunal adotar as medidas que repute necessárias, ainda quando o órgão legislativo, ao qual tenha sido comunicada a verificação, não supra a omissão.

Poderia indagar-se sobre se o instituto se traduz exatamente numa fiscalização de inconstitucionalidade e se não deveria, antes, ser considerado uma medida de defesa da Constituição (em sentido amplo), afim de outras medidas. O interesse prático desta diferente qualificação não ressalta claro e, para lá disso, ela não é corroborada pela localização sistemática e pela importância da omissão legislativa na dinâmica do sistema.

Nem a virtual inefetividade da decisão de fiscalização afeta o sentido jurídico do instituto, apenas patenteia a sua debilidade tal como se encontra plasmado.

II – Antes de mais, somente é de ter por relevante o não cumprimento da Constituição que se manifeste através do não cumprimento de uma das suas normas, devidamente individualizada. Não é escopo do art. 283.º a apreciação dos resultados globais de aplicação da Constituição, mas a apreciação de uma situação de violação necessariamente demarcada a partir de uma norma a que o legislador ordinário não confere exequibilidade.

A inconstitucionalidade por omissão – tal como a inconstitucionalidade por ação – não se afere em face do sistema constitucional em bloco. A violação é aferida olhando a uma norma violada, e não ao conjunto de regras e princípios. Se assim não fosse, o juízo de inconstitucionalidade seria indefinido, fluido e dominado por considerações extrajurídicas e o órgão de garantia poderia ficar remetido ao arbítrio ou à paralisia.

Quer isto dizer que inconstitucionalidade por omissão implica preterição de um dever, de um certo e determinado dever do legislador. E este pode provir quer da exigência de feitura de uma concreta lei (*v. g.*, a lei sobre a responsabilidade criminal dos titulares dos cargos políticos) quer

CAPÍTULO III – REGIME ATUAL DE FISCALIZAÇÃO NO DIREITO PORTUGUÊS

de normas de aplicação permanente (*v. g.,* de proteção deste ou daquele direito) [982].

Conforme aduz o Tribunal Constitucional, a intervenção do legislador não se reconduz aqui ao «dever» que impende sobre o órgão ou órgãos de soberania para tanto competentes de acudir às necessidades «gerais» de legislação que se façam sentir na comunidade jurídica (isto é, não se reconduz ao «dever geral» de legislar), mas é antes algo que deriva de uma específica e concreta incumbência ou encargo constitucional (*Verfassungsauftrag*). Por outro lado, trata-se de uma incumbência ou «imposição» não só claramente definida quanto ao seu sentido e alcance, sem deixar ao legislador qualquer margem de liberdade quanto à sua própria decisão de intervir (isto é quanto ao *an* da legislação) – em tais termos que se pode bem falar, na hipótese, de uma verdadeira «ordem de legislar» – como o seu cumprimento fica satisfeito logo que uma vez emitidas (assim pode dizer-se) as correspondentes normas [983].

III – Na generalidade dos casos, tratar-se-á de uma norma-regra, e não de uma norma-princípio. Não é de excluir, no entanto, que também em relação a certos princípios – desde logo, em relação ao princípio de igualdade – possa ocorrer um problema de exequibilidade por via legislativa [984].

IV – A norma legislativa orientada para dar cumprimento à Constituição há-de constar de lei, de decreto-lei ou decreto legislativo regional, de acordo com as competências do Parlamento, do Governo e das Assembleias Legislativas regionais.

---

[982] Cfr. GOMES CANOTILHO, *Direito Constitucional...*, cit., pág. 1035 (distinguindo *ordem de legislar* e *imposição constitucional*); RUI MEDEIROS, anotação cit., *loc. cit.*, pág. 877; GOMES CANOTILHO e VITAL MOREIRA, *Constituição...*, II, cit., pág. 990.

[983] Acórdão n.º 276/89, de 28 de fevereiro, in *Diário da República*, 2.ª série, de 12 de junho de 1989. Cfr. GOMES CANOTILHO, *Direito Constitucional...*, cit., págs. 1034 e 1035.

[984] Neste sentido, GOMES CANOTILHO e VITAL MOREIRA, *Constituição...*, 3.ª ed., Coimbra, 1993, pág. 1048, que nos convenceram a alterar a posição antes por nós adotada (*Manual ...*, II, 3.ª ed., cit., pág. 519); ou RUI MEDEIROS, anotação, cit., *loc. cit.*, pág. 878. Contra, CARLOS BLANCO DE MORAIS, *Justiça...*, II, cit., págs. 532 e 533.

Não pode ser:

- outra norma constitucional, a formular em ulterior revisão, porque a Constituição mesmo quando propõe grandes objetivos e metas de transformação, deve ser interpretada tal como existe, deve ser interpretada como texto jurídico que é e não como, provavelmente, virá a ser;
- norma constante de tratado, porque, embora homóloga de norma constante de lei, a sua produção não depende da vontade unilateral do Estado Português;
- norma legislativa produzida por órgão legislativo constitucionalmente não competente, nem sequer norma legislativa de Estado afastando inércia de órgão regional [985] [986];
- norma regimental, porque não pode ela dar garantia ou efetividade fora do âmbito da respetiva assembleia ou das relações com outros órgãos;
- norma regulamentar, porque os regulamentos se reportam à «boa execução das leis» [arts. 112.º, n.º 8, e 199.º, alínea *c*)], individual ou globalmente consideradas, e não à execução da Constituição.

Em contrapartida, poderá ser uma lei de bases. Já não, se lhe minguar densidade, ficando dependente do decreto de desenvolvimento a publicar sem prazo (donde, uma eventual fraude à Constituição).

A lei será quase sempre uma lei expressamente feita após a entrada em vigor da Constituição (ou da lei de revisão). Todavia, o conferir de correção, ou de exequibilidade poderá ser obtido por adaptação e até por aproveitamento de leis anteriores, contanto que estas, como quaisquer outras, sejam repensadas à luz da constelação de valores ínsitos nas normas constitucionais (e, nesta hipótese, não haverá que suscitar inconstitucionalidade por omissão).

---

[985] Cfr. acordão n.º 382/2007, de 3 de julho (sobre incompatibilidades e impedimentos de Deputados regionais da Madeira), in *Diário da República*, 1.ª série, n.º 144, de 27 de junho de 2007.

[986] Hipótese diversa vem a ser a do art. 228.º, n.º 2.

CAPÍTULO III – REGIME ATUAL DE FISCALIZAÇÃO NO DIREITO PORTUGUÊS

V – O juízo da inconstitucionalidade por omissão traduz-se num juízo sobre o tempo em que deveria ser produzida a lei: nenhuma omissão pode ser descrita em abstrato, mas somente em concreto, balizada entre determinados eventos, estes de sinal positivo.

A ausência ou a insuficiência da norma legal não pode ser separada de determinado tempo histórico, assinalado pela necessidade de produção legislativa e cuja duração, maior ou menor, ou será prefixada pela própria Constituição ou dependente da natureza das coisas (ou seja, da natureza da norma constitucional confrontada com as situações da vida, inclusive a situação que, à sua margem ou contra ela, esteja, por ação, o legislador ordinário a criar).

Assim, o órgão de fiscalização, sem se substituir ao órgão legislativo, tem de medir e interpretar o tempo decorrido – esse tempo que fora dado ao órgão legislativo para emanar a lei; e terá de concluir pela omissão, sempre que, tudo ponderado, reconhecer que o legislador não só podia como devia ter emitido a norma legal, diante de determinadas circunstâncias ou situações em que se colocou ou foi colocado. Omissão legislativa equivale a mora legislativa.

O significado último da inconstitucionalidade por omissão consiste no afastamento, por omissão, por parte do legislador ordinário, dos critérios e valores da norma constitucional em causa; e esse afastamento só pode ser reconhecido no tempo concreto em que um e outro se movam [987].

VI – De certo modo, pode aventar-se que a inconstitucionalidade por omissão se reconduz a uma inconstitucionalidade por ação numa aceção latíssima – por reverter na persistência de regras legislativas e de comportamentos em contradição com o sentido objetivo da norma constitucional ou da Constituição.

Por outro lado, algumas omissões parciais implicam, desde logo, inconstitucionalidade por ação, por violação do princípio da igualdade, sempre que acarretem um tratamento mais favorável ou desfavorável prestado a certas pessoas ou a certas categorias de pessoas, e não a todas as que, estando em

---

[987] Daí que seja irrecusável um elemento de facto também na apreciação da inconstitucionalidade por omissão.

FISCALIZAÇÃO DA CONSTITUCIONALIDADE

situação idêntica ou semelhante, deveriam também ser contempladas do mesmo modo pela lei. É então que, reagindo contra o arbítrio, mais se propicia a intervenção do Tribunal Constitucional a trabalhar sobre as normas legais que contenham essas omissões ou a declará-las inconstitucionais.

E também, como se sabe, a revogação da lei que dê exequibilidade a certa norma constitucional, sem ser acompanhada de emissão de nova lei, determina inconstitucionalidade material do ato revogatório [988].

VII – Para além disso, contudo, em vários casos em concreto produz-se uma estreita interpenetração da inconstitucionalidade por ação e da inconstitucionalidade por omissão, em consequência da forma como se acha organizado e se dinamiza o sistema jurídico.

Nestas hipóteses, não pouco delicado se revela delimitar o juízo sobre a inconstitucionalidade de certos preceitos e a verificação de uma inconstitucionalidade por omissão: o juízo que conclui pela conformidade de dada norma com a Constituição pode depender da verificação da vigência de certas outras regras no ordenamento nacional [989].

Uma apreciação da inconstitucionalidade pode, pois, chegar quer a um, quer a outro tipo de inconstitucionalidade, conforme se tem verificado também em Portugal, com consequências de vulto [990]. Mas isto não autoriza o Tribunal Constitucional, quando chamado a decidir no âmbito do art. 281.º, a convolar o seu juízo numa verificação nos termos do art. 283.º A distinção dos dois institutos entre nós exige uma diferenciação de iniciativas e de processos [991]. O que pode é qualquer dos órgãos com legitimidade segundo

---

[988] V. *Manual...*, II, cit., págs. 308.

[989] Parecer n.º 9/78, de 14 de março, da Comissão Constitucional, in *Pareceres*, V, pág. 29.

[990] V., designadamente, o acórdão n.º 423/87, de 27 de outubro, in *Diário da República*, 1.ª série, de 26 de novembro de 1987 (sobre ensino de religião nas escolas públicas), ou o acórdão n.º 509/2002, de 19 de dezembro, *ibidem*, de 12 de fevereiro de 2003 (sobre rendimento mínimo garantido). Nos dois casos, porém, o Tribunal na sua decisão, «não verificou a existência de inconstitucionalidade por omissão».

[991] Tal é a tese que temos defendido. No parecer n.º 9/18, a Comissão Constitucional entendeu diversamente (com o nosso voto de vencido, in *Pareceres*, V, págs. 36 e segs.) e o Conselho da Revolução formulou, de seguida, uma recomendação, através da Resolução n.º 56/78, de 18 de abril; mas já no parecer n.º 35/79, de 13 de novembro (*ibidem*, X, págs. 139-140), a Comissão aproximou-se da orientação por nós preconizada.

Na mesma linha, RUI MEDEIROS, anotação, cit., *loc. cit.*, pág. 874.

CAPÍTULO III – REGIME ATUAL DE FISCALIZAÇÃO NO DIREITO PORTUGUÊS

o art. 283.º vir a pedir, conjuntamente, a fiscalização da inconstitucionalidade por ação e da inconstitucionalidade por omissão [992].

VIII – Haverá omissão relevante, quando, não existindo ainda norma legislativa, esteja desencadeado o procedimento legislativo a ela dirigido, objetivamente cognoscível, como sucede quando tenha sido apresentado um projeto ou uma proposta de lei à Assembleia da República ou a qualquer das Assembleias Legislativas regionais? E haverá omissão quando, estando aprovado já pelo órgão legislativo o projeto ou a proposta, a correspondente lei ainda não tenha sido publicada?

Quando ainda nem está aprovado o projeto ou a proposta, continua a dar-se inconstitucionalidade por omissão. Esta deve apurar-se independentemente de qualquer *iter* conducente ao seu suprimento, porquanto só conferem exequibilidade a normas constitucionais medidas legislativas atuais e não futuras ou potenciais. A observação da prática parlamentar – com dezenas e dezenas de iniciativas legislativas, sem qualquer seguimento – leva outrossim a esta conclusão.

Ao invés, se o processo já está concluído no órgão legislativo competente e se dele já não depende a edição da norma, não se justifica mais qualquer juízo de inconstitucionalidade sobre o seu comportamento. No entanto, obviamente, a omissão só desaparece com a entrada em vigor da norma.

IX – Se o órgão legislativo, apesar da verificação da existência da omissão, persistir na sua inércia para lá de um *tempo razoável* [993], nada impede que seja desencadeado um novo processo de fiscalização por qualquer dos órgãos com poder de iniciativa [994].

---

[992] Foi o que aconteceu no processo que provocou o acórdão n.º 359/91, de 9 de julho, in *Diário da República*, 1.ª série-A, de 15 de outubro de 1991.

[993] Para usar a fórmula do art. 279.º inicial.

[994] PAULO OTERO (*Ensaio...*, cit., págs. 147-148) entende que, nesta hipótese, o Tribunal Constitucional se encontra vinculado ao caso julgado, não podendo deixar de considerar que existe inconstitucionalidade por omissão quanto à execução legislativa de uma dada norma constitucional, se anteriormente o havia verificado em circunstâncias jurídico-faturas idênticas.

Mas parece ser levado demasiado longe a similitude com a declaração de inconstitucionalidade na fiscalização sucessiva abstrata.

FISCALIZAÇÃO DA CONSTITUCIONALIDADE

Assim como, à semelhança do que sucede na fiscalização da inconstitucionalidade por ação, nada impede que, em caso de decisão negativa do Tribunal Constitucional, o mesmo órgão renove o seu pedido, também, naturalmente, em tempo razoável.

X – A inconstitucionalidade por omissão não surge apenas por carência de medidas legislativas, surge também por deficiência delas. Mas isto não significa que, perante um projeto ou uma proposta de lei com vista ao cumprimento de determinada norma constitucional, tenha de se proceder à sua análise para discernir se o sentido dos seus preceitos se enquadra ou não no sentido da Constituição. De jeito algum cabe ao órgão de fiscalização da inconstitucionalidade por omissão debruçar-se, a esse título, sobre o conteúdo de qualquer ato de iniciativa legislativa.

Até à deliberação da Assembleia da República não haverá norma que possa ser ou não suscetível de exame no confronto da Constituição; e enquanto isso se não verificar também o efeito da eventual apreciação que o Tribunal Constitucional realizasse não seria outro senão uma diminuição da capacidade legiferante da Assembleia.

Muito menos teria qualquer fundamento averiguar da conformidade de normas de um projeto com as normas da Constituição, porque tal indagação acabaria por redundar em fiscalização preventiva da inconstitucionalidade por ação, a qual só se torna possível na fase da promulgação (art. 278.º) e porque, de todo o modo, nunca um processo nos termos do art. 283.º poderia redundar em processo diferente.

98. O processo de fiscalização da inconstitucionalidade por omissão

I – O poder de iniciativa da apreciação da existência da inconstitucionalidade por omissão cabe ao Presidente da República, ao Provedor de Justiça e, com fundamento em violação dos direitos das regiões autónomas, aos presidentes das Assembleias Legislativas Regionais (art. 283.º, n.º 1) [995].

---

[995] Mais, amplamente, na fiscalização da ilegalidade por omissão a legitimidade cabe tanto ao Ministério Público quanto aos titulares de interesses difusos e a qualquer pessoa que alegue um prejuízo resultante da omissão (art. 77.º, n.º 1, do Código de Processo nos Tribunais Administrativos).

CAPÍTULO III - REGIME ATUAL DE FISCALIZAÇÃO NO DIREITO PORTUGUÊS

A iniciativa do Presidente ou a do Provedor podem dizer respeito a leis em falta quer do Estado quer das regiões autónomas. A dos presidentes das Assembleias Legislativas Regionais parece só poder dizer respeito a leis regionais, bem como a leis do Estado condicionadoras de poderes de autonomia [art. 227.º, n.º 1, alíneas *i*), *in fine* e *j*)] e atinentes a matérias de âmbito regional reservadas à Assembleia da República [art. 164.º, alíneas *g*), *i*), *m*), *n*), *q*), *t*), *v*) e *aa*)].

Somente aqui – por causa do princípio do pedido – ocorre simetria ou paralelismo com a apreciação da inconstitucionalidade por ação [996].

II – A Lei n.º 28/82 remete para o regime da fiscalização abstrata sucessiva da inconstitucionalidade por ação (art. 67.º). De registar a necessidade de audição do órgão, não já do órgão autor da norma, mas do órgão que *deveria ser* (ou *deveria ter sido*) autor da norma (em falta) – o órgão que o Tribunal Constitucional considera competente para emanar a medida legislativa que dê exequibilidade à norma constitucional.

III – Se, na pendência do processo de fiscalização da inconstitucionalidade por omissão, for publicada lei que confira plena exequibilidade à norma constitucional não exequível por si mesma, o Tribunal Constitucional tem considerado que se verifica, não uma situação de inutilidade superveniente, mas sim uma hipótese em que deve ser proferida uma decisão de mérito que corresponda à situação entretanto existente, concluindo designadamente pela não verificação da omissão das medidas legislativas necessárias à exequibilidade da norma constitucional pretensamente violada [997].

IV – Quando o Tribunal Constitucional verificar a existência de inconstitucionalidade por omissão, dará disso conhecimento ao órgão legislativo

---

[996]   Sobre os órgãos com poder de iniciativa, v. *Diário da Assembleia da República*, II legislatura, 2.ª sessão legislativa, 2.ª série, suplemento ao n.º 69, pág. 1288(10), e suplemento ao n.º 93, pág. 1762(19).

[997]   RUI MEDEIROS, anotação cit., *loc. cit.*, págs. 880-881. V., entre outros, o acórdão n.º 424/2001, de 9 de outubro, in *Diário da República*, 2.ª série, de 14 de novembro de 2001.

FISCALIZAÇÃO DA CONSTITUCIONALIDADE

competente (art. 283.º, n.º 2). Nada mais [998]. É uma decisão puramente declarativa, embora com cunho receptício.

Seria, no entanto, erróneo assimilar a verificação da existência da inconstitucionalidade por omissão à declaração de inconstitucionalidade por ação. Uma coisa é declarar inválida ou ineficaz uma norma com os efeitos que isso produz; outra coisa declarar que falta uma norma que não deveria faltar.

A verificação da existência de inconstitucionalidade por omissão não altera a ordem jurídica, circunscreve-se a fator, a *impulso legiferante* [999] – a juntar, provavelmente, a outros – suscetível de levar os órgãos legislativos a transformar o seu comportamento de negativo em positivo.

E é assim, por uma necessidade de equilíbrio entre o princípio da garantia da Constituição, encarnado no Tribunal Constitucional, e o princípio democrático, encarnado nos órgãos legislativos; é assim, mais uma vez, por decorrência do Estado de Direito democrático.

---

[998]   Semelhantemente, no Brasil (art. 103.º, § 3.º, da Constituição): "Declarada a inconstitucionalidade por omissão de medida para tornar efetiva norma constitucional, será dada ciência ao Poder competente para a adoção das providências necessárias e, não se tratando de órgão administrativo, para fazê-lo em trinta dias".
Diferentemente, na Venezuela (art. 336.º, n.º 7): "Compete à Câmara Constitucional do Tribunal Supremo de Justiça declarar a inconstitucionalidade das omissões do poder legislativo, municipal, estadual ou nacional, quando este tenha deixado de emanar as normas ou medidas indispensáveis para garantir o cumprimento desta Constituição ou as tenha emanado de forma incompleta, e estabelecer os prazos e, se necessário, as linhas gerais da sua correção".
Ou, no Direito português, quanto à ilegalidade por omissão de norma que seja necessária para dar exequibilidade a atos legislativos carentes de regulamentação (art. 77.º, n.º 2, do Código de Processo nos Tribunais Administrativos): "Quando o tribunal verifique a existência de uma situação de ilegalidade por omissão (...) disso dará conhecimento à entidade competente, fixando prazo não inferior a seis meses, para que a omissão seja suprida".
Curiosamente, CARLOS BLANCO DE MORAIS (*Justiça...*, II, pág. 543) admite a introdução, por revisão constitucional, de uma fórmula que atribua ao Tribunal Constitucional a faculdade de impor ao órgão legislativo inadimplente um prazo para suprir a omissão, implicando o desrespeito, esgotado o prazo, o bloqueamento do agendamento parlamentar de outras propostas e projetos até que fosse agendada prioritariamente uma iniciativa relativa à norma em falta.
[999]   V. *Manual...*, v, cit., págs. 264 e segs.

CAPÍTULO III – REGIME ATUAL DE FISCALIZAÇÃO NO DIREITO PORTUGUÊS

99. A prática da fiscalização

I – Tem sido muito exíguo (por circunstancialismos derivados da situação político-constitucional do país e por menor sensibilidade ao instituto por parte dos órgãos de iniciativa) o número de vezes em que foi exercida a fiscalização da inconstitucionalidade por omissão em Portugal.

II – Do primeiro período constitucional (de 1976 a 1982), refiram-se os seguintes pareceres da Comissão Constitucional:

- Parecer n.º 4/77, de 8 de fevereiro (sobre direitos de participação das organizações de trabalhadores) [1000];
- Parecer n.º 8/77, de 3 de março (sobre participação na reforma agrária) [1001];
- Parecer n.º 11/77, de 14 de abril (sobre organizações de ideologia fascista) [1002];
- Parecer n.º 9/78, de 14 de março (sobre trabalhadores de serviço doméstico) [1003];
- Parecer n.º 35/79, de 13 de novembro (sobre acesso à Universidade) [1004];
- Parecer n.º 1/81, de 12 de maio (sobre acesso ao ensino dos trabalhadores e dos filhos dos trabalhadores) [1005].

Só em dois casos (quanto a organizações de ideologia fascista e quanto aos direitos dos trabalhadores do serviço doméstico) concluiu a Comissão pela ocorrência da inconstitucionalidade por omissão e só nesses dois casos formulou o Conselho da Revolução a correspondente recomendação.

III – No segundo período constitucional têm sido também escassas as intervenções pedidas ao Tribunal Constitucional:

[1000] *Pareceres*, I, págs. 77 e segs.
[1001] *Ibidem*, I, págs. 145 e segs.
[1002] *Ibidem*, II, págs. 3 e segs.
[1003] *Ibidem*, V, págs. 21 e segs.
[1004] *Ibidem*, X, págs. 135 e segs.
[1005] *Ibidem*, XV, págs. 71 e segs.

FISCALIZAÇÃO DA CONSTITUCIONALIDADE

- Acórdão n.º 182/89, de 1 de fevereiro (sobre direitos dos cidadãos perante a utilização da informática) [1006];
- Acórdão n.º 276/89, de 28 de fevereiro (sobre crimes de responsabilidade dos titulares de cargos políticos) [1007];
- Acórdão n.º 36/90, de 14 de fevereiro (sobre referendos ou consultas diretas aos cidadãos a nível local) [1008];
- Acórdão n.º 351/91, de 9 de julho (sobre comunicação do direito de arrendamento aos filhos menores nascidos fora do matrimónio) [1009];
- Acórdão n.º 638/95, de 15 de novembro (sobre ação popular) [1010];
- Acórdão n.º 424/2001, de 9 de outubro (sobre candidaturas de grupos de cidadãos a órgãos das autarquias locais) [1011];
- Acórdão n.º 474/2002, de 19 de novembro (sobre assistência material no desemprego aos trabalhadores da Administração pública, funcionários e agentes) [1012][1013].

Em todos os sete casos a iniciativa proveio do Provedor de Justiça e somente no primeiro e no último o Tribunal considerou que se verificava inconstitucionalidade por omissão. No entanto, o desencadear do processo de fiscalização viria a mostrar-se suficiente, nos outros casos, para o legislador corrigir a sua falta, de tal sorte que, quando o Tribunal Constitucional veio a decidir, já não se verificava a omissão...

100. Inconstitucionalidade por omissão e responsabilidade civil do Estado

I – O art. 22.º da Constituição estabelece a responsabilidade civil do Estado por ações ou omissões praticadas no exercício das suas funções e por causa

---

[1006] *Diário da República*, 1.ª série, de 2 de março de 1989.
[1007] *Ibidem*, 2.ª série, de 12 de junho de 1989.
[1008] *Ibidem*, 2.ª série, de 4 de julho de 1990.
[1009] Já citado.
[1010] *Diário da República*, 2.ª série, de 28 de dezembro de 1995.
[1011] *Ibidem*, 2.ª série, de 14 de novembro de 2001.
[1012] *Ibidem*, 1.ª série-A, de 18 de dezembro de 2002.
[1013] Confrontando os pareceres da Comissão e os acórdãos do Tribunal, v. GOMES CANOTILHO e VITAL MOREIRA, *Constituição...*, 4.ª ed., II, págs. 988 e segs.

CAPÍTULO III – REGIME ATUAL DE FISCALIZAÇÃO NO DIREITO PORTUGUÊS

desse exercício de que resulte violação de direitos, liberdades e garantias ou prejuízo para outrem. E é norma imediatamente aplicável [1014].

Por conseguinte, quando o Estado não cumpre os seus deveres de atribuição e proteção de direitos dos cidadãos, previstos em normas constitucionais, exequíveis e não exequíveis, e se verifique um nexo de causalidade entre essa omissão e o dano ocorrido, os cidadãos têm o direito de procurar e obter o respetivo ressarcimento. Se é assim quando haja lesões de saúde pública, dos direitos dos consumidores ou do ambiente (art. 52.º, n.º 3), também deve ser assim perante outros direitos, ponderados os princípios e interesses constitucionalmente relevantes.

A inexistência de um sistema de fiscalização difusa da inconstitucionalidade por omissão não impede o reconhecimento judicial de omissões que sejam pressuposto de responsabilidade.

II – A Lei n.º 67/2007, de 31 de dezembro, contempla, como se sabe, a responsabilidade no exercício da função legislativa em moldes algo restritivos, por a ligar a danos anormais, por a sua existência e a sua extensão serem determinadas atendendo às circunstâncias de cada caso e, designadamente, ao grau de clareza e precisão das normas violadas, ao tipo de inconstitucionalidade e ao facto de terem sido adotadas ou omitidas diligências suscetíveis de evitar a situação de ilicitude e por o número de lesados justificar a fixação de indemnização equitativa em montante inferior ao que corresponderia à reparação integral dos danos causados (art. 15.º, n.ºs 1, 4 e 6) [1015].

Decerto, estão na origem deste cuidado a necessidade de não transmutar o Estado em *Big Brother*, responsável de forma global, integral e providencial por todas as ações e omissões dos seus órgãos [1016]. A aceitação generalizada e sem limites de uma obrigação de indemnizar poderia constituir um encargo financeiro muito pesado e atingir a liberdade de conformação do legislador,

---

[1014]   Cfr. *Direitos Fundamentais*, cit., págs. 427 e segs.

[1015]   Sobre o art. 15.º da Lei n.º 67/2007, CARLOS ALBERTO FERNANDES CADILHA, *Regime de Responsabilidade Civil Extracontratual do Estado e demais entidades públicas Anotado*, 2.ª ed., Coimbra, 2011, págs. 296 e segs.; MIGUEL BETTENCOURT DA CÂMARA, *A acção de responsabilidade civil por omissão legislativa e a norma do n.º 5 do art. 5.º da Lei n.º 67/2007*, Coimbra, 2011.

[1016]   GOMES CANOTILHO, anotação ao acórdão da Relação de Lisboa de 7 de maio de 2002, in *Revista de Legislação e de Jurisprudência*, n.ºs 3927 e 3928, outubro-novembro de 2001, págs. 220 e segs.

FISCALIZAÇÃO DA CONSTITUCIONALIDADE

obrigando-o a renunciar à satisfação de necessidades sociais porventura mais prementes e a consignar parte importante das suas receitas ao pagamento de indemnizações [1017].

Todavia, no que tange à inconstitucionalidade por omissão, a Lei n.º 67/2007 ainda é mais apertada, por fazer depender a constituição em responsabilidade da prévia verificação pelo Tribunal Constitucional (art. 15.º, n.º 3) [1018]. Ora, como são poucos e têm-se revelado extremamente silentes os órgãos com legitimidade para desencadear a fiscalização segundo o art. 283.º, torna-se óbvia a dificuldade à face do art. 22.º da Constituição [1019].

Mas ela pode ser ultrapassada, como vamos ver já de seguida.

Apenas importa notar que os tribunais competentes para efeito de responsabilidade civil extracontratual do Estado, mesmo a resultante do exercício de função legislativa, são os tribunais administrativos [art. 4.º, n.º 1, alínea *g)*, do Estatuto destes tribunais, aprovado pela Lei n.º 13/2002, de 19 de fevereiro] [1020].

[1017] Diogo Freitas do Amaral e Rui Medeiros, *op. cit.*, *loc. cit.*, pág. 341.

[Por] sinal, estes Autores escrevem em parecer destinado a sustentar o direito a indemnização no chamado caso Aquaparque, ao passo que Gomes Canotilho é muito crítico do acórdão que o resolveu em sentido favorável à indemnização.

[1018] Mas o Tribunal Constitucional considerou, antes da Lei n.º 67/2007, que a lei não podia exigir a prévia verificação da inconstitucionalidade por omissão, pois, doutra forma, retiraria ao interessado a possibilidade de aceder a tribunal para defesa da sua pretensão: acórdão n.º 238/97, de 12 de Março, in *Diário da República*, 2.ª série, de 14 de Maio de 1997.

[1019] Por isso, não pode aceitar-se aquilo que dizem Manuel Afonso Vaz *et alii*, *Direito Constitucional – O sistema constitucional português*, Coimbra, 2012, pág. 212: que o art. 283 impede os tribunais de diretamente responsabilizar o Estado pela omissão legislativa.

[1020] Por uma razão de congruência com a efetivação da responsabilidade pelo exercício de função administrativa ou de função jurisdicional.

101. A caminho da fiscalização concreta?

I – Para além das decisões aditivas (quanto a omissões parciais nos termos atrás descritos) e das ações de responsabilidade civil por omissão legislativa[1021], poderá haver outras formas de atenuar as insuficiências da fiscalização abstrata do art. 283.º? Poderá haver fiscalização concreta?

Há alguns anos, partindo da aplicabilidade direta dos preceitos sobre direitos, liberdades e garantias, já dois Autores se pronunciaram afirmativamente.

Segundo FAUSTO DE QUADROS, os órgãos de aplicação do Direito não poderiam fugir ao respeito pelos direitos fundamentais catalogados na Constituição enquanto durasse a inércia dos órgãos legislativos. A simples vocação de aplicabilidade direta dos preceitos constitucionais sobre direitos fundamentais obrigá-los-ia a, através das regras de interpretação e de integração de normas, tudo fazer para suprir a inexistência de normas ou atos legislativos que desenvolvessem ou concretizassem aqueles preceitos e para, por essa via, dentro do possível, não entravarem essa aplicabilidade directa[1022].

Por seu lado, MANUEL AFONSO VAZ reconhecia uma necessidade fáctico-política de regulamentação. Mas, a não existir legislação, a aplicabilidade direta de tais preceitos constitucionais implicaria que o juiz pudesse conhecer (incidentalmente) a existência constitucional do direito individual e o Tribunal Constitucional ser chamado a apreciar e a verificar "o não cumprimento da Constituição por omissão das medidas legislativas necessárias para tornar exequíveis as normas constitucionais"[1023][1024].

[1021] Mas não da intimação para proteção de direitos, liberdades e garantias dos arts. 20.º, n.º 5, e 268.º, n.º 4, da Constituição e do art. 109.º do Código de Processo nos Tribunais Administrativos, porque esta pressupõe ou norma constitucional exequível por si mesma ou direito já regulamentado e protegido por lei ordinária. Cfr. *Direitos Fundamentais*, cit., págs. 408 e segs.

[1022] *Omissões legislativas sobre direitos fundamentais*, in *Nos dez anos da Constituição*, obra coletiva, Lisboa, 1987, pág. 59.

[1023] *Lei e reserva...*, cit., pág. 308.

[1024] V. também RAQUEL ALEXANDRA BRÍZIDA CASTRO, *Por uma fiscalização concreta e difusa das omissões legislativas inconstitucionais que violam direitos, liberdades e garantias*, in *Estudos em homenagem ao Prof. Doutor Jorge Miranda*, obra coletiva, III, Coimbra, 2012, págs. 473 e segs.

II – Mais longe e mais ousado, vai Jorge Pereira da Silva, para quem o art. 204.º facultaria aos tribunais o poder de apreciar a falta, no caso *sub judice*, de uma norma legislativa imposta pela Constituição. Tudo estaria em que, por efeito de omissão, haveria uma norma implícita contrária à Constituição que os tribunais deveriam não aplicar [1025]. E justifica-se seguir os passos fundamentais do seu raciocínio:

> "Pode falar-se de uma verdadeira *norma implícita* no ordenamento infraconstitucional que é desencadeada pela conjugação de uma disposição infraconstitucional não exequível, atributiva de um direito fundamental, com a ausência de uma norma legal que lhe confira a necessária exequibilidade. Sendo assim, é a vigência dessa norma implícita que leva a Administração e os próprios tribunais a decidirem invariavelmente contra os cidadãos que pretendem a efectivação dos seus direitos constitucionais mão concretizados legislativamente (...)" [1026].
>
> "(...) A fiscalização concreta das omissões inconstitucionais do legislador é (...) a única via que, no sistema português em vigor, se pode abrir com a finalidade de garantir aos cidadãos protecção jurídica adequada e suficiente contra as omissões inconstitucionais lesivas dos seus direitos fundamentais, alargando a crescente tendência de subjetivação da justiça constitucional ao contencioso das omissões legislativas. Pense-se no lugar proeminente ocupado nos respectivos sistemas de fiscalização pelo recurso de amparo espanhol, pela queixa constitucional germânica ou mesmo pela fiscalização concreta portuguesa. Por que razão a fiscalização das omissões inconstitucionais haveria de constituir uma excepção, permanecendo o Tribunal Constitucional – juiz privativo do legislador silencioso – preocupado apenas com a constitucionalidade objectiva? Não deveremos antes caminhar no sentido de uma protecção jurisdicional sem lacunas, em vez de permitir que a "arrogância" do legislador possa prevalecer sobre os direitos fundamentais dos cidadãos carecidos de interposição legislativa [1027]?
>
> "(...) Aceite a ideia segundo a qual das omissões legislativas resulta uma norma implícita contrária à Constituição e que é essa norma que constitui o objecto da fiscalização da constitucionalidade, o tribunal da causa deve recusar a sua aplicação. Pergunta-se, então, como é que o tribunal decide o caso *sub judice*? Na verdade, caso não julgasse a inconstitucionalidade da norma

---

[1025] *Op. cit.*, págs. 171 e segs.
[1026] *Ibidem*, pág. 173.
[1027] *Ibidem*, pág. 193.

CAPÍTULO III – REGIME ATUAL DE FISCALIZAÇÃO NO DIREITO PORTUGUÊS

denegatória implícita, o tribunal podia, tranquilamente, decidir o caso em julgamento recusando provimento à pretensão do cidadão, ou seja, aplicando a dita norma implícita. Mas agora, compelido a tomar uma decisão por força do princípio da proibição da denegação de justiça, fica confrontado com a falta de norma – expressa ou implícita – aplicável ao caso" [1028].

"(...) Podemos, assim, concluir com relativa segurança, que o julgamento da inconstitucionalidade de uma omissão legislativa redunda numa lacuna jurídica, competindo ao juiz da causa o seu preenchimento mediante a utilização dos recursos ao seu dispor [1029].

"(...) A fiscalização concreta difusa da constitucionalidade entra, assim, através da integração das lacunas resultantes das situações de omissão relativa, no disputado campo das chamadas decisões aditivas – que, na terminologia de Picardi, mais não são do que sentenças integrativas –, tão bem conhecidas da jurisprudência dos vários tribunais constitucionais europeus, sobretudo do italiano, e a que o nosso órgão de fiscalização da constitucionalidade também não é estranho [1030].

"(...) O entrelaçamento entre a fiscalização concreta e a fiscalização abstracta das omissões inconstitucionais segue duas vias diferentes. A primeira, consagrada no n.º 3 do artigo 281.º, permite desencadear o processo de fiscalização abstracta do artigo 283.º uma vez julgada pelo Tribunal Constitucional a inconstitucionalidade, em três casos concretos, de uma norma implícita no ordenamento resultante de uma omissão do legislador [1031].

"(...) A segunda via de relacionamento entre a fiscalização abstracta e a fiscalização concreta das omissões inconstitucionais passa pela vinculação dos tribunais comuns às decisões de verificação de inconstitucionalidade por omissão proferidas pelo Tribunal Constitucional, ao abrigo do artigo 283.º De facto, o n.º 2 deste preceito não esgota os efeitos da decisão verificativa da omissão legislativa inconstitucional, preocupando-se apenas em esclarecer os efeitos relativos ao legislador. E se o n.º 2 do artigo 283.º não trata dos efeitos da decisão no que toca aos tribunais é porque são de seguir, com as adaptações devidas, as regras gerais aplicáveis às decisões do Tribunal Constitucional, ou seja, tal como refere o artigo 2.º da sua Lei Orgânica, decisões do Tribunal Constitucional são obrigatórias para todas as entidades públicas e privadas e prevalecem sobre as dos restantes tribunais" [1032] [1033].

[1028] *Ibidem*, pág. 200.
[1029] *Ibidem*, pág. 205.
[1030] *Ibidem*, pág. 212.
[1031] *Ibidem*, pág. 243.
[1032] *Ibidem*, pág. 244.
[1033] V. também *Deveres do Estado de protecção* ..., cit., págs. 675 e segs.

FISCALIZAÇÃO DA CONSTITUCIONALIDADE

III – Quanto a nós, desde há muito vimos preconizando também uma fiscalização concreta da inconstitucionalidade por omissão, mediante um mecanismo de reenvio prejudicial dos tribunais para o Tribunal Constitucional. Contudo, *de jure condendo* e por revisão constitucional [1034].

Aplicabilidade imediata significa proibição de normas legais contrárias a normas constitucionais que consignem direitos fundamentais, implicações na interpretação sistemática da Constituição, definição de critérios a atender pelo legislador, impossibilidade de revogação pura e simples de norma que dê cumprimento à Constituição [1035]. Não se enxerga como possa envolver outrossim o poder do juiz, de qualquer juiz, em qualquer caso concreto, de emanar ele próprio, por interpretação ou por integração, a norma que o órgão legislativo, e só ele, deveria emitir [1036].

Mais rebuscada é a tese de uma norma implícita que o tribunal desaplicaria, deste modo satisfazendo as exigências constitucionais. Normas implícitas poderão ser aquelas que se contenham noutras normas, explícitas, e que se descubram pela chamada interpretação enunciativa [1037]. Não podem ser normas resultantes da conjugação de uma norma constitucional não exequível com a falta de uma norma legal que lhe confira a necessária exequibilidade – ou seja, da *conjugação de uma norma com uma não norma*.

Tão pouco aceitamos a recondução das omissões a lacunas, ao arrepio de toda a tradição doutrinal e do regime de integração do art. 10.º do Código Civil [1038]. As lacunas são situações constitucionalmente relevantes, se bem que

---

[1034] *Ideias para uma revisão constitucional em 1996*, Lisboa, 1996, págs. 29-30; *Na hipótese de outra revisão constitucional*, in *Estudos em homenagem ao Prof. Doutor Sérvulo Correia*, obra coletiva, Coimbra, 2010, pág. 434.
Chegámos ainda a sugerir à Assembleia da República, aquando da revisão constitucional de 1997, a sua consagração e a Assembleia não deixou de discutir, mas ligeiramente, o problema: v. *Diário da Assembleia da República*, VII legislatura, 2ª sessão legislativa, 1996-1997, II série RC, n.º 117, de 9 de julho de 1997, págs. 3455 e segs.

[1035] *Direitos Fundamentais*, cit., págs. 353 e segs. e Autores citados.

[1036] CARLOS BLANCO DE MORAIS fala em risco de politicização e do impacto dos custos atomizados das decisões para a estabilidade orçamental (*Justiça...*, II, cit., pág. 551).

[1037] Cfr., por todos, INOCÊNCIO GALVÃO TELLES, *Introdução ao Estudo do Direito*, I, 11.ª ed., Coimbra, 1999, págs. 258 e segs.; e do prisma da argumentação jurídica, MIGUEL TEIXEIRA DE SOUSA, *Introdução...*, cit., págs. 435 e segs.

[1038] Sobre lacunas, por último, MIGUEL TEIXEIRA DE SOUSA, *Introdução...*, cit., págs. 385 e segs.

CAPÍTULO III – REGIME ATUAL DE FISCALIZAÇÃO NO DIREITO PORTUGUÊS

não reguladas; as omissões legislativas reportam-se a situações previstas, mas que carecem das estatuições adequadas à sua cabal efetividade. As lacunas são preenchidas por analogia e, na falta de caso análogo, segundo a norma que o intérprete criaria se houvesse de legislar dentro do espírito do sistema. As omissões não admitem similar preenchimento, porque, numa Constituição democrática, há sempre mais de uma possibilidade de a lei regulamentar ou concretizar as normas constitucionais, contanto que preservado o seu conteúdo essencial.

IV – No estado atual das coisas, *de jure condito*, apenas divisamos um caminho e circunscrito à responsabilidade civil do Estado:

- Considerar inconstitucional o art. 15.º, n.º 5 da Lei n.º 67/2007, de 31 de dezembro, por fazer depender a efetivação da responsabilidade por omissão legislativa de decisão do Tribunal Constitucional precedendo requerimento de alguns, poucos órgãos [1039];
- Considerar inconstitucional o art. 15.º, n.º 5, por violador do princípio geral da responsabilidade civil do Estado constante do art. 22.º da Constituição, diretamente aplicável, e conexo com o princípio geral de aplicabilidade imediata das normas de direitos fundamentais do art. 18.º, n.º 1 [1040];
- E, portanto, admitir uma ação de responsabilidade civil por omissão legislativa, homóloga da ação de responsabilidade por ato legislativo do art. 15.º, n.º 2 da mesma Lei n.º 67/2007.

Simplesmente, também aqui não há criação ou emissão de norma legislativa. O tribunal, limita se a atribuir uma indemnização, não faz mais do que isso.

[1039] Sobre lacunas, por último, MIGUEL TEIXEIRA DE SOUSA, *Introdução* ..., cit., págs. 385 e segs.

[1040] Cfr. *Direitos Fundamentais*, cit., pág. 432; e, mais vincadamente, MIGUEL BETTENCOURT DA CÂMARA, *A acção de responsabilidade civil por omissão legislativa e a norma do art. 15.º da Lei n.º 67/2007*, Coimbra, 2011; JORGE PEREIRA DA SILVA, *Artigo 15.º*, no *Comentário à Lei de Responsabilidade Civil do Estado e Demais Entidades Públicas*, obra coletiva, Lisboa, 2013, págs. 381 e 382.

ANEXO

Quadro das decisões do Tribunal Constitucional de 1983 a 2016 [1041]

Espécie	1983-2008	2009	2010	2011	2012	2013	2014	2015	2016	Total
Inconstitucionalidade por omissão	8									**8**
Fiscalização preventiva (3)	112	3	2	1	4	6	5	2		**135**
Fiscalização abstrata sucessiva	457	17	7	14	11	17	23	12	5	**563**
Recursos (total) (4)	11907	430	383	502	450	528	683	508	567	**15958**
Recursos (q. de mérito)	6273	153	133	187	136	131	174	138	158	**7483**
Recursos (aplicação dicfog)	881	3		2		3	13	18		**920**
Recursos (q. processuais)	4753	274	250	313	314	394	496	652	409	**7555**
Reclamações	1573	85	84	94	108	108	130	127	119	**2428**
Partidos políticos/coligações	193	18	1	10	4	27	7	21	3	**284**
Contencioso eleitoral	672	72	2	15	5	159	3	10	2	**940**
Candidaturas à Presidência da República	12		2	1				1		**16**
Candidaturas ao Parlamento Europeu	23	7					8			**38**
Declarações de rendimentos e incompatibilidades	106	3	5	6	2	1	5	2		**130**
Consultas locais	25	1	1	2	12	1				**42**
Extinção de organizaões fascistas	2									**2**
Financiamento dos partidos políticos e das campanhas eleitorais	86	18	11	8	13	5	9	11	7	**168**
Impedimento temporário do Presidente da República	2									**2**
Recursos de decisões de órgãis partidários	16	5	7	7	10	10	17	6	4	**82**
TOTAL	**15194**	**659**	**505**	**660**	**619**	**862**	**890**	**700**	**707**	**20796**

(1) Não inclui decisões sumárias proferidas nos termos do artigo 78.º-A da Lei do Tribunal Constitucional, e que foram 262 em 1998, 532 em 1999, 355 em 2000, 310 em 2001, 306 em 2002, 329 em 2003, 555 em 2004, 417 em 2005, 592 em 2006, 640 em 2007, 552 em 2008, 501 em 2009, 538 em 2010, 681 em 2011, 605 em 2012, 780 em 2013, 848, em 2014, 810 em 2015 e 810 em 2016.

(2) A partir de 2010, o total de decisões sumárias proferidas inclui, para além das transitadas, aquelas sobre as quais recaíram acórdãos da Conferência.

(3) Inclui pergunta de referendos (nacionais).

(4) Os valores desta linha distribuem-se pelas linhas referentes a: Recursos (q. de mérito), Recursos (aplicação dicfog) e Recursos (q. processuais); não estão incluídos nos valores constantes da linha TOTAL.

[1041] Posto à disposição pela biblioteca do Tribunal Constitucional, a quem se agradece.

ÍNDICE GERAL

CAPÍTULO I
INCONSTITUCIONALIDADE, GARANTIA E FISCALIZAÇÃO

§ 1.º
Inconstitucionalidade em geral

1. Noção ampla e noção restrita de inconstitucionalidade. 11
2. Análise do fenómeno 13
3. Inconstitucionalidade de normas constitucionais 17
4. Inconstitucionalidade e ilegalidade 25
5. Inconstitucionalidade e hierarquia 32
6. Os diferentes tipos e juízos de inconstitucionalidade. 36
7. Inconstitucionalidade material e inconstitucionalidade
   formal e orgânica. 41
8. Desvio de poder legislativo e razoabilidade 44

§ 2.º
Garantia e fiscalização

9. Norma jurídica e garantia 49
10. Garantia da constitucionalidade e garantia da Constituição 51
11. Garantia e fiscalização da constitucionalidade. 53
12. Critérios substantivos de fiscalização 55
13. Critérios processuais de fiscalização. 57
14. Fiscalização difusa e fiscalização concentrada. 62
15. O Direito processual constitucional. 63

FISCALIZAÇÃO DA CONSTITUCIONALIDADE

§ 3.º
As decisões de fiscalização

16. Juízo de inconstitucionalidade e decisões dos tribunais   69
17. As decisões em fiscalização concreta   72
18. A decisão de inconstitucionalidade em fiscalização abstrata   73
19. Natureza da declaração de inconstitucionalidade.   80
20. A decisão de não inconstitucionalidade em fiscalização abstrata   82
21. A interpretação conforme com a Constituição e as decisões
     interpretativas   84
22. As decisões limitativas.   88
23. As decisões aditivas   91

§ 4.º
Consequências da inconstitucionalidade

24. Inconstitucionalidade e valores jurídicos   99
25. Os valores jurídicos da inconstitucionalidade no Direito português . . . 104
26. Vícios na formação da vontade e valores jurídicos 114
27. Inconstitucionalidade e responsabilidade civil do Estado. 115
28. Inconstitucionalidade e responsabilidade criminal 116
29. Inconstitucionalidade e responsabilidade política 116

CAPÍTULO II
SISTEMAS DE FISCALIZAÇÃO DA CONSTITUCIONALIDADE

§ 1.º
A fiscalização da constitucionalidade em Direito comparado

30. Inserção histórica 119
31. Os grandes modelos ou sistemas típicos 124
32. A fiscalização da constitucionalidade no Brasil 133
33. A fiscalização da constitucionalidade nos países africanos de língua
     portuguesa e em Timor 136
34. A opção por fiscalização difusa ou por fiscalização concentrada. 138
35. Justiça constitucional e princípio democrático 140
36. Legitimidade de título e legitimidade de exercício 145
37. A comunicação de jurisprudências constitucionais. 152

§ 2.º
A fiscalização da constitucionalidade em Portugal

38. Períodos de evolução 155
39. A fiscalização da constitucionalidade nas Constituições anteriores
à de 1976.. 156
40. O problema da fiscalização entre 1974 e 1976. 162
41. O sistema de fiscalização no texto inicial da Constituição. 166
42. A fiscalização da constitucionalidade na revisão constitucional
de 1982.. 171
43. A fiscalização da constitucionalidade nas revisões de 1989, 1997
e 2004.. 174
44. Quadro atual de competências do Tribunal Constitucional 181
45. O estatuto específico do Tribunal...................... 185

CAPÍTULO III
REGIME ATUAL DE FISCALIZAÇÃO NO DIREITO PORTUGUÊS

§ 1.º
Aspetos gerais

46. Inconstitucionalidade, garantia e fiscalização
no texto constitucional.............................. 189
47. Princípios, regras e disposições 192
48. Normas e factos.................................. 195
49. Normas e atos não normativos......................... 196
50. Normas e atos normativos públicos..................... 200
51. Os atos e as normas de Direito internacional e de Direito da União
Europeia.. 207
52. A fiscalização do Direito estrangeiro 215
53. Fiscalização também do Direito anterior. 217
54. Fiscalização das normas em razão das suas vicissitudes 219
55. Âmbito da fiscalização............................... 220
56. Os prazos de iniciativa e de fiscalização 223
57. Fiscalização pelos tribunais e no exercício de funções jurisdicionais ... 224
58. O problema da fiscalização por órgãos diferentes dos tribunais 226
59. Os processos e as decisões positivas do Tribunal Constitucional 234
60. A fiscalização das decisões do Tribunal Constitucional 235

§ 2.º
A fiscalização concreta

61. O sistema português de fiscalização concreta 241
62. A apreciação da inconstitucionalidade pelos tribunais em geral. 245
63. Sentido da apreciação oficiosa pelo juiz 247
64. Decisões recorríveis para o Tribunal Constitucional. 248
65. A suscitação da questão de inconstitucionalidade durante
    o processo. 253
66. Sentido da aplicação de normas anteriormente julgadas
    inconstitucionais ou ilegais. 256
67. Objeto do recurso 259
68. Legitimidade para recorrer. 264
69. Os casos de recurso obrigatório para o Ministério Público 267
70. Interposição dos recursos. 270
71. A admissão dos recursos. 273
72. Tramitação dos recursos. 274
73. A intervenção das secções e do plenário 275
74. Alcance da decisão do Tribunal Constitucional. 276
75. Os recursos das decisões respeitantes à contrariedade de normas
    internas e normas de convenções internacionais 278
76. O funcionamento do sistema e as suas críticas 279
77. A questão do "recurso de amparo" ou da queixa constitucional 286

§ 3.º
A fiscalização abstratada inconstitucionalidade por ação

78. Sentido do pedido de fiscalização abstrata. 295
79. O princípio do pedido 298
80. Regime processual da fiscalização abstrata 302
81. A fiscalização preventiva e as suas funções 305
82. Diplomas sujeitos a fiscalização 307
83. Iniciativa e tempo da fiscalização 311
84. Pronúncia no sentido da não inconstitucionalidade 314
85. Pronúncia no sentido da inconstitucionalidade. 314
86. A fiscalização preventiva dos referendos. 319
87. A fiscalização sucessiva abstrata por ação 322
88. A passagem da fiscalização concreta à fiscalização abstrata. 326
89. Efeitos da declaração de inconstitucionalidade. 329
90. Retroatividade da declaração e repristinação 331

92. A ressalva dos casos julgados e o tratamento mais favorável
em Direito Penal 338
93. A restrição dos efeitos da inconstitucionalidade 344

§ 4.º
A fiscalização da inconstitucionalidade por omissão

94. As omissões inconstitucionais em geral 353
95. As omissões legislativas 357
96. O aparecimento da fiscalização da inconstitucionalidade
por omissão 364
97. Sentido da fiscalização da inconstitucionalidade por omissão
do art. 283.º 371
98. O processo de fiscalização da inconstitucionalidade por omissão 378
99. A prática da fiscalização 381
100. Inconstitucionalidade por omissão e responsabilidade civil
do Estado 382
101. A caminho da fiscalização concreta? 385